陕西师范大学优秀成果出版基金资助项目

# 世界语言谱系分类研究概史

李艳 著

陕西师范大学出版总社

图书代号 ZZ23N1982

**图书在版编目（CIP）数据**

世界语言谱系分类研究概史/李艳著. —西安：陕西师范大学出版总社有限公司，2023.11
ISBN 978-7-5695-3971-4

Ⅰ.①世… Ⅱ.①李… Ⅲ.①世界语—谱系分类（语言学）—研究 Ⅳ.①H91

中国国家版本馆 CIP 数据核字（2023）第 218098 号

---

**世界语言谱系分类研究概史**
SHIJIE YUYAN PUXI FENLEI YANJIU GAI SHI

李 艳 著

| | | |
|---|---|---|
| 出 版 人 | 刘东风 | |
| 责任编辑 | 王西莹 | |
| 责任校对 | 焦 凌　邢美芳 | |
| 封面设计 | 张潇伊 | |
| 出版发行 | 陕西师范大学出版总社 | |
| | （西安市长安南路199号　邮政编码710062） | |
| 网　　址 | http://www.snupg.com | |
| 印　　刷 | 陕西隆昌印刷有限公司 | |
| 开　　本 | 787 mm×1092 mm　1/16 | |
| 印　　张 | 21.5 | |
| 插　　页 | 2 | |
| 字　　数 | 270 千 | |
| 版　　次 | 2023 年 11 月第 1 版 | |
| 印　　次 | 2023 年 11 月第 1 次印刷 | |
| 书　　号 | ISBN 978-7-5695-3971-4 | |
| 定　　价 | 98.00 元 | |

---

读者购书、书店添货或发现印装质量问题，请与本公司营销部联系、调换。
电话：(029)85307864　85303629　传真：(029)85303879

# 自 序

历史比较语言学为我们理解语言发展和人类文化演化提供了重要线索。它对研究语言分类、语系关系和语言变化等都具有重要的学术价值和实践价值。过去的几百年里,语言学家们对于人类语言的起源和关系进行了广泛而深入的研究。他们通过比较不同语言之间音、形、义的共性和差异,建立起了一套基于语言相似性的分类体系,即语言谱系分类。这种分类方法不仅有助于我们理解世界上各种语言之间的关系,也为语言变迁和演化的研究提供了重要线索。

2012年,本人专著《超级语系:历史比较语言学的新理论》出版,里面重点介绍了与汉语相关的语系分类假说,如白保罗与马提索夫的汉藏语系、德里姆的汉-蕃语族、沙加尔的东亚-南洋语系、白保罗的澳泰超级语系、蒲立本的汉藏-印欧语系、斯塔罗斯金的汉藏-高加索超级语系、格林伯格的世界超级语系、中国学者的语系假说(包括华澳超级语系假说、东亚-南洋语言文化圈假说、汉-印欧语同源假说、汉-乌同源假说)。该书强调不同语系之间存在着更高层次的关联和共同起源。它试图超越传统的单一语系分类思维,将语系组织为更大的超级语系。这种新理论的提出为语言研究领域带来了新的视角和研究方向。书中对多个语系进行了广泛的比较和分析,以揭示不同语系之间的联系和演化过程。这些研究成果丰富了我们对语系关系和语言演化的理解。它激发了对语言分类方法和理论的反思,并促进了对不同语系之间关系的深入探索。这种讨论有助于推动历史语言学领域的发展。总的来说,《超级语系:历史比较语言学的新理论》为语言学领域带来了新的思考方式和研究路径,丰富了我们对语言分类和语系演化的认识,它在激发学术讨论和推动学科发展方面具有一定的价值。

在历史比较语言学中,同源论是一个重要的理论观点,该理论认为具有共同祖语的语言会具有共同的音变规律和词汇形态。然而,近年来,一些学者开始关注亲缘度,利用计算机模型和统计学方法来推断语言的演化关系,从《历史比较语言学理论:从同源论到亲缘度》(2021)可以体现出来。该著作立足于大量语言同源、亲缘关系研究的发现,对当前有影响力的各种假说进行了梳理讨论,包括格林伯格的假说及方法论(包括他对非洲语言的分类假说、印度洋—太平洋语系假说、美洲印第安语系假说、欧亚超级语系假说)、诺斯特拉语系假说、南亚语系假说、南岛语系假说、南方大语系假说、一源论假说,并对现代历史语言学分类研究的方法论,包括语言要素量化比较法、系统发生学方法的发展演化,以及其他方法论模式(如非加权组平均法等6种模式)进行了分析。从同源论到亲缘度理论的发展,反映了语言学家对于语言关系探究方法的不断改进和完善。通过研究这一过程,可以深入了解历史语言学理论的发展脉络和方法论。同源论和亲缘度理论为比较语言之间的共同特征和差异提供了理论基础,有助于更好地理解语言分类的原则、语系的演化过程,以及语音、词汇和语法等方面的变化,有助于重构人类的历史迁移和文化交流,揭示人类语言演化的起源和发展,也可以加深对语言多样性的认识。

在前两部著作的基础上,笔者再次推出了《世界语言谱系分类研究概史》。本专著简单地介绍了每个语系假说的研究历史、语系分类、语言特点、语系溯源,旨在让大家全面而系统地了解世界语言谱系分类研究概况,以推动历史语言学理论的发展,深入了解世界语言分类和比较,重构历史文化和考察人类起源,促进语言保护和文化传承,为语言学和人类学等学科领域提供理论支持。

本书内容以客观、科学的态度呈现给读者。首先,回顾了语言谱系分类的历史背景和发展过程,介绍了世界语言分类类型,主要包括类型学分类和语言谱系分类,以便读者能够更好地理解这一学科的发展脉络。接着,详细介绍了一些重要的语系,从大家最熟悉的汉藏语系、印欧语系,到南亚语系、南岛语系,再到美洲印第安语系、阿尔泰语系、达罗毗荼语系、高加索语系、乌拉尔语系、亚非语系、尼日尔—刚果语系、克瓦桑语系,再到尼罗-撒哈拉语系,笔者试图将有关世界语言谱系分类的主要假说研究联系起来,包括亚洲、欧洲、非洲、美洲、大洋洲。对于每个语系,将探讨其研究历史、内部分类及主要特点、语言溯源,呈现语系内部特点,帮助读者更好地认识世界上众多语言的分类和联系。通过对这些领域的介绍,读者将更深入地了解语言演化的过程和影响因素,以及如何通过比较和分析语言材料来还原远古语言形态和结构。

希望本书的发布,能够引起更多人对语言谱系分类研究的兴趣,并推动这一领域的发展。同时也希望本书能够为读者提供启迪和引导,激发更多人对语言谱系分类研究的关注和思考。语言是人类文化的重要组成部分,它不仅是人类交流的工具,也是思维和认知的载体。通过对语言起源和分类的研究,可以更好地了解人类文明的多样性和共同性。语言分类研究不仅有利于促进不同文化之间的交流和理解,也有助于我们更好地认识自身。

最后,我要感谢所有在语言学领域做出过贡献的学者们,正是他们的努力才为我们提供了如此丰富的研究资源。同时,也要感谢您选择阅读《世界语言谱系分类研究概史》,希望您在阅读中获得丰富的知识和启示。如果您对本书有任何意见或建议,请不吝指教,我将非常乐意听取并加以改进。

李艳

2023.12.1

# 目 录

引言 ················································································ 1

    一、类型学分类 ···························································· 2

    二、语言特征分类 ························································ 7

    三、雅科布逊的"同构" ················································ 9

    四、语言谱系分类 ······················································ 11

第一章　汉藏语系 ···························································· 14

    一、汉藏语系研究历史 ················································ 15

    二、汉藏语系分类 ······················································ 21

    三、汉藏系语言特点 ···················································· 33

    四、汉藏系语言溯源 ···················································· 36

第二章　印欧语系 ···························································· 39

    一、印欧系语言研究历史 ············································· 41

    二、印欧系语言系属分类 ············································· 49

    三、印欧系语言特点 ···················································· 58

    四、印欧系语言溯源 ···················································· 60

## 第三章　南亚语系 ···································· 64

一、南亚语系研究历史 ···························· 64
二、南亚语系分类 ································ 69
三、南亚系语言特点 ······························ 73
四、南亚系语言溯源 ······························ 76

## 第四章　南岛语系 ···································· 79

一、南岛语系研究历史 ···························· 80
二、南岛语系分类 ································ 86
三、南岛系语言特点 ······························ 94
四、南岛系语言溯源 ······························ 97

## 第五章　美洲印第安语系 ······························ 102

一、美洲印第安语言研究历史 ···················· 102
二、美洲印第安语系分类 ························ 110
三、美洲印第安系语言特点 ······················ 118
四、美洲印第安系语言溯源 ······················ 121

## 第六章　阿尔泰语系 ·································· 124

一、阿尔泰语系研究历史 ························ 125
二、阿尔泰语系分类 ···························· 130
三、阿尔泰系语言特点 ·························· 135
四、阿尔泰系语言溯源 ·························· 137

## 第七章　达罗毗荼语系 ································ 140

一、达罗毗荼语系研究历史 ······················ 141

二、达罗毗荼语系分类 ············ 148

三、达罗毗荼系语言特点 ············ 155

四、达罗毗荼系语言溯源 ············ 157

## 第八章　高加索语系 ············ 159

一、高加索语言研究历史 ············ 160

二、高加索语系分类 ············ 169

三、高加索系语言特点 ············ 176

四、高加索系语言溯源 ············ 182

## 第九章　乌拉尔语系 ············ 185

一、乌拉尔系语言研究历史 ············ 186

二、乌拉尔语系分类 ············ 195

三、乌拉尔系语言特点 ············ 205

四、乌拉尔系语言溯源 ············ 209

## 第十章　亚非语系 ············ 212

一、亚非语系研究历史 ············ 213

二、亚非语系分类 ············ 219

三、亚非系语言特点 ············ 228

四、亚非系语言溯源 ············ 232

## 第十一章　尼日尔—刚果语系 ············ 236

一、尼日尔—刚果语系研究历史 ············ 237

二、尼日尔—刚果语系分类 ············ 248

三、尼日尔—刚果系语言特点 ············ 257

四、尼日尔—刚果系语言溯源 ············ 264

## 第十二章　克瓦桑语系 ·················· 268

一、克瓦桑语系研究历史 ················ 270
二、克瓦桑语系分类 ·················· 280
三、克瓦桑系语言特点 ················· 286
四、克瓦桑系语言溯源 ················· 291

## 第十三章　尼罗—撒哈拉语系 ·············· 294

一、尼罗—撒哈拉语系研究历史 ············ 295
二、尼罗—撒哈拉语系分类 ·············· 303
三、尼罗—撒哈拉系语言特点 ············· 313
四、尼罗—撒哈拉系语言溯源 ············· 318

## 结　论 ························· 321

## 参考文献 ······················· 325

# 引 言

世界语言丰富多彩,种类繁多,世界上究竟有多少种语言,学界众说纷纭。1929年法兰西学院认为世界上的语言有2796种,1980年德国出版的《语言学及语言交际工具问题手册》认为有5561种,其中70%没有对应的文字。2009年联合国教科文组织发布《濒危语言图谱》,认为全世界有近7000种语言,其中2500余种语言面临消亡。托马森则认为目前世界上大概有6000种语言。[1]《民族语》(Ethnologue:Languages of the World)每版语言种类统计数量都会有增减,世界语言数量如此之庞大,疏漏在所难免。如2000年第14版认为世界语言有6809种,到了2005年,语言数量增加到6912种,最新版的"民族语"第25版认为世界语言有7151种。[2] 这么多种语言,如何进行分类,是现在语言学界最为关心的问题。但每种语言既有自己的特点,又与其他语言存在共性,而且共性表现各有不同,导致语言分类困难重重。

徐通锵教授从三个角度对世界语言进行分类,即历史、类型和地域。他认为,历史的分类和语言的发生学分类(genetic classification)相关,研究亲属语言的形成和发展;类型分类与语言的同构(isomorphism)相关,研究语言结构类型上的共同性;地域分类与相似性(similarity)相关,研究某一地区的语言因相互影响而产生的相似性问题。[3] 目前语言学界最为普遍的有两种分类法:类型学分类(typological classification)和谱系分类(genealogical classifi-

---

[1] Thomason, S. G.《语言接触导论》,世界图书出版公司,2014年。
[2] https://www.ethnologue.com/guides/how-many-languages。
[3] 徐通锵:《历史语言学》,商务印书馆,1991年,第11页。

cation)。

## 一、类型学分类

语言的类型分类不管是语言的亲属关系,或者因相互影响而产生的语言的相似性,完全可以根据语言在结构上的共同性对它们进行分类。在语言类型研究方面有较大贡献的是德国的洪堡特(Wilhelm von Humboldt,1767—1835),美国的萨丕尔(Edward Sapir,1884—1939)、雅柯布逊(Roman Jakobson,1896—1982)和格林伯格(J. H. Greenberg,1915—2002),英国的乌尔曼(S. Ullmann,1914—1976)。语言类型学主要关注的是世界语言中纷繁复杂的形式结构及其功能,并对其中的形态、句法、音系以及语义语用等特征进行分类和细化,挖掘其共性规律。简言之,就是比较这些语言,找出其相同和相异之处。类型学界广泛使用语言数据库进行各项相关性研究。《世界语言结构地图集》是类型学界最为关键的数据库,涉及上百个用于跨语言研究的比较概念。类型学家至少从中可以获得三类共性表述:第一,没有例外或反例的"绝对共性";第二,体现语言主体倾向或趋势的"倾向性共性"或"统计共性";第三,带有相关性预测要求的"蕴涵共性"。语言类型学还涉及对语言概念结构的分类。语义地图就是一种典型的概念结构。根据语系相似性原理,把语言中某些特定的表达式及其意义或功能,根据它们之间一系列的相似关系,绘制在几何地图上,并以各种可视化的方式显示出来①。

类型语言学家要做的事情就是,不涉及语言是否有亲属关系,而是:(1)建立人类语言类型体系,其方法是按某些特征把语言分类,如把汉语和马来—玻利尼西亚语系玻利尼西亚语族的萨摩亚语都归入孤立型语言(虽然二者并无亲属关系)。(2)寻找人类语言的普遍现象或近乎普遍的现象,其方法是考察某一特征存在于多少种语言之中。

最早尝试对语言进行类型分类研究的是1772出版的法国百科全书的"语言"条。它根据语法结构的总特点把语言分为两种类型:类推型语言

---

① 吴建明:《语言的谱系分类和类型学分类》,载《现代外语》2020年第3期。

(langues analogues)和换位型语言(langues transpositives)。类推型语言缺乏与句法结构有关的形态变化,词序类似思想表达的词序;换位型语言的词有大量的屈折变化。如希伯来语、法语、西班牙语和意大利语都被认为是类推型语言,拉丁语、古希腊语被认为是换位型语言。当然,这两种分类太粗,无法囊括世界所有语言,但是这是人类语言分类的第一步,具有引导性意义。

19世纪初,德国语言学家施勒格尔(Friedrich von Schlegel,1772—1829)按特征或形态对语言进行分类,他把世界诸语言分为3大类型,即孤立型、黏着型和屈折型。他的这种分类对后世影响很大。后来他又根据名词、动词在句中有无格的变化把语言分为综合语和分析语。洪堡特又增加了编插语或多式综合语。这种分类的基础标准与词的内在结构相关。1822年洪堡特在《论语法形式的产生及其对观念发展的影响》中认为,屈折型较先进,孤立型较低级,他把语言分为"低级"和"先进",让人不敢苟同。以下简要介绍孤立型、黏着型、曲折型和复综型。

(1)"孤立语"一般不是通过词形变化(即词的内部形态变化,又称作屈折变化)来表达语法的作用,而是通过独立的虚词和固定的词序来表达语法意义,一般说来,"孤立语"缺乏格变化,却有丰富的意境变化。

"孤立语"以汉藏语系为代表,主要分布在中国及东南亚地区,如汉语、彝语、壮语、苗语、越南语、萨摩亚语、巴布亚皮钦语等。其主要特征有两个:①实词通常不带语法标志,以汉语为例,如"狗",不管是"一只狗"还是"两只狗","狗"没有任何单复数标记;②句法关系主要靠词序表明,如"她跳舞"不能改为"她舞跳"或"舞跳她"。

需要注意的是,"孤立语"与"孤立语言"不同,前者是指没有时态和格变化的语言,是语言本身的一种特性。而后者则是从语言分类的视角来描述语言,二者不应相混。

(2)黏着型主要靠词缀表达词的语法意义,词缀分为前缀、中缀、后缀等三种。相比前后缀,中缀较少见,但还是存在于一些语言里,如梵语、西班牙语、阿拉伯语、高棉语、拉丁语、巽他语、马来语、印尼语等。汉语是否有中缀,还没定论,如:"走得动"的"得","看一看"的"一"。黏着型语言没有内部屈折,其特征是一个词根(或词干)前面或是后面有一串表示语法关系的词缀,每个词缀只表示一个语法意义,每个语法意义也只用一个词缀表示,因此,一个词如果要表示三种语法意义就需要有三个词缀。词根和词缀之间结合并不紧密,两者都有相当大的独立性,词缀好像是黏附在词根上。而词缀之间在语音上界限分明,不融合在一起。以日语的"食べる"为例:食べさせられなかった Tabe sase rare na katta——"吃"+使役助动词+被动助动词+否定助动词+过去助动词——曾不被(其他人)要求(我)吃。日语、琉球语、朝鲜语(即韩语)、乌拉尔诸语言、南印度的达罗毗荼诸语言及非洲尼日尔—刚果诸语言都是典型的黏着语。

(3)屈折型语言是用词形的变化(即屈折)表示语法关系,而且往往一个词尾表示几个语法意义,拉丁语、德语及荷兰语等是颇为典型的屈折语。大多数印欧语系语言在一定程度上都算是屈折语,但屈折语并不只存在于印欧语系的语言,其他语系的语言亦有可能为屈折语。古英语为一种屈折,现代英语尽管保有部分屈折语的词形变化,但现代英语的语法基本向分析语的方向发展。如古英语动词第三人称现在时单数形结尾加-s,现代英语的词形变化已大量减少。有学者认为法语和保加利亚语的变格规则已大大简化,故法语及保加利亚语的语法基本向分析语的方向发展。

屈折语和黏着语之间的区别在于屈折语的词素趋向连在一起,较难分割,意即屈折语的一个词缀经常同时表达多种意思,而黏着语的一个词缀一般倾向于只表达一种意思。不过黏着语和屈折语之间的界限很多时候并不明显,而且很多语言则介于"完全的"黏着语和"高度的"屈折语之间,因此可将黏着语和屈折语之间的关系视为一个连续体。和黏着语相比,一方面,屈折语一般不允许任意添加词根、词缀等规范词素,很少有超常词出现,从这个角度看,屈折语比黏着语综合程度低,更为接近分析语;但另一方面,屈折语具有的屈折词素和词形屈折变化以及变格等语法范畴的变化,是很多黏着语所不具备的,从这个角度看,屈折语比黏着语综合程度更高,与分析语相差更远。而通用希腊语(Koine Greek)则属例外。因其一方面带有极高屈折性,一个动词往往有多达数十种屈折变化;另一方面在组字上又高度自由,新词经常以复合形式出现,是一种综合程度很高,又有广泛诠释空间的语言。

(4)复综语又叫编插语、相抱语、抱合语、嵌合语、嵌复语、多式综合语。语言学家发现,有些土著人的语言不属于前三者中的任意一种,它是一种特殊类型的黏着语,后命名为复综语。它的特点是:句子是基本的语言单位,没有独立存在的造句基本单位——词。主语、宾语和其他语法项结合到动词词干上,以构成一个单独的词,但表达一个句子的意思。复综语广泛分布于落后边远地区,如:非洲、美洲等地的土著人,像因纽特语和印第安人的阿兹台克语,加拿大莫霍克语等属于多式综合语。在美洲及西伯利亚一带,印第安语、因纽特语都是此类语言的代表,如阿伊努语、因纽特语、莫霍克语、古爱努语,西伯利亚中部尤皮克语(Yupik)、切罗基语、索拉语(Sora)、楚科奇语。

有些语言只能算是"高度复合语"而没有"复综"性质,但这两种一般统称为"复综语"。即:

①Polysynthetic language(动词由多个语素高度复合而成)

②Incorporating language(动词和多个具有各类词义的语素通过复合或嵌合来形成新的动词词干)

后者才能称为严格意义上的复综语。这些语言有个显著特点,就是有时候一句话就是一个单词(非常长的单词),而这单词却无法再分割(或者说分割开来生活中也绝不会单独说)。构成句子的成分都有意义,有的有词汇意义,有的表示语法意义,整个句子形似于其他语言中的词。词和句子合二为一,一个词的构成部分同时又是另一个词的组成部分,许多个成分互相编插组合在一起,难分你我。没有一个能独立使用的词,只能连缀成句子使用。比如,西伯利亚东北的楚克奇语(Chukchi),mannakeureqepluwicwenmak这个词是这样分析的, man-nake-ure-qepl-uwicwen-mak[让—我们(宾格)—晚—球—玩—我们(主格)],意思是:让我们打一晚上的球。又比如"看",在英语和汉语中都可以独立使用,但在复综语里,"看"不能独立说出来,必须同时把谁看到什么东西都说出来,一个词带出来的就是整个句子。

复综语的各种前缀后缀可能起源于虚词,表示人称范畴的词缀可能本来是各种代词,只不过随着时间的推移,发生了各种各样的语音变化,使得原本简单的系统变得复杂起来。各种条件的音变使得同一个代词或虚词的形态在不同的环境下不再相同,代词、虚词的意义不再明晰,演变成了词缀,变成了固定的用法。

另外,语音的变化使得语法变得越来越复杂,另一个方面却使得语法越来越简明。如果一种语言和另一种语言发生混合,最终会产生所谓的"克里奥尔语",克里奥尔语的语法一般都很简单,大大减小了语言的综合程度,变得分析化(这个过程就是:复综语→屈折语和黏着语→分析语)。

上述这些只是大体的划分,并不十分严密和准确。世界上没有一种语言纯属于某种结构类型,同一类型的语言,其间也还有许多差异。有的语言还兼有几种类型的特征,如英语的有些动词,一个词形表示多种语法意义(She walks 中的-s 表示陈述语气、现在时、主动态、第三人称单数),类似屈折型;英语词序比较固定,SVO,类似孤立型;但有些词根前后可能有几个表示语法意义的词缀,每个词缀只表示一个语法意义,词缀同词缀在语音上不融合在一起,界线分明,又类似黏着型,如英语的 unexpectedly 中的 un-表示否定,-ed 表示形容词后缀,-ly 表示副词后缀,用黏着方式串联在一起,所以有人说,英语是由屈折型走向孤立型的语言。俄语是典型的屈折语,但是也用语序和虚词表示词与词之间的关系。汉语是典型的分析语,但是也有少量的黏着和屈折的成分。因此,如果绝对地把某种语言归入某一类别,可能不太合理。一般来说,大多数(甚至可能是所有)语言处于持久的转型状态,一般会从屈折语到分析语到黏着语再回到屈折语。也有人认为这样的分类将一些截然不同的可变因素混为一谈,不可相信。

语言类型学致力于探索世界各地不同语言之间的联系,从而帮助我们更好地理解语言多样性和语言普遍性。研究不同语言的特点和机制,可以让我们了解到语言在不同的文化、历史和社会背景中的发展与演变。语言类型学也为跨文化比较提供了重要的基础和参照。通过研究各种语言的类别和特征,我们可以建立基准,进行语言系统的比较和分析,以更好地了解不同语言之间的共性和区别。总的来说,语言类型学作为语言研究的一个重要分支,为我们提供了更全面、更深入地了解世界各地语言的机会。虽然它面临着一些挑战和限制,但同时也开启了我们对语言多样性和语言联系的探索之门。

但是随着历史比较语言学的崛起,很多学者完全抛弃了这种类型分类法,如梅耶(Antoine Meillet,1866—1936)认为它只不过是一种"儿戏","唯一有价值且有用的语言分类法是谱系分类法"。[1][2]

## 二、语言特征分类

进入20世纪,随着索绪尔《普通语言学教程》的出版,结构分析法获得了巨大成功。人们也重新开始关注语言结构类型的分类了。萨丕尔认为从语言进化和语言优劣的观念出发对语言的结构进行分类是完全错误的。他提出了概念分类法,认为要表达的概念有四类,即:基本概念、派生概念、具体关系概念和纯关系概念。基本概念和纯关系概念是任何语言都有的,而其他两种可有可无,因此,他的分类是:表达一、四两类概念的叫简单纯关系的语言(如汉语),表达一、二、四类概念的是复杂纯关系概念(如土耳其语),表达一、三、四类概念的是简单混合关系语言(如班图语),表达一、二、三、四类概念的是复杂混合关系语言,即一般所说的屈折语。不过这种分类太复杂,容易使人混淆,因此在学界反响不大。

随着语言研究的不断进步,语言类型研究也有了很大发展。结构语言学把语言分为不同层次,类型学研究也随着分为几个层次,如音位层。特鲁别茨科伊(Nikolai Sergeevich Trubetskoi,1890—1938)的《音位学原理》提出,只要有类似的音位对比关系,而且给音位定性的区别性特征也相似,这样的语言就可以划归同一类型。[3] 如世界上很多语言有5个元音(i,e,a,o,u),构成三角形元音体系,如现代希腊语、捷克语、波兰语、俄语、日语、祖鲁语等语

---

[1] Meillet, A. *Le problème de la parenté des langues*, Scientia 1914, (15):35.
[2] Meillet, A. *The Comparative Method in Historical Linguistics*. Paris: Champion, 1925.
[3] 特鲁别茨柯依著,杨衍春译:《音位学原理》,广西师范大学出版社,2015年。

言可归为一类。还有学者提出根据声调的有无把世界语言分为有声调语言和无声调语言。有声调的语言里,一个音节声调改变了,语意也随之发生变化。例如,西非有声调语言的约鲁巴语(Yoruba)中的 ko 念高调,指"学习",念中调则指"写",念低调则指"拒绝"。汉语的 ba,读 55 调指"扒",35 指"拔",214 调指"罢",51 调指"霸"。但是无声调的语言则不同,如英语的 bar,不论读高调还是低调,意思不变。

这些有声调的语言并非都有亲属关系。非洲、东南亚、墨西哥的一些语言,以及其他有声调变化的语言并没有同源关系。很多证据表明有声调的语言是在不同地区各自独立发展起来的。实际上,最初有声调的语言可能后来不再有声调,而本来无声调的语言也可能发展出一套声调系统。

形态层,主要是美国学者格林伯格所做的贡献。他用形态指数的形式化方法对语言结构类型进行分类,这是一种新的方法。他提出了十个类型的形态指数,即:综合(synthesis)、黏着(agglutination)、复合(compounding)、派生(derivation)、全屈折(gross inflection)、前缀化(prefixing)、后缀化(suffixing)、孤立(isolation)、纯屈折(pure inflection)、一致(concord)。每个指数设计一个公式,以此求出数值,然后从指数值中判断语言结构的类型。如:综合指数的分析公式为 M/W(M 为语素的数目,W 为词的数目),具体步骤为:统计语言中一个有代表性的语段(统计的语段越多,所得指数越精确)的语素的数量,除以该语段中词的数量,可得到语素/词的指数。如,The students are playing basketball 可以这样分析:

| The | student | s | are | play | ing | basket | ball |
|-----|---------|---|-----|------|-----|--------|------|
| 1 | 2 | 3 | 4 | 5 | 6 | 7 | 8 |

这个句子共 8 个语素,只有 5 个词,8/5 = 1.60。即英语的综合指数为 1.60。这种指数下限为 1,即每个词都有一个语素组成,实际上不存在这种语言,因此综合指数总是大于 1。据格林伯格的计算,越南语的综合指数为 1.06(即每 100 词有 106 个语素),英语 1.68,俄语 2.33,梵语 2.59。指数小于 2 的为分析型语言(如越、汉、英、波斯、意、德、丹麦等),指数在 2—

3 之间的为综合型语言(如俄、捷、波、立陶宛、拉丁、梵、古希腊、古斯拉夫等),指数在 3 以上的为编插语(如因纽特语、美洲的一些印第安语、古亚细亚语、某些伊比利亚—高加索语言)。[①] 这种分类,用具体数据说话,看起来比较科学。

句法层,实际上就是根据主、谓、宾的位置进行分类,理论上来说,有六种逻辑上可能存在的排列方式:VSO、SVO、SOV、VOS、OVS、OSV。但是这些排列,前三种是常见的,后三者罕见或根本不存在。因此可以说,类型学分类为人类语言推出了一般性结论,这个结论在任何一种人类行为的一般理论中,均可考量。[②] 根据主谓宾的顺序可把现代汉语和现代英语归入同一类,因为这两种语言中的名词都用相同的词形表示主格或宾格,主语通常和宾语同形;把拉丁语、俄语归入一类,因为这两种语言中的名词和代词的词形通常表示主格和宾格,主语和宾语即使调个位置也不改变语法意义。

除此之外,也还有人用别的标准,如根据各种语言的语法范畴(性、数、格、时等)各有什么特点,在不同词类中这些范畴各占多大比重等对语言进行分类。

### 三、雅科布逊的"同构"

雅科布逊的"同构"(isomorphism)理论是他在结构主义语言学领域的一项重要贡献。所谓"同构"(isomorphism),指结构格局相同,两种语言或更多语言之间在语音、语法或语义结构方面的类同现象。这个术语来自数学概念。结构语言学家把"同构"引入语言研究来分析语言结构各个平面的结构关系。语言学家认为,语言结构是一种分层体系:音位及其相互关系构成音位平面,语素及其相互关系构成语法平面。这两个平面的结构单位-eme 及单位内部的结构相互平行;它们都根据组合和聚合这两种关系运转,具有同构关系,因而可以用甲平面的研究方法去研究乙平面。结构语言学家用音

---

[①] Greenberg,J. H,*A quantitative approach to the morphological typology of language*. Int. J. Am. Linguist,1960,(26):192-220.

[②] https://wenku.baidu.com/ view/65dc833580 4d2b160a4ec05b.html#. 2014.

位分析法研究语素及其结构,其理论根据就是同构原则。雅科布逊把同构引入语言结构类型研究,认为不同语言具有同构关系。[①] 与以前理论的很大不同就在于他着眼于语言系统的结构而非现象的罗列或归纳。雅科布逊以此为基础考察语言间的同构。这种关联性的思想对后来的语言学研究产生了深远影响。

语言分层系统的结构由组合关系和聚合关系构成。雅科布逊认为,语言的组合关系呈现出直接成分和间接成分复杂的层次关系,语言的聚合关系也靠着多重成层的现象表现出来。从广义上来说,以前的语言类型分类也是一种同构,即根据结构格局把语言加以分类。而雅科布逊使用严格意义上的同构,还必须使用元语言对自然语言重新进行表述,以便使结构符合最大限度的经济原则。从这种视角考察语言的结构类型比以前的语言类型理论更加理论化和抽象化,在实际工作中更难运用,因而到现在还没有其他语言学家使用这种原则对语言进行结构类型分类。

雅科布逊的"同构"理论强调了语言系统的全局范畴。他认为语言的结构要通过关注不同语言单位之间的相互关系和对应关系,从而捕捉到语言系统的整体特征和规律。这种关注全局范畴的视角拓宽了语言分析的视野。雅科布逊的"同构"理论不仅在语言学领域产生了影响,也对其他学科产生了启示。他的理论提醒人们不仅要考虑语言内部的结构,还需要将语言与文化、社会和认知等领域进行关联。这种跨学科的思考方式对后来的语言学和跨学科研究有了重要意义。尽管雅科布逊的"同构"理论被广泛讨论和引用,但也存在一些争议。有些学者认为该理论在语言描述和分析上过于简化,并未充分考虑语言多样性和变异性。此外,一些学者还指出该理论在应用上可能存在一定的局限性。总的来说,雅科布逊的"同构"理论在语言学的发展史上具有重要地位,他的理论强调了语言结构与功能的关联、全局范畴的重要性以及跨学科研究的价值。尽管该理论并非没有争议,但

---

① Poetics. In Sebeok, Thomas A. (ed.). Style in Language. Cambridge: MIT Press, pp. 350-377.

它仍然对语言学的发展产生了积极影响,激发了人们对语言结构和功能关系的深入思考。

截止到目前,人类还无法找到绝对完美的分类法。世界语言到底有多少种,目前还无定论。人的能力有限,无法精通所有语言,因此无法断定哪些是人类所有语言都具有的普遍现象。

### 四、语言谱系分类

谱系分类则是把一组具有亲缘关系的语言,根据它们的直系进化(anagenesis/vertical speciation)和分支进化关系(cladogenesis / horizontal speciation)进行分类。依据语言的历史渊源,比较各语言的语法结构和最古老的基本词汇的语音和语义,发现这些语言之间的亲属关系,把世界上的语言分为若干语系,语系再分为若干语族,语族再分为若干语支。语言的这种谱系分类是受到了生物学分类方法的启发。借助生物学物种起源的思想,语言学家通常假定一组具有亲缘关系的语言存在一个共同的原始语(用 * 表示),并且原始语也通过直系进化和分支进化两种方式,形成当前的谱系分类体系。在漫长的语言演变过程中,早期语言形式很难被完整地保存记录下来,语言学家只能靠"比较法",重新构拟原始语言的面貌。19 世纪,欧洲的比较学派研究了世界上近一百种语言,发现有些语言的某些语音、词汇、语法规则之间有对应关系,他们便把这些语支归为一类,称为同族语言;有的族与族之间又有对应关系,又归在一起,称为同系语言,这就是所谓语言间的谱系关系。按照历史语言学的观点,声调的有无、语序(动词、主语和宾语的相对位置)、音节结构等类型特征无法支持或者否认语言同源关系的假设,因为这些特征容易扩散到不同的语系。唯有共同的形态成分(前缀、后缀、中缀、元音交替等)和基本词汇才能证明这种关系。

语言谱系分类揭示了不同语言之间的历史关系和演化路径。通过比较语言的词汇、语法、音系等特征,推测出它们的共同祖先和分化过程,进而建立起语系、语族或语支,这有助于理解语言的发展和语言之间的联系。语言谱系分类也为跨文化比较提供了有力的框架。通过比较不同语系或语族之间的共性和差异,可以更好地理解不同语言的特点和规律,这种比较有助于研究语言普遍性和特殊性之间的关系,以及语言变异和多样性的成因。同时,语言谱系分类方法提供了研究语言历史演化的重要线索。通过对不同语言之间关联性的分析,可以推测它们的演化历程和变化过程,有助于了解语言是如何随着时间演变和发展的,以及不同语族之间的共享和借用现象。

尽管语言谱系分类方法具有一定的优势,但也存在一些限制性。语言变异、接触和借用等因素可能会导致语言之间的界限不清晰,或者出现跨语言的相似性。此外,语言演化过程中的信息丢失和模糊性也影响谱系分类的准确性。需要注意的是,语言谱系分类并不是绝对准确和完善的,它也需要结合其他语言学研究方法和线索来得出更全面和准确的结论。在实际研究中,语言学家们通常会综合考虑语言类型学、历史文献、考古学和基因研究等多种证据和方法,以获取更为准确和全面的语言分类结果。

在近两个世纪里,各国学者把全世界形形色色的语言分成各种语系,如印欧语系、乌拉尔语系、亚非语系、阿尔泰语系、汉藏语系、南亚语系、南岛语系等,但还有一些语言至今系属不明,如分布于西班牙北部和法国西南部与西班牙接壤地区的巴斯克语、古代两河流域使用的苏美尔语等。有些语言,从谱系上看,不属于任何语系,如日语、朝鲜语等,可能是孤立语。

目前对世界语言进行谱系分类的学者很多,由于依据的方法不同,结论自然不一样。

岑麟祥在介绍世界语言分类时,介绍了印欧语系、汉藏语系、含·闪语系、芬兰·乌戈尔语系、突厥·蒙古·通古斯语系、伊伯利·高加索语系、南亚语系、马来亚·玻利尼西亚语系、达罗毗茶语系、班图语系及其他非洲诸语言、美洲诸语言。[①] 那个时候美洲印第安语系这个名称还没人提出来,非洲语言分类也少有人研究。

《中国大百科全书·语言文字卷》把世界语言分为:汉藏语系、印欧语系、乌拉尔语系、高加索语系、阿尔泰语系、达罗毗茶语系、南亚语系、南岛语

---

① 岑麟祥:《语言学史概论》,商务印书馆,1958年,第129-193页。

系、尼日尔—科尔多凡语系、尼罗—撒哈拉语系、亚非语系、克瓦桑语系、北美印第安语系、古西伯利亚诸语言。①《新编中国大百科全书》把世界语言分为 10 种：汉藏语系、印欧语系、乌拉尔语系、阿尔泰语系、闪—含语系、伊比利亚—高加索语系、达罗毗荼语系、马来·玻利尼西亚语系、南亚语系，还有非洲、美洲等地的语言。②

徐通锵和胡吉成基于《中国大百科全书·语言文字卷》将世界语言分为 13 个语系，45 个语族。这种分类是从民族起源、语言发展等诸多因素之间的关系，在总结世界各国特别是苏联语言学家对语言归类的基础上形成的，基本上与世界上广泛采用的语言系属归类相吻合。这 13 个语系是：汉藏语系、印欧语系、高加索语系、乌拉尔语系、阿尔泰语系、达罗毗荼语系、南亚语系、南岛语系、闪含语系、尼日尔—科尔多凡语系、尼罗—撒哈拉语系、克瓦桑语系、北美印第安语系。③

茹伦把世界语言分为 12 个大语系，它们是克瓦桑语系、尼日尔—科尔多凡语系、尼罗—撒哈拉语系、亚非语系、达罗毗荼语系、卡尔特维里语系、欧亚语系、德内—高加索语系、南方大语系、印度洋—太平洋语系、澳大利亚语系、美洲印第安语系。④

由于各个学者依据的标准不同，分类结果自然不同，但是基本大类已定，本文在考察前人研究成果的基础上，把世界语言分为汉藏语系、印欧语系、南亚语系、南岛语系、美洲印第安语系、阿尔泰语系、达罗毗荼语系、高加索语系、乌拉尔语系、亚非语系、尼日尔—刚果语系、克瓦桑语系、尼罗—撒哈拉语系等 13 个语系。后面将依次简要介绍各语系的研究历史、语系分类、语系特征及语系溯源。

---

① 《中国大百科全书》出版社编辑部编：《中国大百科全书：语言文字卷》，《中国大百科全书》出版社，1988 年，第 356-359 页。
② 黄勇：《新编中国大百科全书（A 卷·B 卷）》，延边大学出版社，2003 年。
③ 徐通锵和胡吉成：《语言学纲要学习指导书》，北京大学出版社，2001 年，第 189-194 页。
④ Ruhlen, M. On the Origin of Language. Stanford: Standford University Press, 1994.

# 第一章　汉藏语系

按母语人数计算,汉藏语系是仅次于印欧语系的世界第二大语系。"汉藏语系"是1924年提出的语言学术语,是语言学家按照谱系分类法划分的一组语群,但是划分形式多样,导致分类和归属问题至今未达一致。西方学者一般认为苗瑶语族和壮侗语族不属于汉藏语系,中国学者一般把苗瑶语族和壮侗语族划入汉藏语系。

按照李方桂的观点,汉藏语系的分布地区主要在中国、泰国、缅甸、不丹、尼泊尔、印度、孟加拉国、越南、老挝、柬埔寨等亚洲各地,此外,在世界其他地方也还有不少汉藏语系语言的使用者。① 以汉藏语系中的某一语言为国语或主要语言的国家有,中国(汉语)、泰国(泰语)、缅甸(缅甸语)、不丹(宗卡不丹语)、老挝(老挝语)等。由于汉藏系语言和方言的界限不易划清,对语言数目也有各种不同的估计。汉藏语系到底包括多少种语言,至今没有定论。美国学者谢飞认为汉藏语系大约有300种语言和方言②,日本学者西田龙雄估计约有400种语言和方言,使用人口在十亿以上,约占世界人口的四分之一,仅次于印欧语系③。根据"民族语"2023年最新版,汉藏语系有458种语言,覆盖地区从太平洋西海岸,直到尼泊尔、印度和巴基斯坦,汉语、

---

① Li, F.-K.(李方桂). *Languages and Dialects of China*, The Chinese Year Book, 1937, pp. 121-128.
② Shafer, R. *Classification of the Sino-Tibetan languages*. Word, 1955, (1):94-111.
③ 西田龙雄:《西番馆译语研究:西藏语言学序说》,松香堂,1970年。

藏语和缅甸语都在其中①。

张琨指出:"印欧语发生学关系的建立,鼓励人们去设想印度北部、缅甸、泰国、老挝、越南北部和中国(包括西藏)的一些语言也存在类似的关系。这些语言被认为是汉藏语系。"②由此可知,汉藏语系是比对印欧语系的名称提出来的。相比成熟的印欧语系研究,汉藏语系不管是名称还是分类依然存在争议。

## 一、汉藏语系研究历史

有关汉藏语系研究历史,详情可见李艳的《超级语系:历史比较语言学的新理论》③。汉藏语系的系属分类研究始于19世纪初。最早提出汉藏语同源的是德国学者克拉普罗斯(Julius von Klaproth,1783—1835),他认为汉语、藏语和缅甸语属于同一个语系("藏缅语系"),并提出日语、越南语、泰语和高棉语等跟这个语系没有同源关系。④ 当时,他的著作不受重视,后来就被淡忘了,直到20世纪90年代,他的著作才被重视起来。如今,他的观点已经成为语言学定论。当时流行的观点是莱顿(John Leyden,1775—1811)的"印汉语系(Indo-Chinese)",按照他的观点,亚洲所有语言同属一个语系(除了印度的雅利安语族),如汉语、泰米尔语、日语、突厥语、马来语都有同源关系⑤,因为西方学者对亚洲语言所知甚少,所以他们趋向于把那些陌生的语言都划入同一个语系。不过孔好古(August Conrady,1864—1925)把泰米尔语、突厥语、日语和南岛语从"印汉语系"里划出去了⑥,但是把汉语、泰语和

---

① https://www.ethnologue.com/subgroup/236/
② 张琨:《藏语在汉藏语系语言学中的作用》,台湾省"中央研究院"史语所集刊第48本第1分。
③ 李艳:《超级语系:历史比较语言学的新理论》,中国社会科学出版社,2012年,第22-33页。
④ von Klaproth, J. H. *Asia Polyglotta*. Paris:A. Schubart,1823.
⑤ Leyden,J. *On the languages and literature of Indo-Chinese nations*. Calcutta:Asiatick Society, 1808.
⑥ Conrady, A. *Eine indochinesische causative-denominativ-Bildung und ihr Zusammenhang mit den Tonaccenten*, Leipzig:Otto Harrassowitz,1896.

越南语这三种语言划入汉泰语族,却是一个错误的决定。

德国学者霍德格森(Brian Houghton Hodgson,1801—1894)在19世纪中叶前就发现和确定了相当一部分藏缅语族的语言。从1828年到1874年他共发表有关文章二十余篇。他批评了"印汉语系"这一术语,因为东南亚最有名的三种语言:缅甸语、越南语和泰语,居然分属三个不同语族。他把众多的藏缅语言看作是有某种内在联系的组群。随着调查材料的增加,1854年缪勒(Friedrich Max Müller,1823-1900)首次尝试对藏缅语做了分类。格里森描述说,缪勒把藏缅语分为两族,一族是"次喜马拉雅语言",一族是罗黑提克语言(Lohitic),包括缅语、纳嘎语、藏语、景颇语、库基—钦语和北阿萨姆方言[①]。这一点也正是汉藏语言发生学研究的起点。

进入20世纪后,人们对汉藏语的认识进一步深化。科诺和格里森反驳了印汉语系的观点,把汉语和台语或卡—岱语合成了与"藏缅语"有别的"台—汉语"。1909年科诺在格里森主编的《印度语言调查》第三卷中以《藏缅语族》为题界定了汉藏语的概念与范围,并将孟高棉语排除出汉藏语系。他对汉藏语的分类为:1.汉台语:A.汉语,B.台语;2.藏缅语[②]。这一分类方法已很接近现在的分类。沃尔夫也把存在差别的西支和东支,分别称之为"藏缅语系"和"台汉语系"[③]。实际上,科诺在1904年和1905年就论述过蒙达诸语(印度的南亚语)和藏缅语族,但是他的分类未包含苗瑶语,因为他掌握的材料多为藏语和喜马拉雅地区的语言,而对中国南部、越南、老挝,以及缅甸等地的藏缅语知之甚少。不过,他是最早提出壮侗语言属于汉藏语系的。科诺把台语归入汉藏语系对后世产生了较大的影响。与他同时代的法国汉学家马伯乐(Henry Maspero,1883—1945)也在多篇东南亚诸语言研究论文中把汉藏语系分为汉台和藏缅两个语族。

随后,普祖鲁斯基(Jean Przyluski,1885—1944)在《汉藏语》中把"印汉

---

① Hale, A. *Research on Tibeto-Burman Languages*. The Hague: Mouton de Gruyter, 1982.
② Konow, S. *The Tibetan-Burman Family*. Linguistic Survey of India, 1909, (3): 1-31.
③ Wulff, K. *Chinesisch und Tai: Sprachvergleichende Untersuchungen*. Københave: Levin & Munksgaard, 1934.

语系"改称为"汉藏语系"①,这个名称一直保留到现在,但是它的定义与之前大不相同。1930 年,西蒙(Walter Simon,1893—1981)发表了《汉藏语同源词初探》②,这是第一部系统的、大规模进行汉藏语言比较的著作。他选出 300 多对汉藏语同源词作音韵比较,其比较原则和方法为 20 世纪 60 年代以后从事同源词研究的学者所借鉴和发展。

中国学者赵元任在《语言区域图》(根据《中国分省新图》第二版)中将中国境内语言分为两大类,其中的一类就是汉藏语类,包括汉语系、台语系、苗瑶语系和藏缅语系③。另一位中国学者李方桂在《中国的语言和方言》中将汉藏语系分为藏缅语和汉台语两大类,其中汉台语包括汉语、台语和苗瑶语④。1973 年,李方桂在《中国语言学报》上发表了该文的修订稿,仍坚持三十六年前的看法,只是调整为四个语族并列⑤。李方桂是根据类型学标准提出这一假说的,即汉藏语言都是单音节、有声调。

1935 年,人类学家、博厄斯学派代表人物之一克鲁伯(Alfred Louis Kroeber,1876—1960)在加州大学伯克利分校工作项目管理(Works Project Administration)的资助下启动了汉藏语言研究项目。从开始到 1938 年由谢飞监管,后来由白保罗管理。在他们的带领下,三十名工作者(他们都不是语言学家)整理了所有可用的汉藏语言文献,最终得到了八份十五卷的《汉藏语言学》初稿。不过这些成果从未发表,但为谢飞的一系列论文,以及谢飞的五卷本《汉藏语言导论》和白保罗的《汉藏语概论》提供了语料。1955 年,谢飞发表了

---

① Przyluski, J. *Langues sino-tibétaines*. In A. Meillet & M. Cohen (eds.). *Les langues du monde*. Paris: Champion, 1924.
② Simon, W. *Tibetisch-Chinesische Worgleichungen, ein Versuch*. Berlin: Walter de Gruyter, 1930.
③ 赵元任:《中国分省新图》,"中华民国"新地图,第五图乙,语言区域图,上海申报馆,1934 年。
④ Li, F. -K. (李方桂). *Languages and Dialects of China*. The Chinese Year Book, 1937, pp. 121-128.
⑤ Li, F. -K. (李方桂). *Languages and Dialects of China*. Journal of Chinese Linguistics, 1973, (1):1-13.

《汉藏语言分类》,文中他将台语放入汉藏语中,但明确表示台语与汉语的关系很远①。本来是否把台语包括进来,他一直犹豫不决,直到在巴黎见到马伯乐,他才决定在问题最终解决之前还是保留它。

白保罗的《汉藏语概论》采用比谢飞更细致的方法进行分类,1941年完成了手稿,1972年由马提索夫重新编辑出版②。它奠定了现代汉藏语历史比较语言学的基础。他把汉藏语分为藏—克伦语和汉语族,又在藏—克伦语下面分藏缅语和克伦语两类。白保罗没有建立一个完整的语系,而是通过比较五种主要语言,并偶尔与其他语言进行比较,构拟原始藏缅语。他构拟了一个基于浊音的辅音首的二分法,由前辅音首制约的送气保留在藏语里,但在其他语言中却丢失了。虽然同源词的首辅音可能有相同的发音部位和发音方式,但是浊与送气却是不可预料的。这种不规律性受到米勒(Roy Andrew Miller,1924—2014)的质疑和反对③。白保罗的支持者们把它归于已经失落的前缀,而且这些前缀通常是不可恢复的。这个问题到了今天依然没有解决。白桂思(Christopher I. Beckwith,1945—)是少数仍在争论汉语与藏缅语没有关系的学者之一,他引用了这一点,并指出缺乏可构拟的共同形态,以及大量从汉语借用到藏缅语中的共有词汇材料证据④。白保罗还为藏缅语构拟了前缀,如使役 s-,不及物 m-,功能不确定的 r-、b-、g-和 d-,以及后缀-s、-t、和-n。

20世纪60年代末期,白保罗推动国际汉藏语言学会的成立,他与耶鲁大学、哥伦比亚大学和普林斯顿大学的一群学者于1968年组织召开了第一

---

① Shafer, R. *Classification of the Sino-Tibetan languages*. Word, 1955, (1):94-111.
② 白保罗著,马提索夫编,乐赛月、罗美珍译:《汉藏语言概论》,中国社会科学院民族研究所语言室印,1972/1984年。
③ Miller, R. A. *Sino-Tibetan: Inspection of a Conspectus*. Journal of the American Oriental Society, 1974, (2): 195-209.
④ Beckwith, C. I. *The Morphological Argument for the Existence of Sino-Tibetan*, Pan-Asiatic Linguistics: Proceedings of the Fourth International Symposium on Languages and Linguistics. Bangkok: Mahidol University at Salaya, 1996, pp. 812-826; Beckwith, C. I. *The Sino-Tibetan problem*. In C. I. Beckwith (ed.). *Medieval Tibeto-Burman languages*. Leiden: Brill, 2002, pp. 113-158.

届国际汉藏语言学会议。以后该会议每年在世界不同地点举行,并且一直持续至今,极大地推动了汉藏语系的研究,也激发了一大批爱好汉藏语言研究的年轻学者的兴趣,并吸引他们参加进来。目前参与汉藏语言研究的人数不断增加,可以这样说,国际汉藏语言学会功不可没。

后来更多的学者们加入到汉藏语系的研究中,如,学者包拟古的《原始汉语和汉藏语》是汉藏语比较研究的重要著作①。包拟古"以音节为单位"对汉藏语的400多个词汇进行了比较,确定了许多汉藏语的对应关系词。包拟古在他的著作中从头至尾运用了比较构拟的方法,这为探求上古汉语以至原始汉语(Proto-Chinese)的历史形式提供了途径。

1996年俄罗斯学者斯塔罗斯金提出的汉藏语系包括汉—基兰提语和藏缅语,后来他又做了修改,认为汉语,基兰提语和藏缅语应该并列。②

另外,学者杜冠明等的《汉藏语系》,谈到了在中国境外发现的很多语言③,因此从中国人的角度看特别有价值。2017年《汉藏语系》出版了第2版,该书首先对汉藏语系进行宏观的描述,其次以汉语和藏缅语为维度,选取一些具有代表性的语言进行具体描写和分析。这本书可以说是当代汉藏语研究新的里程碑。还有马提索夫等主编的《藏缅语系的各种语言和方言》,这本极为重要的书里收录了118页、双栏的、藏缅语群各个语言和方言的名称表,布拉德里(David Bradley)随后对该表进行了补充④。2003年马提索夫又发表了800多页的《原始藏缅语手册》⑤,文中提供了汉语和藏缅语的语音、词汇和形态比较。所有这些成果都进一步推动了汉藏语系的研究,使得汉藏语系研究更为成熟,在学界的接受度更高。

---

① 包拟古著,潘悟云、冯蒸译:《原始汉语与汉藏语》,中华书局,1995年。
② Starostin, S., I. Peiros. *A Comparative Vocabulary of Five Sino-Tibetan Language*. Melbourne: Melbourne University Press, 1996.
③ Thurgood, G., R. J. LaPolla (eds.). *The Sino-Tibetan Languages*. London and New York: Routledge, 2003.
④ Matisoff, J. A., S. P. Baron, J. Lowe. *Languages and Dialects of Tibeto-Burman*. Berleley: University of California, Press, 1996.
⑤ Matisoff, J. A. *Handbook of Proto-Tibeto-Burman: system and philosophy of Sino-Tibetan reconstruction*. Berkeley and Los Angeles: University of California Press, 2003.

国内也有很多学者利用历史比较法对汉语和少数民族语言进行比较研究,探寻汉语的起源,在这方面研究较早的有马学良教授。他主编的《汉藏语概论》[1],在国际汉藏语研究领域具有一定学术价值。吴安其的《汉藏语同源研究》运用人类学、考古学研究中的方法广泛讨论了汉藏语的来源及其支系的发展脉络,并对汉藏语系各语族的古音乃至原始汉藏语进行了系统构拟,从而得出了包括汉语和藏缅、苗瑶、侗台诸语族在内的汉藏语系诸语言间具有发生学关系的结论。该书还构拟了100个汉藏语(含侗台语)核心同源词。[2] 汪大年的《缅甸语与汉藏语系比较研究》通过缅甸语与汉藏语系语言在语音、词汇、语法、方言和文字等方面做全方位的共时和历时的比较研究后,发现汉藏语系中语言的变化有着共同的规律,揭示了汉藏语系有关民族的产生和发展,文化的传承、交流和融合的史实。[3] 另外还有丁邦新和孙宏开主编的《汉藏语同源词研究》[4]系列,分为"论汉语台语的关系""汉语与侗台语的发生学关系""论澳越语的语源关系及其谱系分类""关于原始汉藏语音节结构构拟的理论思考""汉语上古音系概要"几个部分,还有丁邦新的《汉藏系语言研究法的检讨》[5]。这些研究大大促进了国内汉藏语的研究。

汉藏语系的研究成果是语言学领域中的重要贡献之一。通过对汉藏语系不同语言的比较和分析,研究者们让我们对这一语系起源、发展和历史联系有了深入了解。

首先,汉藏语系的研究成果为我们揭示了这一语系内部的分类和关系。通过对各个语言的音韵系统、语法结构和词汇等方面的比较,研究者们建立了基于共同特征和历史演变的分类系统。这为我们理解各个语言之间的相似性和差异性提供了重要线索,帮助我们更好地了解这些语言的起源和分化过程。其次,汉藏语系的研究成果为我们提供了对汉藏语系历

---

[1] 马学良主编:《汉藏语概论》,民族出版社,2003年。
[2] 吴安其:《汉藏语同源研究》,中央民族大学出版社,2002年。
[3] 汪大年:《缅甸语与汉藏语系比较研究》,昆仑出版社,2008年。
[4] 丁邦新、孙宏开(主编):《汉藏语同源词研究》,广西民族出版社,2000年。
[5] 丁邦新:《汉藏系语言研究法的检讨》,载《中国语文》,2000年第6期。

史扩散的认识。通过对不同语言的地理分布和历史文化背景的考察,研究者们推测出了汉藏语系在不同时期扩散和迁移的可能路径,对于研究人类语言的迁移和演变具有重要意义。此外,汉藏语系的研究成果也为其他学科领域带来了影响。比如,语言地理学、人类遗传学和考古学等领域的研究者们通过汉藏语系的分布和历史联系,揭示了不同文化和人群之间的关系和交流。然而,我们也要意识到,汉藏语系的研究仍然存在一些未解之谜和争议。对于某些语言的分类和内部关系仍然没有完全确定,对于汉藏语系起源和扩散的具体机制仍然存在多种假说和不同观点。因此,汉藏语系的研究需要继续深入,并结合多学科的方法和证据,来解答这些问题。

### 二、汉藏语系分类

在对汉藏语系语言进行研究时,很多学者提出了自己的分类,并且都有自己的标准,因此分类结果大不相同。传统上把汉藏语系中汉语之外的其他语言统称为"藏缅语族"。然而,因为汉藏语系各语言之间差异很大,又缺乏历史文献材料,所以汉藏语系各语支之间的亲疏关系在学者之间存在很多争议。有三种百科全书(encyclopaedia):《中国大百科全书》民族卷、《不列颠百科全书》十六卷和《苏联大百科全书》十二卷都分别收录了"汉藏语系"或"汉藏语言"(Sino-Tibetan languages),并且内部分类各有不同。目前学界对汉藏语言的分类观点不一,现择其几种:

#### 1. 李方桂的分类

李方桂最早在《中国的语言与方言》中提出汉藏语系分为汉语族、壮侗语族、苗瑶语族、藏缅语族(见表1-1)[①],在1973年发表的同名论文中仍坚持这个分类法。

---

① Li, F. -K. (李方桂), *Languages and Dialects of China*. The Chinese Year Book, 1937, pp. 121-128.

表 1-1　李方桂的汉藏语系分类

| 汉语族 | 官话、晋语、粤语、湘语、吴语、徽语、赣语、客家话、闽北语、闽南语、闽东语、闽中语、莆仙语 |
|---|---|
| 藏缅语族 | 藏语支：藏语、嘉戎语、门巴语、羌语<br>彝语支：彝语、傈僳语、纳西语、哈尼语、拉祜语、白语、基诺语<br>景颇语支：独龙语、景颇语（克钦语）<br>缅语支：缅甸语、阿昌语、载佤语<br>未定（有争议）：普米语、土家语、珞巴语、怒语 |
| 壮侗语族 | 壮傣语支：泰语、傣语、壮语、布依语<br>侗水语支：侗语、水语、仫佬语、毛南语、（拉伽语）<br>黎语支：黎语<br>未定（有争议）：仡佬语 |
| 苗瑶语族 | 苗语支：苗语<br>瑶语支：瑶语、勉语<br>未定：畲语 |

　　李方桂把泰语和苗瑶语包括进来，是因为它们与汉语共享孤立类型学、声调系统和一些词汇。那个时候，声调类型学可用来当作分类的标准。李方桂的分类得到国内很多学者的响应。中国学者罗常培、傅懋勣在《国内少数民族语言文字的概况》(1954)中提出的汉藏语系分类表①，与李方桂的分类大致相同。20 世纪 50 年代以来，中国学者大都采用罗、傅二人的分类法，认为壮侗语族、苗瑶语族同汉语、藏缅语族不仅在形态上有许多共同特点，而且存在发生学关系，应属同一语系。

　　但是也有很多人反对，他们认为"藏缅语族"不存在，汉语在汉藏语系中没有特殊的地位，不是最早划出来的分支。有的学者甚至认为，汉语和藏语之间的关系比藏语和缅甸语的关系更为密切。在西方学术圈，特别是白保罗之后，西方学者早就不把泰语和苗瑶语放在汉藏语系里了，他们认为那些

---

① 罗常培、傅懋勣：《国内少数民族语言文字的概况》，载《中国语文》，1954 年第 3 期。

相似是由于扩散造成的。如库恩(Kuhn)把越南语排除在外,白保罗把泰语和苗瑶语也排除在外。1954年当奥德里古尔证明越南语的声调是原始孟高棉语尾辅音的映射时,这些观点终于被得到证实。①

语言分类本身是一个复杂的问题,不同的学者可能会根据其研究角度和方法得出不同的分类结果。并且语言分类存在一定的主观性和争议性,不同的学者可能会有不同的分类观点,甚至有时会出现互相冲突的意见。总的来说,李方桂将汉藏语系分为汉语族、壮侗语族、苗瑶语族和藏缅语族的观点是一种学术上的分类尝试,为深入研究汉藏语系的语言分类和语系关系提供了参考。

**2. 白保罗的分类**

1942年白保罗写成《汉藏语言概要》一书,1972年经过大力修改才出版。② 文中他把汉藏语系分为汉语和藏—克伦语两大类,又在藏—克伦语下面分藏缅语和克伦语两类(见表1-2)。他认为苗瑶语族、壮侗语族同汉语不存在发生学上的关系,其相同或相似之处或来自相互借用,或是类型学上的一致。他还认为苗瑶语族和壮侗语族在发生学上同印度尼西亚语有密切关系,应属同一语系,称澳泰语系,并举出一些壮侗语族同汉语不同源但同印尼语同源的词,以此证明其观点。他的分类没有包括越南语(他把越南语放在孟高棉语里)以及苗瑶语和壮侗语(在澳泰语里)。他保留了孔好古的印—汉语系分类,把克伦语(Karen)放在中间位置。

表1-2 白保罗的分类

| 汉藏语系 | 汉语 | |
|---|---|---|
| | 藏—克伦语 | 克伦语 |
| | | 藏缅语 |

李方桂和白保罗分歧的焦点在于:苗瑶语族、壮侗语族同汉语之间的相

---

① Matisoff, J. A. *Sino-Tibetan Linguistics*: *Present State and Future Prospects*. Annual Review of Anthropology, 1991, (20): 469-504.
② 白保罗著,马提索夫编,乐赛月、罗美珍译:《汉藏语言概论》,中国社会科学院民族研究所语言室印,1972/1984年。

同或相似是发生学上的同源关系,还是类型学上的一致或是借用关系。语言分类涉及多个因素。对于白保罗将汉藏语系仅分为汉语和藏—克伦语,也存在学术争议。其他学者持有不同的观点,并认为汉藏语系应该更细致地进行进一步的划分。

### 3. 马提索夫的分类[①]

马提索夫放弃了白保罗藏—克伦语系的假说,但也只是把汉藏语系分为汉语族和藏缅语族。一些西方学者,如布拉德里[②]和罗仁地(Randy J. LaPolla)[③]赞同马提索夫的分类,但是在藏缅语的具体分类上持不同意见。然而,向柏霖(Guillaume Jacques)指出,"比较工作从未能够为所有藏缅语(汉语除外的汉藏语言)的共同创新提供证据","似乎不再有理由将汉语视为汉藏语系的第一分支"。因为最近对古汉语的构拟弥补了汉语和藏缅语之间的形态差异[④]。

马提索大在《汉藏语词源词典和词库》的最终印刷版中,将汉藏语系的内部结构初步修改为以下谱系树模式[⑤](见表1-3)。马提索夫承认,汉语是作为藏缅语的姊妹语还是藏缅语的一个分支仍然是悬而未决的问题[⑥]。

---

[①] Matisoff, J. A. *Variational Semantics in Tibeto-Burman*: the 'organic' approach to linguistic comparison. Philadelphia: Institute for the Study of Huamn Issues, 1978. Matisoff, J. A. The Sino-Tibetan Etymological Dictionary and Thesaurus. Berkeley: University of California Press, 2015; https://en.m.wikipedia.org/wiki/Sino-Tibetan_languages.

[②] Bradley, D. *Tibeto-Burman languages and classification*. In D. Bradley (ed.), *Tibeto-Burman Languages of the Himalaya*. Pacific Linguistics, 1997, (86): 1-72.

[③] LaPolla, R. J., C. Huang, *A Grammar of Qiang, With Annotated Texts and Glossary*. Berlin: Mouton de Gruyter, 2003.

[④] Jacques, G. *La morphologie du sino-tibétain*. La linguistique comparée aujourd'hui, EHESS, 2006.

[⑤] Matisoff, J. A. *The Sino-Tibetan Etymological Dictionary and Thesaurus*. Berkeley: University of California Press, 2015, pp. xxxii, 1123-1127.

[⑥] Matisoff, J. A. *The Sino-Tibetan Etymological Dictionary and Thesaurus*. Berkeley: University of California Press, 2015, p. xxxi.

表 1-3 马提索夫的汉藏语系分类①

| 汉语 | | |
|---|---|---|
| 藏缅语 | 印度东北地区群 | "北阿萨姆语组" |
| | | 库基—钦语(Kuki-Chin) |
| | | "纳嘎(Naga)"语 |
| | | 美代语(Meitei) |
| | | 米吉尔或卡比语(Mikir/Karbi) |
| | | 木卢语(Mru) |
| | | 萨尔语(Sal) |
| | 喜马拉雅语 | 藏—基瑙里语(Kinauri) |
| | | 内瓦尔语(Newar) |
| | | 基兰提语(Kiranti) |
| | | 康巴—马嘎尔—车旁语(Kham-Magar-Chepang) |
| | 唐古特—羌语(Tangut-Qiang) | 唐古特语 |
| | | 羌语 |
| | | 嘉戎语(Rgyalrongic) |
| | 怒语(Nungic) | |
| | 土家语 | |
| | 缅—彝—纳西语 | 彝—缅语(Lolo—Burmese) |
| | | 纳西语 |
| | 克伦语 | |
| | 白语 | |

总的来说,马提索夫的观点在学术界引起了广泛的关注和讨论。他的分类观点相对于前任学者的分类更为细致。这种观点提供了对汉藏语系中各个语族关系的更具深度和广度的认识。他将藏缅语进一步细分为很多个语支,这种细致的分类使得我们能够更准确地理解和比较不同语言之间的关系。他结合了文献资料和比较研究,对语言之间的共性和差异进行了深入分析。这种综合考察能够提供更具说服力的证据来支持他的分类观点。

---

① Matisoff, J. A. *The Sino-Tibetan Etymological Dictionary and Thesaurus*. Berkeley: University of California Press, 2015.

马提索夫是汉藏语系研究领域的重要学者之一,他的观点在该领域产生了广泛的影响力。他的分类观点为后续的研究提供了重要的理论基础,推动了汉藏语系研究的发展。

### 4.德里姆1997年和2001年的分类

德里姆和谢飞一样,否认汉语和其他语言之间存在很大分歧,认为汉语在汉藏语系中的优势在于历史、类型和文化等标准,而非语言标准。他把整个语系称为"藏缅语系",他说这个名字具有深刻的历史意义。尽管如此,其他拒绝接受汉语优势地位的语言学家仍将由此产生的语系称为"汉藏语系"。像马提索夫一样,德里姆承认,库基—纳嘎语(Kuki-Naga)(库基语、米佐语、美代语等)之间以及与语系其他语言之间的关系仍不清楚。然而,德里姆并没有像马提索夫那样把它们放在一个地理分组中,而是不给它们分类。他提出过好几个假说,包括把汉语又重新分到汉—博语系里(Sino-Bodic)(见表1-4)。

表1-4 德里姆的分类[①]

| | | | | |
|---|---|---|---|---|
| 藏缅语系 | 西支(巴语,雅鲁藏布江语,或萨尔语) | 迪马尔语(Dhimal),博多—嘎罗语(Bodo-Garo),孔亚克语(Konyak),克钦—卢克语(Kachin-Luic) | | |
| | 东支 | 北支(汉—博语) | 西北支(博语) | |
| | | | 东北支(汉语) | |
| | | 南支 | 西南支 | 彝—缅语,克伦语 |
| | | | 东南支 | 羌语,嘉戎语 |
| | 一些小语系及孤立语 | 内瓦尔语,怒语(Nungish),马戈里克语(Magaric)等 | | |

---

① van Driem, G. *Sino-Bodic*. Bulletin of the School of Oriental and African Studies, 1997, (3): 455-488; van Driem, G. *Languages of the Himalayas: An Ethnolinguistic Handbook of the Greater Himalayan Region*. Leiden: Brill, 2001.

德里姆找到了两个主要证据,正是这两个证据确定了汉语和博语之间的特殊关系,从而将汉语纳入藏缅语系内。首先,古汉语和现代博语的形态有许多相似之处。其次,汉语和博语之间有大量同源词,其中博语以基兰提语的林布语(Limbu)为代表。作为回应,马提索夫指出,大量共享词汇的列出只是为了建立两个语系之间的绝对关系,而非它们彼此之间的相对关系。尽管德里姆提出的一些同源词仅限于汉语和博语,但其他许多同源词通常存在于汉藏语言中,因此不能作为汉语和博语之间特殊关系的证据。德里姆将汉语归入汉—博语系的观点存在着一些学术上的争议。一些学者认为,汉语与其他博语系相比,存在着很大的差异和独特性,难以划归到同一语系中。此外,汉—博语系作为一个新的语系概念,其界定和范畴也有待进一步讨论。无论是否认同将汉语归入汉—博语系,这种探索和思考对于我们更深入地认识汉语和其他语言之间的关系具有一定的学术价值。这种尝试为我们提供了新的思路和方法,推动了汉语和其他语言之间关系的研究。

**5. 德里姆 2001 年和 2014 年的分类**

德里姆还提出了一个"落叶"模型,他列出了数十个已确立的低层次语组,但是对这些语组的中间阶段却茫然无知。[①] 在最新的版本中(2014),他识别出了 42 个语组[②](见表 1-5)。

---

[①] van Driem, G. *Languages of the Himalayas: An Ethnolinguistic Handbook of the Greater Himalayan Region*. Leiden: Brill, 2001.

[②] van Driem, G. Trans-Himalayan. In T. Owen-Smith & N. W. Hill (eds.). *Trans-Himalayan Linguistics: Historical and Descriptive Linguistics of the Himalayan Area*. Berlin: Mouton de Gruyter, 2014, pp. 11-40.

表 1-5　德里姆的分类①

| 博迪什语 | 车旁语 | 赫卢希什语(Hrusish) |
| --- | --- | --- |
| 仓拉语(Tshangla) | 拉吉—老特语(Raji-Raute) | 迪加里什语(Digarish) |
| 西喜马拉雅语 | 杜拉语(Dura) | 米兹什语(Midzuish) |
| 塔曼吉语 | 欧乐语('Ole) | 塔尼语(Tani) |
| 内瓦尔语 | 贡杜克语(Gongduk) | 迪马尔语 |
| 基兰提语 | 洛克布语(Lhokpu) | 雅鲁藏布江语(萨尔语) |
| 列布查语(Lepcha) | Siangic 语 | 朴余语(Pyu) |
| 马戈里克语 | 克—布瓦语(Kho-Bwa) | 奥语(Ao) |
| 安嘎米—颇楚里语(Angami-Pochuri) | 木卢语 | 尔苏语(Ersuish) |
| 唐库尔语(Tangkhul) | 汉语 | 奈克语(Naic) |
| 泽米语(Zeme) | 白语 | 嘉戎语 |
| 美代语 | 土家语 | 景颇语 |
| 库基什语 | 彝—缅语 | 怒语 |
| 卡比语(Karbi) | 羌语 | 克伦语 |

德里姆还建议把汉藏语系重新命名为"跨喜马拉雅语系"(Trans-Himalayan),这个名字更中立一些。② 奥兰迪(Georg Orlandi)也认为德里姆的跨喜马拉雅语系的落叶模式比汉藏语系分为汉语和藏缅语的二分法更合理。③

**6. 布伦奇和帕斯特的分类**

布伦奇(Roger Blench,1953—)和帕斯特(Mark W. Post,1973—)批评了传统的汉藏语系分类法,他们认为那些缺乏书面语历史的小语种(不像汉语、藏语和缅语)没有什么价值。布伦奇和帕斯特发现,要证明那些小语种

---

① an Driem, G. *Languages of the Himalayas: An Ethnolinguistic Handbook of the Greater Himalayan Region*. Leiden: Brill, 2001; van Driem, G. *Trans-Himalayan*. In T. Owen-Smith & N. W. Hill (eds.). *Trans-Himalayan Linguistics: Historical and Descriptive Linguistics of the Himalayan Area*. Berlin: Mouton de Gruyter, 2014, pp. 11-40.

② van Driem, G. *The diversity of the Tibeto-Burman language family and the linguistic ancestry of Chinese*. Bulletin of Chinese Linguistics, 2007, (2): 211-270.

③ Orlandi, G. *Once again on the history and validity of the Sino-Tibetan bifurcate model*. Journal of Language Relationship, 2021, (3-4): 263-292.

的下位分类,尤其是印度东北的小语种,证据很少甚至完全没有。

根据他们的观点,像这样的语言最好不分类,或者把它们当作语系内部的"孤立语"。他们建议,只对剩下的语言临时分类(见表1-6)。

表1-6 布伦奇和帕斯特的汉藏语系分类①

| 汉藏语系 | 卡比语(米克尔语) | | | |
|---|---|---|---|---|
| | 木卢语 | | | |
| | 未命名 | 未命名 | 塔尼语 | |
| | | | 纳戈语(Nagish):奥语,库基—钦语,唐库尔语,泽米语安嘎米—颇楚里语和美代语 | |
| | | 未命名 | 西支:贡杜克语,欧乐语,马哈基兰提语(Mahakiranti),列布查语,康巴—马戈里克—车旁语,塔曼吉语 | |
| | | | 克伦语 | |
| | | | 景颇—孔亚克语—博多语 | |
| | | | 东部语 | 土家语 |
| | | | | 白语 |
| | | | | 北羌语 |
| | | | | 南羌语 |
| | | | | 未命名 | 汉语 |
| | | | | | 彝—缅—纳西语 |
| | | | | | 博迪什语 |
| | | | | 怒语 | |

随后,他们发现,相比汉藏语系的那些"小语种",实际上这三个主要语支之间关系更亲密,因此布伦奇和帕斯特认为"汉藏语系"或"藏缅语系"这个名称对于最早分裂出去的不同语言来说都是不合适的。他们赞同使用"跨喜马拉雅语系"这个名称。布伦奇和帕斯特提出的汉藏语系分类观点是对传统汉藏语系分类的一种新的尝试,对传统汉藏语系分类提出了新的思考和认识。尽管他们的观点还需要更多的证据和研究来支持,但这种开拓

---

① Blench, R., P. Mark. *Rethinking Sino-Tibetan phylogeny from the perspective of North East Indian languages*. In N. W. Hill & T. Owen-Smith (eds.). *Trans-Himalayan Linguistics*. Berlin: Mouton de Gruyter, 2014, pp. 71-104.

精神对于我们更全面地理解和研究汉藏语系具有积极的意义。

**7. 张梦翰等人的分类**

2019年,中国学者张梦翰等人在《自然》杂志上发表论文《语言谱系证据支持汉藏语系在新石器时代晚期起源于中国北方》,文章根据词汇证据提出了汉藏语系的谱系树分类(见表1-7)①。

表1-7 张梦翰等人的汉藏语系分类

| 汉语 | | | | | | | |
|---|---|---|---|---|---|---|---|
| 藏缅语 | 未命名 | 克伦语 | | | | | |
| | | 库基—钦—纳嘎语 | | | | | |
| | 未命名 | 萨尔语 | | | | | |
| | | 未命名 | 未命名 | 迪戈里西语(Digarish) | | | |
| | | | | 塔尼语 | | | |
| | | | 未命名 | 未命名 | 喜马拉雅语 | | |
| | | | | | 怒语 | | |
| | | | | 未命名 | 基瑙里语 | | |
| | | | | | 未命名 | 未命名 | 古隆—塔芒语(Gurung-Tamang) |
| | | | | | | | 博迪什语 |
| | | | | | | 未命名 | 未命名 | 奈克语 |
| | | | | | | | | 尔苏语,羌语,嘉戎语 |
| | | | | | | | 彝—缅语 |

张梦翰等人利用词汇证据构建汉藏语系的谱系树代表了该领域方法上的进步。他们通过分析大量的词汇数据并应用复杂的计算机技术,揭示了不同语系之间的演化关系。他们的研究为我们提供了一个清晰的分类框

---

① Zhang, M., S. Yan, W. Pan, L. Jin. *Phylogenetic evidence for Sino-Tibetan origin in northern China in the Late Neolithic*. Nature, 2019, (7754): 112-115.

架。总体而言,张梦翰等人根据词汇证据对汉藏语系进行谱系树分类的研究为我们了解该语系内不同语言之间的潜在关系提供了有价值的见解。

从上面各位学者的语言分类中可以看出,20世纪后期大多数西方学者赞同白保罗的分类法,马提索夫(James Matisoff,1937—)[1]是最杰出的代表。另外,布拉德里[2]和杜冠明(Graham Thurgood)[3]也表示赞同,他们保留了汉语和藏缅语的二分法。但有学者反对二分法,更有人认为汉语在汉藏语系谱系树中的地位可能比较接近藏语,反而汉语和缅甸语或者羌语的关系没有那么密切。还有少数学者(如白桂思和缪勒)不认为藏缅语族和汉语族有发生学关系。甚至有学者把汉语置于藏缅语系之下,如德里姆(George van Driem,1957—),他把汉语和藏语并称汉藏语族,作为藏缅语系的一个分支[4]。还有一种比较中立的观点,认为汉藏语系包括汉语、藏语支、缅彝语支、羌语支、土家语、独龙语、萨尔语支(景颇语、博多语—嘎罗语言),以及其他语支,但支持者寥寥无几。还有一些学者根本不同意"汉藏语系"这个名称,如著名汉藏语语言学家张琨在《中国境内非汉语研究的方向》中指出"汉藏语系这个概念是根据地域类型的特点提出来的,不是用语言学的方法来建立的语言分类"[5]。

另外一些学者认为汉藏语系与其他语系有发生学关系,可以构成更大的超级语系,如:斯塔罗斯金认为汉藏语系与叶尼塞语和北高加索语有发生学关系,构成汉—高加索语系(Sino-Caucasian)。后来该语系扩展到北美的

---

[1] Matisoff, J. A., S. P. Baron, J. Lowe. *Languages and Dialects of Tibeto-Burman*. Berkeley: University of California, 1996.

[2] Bradley, D. *Tibeto-Burman languages and classification*. In D. Bradley (ed.). *Tibeto-Burman languages of the Himalayas*. . Pacific Linguistics, 1997, (14):1—72.

[3] Thurgood, G., R. J. Lapolla (eds.). *The Sino-Tibetan Languages*. London and New York: Routledge, 2003.

[4] van Driem, G. *Languages of the Himalayas: An Ethnolinguistic Handbook of the Greater Himalayan Region, containing an Introduction to the Symbiotic Theory of Language* (2 vols.). Leiden: Brill, 2001.

[5] 张琨:《中国境内非汉语研究的方向》,《中国语言学论集》,幼狮月刊社,1977年。

纳—德内语、布鲁沙斯基语、巴斯克语,有时甚至包括伊特鲁里亚语(Estruscan),被称为"德内—高加索语系"。又有人提出德内—叶尼塞语系假说,这个语系比前者范围要小。但是几乎所有的历史语言学家都拒绝接受这些超级语系假说。其实早在1925年,美国语言学家萨丕尔就认为,跟其他美洲语言相比,纳—德内语跟汉藏语的关系更近。他认为汉藏语与纳—德内语有发生学关系。① 卡维尼(Geoffrey Caveney)持相同观点②,但是他的证据不足以证明汉—高加索语系或者德内—高加索语系的成立。

法国学者沙加尔(Laurent Sagart,1951—)提出,汉藏语系和南岛语系(包括侗台语)存在发生学关系,称为汉—南岛语系假说。③ 帅德乐进一步扩大范围,把宏勉语也加进来。④

很多学者还认为汉藏语系与印欧语系同源,如:孔好古认为汉藏语系与印欧语系存在发生学关系,它们构成汉藏—印欧语系。最早做汉语与印欧语言对比的是18世纪的北欧学者鲁德贝克(Olaus Rudbeck,1630—1702)。他比较了哥特语和汉语的词汇,猜测二者可能有共同的来源。19世纪下半叶,孔好古,古斯塔夫·施勒格尔等,相继提出汉语与欧洲语言同源。其中孔好古通过比较汉语与印欧语的家畜词汇,首次提出印—汉超级语系(包括汉语、藏语、缅语和印欧语)。20世纪,谢飞提出欧亚超级语系,并且列出了藏缅语和印欧语之间几百条相似词。⑤ 20世纪60年代以来,加拿大汉学家

---

① Sapir, E. *Review*: *Les Langues du Monde*. Modern Language Notes,1925,(6):373-375.

② Caveney, G. *Sino-Tibetan ŋ- and Na-Dene \*kw- / \*gw- / \*xw-: 1st Person Pronouns and Lexical Cognate Sets*. Journal of Chinese Linguistics,2014,(2):461-487.

③ Sagart, L. *Sino-Tibetan-Austronesian: an updated and improved argument*. In L. Sagart, R. Blench, A. Sanchez-mazas (eds.). *The Peopling of East Asia: Putting Together Archaeology, Linguistics and Genetics*. London: Routledge Curzon,2005,pp.161-176.

④ Starosta, S. *Proto-East Asian and the origin and dispersal of languages of east and southeast Asia and the Pacific*. In L. Sagart, R. Blench & A. Sanchez-mazas (eds.). *The Peopling of East Asia: Putting Together Archaeology, Linguistics and Genetics*. London: Routledge Curzon,2005,pp.182-197.

⑤ Shafer. R. *Eurasial*. Orbis,1963,(12):19-114;Shafer. R. *The Eurasial Linguistic Superfamily*. Anthropos,1965,(60):118.

蒲立本开始从历史比较语言学、人类学、考古学等方面论证汉藏语与印欧语言的发生学关系。[①] 21 世纪后,周继徐[②]、高晶一[③]等一批中国学者也提供了几百条汉藏语和印欧语系的同源词。

历史上汉藏语系的分类经过了多次修正和完善。早期的学者主要通过比较各个语言的音韵系统、词汇和语法结构等方面的共性和差异,建立了基于语音和文字的分类体系。这些分类为后来的研究者提供了重要的基础,奠定了对汉藏语系相关语言进行研究的基本框架。然而,随着研究的深入,学者们发现早期的分类存在一些不足之处,如分类划分模糊、类别数量过多等问题。因此,他们开始尝试使用更精确的方法和工具,如语料库语言学和计算机辅助语言比较等,进一步深入研究汉藏语系的各个分支和语言之间的联系。这些新方法使得研究者能够更深入地了解汉藏语系相关语言的语言特点和演变历史,从而提出了更为准确和科学的分类系统。总体而言,以往学者由于当时的科技水平所限,只能依靠手工比较各个语言的音韵系统、词汇和语法结构等,所以存在一些缺陷和不足。随着技术的进步,学者们通过使用更为精确的方法和工具,对汉藏语系的分类进行了更深入、更准确的研究,提出了更为科学、更具有可靠性的分类。

### 三、汉藏系语言特点

汉藏语系是一个广泛分布的语系,包含了多种语言,如前所述。虽然这些语言在具体的语音、语法和词汇方面存在差异,但它们也有一些共同的特点,这些特点使得它们可以被归类为汉藏语系。语法方面,大多数汉藏语都

---

① Pulleyblank, E. *The Chinese Cyclical Signs as Phonograms*. Journal of American Oriental Society, 1979, (119):24-38; Pulleyblank, E. *The Chinese and their Neighbors in Prehistoric and Early Historic Times*. The Origins of Chinese Civilization, 1983; Pulleyblank, E. *Central Asia at the Dawn of History*. Journal of Chinese Linguistics, 1999, (27): 163-168.

② 周及徐:《汉语印欧语词汇比较》,四川民族出版社,2002 年。

③ 高晶一:《汉语与北欧语言》,中国社会科学出版社,2008 年。

是主—宾—谓语结构,比如"我饭吃"。只有汉语、白语(云南大理白族的语言)和缅甸东部的克伦语是主—谓—宾语结构,就是"我吃饭"。汉藏系语言单音节词根占绝大多数,而且大都可以自由运用。语音也是复杂多变,除个别语言外,每一个音节都以不同的声调表示不同的意义。有的语言多达八个以上声调,有的语言没有声调。

由于汉藏系语言的历史比较尚未全面、深入地进行,因而对其特点的认识主要在现状方面。通过语言比较可以看出,不同语言间不仅在现状上有许多共同的特点,而且还存在着许多共同的发展规律。如[①]:

(1)每个音节有固定的声调,声调能区别词汇意义。在有些语言里,声调还能区别语法意义。声调同声母、韵母的关系很密切。三者在发展过程中互相影响、互为条件。声调因声母清浊而分阴阳,这一规律在整个语系中具有普遍性。从中古汉语到现代各语言的四声,普遍经历了分阴阳的过程。

(2)汉藏系许多语言的元音分长短,长短元音的对立大多出现在带韵尾的主要元音上。以壮侗语族为最普遍,粤语、苗瑶语族的勉语、藏缅语族的藏语、珞巴语、独龙语等也有这种对立。

(3)许多语言的声母有清浊对立,并有共同的发展趋势,如汉语族的吴语,壮侗语族的壮语、水语、毛南语、黎语,苗瑶语族的勉语,藏缅语族的嘉戎语、彝语、哈尼语、傈僳语、拉祜语等。在多数语言里,清浊对立主要在塞音、塞擦音、擦音上。塞音、塞擦音的清浊对立大多只出现在不送气音上。有些语言,如苗语、缅甸语、彝语、阿昌语、勉语、拉珈语等的鼻音、边音(或其中一个)也分清浊。

(4)韵尾的发展很不平衡,但存在从繁到简的趋势。一般是:塞音韵尾由部分合并(如 p 并于 t)和转化(如 k 变为 ŋ)到全部转化为-ŋ,然后-ŋ 又脱落;鼻音韵尾与塞音韵尾发音部位相同,往往平行发展(如 p 并于 t 则 m 并于 n),然后转化为元音的鼻化,直至鼻化成分进一步消失。中古汉语有-p、

---

[①] 瞿霭堂、劲松:《汉藏语言研究的理论和方法》,中国藏学出版社,2000。

-t、-k、-m、-n、-ŋ等韵尾。到了现代方言,有的全部保留(如粤语),有的局部消失了(如吴语)。

(5)汉藏语系一部分语言还保留着复辅音声母。复辅音以二合的为多,还有少量三合的。

(6)汉藏语系各语言中的词序和虚词是表达语法意义的重要手段。词序比较固定。虚词种类较多,在句中表示各种不同的语法意义。汉藏语系语言词类上的一个特点是有量词。量词的作用主要表示事物的单位和动作行为的量。此外,许多语言的量词还兼表事物的类别、形状、性别、级别等特征。汉藏语系语言有词的重叠形式,在许多语言里具有共同的特点,表重叠的范围、作用、形式等。其次,各语言还有一批表示不同句式和语气的助词,一般都用于句子末尾。

(7)汉藏系语言广泛运用各种助词来表达复杂的语法意义。首先,各语言有多种表示句子成分结构关系的助词。其中有表示限制、补充关系的,有指明主语、宾语、主动者、被动者的,有用在表示处所、时间、工具等状语后面的,等等。这类助词使某些语序具有一定的灵活性。

(8)汉藏系语言词类上的一个特点是有量词。除藏缅语族有些语言(如藏语、景颇语等)量词还不太发达外,一般都有丰富的量词。量词的作用主要是表示事物的单位和动作行为的量。

(9)除藏缅语族中的有些语言(如嘉戎语、景颇语等)有较多的多音节单纯词外,汉藏语系大多数语言的词主要由单音节的单纯词和多音节的复合词组成。中国境内由于使用汉语的人口多,分布广,所以汉语以外的汉藏语系语言都普遍借用汉语词。

需要注意的是,汉藏语系语言的特点并不是相同的,每种语言都有自己的独特之处。此外,汉藏语系中的一些方言和语言互相影响,也会导致产生一些变化和差异。因此,在评价汉藏语系语言的特点时,需要结合具体的语言进行考量,并充分意识到语言内部和语言之间的差异。

### 四、汉藏系语言溯源

一万年前,欧亚大陆见证了两大语系的诞生:西方产生了印欧语系,东方出现了汉藏语系,如今,世界上超过60%的人口所讲的语言均属于这两大语系。汉藏语系分布极广,从太平洋西岸至内陆的尼泊尔、巴基斯坦,都有说汉藏语系语言的人。然而,学术界对汉藏语系诞生于何时何地一直争论不休。这个话题极其复杂且富有挑战性,对于一个如此庞大和多样的语系,确定其准确的起源并不是一项容易的任务。然而,学者们通过多年的研究和探索,在该领域取得了重要进展,并提出了一些理论和假设。最近,学者们开始运用计算机辅助语言比较和统计分析等方法,依靠大规模的语料库数据,以探索汉藏语系的起源和演化。他们使用基因组学中的一些原理和方法,构建了语言谱系树状图,并推测了不同语言之间的分支关系。截止到目前,对汉藏语系语言的起源探讨,学界主要有三种观点。

一是"北方起源说"。此学说认为汉藏语系大约起源于六千年前中国北方的黄河流域,并且与马家窑文化和仰韶文化的出现有关。如:马提索夫认为,六千年前,说汉语的人群居住在黄河流域,其他人则沿长江、澜沧江(湄公河)、怒江(萨尔温江)、雅鲁藏布江(布拉马普特拉河)南下。[①] 另外,语言演化与农业扩张息息相关。当人类进入新石器时代,种植业和畜牧业越发达的部落,其所讲语言的地位也会越高。研究人员特别考察了诸多有关农耕家庭的词汇,以解释农业发展与语言演化的关系。在他们所构建的谱系中,至少六项驯化物种可以找到相对应的古词,包括粟(小米)、猪、绵羊、水稻、牛和马。考古学上,这些物种也的确在当时被驯化。粟、猪、绵羊等词甚至在七千两百年前就已经出现在原始语系中,但最早讲汉藏语的祖先,并不知道"水稻"。这些词语来源于农耕民族,按时间和地点推算,他们属于晚期磁山文化和早期仰韶文化。与北方起源假说一致,这一语言产生后,主要分

---

[①] Matisoff, J. A. *Sino-Tibetan Linguistics: Present State and Future Prospects.* Annual Review of Anthropology, 1991, (20): 470–471.

化为两支,东支演化为汉语,而西支则演化出了包括藏语在内的多种语言。

2019 年,《自然》和《国家科学院院刊》先后刊登论文,表示已解开汉藏语系的起源之谜。前者认定汉藏语系的起源时间约为五千九百年前,后者认为起源时间约为七千两百年前;但两者在起源的地点上共同指向中国北方的黄河流域。

《自然》上的论文《语言谱系证据支持汉藏语系在新石器时代晚期起源于中国北方》,综合运用了语言学和遗传学等多学科交叉的分析方法,揭示出汉藏语系在新石器时代晚期起源于中国北方。他们通过对 109 种汉藏语系语言的近千个词汇词根及语义组合进行系统发生学建模分析,重构了汉藏语系诸语言间的亲缘关系,并以此推算出汉藏语系的分化时间和起源地。借助语言学的材料,他们还用遗传学方法系统分析了汉藏语系的各语言,共同回答了汉藏语人群的演化、汉藏语系起源等问题。研究结果显示,东亚地区汉藏语系诸多语言有着同源关系,汉藏语系的起源与演化很可能与仰韶文化及马家窑文化的发展有密切关联。计算的树形结果支持了汉语是最早从汉藏语系中分化出来的,而藏缅语构成一个单独的支系的说法。汉藏语的首次分化时间约在六千年前,而藏缅语内部分化大约从四千八百年前开始。这些都和前面所说的传统观点一致,即汉藏语系最早分化应该是在中国北方,很可能与仰韶文化相联系,而藏缅语先民可能与马家窑文化相关。现代藏缅语人群都是数千年内从马家窑文化遗址处逐渐向南及向西迁徙的。而现今四川西部到喜马拉雅山南麓藏缅语极高的多样性,一是因为高山深谷密林、人群之间相对隔绝造成的,同时也可能是汉藏语人群到达这里以后与当地以采集狩猎为生的原住民混合交流的结果,并不能说明这里是祖源地。[①]

而《国家科学院院刊》刊登的论文《基于语言谱系学和时序学的研究方法揭示汉藏语系的祖先》(Dated language phylogenies shed light on the ancestry of Sino-Tibetan)运用谱系分类法对古汉语、古藏语和古缅甸语等 50 种汉藏

---

[①] Zhang,M.,S. Yan,W. Pan,L. Jin. *Phylogenetic evidence for Sino-Tibetan origin in northern China in the Late Neolithic*. Nature,2019,(7754):112-115.

语系语言的数据展开分析。研究结果显示,汉藏语系起源于种植粟的农业人口,他们生活在磁山文化晚期和仰韶文化早期的黄河流域,并经过长期的演化历程,形成了如今的汉语、藏语、缅语等。[1]

从二者的结论来看,汉藏语系来源于北方似乎是不争的事实。随着科学技术的发展,学界会找到更有利的证据来证明汉藏语系的来源。

汉藏语系语言起源的第二个观点是"西南起源说"。该学说认为汉藏语系起源于至少九千年前的东亚西南部某地或印度东北部,并与晚期磁山文化和早期仰韶文化相关。如德里姆认为,汉藏语于公元前九千年发源于四川盆地。其相关分类反映了随时间推移而发生的各种外向迁移,首先是印度东北部,然后是北部(中国和西藏的前身)和南部(克伦语和缅彝语)。[2] 布伦奇和帕斯特提出,最早讲汉藏语的人不是农民,而是九千年前印度东北部喜马拉雅山东麓高度多样化的人群,他们在接下来的几千年里有一系列的迁徙,其中中国人代表迁徙到中国的一个人群。[3]

还有第三类观点,即认为很难判断这些语支相互之间的远近关系,也无法确定它们的起源地,于是提出了"落叶模型",每个语支就像地上散落的叶子一样,无法知道它们原先在树上的确切位置,也无法找到它们来自何处。[4]

需要注意的是,对于汉藏语系起源的研究仍然存在许多悬而未决的问题。由于历史上的语言接触和迁移现象,以及语言演化过程中的变化,确定确切的起源非常困难。因此,学者们在这个领域还需要进行更多的研究和深入探索,采用更多样化的方法来验证和完善现有的理论框架。

---

[1] Sagart, L., G. Jacques, Y. Lai. *Dated language phylogenies shed light on the ancestry of Sino-Tibetan*. Proceedings of the National Academy of Sciences, 2019, 116(21): 10317-10322.

[2] van Driem, G. *Tibeto-Burman vs Indo-Chinese*. In L. Sagart, R. Blench, A. Sanchez-mazas (eds.). *The Peopling of East Asia: Putting Together Archaeology, Linguistics and Genetics*. London: Routledge Curzon, 2005, pp. 81-106.

[3] Blench, R., M. Post. *Rethinking Sino-Tibetan phylogeny from the perspective of North East Indian languages*. In N. W. Hill & T. Owen-Smith (eds.). *Trans-Himalayan Linguistics*. Berlin: Mouton de Gruyter, 2014, pp. 71-104.

[4] Andrew, H. *Linking the Sino-Tibetan fallen leaves* (https://sites.google.com/site/msealang s/home/blog/ fallen-leaves), 2018.

# 第二章 印欧语系

印欧语系(Indo-European language family)是研究时间最长、最成熟的语系,也是学界最没有争议的语系。印欧语系于18世纪被首次识别出来。最早研究印欧语系的学者当属英国学者琼斯(William Jones,1746—1794),他认为印度和欧洲的大部分语言都是从"原始印欧语"分化出来的,这些语言彼此之间有亲属关系。他发现,当时欧洲最古老的语言拉丁语、希腊语和梵语、波斯语之间有相似之处。19世纪初德国学者葆普(Franz Bopp,1791—1867)还对此进行了论证。那时的学者通常称这些语言为"印度—日耳曼语",因为最东边的阿萨姆语是一种印度语言,而最西部的冰岛语是一种日耳曼语言,这个术语在欧洲学者,特别是德国学者中比较通行,有时候也叫"雅(利安)—欧语系"。但是现代语言学最流行的仍然是印欧语系。原始印欧语(Proto-Indo-European)是后世语言学家根据现时印欧诸语特色,通过比较法推断出来的假想语言,被认为是现在印欧诸语的祖先。虽然原始印欧语没有得到直接证实,但是基本语音和词汇都已通过比较法构拟出来了。

印欧语系是当代世界上分布区域最广的一个语系,使用者几乎遍及整个欧洲、美洲、大洋洲,还有非洲和亚洲的部分地区。从15世纪开始,随着欧洲殖民势力不断扩张,一些欧洲语言陆续传到世界其他地区,这是印欧语系分布如此之广的直接原因。今天,以某一种印欧语系语言为自己母语的人,加在一起有20亿以上。按照母语人口来排名,印欧语系是世界上第一大语系,占世界人口的41.8%。据SIL统计,印欧语系有443种语言和方言,"民族语"最新版认为有 448 种①。

印欧语系有一个"腭—咝音同言线(Centum-Satemisogloss)",并据此分为两大类:K 类(腭音)语言和 S 类(咝音)语言。划分依据是原始印欧语三组软腭音(唇软腭音:*kʷ,*gʷ,*gʷʰ,纯软腭音:*k,*g,*gʰ,腭化舌根音:*ǩ,*ǵ,*ǵʰ)在后继语言中的表现形式。咝音类语言中,唇软腭音和纯软腭音之间的区别消失,同时将腭化软腭音咝音化。腭音类语言中硬腭化软腭音和纯软腭音之间的区别消失。西部语言是腭音类,包括拉丁语、希腊语、意大利克诸语言、凯尔特诸语言、日耳曼诸语言,以及赫梯语和吐火罗语。东部语言是咝音类,包括波罗的诸语言、斯拉夫诸语言、阿尔巴尼亚语、亚美尼亚语、印度诸语言和伊朗诸语言,腭音都退化为/s/、/ś/、/h/音。

centum 和 satem 分别来自拉丁语与阿维斯陀语对"百"的称呼,这两个词是同源的,拉丁语中的 centum 读[kcntum],来自原始意大利语中的 *kentom(总是[k]),它源自原始印欧语词根 *ḱm̥tóm。东部语言中"百"的读法:希腊语 he-katón,古爱尔兰语 cēt,吐火罗语 känt。S 类语言得名于表示"一百"的阿维斯陀语的 Satem 和梵语中的śatá,也源自原始印欧语词根 *ḱm̥tóm,但是词首的 ḱ 已经变化为 s,其他语言如伊朗诸语言 satem,古斯拉夫语 sŭto。

但是,随着 20 世纪初在中国新疆一带的洞窟中发现吐火罗语文献,以及释读用楔形文字书写的赫梯语文献,学者们看出,K 类语言和 S 类语言的地理分布不再像早先想象的那样简单。属东部语群的吐火罗语并不属 S 类语言,而是一种 K 类语言,因为它保留了 K 音。学者们分析了赫梯人留下的铭文,发现赫梯语甚至还在原始印欧语分化为西部语群和东部语群之前,可能就已经有了分化。此外,语音方面的其他特点,如 bh、dh 和 gh 在凯尔特诸语言以及斯拉夫和波罗的诸语言中简化为 b、d 和 g 等,都说明仅对印欧语言作 K 类语言和 S 类语言的二分是不够的,这两类语言只是基本符合印欧语系西支和东支,只能作为印欧语进一步细分的基础。学者们曾经就赫梯语跟印

---

① Eberhard,D. M.,G. F. Simons,C. D. Fennig(eds.). *Ethnologue*:*Languages of the World*,25th ed. Dallas Texas:SIL International.(http://www.ethnologue.com),2022.

欧语系其他语言的关系争论了好些年,甚至一度认为应该称为"印度—赫梯语系"假说。

## 一、印欧系语言研究历史

历史比较语言学是从对印欧语系的具体语言研究中产生的。因此,可以这样说,只有有了印欧语系的研究,才有历史比较语言学这门学科。历史比较语言学在18世纪大放异彩,在语言学的历史舞台上活跃了一个多世纪,被称为现代语言学之父的索绪尔早期研究的兴趣也是历史比较语言学。可以说,没有印欧语系的研究就没有现代语言学。早期的语言学研究主要集中于印欧语系。1786年,在东印度公司任职的英国传教士琼斯首次提出印度的梵语跟欧洲的希腊语、拉丁语、哥特语等语言有亲属关系。但是没有提出"印欧语系"这个术语。虽然如此,他开启了印欧语系研究的大门。正是由于琼斯开创性的建议,才有了后面如火如荼的历史语言学研究。1808年德国诗人施勒格尔的《论印度人的语言和智慧》(*Über die Sprache und die Weisheit der Indier*)第一次提出了"比较语法"这个概念,认识到比较语法的重要性。该书对于语言科学的建立有很大的影响。其后,欧洲的语言学家把琼斯的经验性见解提高到科学的论证。1814年,丹麦的拉斯克(Rasmus Rask,1787—1832)采用历史比较法写出了《古代北方语或冰岛语起源研究》(*Undersögelse om det Gamle Nordiske eller Islandske Sprogs Oprindelse*,1818),对冰岛语的起源做了探索;德国学者葆普的《论梵语动词变位系统与希腊语、拉丁语、波斯语和日耳曼语的比较》(*Über des Conjugations System der Sanscrit Sprache in Vergleichung mit Jenem der Griechischen Lateinischen*,*Persischen und Germanischen Sprache*,1816)第一次把梵语、波斯、希腊、拉丁、德语诸语言同出一源的情况做了详细的考证。琼斯称为"相似点"的现象,到这时已发展为对应关系。德国语言学家格里姆(Wilhelm Grimm,1786—1859)在他的《日耳曼语语法》(*Deutsche Grammatik*,1819)中提出了印欧诸语的音变定律,这一定律又在1875年得到丹麦语言学家维尔纳(Karl Verner,1846—1896)的修正,他在《第一次语音变化的一个例外》(*Eine Ausnahme der Ersten Lautverschiebung*)里解决了"格里姆定律"中一个大家认为没法解决的问题,使原来被认为是例外的现象得到统一的解释。这三部书是历史比较语言学早期最重要的著作,而且都是有关印欧语系的,这些为语言的历史比较研究开辟了一个新世界。

中期的研究包括德国的波特(August Friedrich Pott,1802—1887),他在著作《印度日耳曼语词源学研究》(*Etymologische Forschungen auf dem Gebiete der Indo-Germanischen Sprachen*,1833—1836)里把研究范围扩展到整个印欧系语言,并且把语音和语义相结合。德国学者施莱歇尔(August Schleicher,1821—1868)是历史比较语言学的集大成者,他吸取黑格尔的历史哲学和达尔文的进化思想,写出了《印度、日耳曼系语言比较语法纲要》(*Compendium der Vergleichenden Grammatik der Indogermanischen Sprachen*,1862),他是提出语言谱系观的第一人。他对于历史语言学的最大贡献是他对于古印欧语的"构拟(reconstruction)"。即使到了今天,历史语言学家们依然按照他的方法在构拟各种语言的"原始语"。

德国的布鲁格曼(Karl Brugmann,1849—1919)和他的几个朋友组成了一个"新语法学派"(die Junggrammatische Richtung)。他和德尔布吕克合著的五卷本《印度—日耳曼诸语言比较语法概要》(*Grundriss der Vergleichenden Grammatik*,1886—1900)更是这门学科的巨著。1904年又出版了《比较语法简编》(*Kurze Vergleichende Grammatik*),都是历史比较语言学的重要著作。"新语法学派"坚持两个原则:一是语音定律没有例外,一是类推作用。这两个原则把历史比较语言学研究向前推进了一大步。上述学者,无不从语言的具体研究开始,特别对梵语、波斯语、立陶宛语等古老语言研究,恪尽职守。在他们中间,懂十几种语言的不乏其人,甚至懂几十种的也大有人在,这些学者做到了青出于蓝而胜于蓝,他们的工作赢得了世界学术界的尊重。今天,语言学研究也转向其他方向,但是历史语言学的研究并没有中断,格里姆兄弟于1852发起编纂的《日耳曼语词典》,经过几代学者的努力,终于在1960年全书出版,便是一例。

到了20世纪,印欧语系研究依然在向前推进,但是由于世界大战的发生,同时由于学界研究兴趣的转移,历史语言学研究相比19世纪稍微逊色。

从20世纪下半叶开始,研究印欧系语言的人数猛增,研究成果大量涌现,这些成果涉及印欧语系语言的方方面面,有语言演化、分类、构拟、具体语言的讨论等,数不胜数。此处简单介绍如下:关于原始印欧语的构拟及具体语言的研究,如:佛森(Benjamin W. Fortson IV)的《印欧语言和文化》总结了有关印欧语构拟情况,还有各个下位语支的研究进展,以及从原始印欧纵向演化的轨迹,并提供了可靠的文本、语法和词汇证据[1]。布鲁格(Michael Meier-Brügger,1948—)的《印欧语言学》[2]提供了非常适合该领域研究的完整参考文献,进一步对该语系和语言及语支的调查研究可参考巴德尔的《印欧语言》[3]、拉马特的《印欧语言》[4]、乌达德的《世界古代语言百科全书》[5]。安特曼的《西班牙语言碑》研究了西班牙的两种语言 Lusitanian 语和 Tartessian 语[6]。其他对印欧语研究进行总概述的还有:甘克里兹和伊瓦诺夫的《印欧语与印欧人》[7]、斯合乐的《希腊语和拉丁语新比较语法》[8]、比克斯的《印欧比较语言学导论》[9]、切梅林伊的《印欧语言学导论》[10]、克拉克森的《印欧语

---

[1] Fortson, B. W. *Indo-European Language and Culture*. Oxford: Blackwell, 2004.

[2] Meier-Brügger, M. *Indo-European Linguistics*. Berlin: de Gruyter, 2003.

[3] Bader, F. (ed.). *Les Langues indo-europeennes*. Paris: CNRS, 1997.

[4] Ramat, A. G., P. Ramat (eds.). *The Indo-European Languages*. New York: Routledge, 1997.

[5] Woodard, R. (ed.). *The Encyclopedia of the World's Ancient Languages*. Cambridge: Cambridge University Press, 2004.

[6] Untermann, J. *Monumenta Linguarum Hispanicarum. Vol. IV. Die tartessischen, keltiberischen und lusitanischen Inschriften*. Wiesbaden: Reichelt, 1997.

[7] Gamkrelidze, T. V., V. V. Ivanov. *Indoevropejskij jazyk i indoevropejcy*. Tbilisi: Tbilisi University Press, 1984.

[8] Sihler, A. L. *New Comparative Grammar of Greek and Latin*. New York / Oxford: Oxford University Press, 1995.

[9] Beekes, R. S. P. *Comparative Indo-European Linguistics: An Introduction*. Amsterdam/Philadelphia: Benjamins, 1995.

[10] Szemerényi, O. *Introduction to Indo-European Linguistics*. Oxford: Clarendon Press, 1996.

言学导论》①。

构拟印欧语言演化谱系树越来越引起人们的兴趣,一些遗传学和计算机科学领域的学者与语言学家一起,共同携手研究印欧语的谱系发展。麦克马洪的《语言比较的量化法》②,佛斯特和伦弗鲁的《系统发育法与语言史前史》③就是例证,他们基于计算机的量化比较法构拟了语言谱系树。很多学者,如克莱森施密特的《老式亚美尼亚语动词》④和林格的《印欧语系里吐火罗语的位置证据?》⑤,根据语音、形态和词汇特征,推定安纳托尼亚语和吐火罗语比其他语族的语言更早从原始印欧语里分裂出来。

还有一些关于原始印欧语起源地的争论,大多数围绕考古学方面的证据。马洛里的《寻找印欧人:语言、考古和神话》⑥,马洛里和亚当斯的《原始印欧语和原始印欧语世界导论》⑦提供了比伦弗鲁的《考古学与语言》⑧更优的理论。布伦奇和斯普里格斯的《考古学与语言》⑨和麦克马洪等人的《历史

---

① Clackson, J. *Time Depth in Indo-European*. In R. McMahon & L. Trask (eds.). *Time depth in historical linguistics: Papers in the prehistory of languages*. Cambridge: McDonald Institute for Archaeological Research, 2000, pp. 441–454.

② McMahon, A. (ed.). *Quantative Methods in Language Comparison*. Oxford: Blackwell, 2005.

③ Forster, P., C. Renfrew (eds.). *Phylogenetic Methods and the Prehistory of Languages*. Cambridge: McDonald Institute for Archaeological Research, 2006.

④ Klingenschmitt, G. *Die Verwandtschaftsverhältnisse der indogermanischen Sprachen*. In J. E. Rasmussen (ed.). In honorem Holger Pedersen: Kolloquium der Indogermanischen Gesellschaft vom 26. bis 28. März 1993 in Kopenhagen. Wiesbaden: Reichert Verlag, 1994, pp. 235–251.

⑤ Ringe, D. A. *Evidence for the Position of Tocharian in the Indo-European Family*?. Die Sprache, 1988–1990, (34): 59–123.

⑥ Mallory, J. P. *In Search of the Indo-Europeans: Language, Archaeology and Myth*. London: Thames and Hudson, 1989.

⑦ Mallory, J. P., D. Q. Adams (eds.). *The Oxford Introduction to Proto-Indo-European and the Proto-Indo-European World*. Oxford: Oxford University Press, 2006.

⑧ Renfrew, C. *Archaeology and Language*. Cambridge: Cambridge University Press, 1987.

⑨ Blench, R., M. Spriggs (eds.). *Archaeology and Language*. London: Routledge, 1997–1999.

语言学的时间深度》①讨论了方法论的问题,他们把考古学与语言学结合起来,然后推测出原始语言的时间。

　　远距离比较研究依然在推进,特拉斯克在《历史语言学导论》第13章进行了概述②。更多关于诺斯特拉语系的研究在俄罗斯继续展开,如斯维提奇的《诺斯特拉语》③,舍沃洛斯金和马克的《类型学,关系和时间:苏联语言学家语言变化和关系论文集》④。拉默的《有关斯维提奇的诺斯特拉语言理论》⑤总结了斯维提奇的研究,凯泽和舍沃洛斯金的《诺斯特拉语系》⑥和多戈波斯基的《诺斯特拉超级语系和语言学古生物学》⑦和《诺斯特拉超级语系:简介》⑧构拟了原始诺斯特拉语。舍沃洛斯金和拉默的《最近有关远距离语言关系的文章》⑨简单介绍了诺斯特拉语和其他语族的关系,并且说明了为什么诺斯特拉语系假说站得住脚。伯哈德和科恩在《诺斯特拉超级语系:远

---

① McMahon, A. , C. Renfrew, L. Trask (eds.). *Time Depth in Historical Linguistics*. Cambridge: McDonald Institute for Archaeological Research, 2000.
② Trask, R. L. *Historical Linguistics*. London: Arnold, 1996.
③ Illič-Svityč, V. M. *Opyt sravnenija nostraticeskix jazykov*. Moscow: Nauka, 1971–1984.
④ Shevoroshkin, V. V. , T. L. Markey. *Typology, Relationship and Time: A Collection of Papers on Language Change and Relationship by Soviet Linguists*. Ann Arbor: Karoma, 1986.
⑤ Manaster R. A. *On Illič-Svityč's Nostratic Theory*. Studies in Language, 1993, (17): 205–250.
⑥ Kaiser, M. , V. Shevoroshkin. *Nostratic*. Annual Review of Archaeology, 1988, (17): 309–329.
⑦ Dolgopolsky, A. *The Nostratic Macrofamily and Linguistic Palaeontology*. Cambridge: McDonald Institute for Archaeological Research, 1998.
⑧ Dolgopolsky, A. *The Nostratic Macrofamily: A Short Introduction*. In C. Renfrew & D. Nettle (eds.). *Nostratic: Examining a Linguistic Macrofamily*. Oxford: The McDonald Institute for Archaeological Research, 1999, pp. 19–44.
⑨ Shevoroshkin, V. V. , R. A. Manaster. *Some Recent Work on the Remote Relations of Languages*. In S. M. Lamb & E. D. Mitchell (eds.). *Sprung from Some Common Source*. Stanford: Stanford University Press, 1991, pp. 178–199.

距离语言关系研究》[1]里构拟了诺斯特拉语,使得格林伯格[2]的"欧亚语"与之一致。尼科拉斯在自己的《空间与时间的语言分化》[3]一书中反对比较法的误用。林格的《计算语言比较的偶然几率》[4]使用数学的方法比较诺斯特拉语被林格的《诺斯特拉语和偶然因子》[5]和《匹配 CVc-词根多难?》[6]所取代。反对诺斯特拉语系假说的学者也有很多,如约瑟夫和萨蒙斯的《诺斯特拉:删选证据》[7],林格在《评价格林伯格 2002》[8]极力反对格林伯格的欧亚语系假说。更多关于诺斯特拉语系假说的反对意见见洛文楚克的《为什么美国人对诺斯特拉语不感兴趣?》[9]。

  语音变化和构拟是历史比较语言学研究的重心,佛克斯的《语言构拟》[10],约瑟夫和简达的《历史语言学手稿》[11]以及一些历史语言学著作都对此进行了探讨。科林奇的《印欧语规则》[12]研究了原始印欧语的语音规律,后又

---

[1] Bomhard, A. R., J. C. Kerns. *The Nostratic Macrofamily: A Study in Distant Language Relationship*. New York/Berlin: Mouton de Gruyter, 1994.

[2] Greenberg, J. H. *Indo-European and its Closest Relatives: The Eurasiatic Language Family. Volume I. Grammar*. Stanford: Stanford University Press, 2000.

[3] Nichols, J. *The Comparative Method as Heuristic*. In M. Durie & M. Ross (eds.). *The Comparative Method Reviewed. Regularity and Irregularity in Language Change*. Oxford: Oxford University Press, 1996, pp. 39-71.

[4] Ringe, D. A. *On Calculating the Factor of Chance in Language Comparison*. Philadelphia: American Philosophical Society, 1992.

[5] Ringe, D. A. *Nostratic and the Factor of Chance*. Diachronica, 1995, (12): 55-74.

[6] Ringe, D. A. *How Hard is it to Match CVc- Roots?*. Transactions of the Philological Society, 1999, (97): 213-244.

[7] Joseph, B. D. J. Salmons (eds.). *Nostratic: Sifting the Evidence*. Amsterdam: Benjamins, 1998.

[8] Ringe, D. A. *Review of Greenberg* 2000. Journal of Linguistics, 2002, (38): 415-420.

[9] Rowenchuk, K. *Why Aren't Americans Interested in Nostratics?*. In V. Shevoroshkin (ed.). *Nostratic, Dene-Caucasian, Austric and Amerind*. Bochum: Universitätsverlag Dr. Norbert Brockmeyer, 1992, pp. 84-92.

[10] Fox, A. *Linguistic Reconstruction*. Oxford: Oxford University Press, 1995.

[11] Joseph, B. D., R. D. Janda (eds.). *The Handbook of Historical Linguistics*. Malden / Oxford: Blackwell, 2003.

[12] Collinge, N. E. *The Laws of Indo-European*. Amsterdam/Philadelphia: Benjamins, 1985.

做了补充,即科林奇的《印欧语规则补充》[1]和《印欧语规则》[2]。比克斯的《印欧语比较语言学导论》[3]、布鲁格的《印欧语言学》[4]和佛森的《印欧语言与文化》[5]都提供了大量的语音对应可构拟原始印欧语的语音。还有大量著作是研究一些印欧语分支的,其中突出的是梅尔歇特的《安纳托里亚语历史语音》[6]中的安纳托尼亚语,沃尔夫冈的《梵语语法》[7],霍夫曼和福斯曼的《阿维斯塔语音韵和词性教程》[8]的印度—伊朗语,斯合乐的《希腊语和拉丁语的新比较语法》[9]和里克斯的《希腊语历史语法》[10]中的希腊语,斯合乐的《希腊语和拉丁语的新比较语法》[11]和梅瑟的《拉丁语的音韵和形态历史》[12]的拉丁语。佛森的《印欧语言与文化》[13]概述了从原始印欧语到各个不同分支的语音演化情况。迈尔霍费尔的《语音》[14]详细叙述了原始印欧语的语音构拟现状。

---

[1] Collinge, N. E. *Further Laws of Indo-European*. In W. Winter (ed.). *Indo-European and the Indo-Europeans. A reconstruction and historical analysis of a proto-language and a proto-culture*. Berlin: Mouton de Gruyter, 1995, pp. 27-52.

[2] Collinge, N. E. *The Laws of Indo-European: The State of the Art* (1998). Journal of Indo-European Studies 1999, (27): 355-377.

[3] Beekes, R. S. P. *Comparative Indo-European Linguistics: An Introduction*. Amsterdam/Philadelphia: Benjamins, 1995.

[4] Meier-Brügger, M. *Indo-European Linguistics*. Berlin: Monton de Gruyter, 2003.

[5] Fortson IV, B. W. *Indo-European Language and Culture*. Oxford: Blackwell, 2004.

[6] Melchert, H. C. *Anatolian Historical Phonology*. Amsterdam/Atlanta: Rodopi, 1994.

[7] Wackernagel, J. *Altindische Grammatik*. . Göttingen: Vandenhoeck & Ruprecht, 1896.

[8] Hoffmann, K., B. Forssman. *Avestische Laut-und Flexionslehre*. Innsbruck: Institut fur Sprach-wissenschaft der Universität Innsbruck, 1996.

[9] Sihler, A. L. *New Comparative Grammar of Greek and Latin*. New York/Oxford: Oxford University Press, 1995.

[10] Rix, H. (ed.). *Historische Grammatik des griechischen Laut-und Formenlehre*. Darmstadt: Wissenschaftliche Buchgesellschaft, 1976.

[11] Sihler, A. L. *New Comparative Grammar of Greek and Latin*. New York/Oxford: Oxford University Press, 1995.

[12] Meiser, G. *Historische Laut-und Formenlehre der lateinischen Sprache*. Darmstadt: Wissenschaftliche Buchgesellschaft, 1998.

[13] Fortson IV, B. W. *Indo-European Language and Culture*. Oxford: Blackwell, 2004.

[14] Mayrhofer, M. *Lautlehre*. In M. Mayrhofer (ed.). *Indogermanisches Grammatik Band I*. Heidelberg: Winter, 1986, pp. 87-181.

除此之外,一些学者,如瓦克纳克尔的《梵语语法》①、梅耶的《印欧语比较研究导论》②、比克斯的《印欧语比较语言学导论》③和切梅林伊的《印欧语语言学导论》④都讨论了元音交替、不同元音交替层级构拟、原始印欧语词调以及元音交替的形态功能等问题。还有大量学者讨论了印欧语口音/元音交替的原因及起源,如博格斯特伦的《印欧语元音层级思考》⑤、施密特—布兰特的《印欧语演化》⑥、福克的《印欧语定量元音交替起源》⑦。霍尔和凯巴斯基在自己的许多作品中讨论了印欧语口音学的生成功能⑧。维德默的《广阔大地中的一滴》⑨构拟了印欧语口音和元音交替模式。

关于印欧语言的研究,真可谓数不胜数。本书只是介绍了其中一小部分,关于印欧语的形态、句法,甚或印欧语的下位语支、下位语族,还有具体的某种语言或方言的历史研究,如今已有大量成果,本文不再一一介绍。

---

① Wackernagel, J. *Altindische Grammatik*. Göttingen: Vandenhoeck & Ruprecht, 1896.
② Meillet, A. *Introduction a l'étude comparatif des langues indo-européenneś*. Alabama: Alabama University Press, 1964.
③ Beekes, R. S. P. *Comparative Indo-European Linguistics: An Introduction*. Amsterdam/Philadelphia: Benjamins, 1995.
④ Szemerényi, O. *Introduction to Indo-European Linguistics*. Oxford: Clarendon Press, 1996.
⑤ Borgström, C. H. *Thoughts about IE Vowel Gradation*. Norsk Tidsskrift for Sprogvidenskap 1949, (15): 137–187.
⑥ Schmitt-Brandt, R. *Die Entwicklung des idg. Vokalsystems*. Heidelberg: Julius Groos, 1967.
⑦ Fulk, R. D. *The Origins of Indo-European Quantitative Ablaut*. Innsbruck: Institut für Sprachwissenschaft der Universität Innsbruck, 1986.
⑧ Kiparsky, P. *The Inflectional Accent in Indo-European*. Language, 1973, (49): 794–849; Kiparsky, P., M. Halle. *Towards a Reconstruction of the Indo-European Accent*. In L. Hyman (ed.). *Studies in Stress and Accent*. Los Angeles: University of South California Press, 1977, pp. 209–238; Halle, M. *Udarenie i akcent v indoevropejskom*. Problemy Fonetiki, 1995, (2): 135–156; Halle, M. *On Stress and Accent in Indo-European*. Language, 1997, (73): 275–313.
⑨ Widmer, P. *Das Korn des weiten Feldes. Interne Derivation, Derivationskette und Flexionsklassen-hierarchie: Aspekte der nominalen Wortbildung im Urindogermanischen*. Innsbruck: Institut fur Sprachwissen-schaft der Universität Inn, 2004.

印欧语系的研究有着重要的历史价值。它是语言学乃至人类学、历史学等领域的重要组成部分之一,为了解人类的起源、历史和文化提供了宝贵的线索。随着研究的深入和发展,印欧语系的研究方法也不断进步和完善。从早期的对比语言学和语音学研究到现代计算机技术的应用和跨学科合作,印欧语系研究的方法日益多样化、综合化和精细化。印欧语系的研究取得了诸多成果和贡献,其中最重要的就是揭示了印欧语系各个语族之间的演化关系和基本词汇的共同根源,这对于研究人类语言的起源和演化具有极其重要的意义。尽管印欧语系研究具有很高的价值和贡献,但它也存在着一些局限性,例如,过度注重基础语法和词汇相似性,可能忽略了其他因素,如语言的语用、上下文和历史变迁等。此外,印欧语系研究也有着不可忽视的地域、文化和政治背景的影响。总的来说,印欧语系的研究是一个充满成果、挑战和争议的历程,它为我们提供了许多有价值的知识和见解,同时也展现了语言学和人类学领域的不断发展和进步。

## 二、印欧系语言系属分类

对于印欧语系的分类,不同的学者和学派有着不同的观点和看法,这种多元化的分类结果反映了各种不同的语言现象、研究方法和理论背景。目前对印欧语系的分类有很多种观点,最早对印欧语言进行系属分类的当属施莱歇尔(见图2-1)。他使用谱系树对印欧语系进行分类,在当时引起了轰动,不过随着时间的流逝,人们逐渐发现了这一方法有明显的缺陷。首先,语言的分化不可能整齐地在某一点某一个时间完成;其次,语言分类的标准不明晰。因此谱系树分类遭到很多学者的批评。但是由于谱系树方法直接明了,后来的学者依然会使用该分类方法给世界其他地区的语言进行分类,他们借助计算机技术,使得谱系树分类法更加完善。

50　世界语言谱系分类研究概史

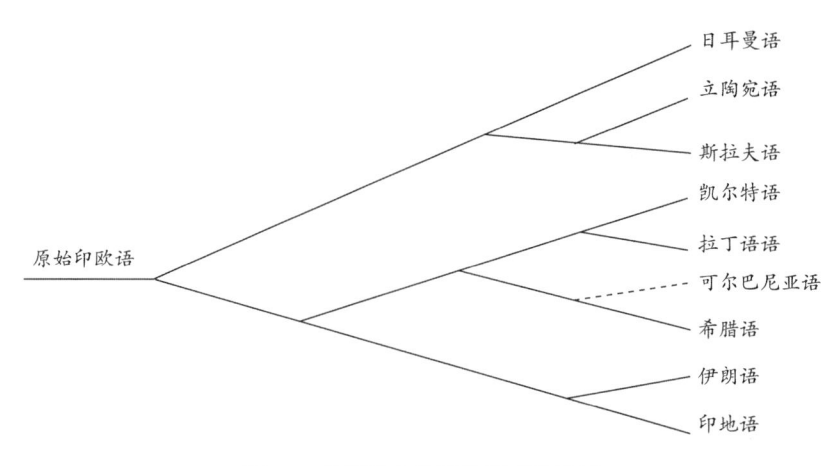

图 2-1：施莱歇尔的印欧语系谱系树

　　有了计算机技术的加持，学者们借助生物学领域的系统发生树方法对语言进行了分类。最新印欧系语言的分类有两种，一种是格雷和阿特金森根据基本词汇创立的"新西兰树（New Zealand tree）"[1]（见图 2-2），一种是林格、瓦尔诺和泰勒根据词汇、语音和形态特征创立的"宾夕法尼亚树（Pennsylvania tree）"[2]（见图 2-3）。"新西兰树"主要依靠词汇证据，即所谓的基本词汇分类，但是仅凭词汇是不能构建语言的下位语支的。"基本词汇"的选用最早是斯瓦迪士提出来的，由于各地所用基本词汇并不一致，因此它的客观性遭到后来很多学者的质疑。"宾夕法尼亚树"是在更大范围内基于特征的比较而得出的。和新西兰树不同的是，"宾夕法尼亚树"不仅比较词汇，而且还比较语音和形态特征。"新西兰树"主要从现代口语中得到词汇材料，而"宾夕法尼亚树"使用最早的语言材料。但是二者也有共同之处，即在印欧语的相互关系上二者共享某种基本原则。两种模式都认为赫梯语是树上第一个与所有其他语言分裂出来的语言，第二个节点是吐火罗语从其他语言中分离开来，这与大多数印欧语学者的观点一致。

---

[1] Gray, R. D., Q. D. Atkinson. *Language-Tree Divergence Times Support the Anatolian Theory of Indo-European Origin*. Nature, 2003, (426): 435-439.

[2] Ringe, D. A., T. Warnow, A. Taylor. *Indo-European and Computational Cladistics*. Transactions of the Philological Society, 2002, (100): 59-129.

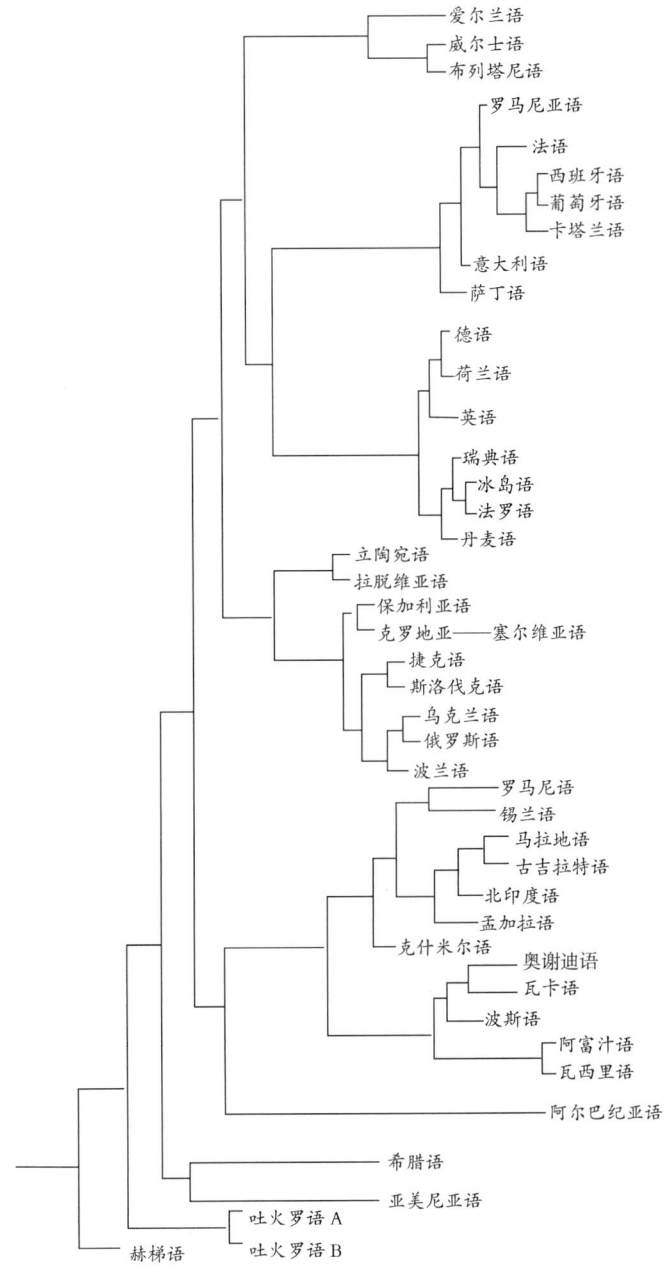

图 2-2：新西兰谱系树[①]

---

① Gray, R. D., Q. D. Atkinson. *Language-Tree Divergence Times Support the Anatolian Theory of Indo-European Origin*. Nature, 2003, (426): 435-439.

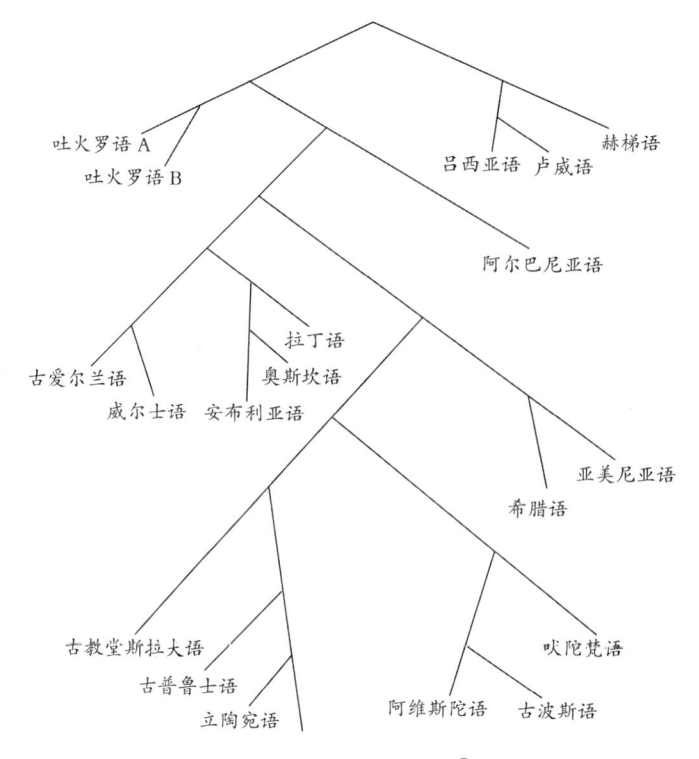

## 图 2-3：宾夕法尼亚树[1]

各个网站的分类结果也不同,如:"百度百科"认为印欧语言有 9 大语族:印度—伊朗语族、日耳曼语族、罗曼语族、凯尔特语族、斯拉夫语族、希腊语族、波罗的语族、阿尔巴尼亚语族和亚美尼亚语族。维基百科认为有 11 个语族:阿尔巴尼亚语族、安纳托利亚语族(已消亡)、亚美尼亚语族、斯拉夫语族、希腊语族、波罗的语族、日耳曼语族、意大利语族(包括罗曼语族)、凯尔特语族、印度—伊朗语族、吐火罗语族(已消亡)。"民族语"认为有 8 个语族:阿尔巴尼亚语族、亚美尼亚语族、波罗的—斯拉夫语族、凯尔特语族、日耳曼语族、希腊语族、印度—伊朗语族、意大利语族。表 2-1 的分类来自布拉扎克[2],此处详细列出了各语支的内部分类。

---

[1] Ringe, D. A., T. Warnow, A. Taylor. *Indo-European and Computational Cladistics*. Transactions of the Philological Society, 2002, (100) : 59-129.

[2] Blažek, V. On the Internal Classification of Indo-European Languages: Survey. (http://www.phil.muni.cz/linguistica/art/blazek/bla-003.pdf).

表 2-1　印欧语系分类

| | | | | |
|---|---|---|---|---|
| 日耳曼语族 | 东日耳曼语支 | 哥德语(已消亡) | 克里米亚哥德语 | |
| | | 汪达尔语 | | |
| | | 勃艮第语 | | |
| | | 伦巴底语 | | |
| | 西日耳曼语支 | 盎格鲁—弗兰西语 | 盎格鲁—撒克逊语 | 英语 |
| | | | 弗兰西语 | 西弗兰西语 |
| | | | | 北弗兰西语 |
| | | | 荷兰语 | |
| | | | 西佛莱芒语 | |
| | | 低地日耳曼语 | 低地法兰克语 | 南非荷兰语 |
| | | | | 林堡语 |
| | | | 低地德语 | |
| | | | 东弗兰西语 | |
| | | 高地日耳曼语 | 德语 | |
| | | | 卢森堡语 | |
| | | | 阿勒曼尼语 | |
| | | | 奥地利—巴伐利亚语 | |
| | | | 意第绪语 | |
| | 北日耳曼语支 | 西斯堪的纳维亚语 | 新挪威语 | |
| | | | 冰岛语 | |
| | | | 法罗语 | |
| | | | 诺恩语(已消亡) | |
| | | 东斯堪的纳维亚语 | 丹麦语 | |
| | | | 书面挪威语 | |
| | | | 瑞典语 | |
| 意大利语族 | 威尼托语* | | | |
| | 奥斯坎—翁布里亚语支(已消亡) | 翁布里亚语 | 翁布里亚语 | |
| | | | 埃桂语 | |
| | | | 沃尔西语 | |
| | | | 马尔斯语 | |
| | | 奥斯坎语 | | |
| | | 南皮赛恩语 | | |
| | 拉丁—法利希语支 | 法利希语* | | |
| | | 拉丁语* | 古拉丁语* | |
| | | | 古典拉丁语 | |
| | | | 通俗拉丁语(→衍生出罗曼语族) | |
| | | | 晚期拉丁语 | |
| | | | 古典文学拉丁语 | |

**续表：印欧语系分类**

| | | | |
|---|---|---|---|
| 罗曼语族 | 海岛语支 | 劳古多罗方言<br>坎皮达诺方言 | |
| | 东部语支 | 意大利罗曼语支 | 南部语支 | 高卢意大利语 |
| | | | 中部语支 | 意大利语<br>托斯卡纳方言<br>中部方言<br>南部方言<br>远南方言<br>达科罗马尼亚语<br>列托—罗曼斯语 |
| | | 西部方言 | 高卢—罗曼语支 | 南部方言<br>北部方言 |
| | | | 伊比利亚—罗曼语支 | 西班牙语<br>阿拉贡语<br>阿斯图里亚斯语<br>葡萄牙语 |
| | | 南部方言 | 莫扎勒比语（15 世纪晚期消亡） | |
| 凯尔特语族 | 大陆凯尔特语支（已消亡） | 高卢语 | 南阿尔卑高卢语 | |
| | | | 加拉提亚语 | |
| | | 凯尔特伊比利亚语 | | |
| | 海岛凯尔特语支 | 盖尔亚支（北支） | 爱尔兰语 | |
| | | | 苏格兰盖尔语 | |
| | | | 曼岛语（马恩语） | |
| | | 布立吞亚支（南支） | 坎伯兰语（已消亡） | |
| | | | 威尔士语 | |
| | | | 康瓦尔语 | |
| | | | 布列塔尼语 | |
| | | | 皮克特语（已消亡） | |

续表：印欧语系分类

| 波罗的语族 | 西波罗的语支（已消亡） | 普鲁士语 | | |
|---|---|---|---|---|
| | 东波罗的语支 | 立陶宛语 | | |
| 斯拉夫语族 | 东斯拉夫语支 | 俄语<br>白俄罗斯语<br>乌克兰语<br>罗塞尼亚语<br>索布语<br>波兰语<br>卡舒比语<br>捷克语<br>斯洛伐克语 | | |
| | 南斯拉夫语支 | 东南斯拉夫语支 | 保加利亚语 | |
| | | | 马其顿语 | |
| | | | 古教会斯拉夫语 | 教会斯拉夫语 |
| | | 西南斯拉夫语支 | 塞尔维亚—克罗地亚语 | 塞尔维亚语、蒙特内哥罗语 |
| | | | | 克罗地亚语 |
| | | | | 波斯尼亚语 |
| | | | 斯洛文尼亚语 | |
| 印度－伊朗语族 | 印度－雅利安语支 | 古语言 | 梵语<br>巴利语 | |
| | | 东部语言 | 阿萨姆语 | |
| | | | 孟加拉语 | |
| | | | 奥里亚语 | |
| | | | 比哈尔语 | 博杰普尔语<br>迈蒂利语 |
| | | 北部语言 | 尼泊尔语 | |
| | | 西北部语言 | 达尔德语支 | 克什米尔语<br>科瓦语<br>希纳语 |
| | | | 信德语 | |
| | | | 西旁遮普语 | |
| | | 中部语言 | 古吉拉特语<br>印地语<br>马拉地语<br>旁遮普语(东旁遮普语)<br>乌尔都语<br>罗姆语(吉普赛语) | |

续表:印欧语系分类

| | | | | |
|---|---|---|---|---|
| 印度—伊朗语族 | 印度—雅利安语支 | 僧伽罗—马尔代夫语言 | 僧伽罗语 | |
| | | | 迪维希语(马尔代夫语) | |
| | | 奴利斯塔尼语支 | | |
| | 伊朗语支 | 东伊朗语言 | 阿维斯陀语 | |
| | | | 奥赛梯语 | |
| | | | 普什图语 | |
| | | | 帕米尔语 | |
| | | 西伊朗语言 | 达利语 | |
| | | | 俾路支路 | |
| | | | 库尔德语 | |
| | | | 波斯语 | 塔吉克语 |
| 希腊语族 | 阿提卡希腊语 | 古希腊语 | 通俗希腊语 | |
| | | 旁狄希腊语 | | |
| | | Yevanic 语 | | |
| | 多立克希腊语 | Tsakonian 语 | | |
| 阿尔巴尼亚语族 | 阿尔巴尼亚语 | | | |
| | 伊利里亚语(已消亡) | | | |
| 亚美尼亚语族 | 亚美尼亚语 | | | |
| 安纳托里亚语族(已消亡) | 赫梯语 | | | |
| | 卢维语 | | | |
| | 吕底亚语 | | | |
| | 吕基亚语 | | | |

续表：印欧语系分类

| 吐火罗语族(已消亡) | 吐火罗语 A(焉耆语) |
|---|---|
| | 吐火罗语 B(龟兹语) |
| 未分类 | 伊利亚语 |
| | 佛里吉亚语 |
| | 达基亚语 |
| | 色雷斯语 |
| | 艾利米亚语 |
| | 卢西塔尼亚语 |
| | 梅萨比语 |
| | 西库尔语 |
| | 威尼托语 |

还有学者认为印欧语与其他语言也有关系，如：印—乌拉尔超级语系，包括印欧语系和乌拉尔语。科拉鲁索认为印欧语系和西北高加索语有发生学关系，它们构成旁提克语系(Pontic)。诺斯特拉超级语系，包括欧亚语言的部分或全部语言，还有卡尔特维里语、达罗毗荼语(甚至更广泛的埃兰—达罗毗荼语)和亚非语。由格林伯格提出的欧亚语系假说，包括乌拉尔语、阿尔泰语和不同的原始西伯利亚语(包括阿依努语、尤卡吉尔语、尼夫克语(Nivkh)、楚克奇—堪查加语、因纽特—阿留申语)，可能还有其他的语言。[①]

由富莱明和斯塔罗斯金分别提出的北风超级大语系假说(Borean)把诺斯特拉语系和欧亚语系都包括进来了，除了非洲的下撒哈拉、新西兰、澳大利亚和安达曼岛的语言外，几乎囊括了世界上所有的语言。

对于印欧语系的分类研究，不同学者和学派的观点和方法反映了他们

---

① Kallio, P. , J. Koivulehto. *More remote relationships of Proto-Indo-European.* In J. Klein, B. Joseph & M. Fritz (eds.). *Handbook of Comparative and Historical Indo-European Linguistics.* Berlin: Mouton De Gruyter, 2018, pp. 2280-2291.

在语言学研究领域中的贡献,这些分类促进了对语言历史和语言联系的更深入理解。一些先进的分析方法为我们提供了更全面、客观的分类结果,如基因分析和现代计算机技术在语言分类研究中的应用,提高了分类的准确性和科学性。在评价分类结果时,需要考虑研究方法的多样性和优劣性,确保分类结果是基于大量语言数据和准确的语音文献分析,遵循科学方法和严格的科学标准非常重要。对于有争议的分类结果,不同学者和学派之间的深入讨论是必要的,这些讨论可以确定其可靠性,并推动进一步的研究和探讨。

总的来说,语言分类研究的多样性和方法论的发展有助于丰富我们对印欧语系的理解,推动语言学研究的发展和进步。

### 三、印欧系语言特点[①]

印欧语系是全球最大的语系之一,包括许多世界上重要的语言,如英语、西班牙语、法语、印地语等。所有印欧语言都是一种史前语言的后代,这种史前语言被构拟为新石器时代某个时期所使用的原始印欧语。其确切的地理位置虽有许多假设,但并未确认。在诸印欧语言的早期阶段,共同特征比较明显:印欧语系各语言原来都是屈折语,原始印欧语的名词有三个性,三个数和八个格的变化,原始语广泛利用词缀和词干元音音变来表达语法意义;名词和大部分形容词有性、数、格的变化;动词有时态、语态和体的变化,主语和动词在变化中互相呼应。另外,印欧语系各语言的词都有重音。

随着时间的推移,语言间的差异逐渐增多,有的甚至完全不同。如英语形态已经简化,向分析语转化。此外,像法语和保加利亚语的语法规则也开始简化。尽管如此,有些结构特征还是当代印欧语言所共有的。语音方面,所有印欧语言都有较多的塞音,并有清浊对立,如 p、t、k 和 b、d、g,但擦音较少。有着较丰富的元音系统,w、y、r、l、m 和 n 等响音,则既可起元音作用,也可起辅音作用;鼻元音不普遍;声调用来区别词义的情况极为罕见。在语言

---

① Cowgill, W., J. H. Jasanoff. *Indo-European languages*. Encyclopedia Britannica, 7 Dec. 2023. (https://www.britannica.com/topic/Indo-European-languages. Accessed 2 February 2024).

演变过程中,语音也发生了某些变化:如在印欧诸语言发展的远古时期,塞音的发音方法不下三种,而在现代印欧诸语言中减为两种,只在亚美尼亚语、库尔德语、奥塞梯语(Ossetic)和某些现代印度语言里才仍然保留着3—4套塞音体系。另外,除前述日耳曼语音变外,希腊语中的唇化软腭辅音也在不同情况下变为几种不同的塞音。在古希腊雅典城邦的希腊语中,$k^w$ 在 a 或 o 前变为 p,在 e 或 i 前变为 t,在 u 前变为 k。语法方面,名词有性、数、格的变化,有自然性别;动词有人称、数、式、态的变化;有些语言还有体的变化。但是印欧语言总的发展方向是:屈折变化系统所起的作用逐渐由大到小,而词序和虚词在决定语法关系时所起的作用则越来越大。只有波罗的诸语言和斯拉夫诸语言等,仍保留了复杂的屈折变化系统。词汇方面,农业方面的许多常用词很相似,大多来源于某个早期共同形式。许多语言有结构相似的数词。

古印欧语的语法在所有印欧语系的语言中都留下了或深或浅的印迹。在所有印欧语言中,名词都有词尾变化,也就是说,名词的形式随着它在句子中的使用方式而改变。英语在从盎格鲁—撒克逊语开始演化的过程中丧失了绝大部分的名词词尾变化,但所有其他的印欧语言都还保存着这一特征,而且,英语中还存留了一些随语境变化的代词(阳性的 he、his、him/阴性的 she、hers、her),甚至绝大多数印欧语言中的名词词尾变化方式都很相似,都带有同源的词尾,还有整齐的格体系(主格、属格、宾格,等等),并且都被同样的三种性(阴性、阳性、中性)区分开。具有特殊词尾变化的名词也有相似的形式类和格变化。印欧语言中的动词也有相似的动词变化形式(第一人称、第二人称、第三人称、单数、复数、过去式、现在时,等等),相似的词干变化(run-ran、give-gave),以及相似的词尾。这一包含思维形式、结构、变形和词尾的独特集合,在人类语言中并非完全必要,或是普遍存在,但作为一个系统,它是独特的,只在印欧语系的语言中出现。共有这一语法系统的各种语言当然是某一个语言的后代,从那里它们继承到了这一体系。

如果说这些语言共享这些语法结构是出于偶然,那是不可能的。一个例子可以说明,动词 to be 在单数第一人称有一个形式(am),而在单数第三人称时有另一个形式([he/she/it] is)。它们是从古日耳曼语的动词形式 im 和 ist 承继来的。古日耳曼语中的这两个词有如下确定的、业已证明的同源词:古印地语中的 asmi 和 asti;希腊语中 eimi 和 esti;古教堂斯拉夫语中的 jesmi 和 jestu。所有这些词都是从一对可构拟的古印欧语动词,＊he'smi 和 ＊he'sti 演化而来的。所有这些语言共用同样的动词类系统(第一人称、第二人称、第三人称),并用相同的基本词根和词缀来指代这些类别,证明它们是在起源上有发生学关系的语言。

印欧语最古老最直接的文献是用赫梯语的楔形文字书写的,可上溯至公元前 14 世纪或更早时期。用迈锡尼线形文字 B 书写的希腊语早期文献,出现的时间略晚于赫梯语楔形文字。而在 20 世纪初发现赫梯语和释读线形文字 B 之前,用梵文书写的吠陀经典之一——《梨俱吠陀》,通常认为就是印欧语系中最古老的文献。

### 四、印欧系语言溯源

印欧语系的起源是一个复杂且备受争议的问题,学界对于这个问题有不同的理论和假设。对于印欧语的起源及扩散路径,国内外研究丰富且说法庞杂,目前并未达成共识。关于这个语言的起始地(Urheimat),自 18 世纪后期发现印欧语系以来,人们就开始讨论。当时人们认为印欧语系起源于亚洲,特别是中亚山区。从 19 世纪中期起,学者们大都持欧洲起源论,或说印欧语系发端于斯堪的纳维亚南部,或说在德国北部。进入 20 世纪,欧洲起源论已成主流,人们所争论的只是它的具体发源地。有"波罗的—黑海起源说""安纳托利亚起源说""中欧—巴尔干起源说""东欧大草原起源说"。此外还出现了"印度起源说""旧石器连续范式(The Paleolithic Continuity Paradigm)"等等。目前学术界主要集中于库尔干假说(东欧大草原起源说)和安纳托利亚假说(农业起源说)。

"波罗的—黑海起源说"认为早在中石器时代,原始印欧语居民就已生活在从波罗的海到黑海北岸的广大地区,进入新石器时代后逐渐扩散;"中欧—巴尔干起源说"认为原始印欧语的故乡在欧洲中部,可能还包括巴尔干半岛,自新石器时代起向外迁徙;"小亚细亚起源说"即"安纳托利亚起源说"的提倡者为英国考古学家伦弗鲁,他在《考古学与语言:印欧语系起源之谜》①中认为,印欧语系起源于小亚细亚的中部与东部。印欧系语言的扩散,实际上是农业传播的结果。具体地说,公元前 7000 年—前 6500 年,这些说印欧语的原始农民从小亚细亚逐渐向欧洲及亚洲迁徙。他们呈波浪式前进,每一代人平均迁徙约 18 千米。当他们将先进的农业引入到一个新地区后,当地那些原先过着采集狩猎生活的土著居民在学会农业的同时,在语言上也渐渐被外来者同化,于是印欧语得以不断扩散。因此印欧语的传播过程,并非是一个武力征服的过程。但是伦弗鲁的假说遭到很多学者的反对,他们认为该结果与历史学、考古学与比较神话学等学科的研究结果大相径庭,难以置信。

关于古代印欧人的发展和扩张路径,"库尔干假说"即"东欧大草原起源说""黑海—里海起源说",是目前最广为接受的一种假说,由美国加州大学考古学研究所的女学者、立陶宛裔历史学家和考古学家金伯塔提出。她认为,印欧语起源于六千年前里海以北的草原地区,随着一个名叫"库尔干"(Kurgan,意为"坟冢",因此该假说称为"坟冢假说")的马背上的半游牧民族的迁徙而传播到整个欧洲以及近东②。这一点可以得到语言学与比较神话学的佐证,因为这些学科的研究表明,印欧语在亲缘关系上与乌拉尔语系的芬兰—乌戈尔语最为接近,而芬兰—乌戈尔语起源于乌拉尔山的中部地区,该地区与印欧语系的发源地里海北岸草原地区又是相邻的,故印欧语系与乌拉尔语系具有密切的联系。该假说提出的年代还没有 DNA 检测手段,后来有了 DNA,并且又有了在西伯利亚和北欧的考古新发现,进一步证明了库尔干假说具有一定的真实性。马洛里证明印欧人向西的迁徙是无法被证实的③。语言学家柯特兰后来讨论了这一结果,认为考古学上的证据除了对语

---

① Renfrew, C. *Archeology and Language: The Puzzle of Indo-European Origins*. Cambridge: Cambridge University Press, 1990.
② Gimbutas, M. *The Prehistory of Eastern Europe*. American School of Prehistoric Research, Bulletin, 1956, (2):1.
③ Mallory, J. P. *In Search of the Indo-Europeans: Language, Archaeology, and Myth*. London: Thames & Hudson, 1991.

言学综合分析尚有用途外,在用于研究印欧人的迁徙方面是没有多少分量的[①]。20世纪90年代起,随着新的北欧史前考古文化不断被发现,有关坟冢文化对西部及向西扩张的新观点及猜想也不断产生。欧洲范围内的迁徙和"坟冢化"过程,特别是对绳纹陶文化的"坟冢化",可能规模不及金伯塔预想中的那样广泛[②]。

美国另一位考古学家安东尼与金伯塔一样,不同意伦弗鲁的观点,但他与金伯塔也有许多分歧。关于原始印欧语的起源地,安东尼认为在维斯图拉河(维斯瓦河)与第聂伯河之间的某个地方,而不是像金伯塔所说的那样在伏尔加河流域。至于哪一种文化属于原始印欧语文化,安东尼没有明说,但从他的文章中可以看出,第聂伯河东岸的第聂伯—顿涅茨河文化以及后来的斯莱德涅·斯多格文化与原始印欧语居民有关,因为他说,第聂伯—顿涅茨河文化"至少部分地起源于维斯图拉河与第聂伯河之间的中石器时代文化。在他看来,原始印欧语正是发源于维斯图拉河与第聂伯河之间的地区"[③]。

最近,新西兰奥克兰大学(University of Auckland)的科学家与国际同行们一道,对库尔干和安纳托利亚这两种假说进行了检验。研究结果发表在《科学》杂志上。科学家们采用了一种统计学方法,这种方法也用于进化生物学的研究,但他们用这种方法研究的不是基因,而是单词。病毒学家根据基因相似性追踪传染病暴发的源头时,用的也是这种方法。科学家们研究了103种古代和现代印欧语言中具有相同起源的基本单词,比如mother(英语的妈妈)、mutter(德语的"妈妈")和madre(西班牙语的"妈妈")。他们用这些单词推演了印欧语系的谱系树,再结合语系中每种语言的地理位置信

---

① Frederik, K. *The spread of the Indo-Europeans*. Journal of Indo-European Studies, 1989, (18): 131-140.

② Timothy, D. *The Concise Oxford Dictionary of Archaeology, Corded Ware*. Oxford: Oxford University Press, 2002, p. 101.

③ Anthony, D. W. *The Horse, the Wheel, and Language: How Bronze-age Riders from the Eurasian Steppes Shaped the Modern World*. Princeton: Princeton University Press, 2007; Remco, B., P. Lemey, M. Dunn, J. Simon, A. V. Greenhill, A. J. Alekseyenko, R. D. Drummond, M. A. Gray, Q. D. S. Atkinson. *Mapping the Origins and Expansion of the Indo-European Language Family*. Science, 2012, (337): 957-960.

息,追溯这些单词的形成时间,以推断谱系树的起源地,也就是印欧语系的起源地。他们的这项研究似乎解决了这个两百年来悬而未决的问题,印欧语系8000—9500 前发源于安纳托利亚,也就是如今的土耳其,并随着农耕的扩大而传播开来。该研究的最后结果支持安纳托利亚假说。[1]

最新的研究是合加提等人于2023年7月28日发表在《科学》上的《祖语样本的语言树支持印欧语系起源的混合模型》。他们提出了一个包含109种现代语言和52种经过时间校准的历史印欧语言的数据库,直接从语言数据中测试了安纳托利亚和草原洞穴的时间深度,对161种印欧语系核心词汇的广泛新数据集进行贝叶斯系统发生学分析,得到了一个新的印欧语系年表和分歧序列框架,结论支持库尔干和安纳托利亚的居中混合假说。他们认为,印欧语系从高加索南部的最初家园扩散,在新月沃土北部(新月沃土:西亚、北非地区两河流域及附近一连串肥沃的土地,弧形的狭长地带,状似新月)。从8120年前开始,随着早期迁移分化为多个早期分支,其中一个主要分支向北扩散到大草原,然后横跨欧洲的大部分地区(7000—6500年前),这与DNA记录一致。另外一个分支比草原假说更早向东发展(印度—伊朗,但未确定具体路线,有可能与草原假说路线一致,也有可能穿过里海以南的伊朗高原)。该假说调和了目前来自东部新月沃土(作为主要来源)和草原(作为次要家园)的说法。[2]

截至目前,原始印欧语起源于何地仍扑朔迷离。

总的来说,印欧语系的起源是一个复杂而有待深入研究的问题。学界对于这一问题的研究仍在进行中,未来的研究可能会通过更多的考古学、语言学和基因研究等方面的进展,为我们提供更加完整准确的认识。

---

[1] Remco,B.,L. Philippe, D. Michael, S. J. Greenhill, A. V. Alekseyenko, A. J. Drummond, R. D. Gray, M. A. Suchard, Q. D. Atkinson. *Mapping the Origins and Expansion of the Indo-European Language Family.* Science,2012,(337):957-960.

[2] Heggarty,P. *Language trees with sampled ancestors support a hybrid model for the origin of Indo-European languages.* Science,2023,(381):414.

# 第三章　南亚语系

南亚语系(Austroasiatic)是德国人施密特(Wilhelm Schmidt, 1868—1954)于1907年首先提出的语系类别,旧称"孟高棉语系"(Mon-Khmer),用来指自印度东部到越南边界的许多种语言,越南、老挝、柬埔寨、泰国、缅甸、马来西亚、印度和中国等多个国家都有使用。代表语言有越南语、高棉语、孟语、蒙达语、尼科巴语等。根据"民族语",南亚语系有167种语言,共有约一亿一千七百万母语者[①]。只有24种语言(14%)有超过五万的使用者,3种语言有超过一百万的使用者。在这些语言中,只有越南语、高棉语和孟语有悠久的历史,官方语言也只有越南语和柬埔寨的高棉语。印度梅加拉亚邦的官方语言是卡西语,而印度贾坎德邦的官方语言是霍语、蒙达利语。我国的南亚语系语言共有12种,分别为克蔑语、布兴语、俫语、布芒语、户语、布庚语、佤语、克木语、德昂语、京语、布朗语、莽语。

## 一、南亚语系研究历史

第一个对东南亚语言关系进行研究的是洛干(James Richardson Logan, 1819—1869),在他所著的《印度太平洋群岛人类学》一书中,曾指出这个语系的覆盖范围应包括高棉语、孟语、占语和老挝、柬埔寨、越南等国中的小语言,也许还包括越南语[②]。后来研究南亚语系的一些西方学者逐渐增多,研

---

[①] https://www.ethnologue.com/subgroups/austro-asiatic.
[②] Logan, J. R. *Ethnology of the Indo-Pacific Islands*. Journal of the Indian Archipelago and Eastern Asia, 1856.

究成果也颇多,如 1881 年福布斯(Charles James Forbes Smith-Forbes,1834—1879)的《印度语言比较语法》[1]、1883 年库恩的《论恒河对面人民的来历和语言》[2]、1885 年洛干的《安南缅甸和勃固的西喜马拉雅或西藏部落》[3]、1886 年缪勒的《语言史》第四册(补遗)[4]和 1889 年库恩的《印汉语语言学论文》[5],等等。但是第一个真正为东南亚语言研究打下理论基础的是有一定语言研究经验的德国人类学家施密特。他在 1901 年到 1908 年间通过发表一系列论文不断发展他的理论,如《马六甲萨凯语(Sakai)和塞芒语以及它们与孟高棉语的关系》《孟高棉语发音学纲要》《卡西语发音学纲要,附萨尔温江中游的崩龙语、佤语和日旺语》《孟高棉人——中亚和南岛人民的纽带》《孟高棉人》等。这些著作论述了孟高棉语族和蒙达语族、尼科巴语族的密切关系,并且将孟高棉语在东南亚的地位提升到应有的高度。后来施密特将这些语言命名为"南亚语系"。施密特根据数词和其他一些重要词语的比较得出结论:蒙达语不仅属于南亚语系而且与孟高棉语一起构成南亚语系 4 个分支中的一支。其他 3 支是:较古老的马六甲语族(包括色芒语和萨凯语),中央语族(包括卡西语,尼科巴语,德昂—佤语),以及所谓的东南混合语族(如占语等)[6]。在他最有名的著作《孟高棉人—中亚人和南岛人的纽带》[7]里,施密特试图把他所有的语言学、人类学和地理学知识结合起来描述东南

---

[1] Forbes, C. J. F. S. *Comparative Grammar of the Languages of Further India*. London: W. H. Allen & Co., 1881.

[2] Kuhn, E. *Über Herkunft und sprache dertransgangetischen Völker*. Berlin: Harrassowitz Verlag, 1883.

[3] Logan, J. R. *The West-Himalayan or Tibetan Tribes of Anam, Burma and Peku*. Journal of the Indian Archipelago II, 1885.

[4] Müller, F. *Bande Seines GSP in die Weibere Wissenschaftli che Offentlichkeit eingeführt, imIV. Nachtrages*, 1886.

[5] Kuhn, E. *Beiträge zur Sprachenkunde Hinterindiens. Sitzungsberichte der königlich preußischen Akademie der Wissenschaften*. Berlin: Emil Felber, 1889, pp.190-236.

[6] Schmidt, W. *Grundzüge einer Lautlehre der Khasi-Sprache, mit einem Anhang: Die Palaung, Wa- und Riang-Sprache des mittleren Salwin*. Abhandlungen der Königlichen Akademie der Wissenschaften zu Berlin, Vol. 2. Berlin: K. Baver, 1904.

[7] Schmidt, W. *Die Mon-Khmer-Volker, ein Bindeglied Zwischen Volkern Zentralasiens und Austronesiens*. Braunschweig: F. Vieweg und sohn, 1906.

亚语团。他创立了包括蒙达语、卡西语(Khasi)、尼科巴语和孟高棉语的南亚语系(他最初把越南境内的占语也包括在内)。这个包含140种语言的语系位于印度东部,尼科巴岛,以及整个中印半岛,他把这个语系分为7个语支:①包括占语的"混合"语,还有色当语和其他现在通常称为孟高棉语的语言;②孟高棉语,包括两种语言,以及越南、老挝和柬埔寨高山族人(hill tribes)说的大量语言;③马来半岛的土著语言(前马来语);④缅甸—中国边界的德昂语(Palaung-Wa)和日旺语(Riang);⑤阿萨姆的卡西语;⑥尼科巴群岛的语言;⑦印度蒙达语。施密特把占语放在南亚语里现在看来是错误的,但是其他分类已为大众接受。

1924年,普祖鲁斯基(Jean Przyluski,1885—1944)在《南亚语》里把南亚语系分为三个主要语族:蒙达语族、孟高棉语族和(前越南王国的)安南语族(Annamite)①。但是普祖鲁斯基说,这个分类主要是地理上的,而非语言学分类。卡巴顿(Antoine Cabaton,1863—1942)收集了大量有关中印语言的信息,并于1905年出版。他提供了416组同源系列,比较了28种语言,有一些词在15种语言里都找到了证据。②

乔治·马伯乐(Georges Maspero,1872—1942)非常怀疑施密特及其前人的研究。他对高棉语、越南语和泰语都做过研究。在1915年编著的《高棉语语法》中对马六甲诸语、尼科巴语、卡西语和蒙达诸语是否属于南亚语系表示怀疑。马伯乐还把越南语排除在南亚语系之外,认为越南语与台语有关系。③ 布拉格登(Charles Ottoman Blagden,1864—1949)假设亚齐语(Achinese,位于印度尼西亚苏门答腊岛北部)和孟高棉语存在发生学关系④,随后科万进一步发展了这个理论。⑤ 奥德里古尔是最赞成南亚语和越南语有关

---

① Przyluski, J. *The Langues austroasiatiques*. In A. Meillet & C. Marcel (eds.). *Les Langues du monde*. Paris:Champion,1924, pp. 385-403.

② Cabaton, A. *Dix dialectes indochinois recueillis par Prosper Oden' hal. Etude linguistique par Antoine Cabatone*. Journal Asiatique, Dixième série, 1905, (5): 263-344.

③ Maspéro, G. *Grammaire de la langue khmère*. Paris: Imprimerie Nationale, 1915.

④ Blagden, C. O. *Achinese and Mon-Khmer*. Feestbundel uitgegeven door het Koninklijk Bataviaasch Genootschap van Kunsten en Wetenschappen bij gelegenheid van sijn 150 jarig bestaan, 1778-1928, (2):35-38.

⑤ Cowan, H. K. J. *Aanteekeningen betreffende de verhouding van het Atjesch tot de Mon-Khmer-talenn*. BTLV, 1947-1948, (104): 429-514.

系的学者。他在1953年的论文《越南语在南亚语系中的位置》里,反对把越南语称为"混合语"或"混杂语",坚持谱系关系需建立在基本词汇有系统的对应关系的基础上。[1]

第一个对蒙达语和南亚语语音进行系统历史构拟的是匹诺。他的《卡里亚语的语音学尝试》[2]是南亚语比较研究的里程碑。他把南亚语系分为东支(蒙达语支)和西支(高棉—尼科巴语支),孟高棉语进一步分为尼科巴语和德昂—高棉语。不久之后的1963年他在《蒙达语在南亚语系里的位置》一文中重新对南亚语系进行分类[3]。匹诺之后的十年可以说是法国学者迪夫洛斯(Gérard Diffloth, 1939—2023)的天下,他的《百科全书》影响深远[4]。迪夫洛斯对匹诺的分类模式进行了修改。他还根据托马斯和海德利(特别是1970年)的词汇统计学研究,进一步把孟高棉语做了细分。他的分类也许是截至目前接受范围最广、影响最为深远的南亚语系分类。2003年,海厄姆发表了《语言和农业扩散:南亚语言和稻米种植》,同意把南亚语系分为蒙达语和孟高棉语。[5]

最近的研究影响最广泛的当属佩罗斯(Ilia Peiros,1948—)[6]。他使用了超过100种语言的资料,以及充满争议的斯塔罗斯金的词汇统计学方法。它与匹诺[7]和迪夫洛斯[8]的分类类似,最高节点包括尼科巴语、蒙达语和孟高棉

---

[1] Haudricourt, A. *La place du viêtamien dans les langues Austroasiatiques*. Bulletin de la société linguistique de Paris, 1953,(1):122-128.

[2] Pinnow, H. J. *Versuch einer Lautlehre der Kharia-Sprache*. Wiesbaden: Otto Harrassowitz, 1959.

[3] Pinnow, H. J. *The Position of the Munda Languages within the Austroasiatic Language Family*. In H. L. Shorto(ed.). *Linguistic Comparison in South East and the Pacific*. London: Oxford, 1963, pp. 140-152.

[4] Diffloth, G. *Austro-Asiatic Languages*. Encyclopædia Britannica, 1974, pp. 480-484.

[5] Higham, C. *Languages and Farming Dispersals Austroasiatic and Rice Cultivation*. In C. Renfrew & P. Bellwood(eds.). *Examing the farming/language dispersal hypothesis*. Cambridge: Mcdonald Institute for Archaeological Research, 2003, pp. 223-232.

[6] Peiros, I. J. *Genetičeskaja klassifikacija avstroaziatskix jazykov*. Moskva: Rossijakij gosudarstvennyj gumanitarnuj universitet (dissertacija), 2004.

[7] Pinnow, H. J. *Über den ursprung der voneinander abweichenden Strukturen der Munda- und Khmer- Nikobar-Sprachen*. Indo-Iranian Journal, 1960, (2-3): 81-103.

[8] Diffloth, G. *Austro-Asiatic Languages*. Encyclopædia Britannica, 1974, pp. 480-484.

语(虽然它们的关系有点不同)。西德维尔采用词汇统计学比较法对36种语言进行比较(当然这些语言排除了借词),认为根据当前的证据,南亚语系的13个语支应是等距的,与蒙达语族并列,处在同等的地位上[1]。布伦奇基于现代语言的底层证据假定还有一些现已消失的南亚语支[2],如加里曼底层语言,他引用了现代加里曼语言如陆达雅语、都苏尼克语、卡沿语(Kayan)和肯亚语(Kenyah)的南亚语来源词,发现它们与亚斯里语特别相似。[3] 为了进一步证明他的假说,他还提供了人种学证据,如加里曼与东南亚大陆使用南亚语的人群有着相同的乐器。还有列布查(Lepcha)底层语言,列布查语有许多南亚语起源的词,表明南亚语底层之上还有一个汉藏语底层,布伦奇基于列布查语的本名 Róng 把它叫作绒语支(Rongic)。[4]

中国学者也对南亚语系有研究,如李道勇把南亚语系分为三个语族:孟高棉语族、蒙达语族、石芒沙孟语族[5]。颜其香、周植志把它分为四个语族:孟高棉语族、越芒语族、蒙达语族和尼科巴语族[6]。想了解更多有关南亚语系的研究情况,可参看李艳的《历史比较语言学理论:从同源论到亲缘度》[7]。

总的来说,南亚语系研究经历了多个阶段和重要的发展时期。从早期各种语言的辨别,再到语言的分类,再到语言的历史构拟,这些里程碑标志着南亚语系研究逐渐成为一个独立而重要的学术领域,并对我们理解南亚地区的语言、文化和历史产生了深远的影响。

---

[1] Sidwell, P. *The Austroasiaic central riverine hypothesis*. Journal of Language Relationship,2010,(4):117-134.

[2] Blench, R. *Are there four additional unrecognised branches of Austroasiatic*? Presentation at ICAAL-4,Bangkok,29-30 October,2009.

[3] Blench, R. *Was there an Austroasiatic Presence in Island Southeast Asia prior to the Austronesian Expansion*? Bulletin of the Indo-Pacific Prehistory Association,2010,(30):133-144.

[4] Blench, R. *Rongic: a vanished branch of Austroasiatic*,manuscript,2013.

[5] 李道勇:《我国南亚语系诸语言特征初探》,载《中央民族大学学报》1985年第4期,第80-85页。

[6] 颜其香、周植志:《中国孟高棉语族语言与南亚语系》,中央民族大学出版社,1995年。

[7] 李艳:《历史比较语言学理论:从同源论到亲缘度》,中国社会科学出版社,2021年,第181-193页。

## 二、南亚语系分类

南亚语系语言复杂,如果想给出合理的分类不太容易。迪夫洛斯在研究时,随着语料的增多,不断修改他的分类。其他学者也是如此。下面列举迪夫洛斯的两次分类(表3-1、图3-1)、佩罗斯的分类(表3-2)和西德维尔的两次分类(图3-2,图3-3)。

表3-1　迪夫洛斯1974年的分类[1]

| | | |
|---|---|---|
| 蒙达语族 | 北蒙达语 | 库尔库语 |
| | | 克尔瓦里语 |
| | 南蒙达语 | 卡里亚—具昂语 |
| | | 科拉普特蒙达语(Koraput Munda) |
| 孟—高棉语族 | 东孟—高棉语 | 高棉语(柬埔寨) |
| | | 皮尔语(Pearic) |
| | | 巴拿语 |
| | | 卡都语(Katuic) |
| | | 越南语支(包括越南语) |
| | 北孟—高棉语 | 卡西语(Meghalaya,印度) |
| | | 德昂语 |
| | | 克木语 |
| | 南孟—高棉语 | 孟语 |
| | | 亚斯里语(马来亚) |
| | | 尼科巴语(尼科巴岛) |

显而易见,这个分类是对托马斯和海德利分类的修改[2],迪夫洛斯把马六甲(亚斯里)语族去掉,继而把它分成三个孟高棉语支。虽然迪夫洛斯没提到托马斯和海德利,但是一眼就可看出,他的分类直接来自这篇文章,并且几乎重复了其中大部分的分类。此时的分类主要依靠语言年代学方法。

---

[1] Diffloth, G. *Austro-Asiatic Languages*. Encyclopædia Britannica, 1974, pp. 480–484.
[2] Thomas, D., R. K. Headley, Jr. *More on Mon-Khmer Subgroupings*. Lingua, 1970, (4): 398–418.

70　世界语言谱系分类研究概史

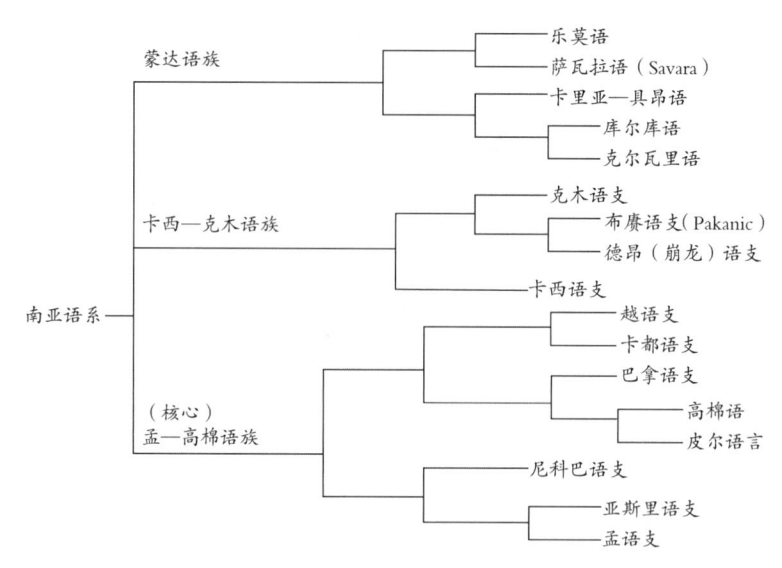

```
                    ┌─ 乐莫语
              ┌─ 蒙达语族 ─┤─ 萨瓦拉语（Savara）
              │            ├─ 卡里亚—具昂语
              │            ├─ 库尔库语
              │            └─ 克尔瓦里语
              │
              │                    ┌─ 克木语支
南亚语系 ─────┼─ 卡西—克木语族 ─┼─ 布赓语支（Pakanic）
              │                    └─ 德昂（崩龙）语支
              │
              │                    ┌─ 卡西语支
              │                    │        ┌─ 越语支
              │                    │        ├─ 卡都语支
              └─（核心）           ├────────┤─ 巴拿语支
                 孟—高棉语族 ──────┤        ├─ 高棉语
                                   │        └─ 皮尔语言
                                   │
                                   │   ┌─ 尼科巴语支
                                   └───┤─ 亚斯里语支
                                       └─ 孟语支
```

图 3-1：迪夫洛斯 2005 年的分类①

表 3-2　佩罗斯的分类②

| 尼科巴语 | | | | | |
|---|---|---|---|---|---|
| 蒙达—高棉语 | 蒙达语 | | | | |
| | 孟—高棉语 | 卡西语 | | | |
| | | 核心孟高棉语 | 芒语（Mangic, Mang 语 + Palyu 语）（可能在孟—高棉语北部） | | |
| | | | 越语（可能在孟—高棉语北部） | | |
| | | | 孟高棉语北支 | 德昂语 | |
| | | | | 克木语 | |
| | | | 孟高棉语中支 | 高棉方言 | |
| | | | | 皮尔方言 | |
| | | | | 亚斯里—巴拿语 | |

---

① Diffloth, G. The contribution of linguistic palaeontology to the homeland of Austroasiatic. In L. Sagart, R. Blench & A. Sanchez-mazas (eds.). *The Peopling of East Asia: Putting together the Archaeology, Linguistics and Genetics*. London: Routledge Curzon, 2005, pp. 77-80.

② Peiros, I. J. *Genetičeskaja klassifikacija avstroaziatskix jazykov*. Moskva: Rossijakij gosu-darstvennyj guman-itarnuj universitet (dissertacija), 2004.

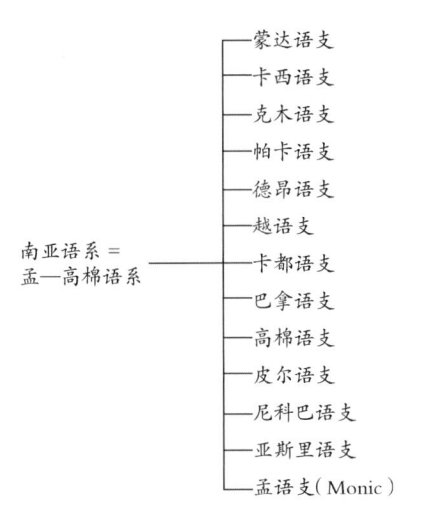

```
                    ┌─ 蒙达语支
                    ├─ 卡西语支
                    ├─ 克木语支
                    ├─ 帕卡语支
                    ├─ 德昂语支
                    ├─ 越语支
南亚语系 =  ─────────┤─ 卡都语支
孟—高棉语系          ├─ 巴拿语支
                    ├─ 高棉语支
                    ├─ 皮尔语支
                    ├─ 尼科巴语支
                    ├─ 亚斯里语支
                    └─ 孟语支（Monic）
```

图 3-2：西德维尔 2010 年的分类[①]

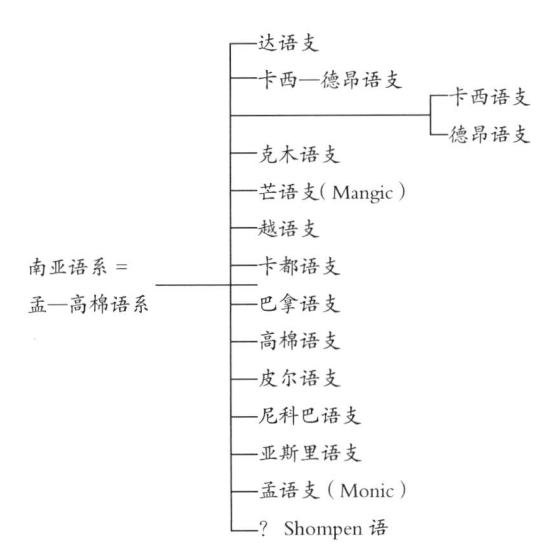

```
                    ┌─ 达语支
                    ├─ 卡西—德昂语支 ┬─ 卡西语支
                    │                └─ 德昂语支
                    ├─ 克木语支
                    ├─ 芒语支（Mangic）
                    ├─ 越语支
南亚语系 =  ─────────┤─ 卡都语支
孟—高棉语系          ├─ 巴拿语支
                    ├─ 高棉语支
                    ├─ 皮尔语支
                    ├─ 尼科巴语支
                    ├─ 亚斯里语支
                    ├─ 孟语支（Monic）
                    └─ ? Shompen 语
```

图 3-3：西德维尔等人 2011 年的分类[②]

---

[①] Sidwell, P. *The Austroasiaic central riverine hypothesis*. Journal of Language Relationship, 2010, (4): 117-134.

[②] Sidwell, P., R. Blench. *The Austroasiatic Urheimat: the Southeastern Riverine hypothesis*. In N. J. Enfield (ed.). *Dynamics of Human Diversity: the Case of Mainland Southeast Asia*. Canberra: Pacific Linguistics, 2011, pp. 315-343.

西德维尔把计算系统语言学和最新的考古学发现相结合[1]，进一步扩展了他的湄公河流域假说。

南亚语系可能还有一些已经消失的语支，布伦奇根据当今语言的底层证据假定南亚语系还有一些已经绝迹的语言，如：前占语（pre-Chamic languages）、亚齐语底层（Acehnese substratum）、加里曼底层语言、列布查语底层，还有一些可能是南亚语的底层语言，如：加茂语（Jiamao，属黎语）、克里西语（Kerinci）。[2]

还有一些学者认为南亚语系与其他语言也存在发生学关系，如：南方大语系（Austric）由南亚语系和南岛语系构成，并且把侗台语和宏勉语都包括进来了。[3]

拉特利夫还找到宏勉语与南亚语系之间一些相似词[4]。有的词早在1951年就被奥德里古尔发现。[5] 这些词的相似可能隐含着与长江沿岸的语言存在某种关系或者早期发生过语言接触。蔡晓云等人认为，宏勉语至少部分与南亚语同源，但是深受汉藏语特别是藏缅语的影响。[6]

有人认为南亚语言对印—雅利安语言产生了一些影响，包括梵语和中古印—雅利安语。印度语言学家查特吉（Suniti Kumar Chatterji，1890—1977）指出印地语、旁遮普语和孟加拉语有大量的名词是从蒙达语中借来的。另外法国语言学家普祖鲁斯基认为澳大利亚王国的故事与印度 Matsya-

---

[1] Sidwell, P. *Austroasiatic classification*. In M. Jenny & P. Sidwell (eds.). *The Handbook of Austroasiatic Languages*. Leiden: Brill, 2015.

[2] Blench, R. *Are there four additional unrecognised branches of Austroasiatic?* (http://ical.org/abstract/blench-are.html), 2009.

[3] Reid, L. A. *Austric Hypothesis*. In K. Brown, & S. Ogilvie (eds.). *Concise Encyclopaedia of Languages of the World*. Oxford: Elsevier, 2009, pp. 92-94.

[4] Ratliff, M. *Hmong - Mien language history*. Canberra: Pacific Linguistics, 2010.

[5] Haudricourt, A. *Introduction à la phonologie historique des langues miao-yao*. Bulletin de l'École Française d'Extrême-Orient, 1951, (2): 555-576.

[6] Xiaoyun Cai, Zhendong Qin, Bo Wen, Shuhua Xu, Yi Wang, Yan Lu, Lanhai Wei, Chuanchao Wang, Shilin Li, Xingqiu Huang, Li Jin, Hui Li. *Human Migration through Bottlenecks from Southeast Asia into East Asia during Last Glacial Maximum Revealed by Y Chromosomes*. PLOS ONE, 2011, (8): e24282.

gandha(来自摩诃婆罗多)和 Nāgas 神话故事之间也存在相似之处。①

一些南亚语言的分类仍存在争议,因为它们的历史关系和起源尚不完全清楚。此外,南亚语系的分类并不是固定不变的,随着研究的深入和新证据的出现,分类体系可能还会有所调整。虽然南亚语系的分类面临一些挑战和争议,但通过对各种南亚语言之间的比较研究,学者们已经建立了一套相对稳定的分类体系,这为我们理解南亚地区的语言多样性和历史联系提供了基础。

### 三、南亚系语言特点②

南亚语言语音相似,但越南语和蒙达语在汉语和印度语的影响下,与原始语言差异很大。普通单词由一个主要音节构成,有时前接一个或多个小音节。小音节由一个辅音、一个小元音,或者一个尾辅音构成。大多数语言可能只有一个小元音,有的有三个(如 a、i 或 u),有的甚至使用鼻音(m 或 n)和流音(l 或 r)当作小元音。主要音节由一个或两个首辅音构成,后接一个主要小元音和一个尾辅音。许多语言如高棉语、孟语和巴纳语,主要音节可以不带辅音尾,但是没有哪种南亚语言可以把两个或更多尾辅音放在一起。

南亚语系诸语言的主要特点是辅音系统比较整齐全面,塞音清浊音的对立比较普遍,有独立的清音送气系列。孟高棉语言的一个典型特征,就是可以在主要音节开始位置出现两个辅音,但在蒙达语里却不常见。高棉语在这方面尤其引人注目。词末辅音比首辅音要少。这两种性质结合在一起,形成了孟高棉语构词特有的模式,开头复杂,结尾简单。

一些孟高棉语言,如高棉语、卡图语、孟语和越南语,主要音节首有内爆音 ɓ、ɗ。这些音,有时被称作前声门化(preglottalized)、半清音(semivoiceless)。它们可能存在于原始孟高棉语里,但在现代的许多语言里

---

① Lévi, S., J. Przyluski, J. Bloch. *Pre-Aryan and Pre-Dravidian in India*. Asian Educational Services, 1993.

② https://www.britannica.com/topic/Austroasiatic-languages.

消失了。孟高棉语词尾塞音常常是不除阻的。

在孟高棉语的一些分支和下位分支里(皮尔语、高棉语、南亚斯里语和昂库语)存在一系列送气音 $p^h$、$t^h$、$c^h$、$k^h$,但这不是该语系的典型特征,因此它可能不是祖语的特征。

大多数南亚语在词尾有腭音(č或ñ),发该音时,舌叶抵住腭前部。南亚语言有这种尾辅音,使得它与大多数亚洲语言截然不同。

孟高棉语的一个典型特征是主要元音丰富,正常的有 20 到 25 个元音,有些语言甚至有 30 多个。有时还有鼻元音,但是不常见。前后元音有四个度,分为高、前、中、后 4 级。Surin(泰国)高棉语区分五个度,加上双元音,每个都可长可短,长元音很普遍,但鼻元音不常见,总共 36 个主要元音。

大多数南亚语没有声调,主要是高棉语、蒙语、巴纳语、夸伊语(Kuay)和德昂语。但是北部台—卡岱语、汉藏语和苗瑶语都有声调。北部的一些南亚语也有声调,如越南语、安奎(Angkuic)下位语言、布赓语支。它们在各自的历史发展过程中与北部语言接触、双语化而各自获得了声调,这个声调不是在孟高棉语或南亚语的早期阶段获得的。

南亚语系更有特色的是两个或多个元音系列对立与不同音色(叫作语域 register)相拼,例如,元音有呼吸域(breathy register)、嘎裂(creaky)域,或清晰(clear)域。这个特征在世界上很少见,例如,孟语、佤语、夸伊语区别呼吸域和清晰域,一些卡图语区别嘎裂域和清晰域,皮尔语支(Pearic branch)有这两种区别。这些语域有多种历史来源,有些语言如孟语有非常近的创新,但是对于其他语言如皮尔语来说,它们可能很古老,也许可追溯至原始南亚语。

形态方面,蒙达语和越南语再次表现出与标准语的不同。蒙达语有极端丰富的前缀、中缀和后缀,如动词有人称、数、时态、否定、语气(紧、持续、重复)、确定性、位置和宾语一致性等的变化。还有派生表示不及物、因果、倒数和反身形式。另外,越南语几乎没有形态变化。

在这两个极端语言之间,还有许多南亚语,它们有许多共同特征:(1)除了尼克巴语外,其他语言没有后缀。少数语言有附属词(enclitics),某些元素附着在名词短语的末尾(Semai 语中的所有格,Mnong 语中的指示词),但这些不构成后缀。(2)中缀和前缀很常见,只有词根的元音尾和辅音尾保持不变。很少有一个或两个以上的词缀(即前缀或中缀)附着在词根上,因此每个词的音节数量很少。(3)根据所加的名词或动词类别,相同的前缀(或中缀)可能具有更广泛的功能,如,相同的鼻音中缀可能把动词变为名词,物质名词变为可数名词(名量词)。(4)许多词缀只见于一些石化形式,而且经常失去意义。(5)表达性语言(expressive language)和文字游戏体现在一个特殊的词类叫"表达词(expressives)"里。这是与动词、形容词和副词不同的基本词类,用来描述噪声、颜色、光的模式、形状、动作、感觉、情感和审美感受。通感(Synesthesia)在这些词中经常可以观察到,并且可以作为单独创造新词的指南。表达词的形式是相当不稳定的,文字游戏的附加效果可以创造微妙和无休止的结构变化。

句法中,所有格形式和指示形式及关系从句紧跟核心名词(head noun);如果有小品词,那就是介词,而非后置词,正常语序为 SVO。没有等同于英语系词"be"的词,因此相同的句子由两个名词或名词短语构成,用停顿隔开。对应英语"be+形容词"的谓词通常由单个不及物动词构成。作格结构(动作行为人不是用主语表示而是用动词的工具补充表示)很普遍。同样值得注意的是句子最后的小品词,它们表示观点、期望、尊重或熟悉程度以及说话者的意图。蒙达语句法不同,为 SOV,类似印度的达罗毗荼语。可以想象,蒙达语动词形态的复杂性是历史演变的结果,基本结构从古老的 SVO 演变为现在的 SOV。

词汇方面,词的结构通常是一个主要音节,有时前面可再加上一个次要音节。主要音节的组成是"(辅音)—辅音—元音—辅音",次要音节是"辅音—元音"或一个音节辅音。大多数词根都是单音节的。前缀和中缀较普遍,但后缀不普遍,蒙达诸语和尼科巴诸语例外。蒙达诸语言的形态变化比较复杂。南亚语系诸语言常常从邻近的或有影响的大语种借词,如孟语和高棉语向梵语和巴利语借词,同时失去许多原先固有的词。动物名称往往是禁忌词,因而多使用别称。通常以某个亲属词,如"大叔""爷爷"之类来称呼它们,后接描述该动物的双关语。经过若干年之后,别称变成标准称呼,正规名称反而逐渐消失。

由于南亚语系的语言受到了许多历史和文化的影响,这些历史影响使得南亚语系的语言具有丰富的文化内涵。需要注意的是,南亚语系的语言特点是多样的,不同的语言具有不同的特征。此外,随着时间的推移和社会的变迁,南亚语系的语言也在不断演变和变化。因此,在分析研究南亚语系语言特点时应综合考虑其共同性与个体差异,并关注其历史和文化背景。

### 四、南亚系语言溯源

南亚语系语言起源的研究是一项复杂而困难的任务,因为这些语言的历史悠久且发展变化多样。语言溯源的研究通常依赖于比较语言学和历史语言学的方法,同时需要结合考古记录、古代文献、语音学和语法等方面的证据,但是南亚语系各语言这方面的资料都比较缺乏。

关于南亚语的故乡定位,学界有很多假设,这些假设都是根据各种不同的、暂时性的分类机制,以及古代借词的确定,甚至是通过假定的原始词汇构拟认定的。此外,原始语故乡的问题近来受到越来越多跨学科的关注,他们希望在南亚和东南亚地区寻求语言学、遗传学和考古学之间的某种联系(如 Jin et al.[1],Sagart et al.[2],Sanchez-mazas et al.[3])。巴苏等[4]学者发现蒙达人有很高频率的 K-m9,推断这些南亚语系人群是从非洲经由中亚迁入印

---

[1] Jin, L., B. Su. *Natives or immigrants: modern human origin in east Asia*. Nat Rev Genet,2000,(2):126-133.

[2] Sagart L., R. Blench, A. Sanchez-mazas (eds.). *The peopling of East Asia: putting together archaeology, linguistics and genetics*. London: Routledge Curzon,2005.

[3] Sanchez-mazas, A., R. Blench, M. Ross, I. Peiros, M. Lin (eds.). *Past Human Migrations in East Asia and taiwan: matching genetics, linguistics and archaeology*. London: Routledge,2008.

[4] Basu, A., N. Mukherjee, S. Roy, S. Sengupta, S. Banerjee, M. Chakraborty. *Ethnic India: a genomic view, with special reference to peopling and structure*. Genome Res, 2003,(10): 2277-2290.

度的。库马尔和勒迪的《Y 染色体证据显示南亚语系人群有共同的父系起源》[①]通过研究印度和东南亚的 9bp 缺失/重复的多态性,认为南亚语系人群是从现代蒙达语族居住区经由印度东北走廊迁徙而来,与语言学的证据一致。除此之外,还有两种主流的假说:

一种是湄公河假说(Southeastern Riverine Hypothesis/Central Riverine Hypothesis)。西德维尔和布伦奇认为,原始南亚语(Proto-Austroasiatic)的起源地是澜沧江—湄公河流域,在此之后才从陆地东南亚传播到南亚次大陆。再往上追溯的话,则是华南,而沙加尔和贝尔伍德则进一步猜测其起源和长江流域的农业人群有关。

大多数学者同意这个假说,他们通过语言谱系树、原始语词汇构拟、文化传播与人群迁徙的证据,特别是考古学和古 DNA 的证据证明南亚语人群起源于华南。

利普森等[②]、麦科尔等[③]认为,东南亚最早的新石器人群中 75% 的染色体成分来自华南的东亚南部人群,而只有 25% 来自被同化了的本地的"和平文化"狩猎采集人群。现代东南亚的部分南亚语人群(如 Mlabri)仍然保持了这一遗传连续性,而南亚的蒙达语人群(如 Juang)则是这一波东南亚新石器农民和南亚本土人群进一步混合所形成的。通过王等人[④]的研究,可以推断,广西新石器时代的独山人和东南亚的新石器农业人群有着很强的遗传连续性。从古 DNA 线索中得到的人群传播路线也和考古学上农业文化(尤其是稻作技术)在东南亚的传播路线,以及植物遗传学上水稻从中国向东南

---

① Kumar, V. A. , N. Reddy, J. P. Babu, T. N. Rao, B. T. Langstieh, K. Thangaraj. *Y-Chromosome evidence suggests a common paternal heritage of Austro-Asiatic populations*. BMC Evol Biol, 2007, (7) :47.

② Lipson, M. , C. O. Mallick, S Rohland, N. Oxenham. *Ancient genomes document multiple waves of migration in Southeast Asian prehistory*. Science, 2018, (6397) : 92-95.

③ McColl, H. , F. Racimo, L. Vinner, F. Demeter et al. *The prehistoric peopling of Southeast Asia*. Science, 2018, (6397) : 88-92.

④ Wang, R. C. R. Simoneau J. Kulsuptrakul. *Genetic Screens Identify Host Factors for SARs-CoV-2 and Common Cold Coronaviruses*. Cell, 2021, (184) : 106-119.

亚和印度的传播路线是吻合的。因此，和南亚语相关的文化和人群最有可能的传播方向也应当是华南→东南亚→印度，而非相反。这也和关于南亚语起源的湄公河假说，而非印度/南亚起源假说相吻合。

另一种是南亚起源假说，认为南亚语系的起源为当今的南亚次大陆，之后才传播到今天的陆地东南亚和华南。德里姆之前支持该假说，后来他也更趋向于华南起源说。

哪种起源假说理论更合理，最终没有定论。有关南亚语系语言起源问题的研究应该是一个国际合作和跨学科的领域。学者们只有通过各种方式进行合作，比如共享数据、比较研究以及利用现代计算方法进行语言比较和模型推测，才能促进南亚语系起源研究的进展和深化。需要强调的是，南亚语系语言起源研究是一个活跃的研究领域，由于缺乏完整的古代记录和其他文献证据，确定性的结论仍然有限。此外，南亚语系语言的复杂性也增加了难度。随着新的研究方法和证据的出现，对南亚语系语言起源的研究成果也会不断更新和修正。因此，在追溯南亚语系语言的起源时需要综合考虑多个学科领域的研究成果，并保持谨慎和开放的态度。

# 第四章　南岛语系

　　1706年荷兰人雷兰德(Hadrian Reland,1676—1718)发现了南岛诸语言的亲属关系。1836年德国人洪堡特(Wilhelm von Humboldt,1767—1835)使用马来—玻利尼西亚语这个术语来指称该语系的语言。19世纪末德国人施密特把这些语言命名为南岛语(Austronesian)。南岛语言一般按地域分成印度尼西亚、波利尼西亚、美拉尼西亚、密克罗尼西亚4个语族。它是世界上唯一主要分布在岛屿上的语言，包括太平洋各大小岛屿及亚洲大陆东南部的中南半岛和印度洋一些岛屿上的语言。其分布范围东达南美智利的复活节岛，西到东非外海的马达加斯加岛，南达新西兰，最北抵达台湾岛和夏威夷岛，具体区域包括台湾岛、菲律宾群岛、加里曼丹岛、苏门答腊岛、伊里安岛、苏拉威西岛、爪哇岛、马达加斯加岛、新几内亚岛、新西兰岛、加罗林群岛、美拉尼西亚所在岛屿、波利尼西亚群岛等，外加马来半岛上的马来语、中南半岛的越南语与高棉地区的占语和泰国的莫肯语(Moken/Moklen)。其东西延伸距离超过地球圆周的一半。通常把南岛语分为西部南岛语和东部南岛语(＝大洋洲语)，西部南岛语主要分布在菲律宾群岛、加里曼丹岛、马来半岛、印尼西部地区(大巽他群岛)和马达加斯加岛。语言分布区域广阔导致语言数目庞大，据"民族语"网站的统计，其总数达到1257种。[①] 该语系的总人口大约有2.7亿，绝大多数居住在东南亚。马来半岛(或印度尼西亚)是讲南

---

① https://www.ethnologue.com/subgroups/austronesian.

岛语人口最多的地区,而其他大多数南岛语只有很少的人讲。在中国只有海南岛上的辉辉语属于南岛语的占语支。

## 一、南岛语系研究历史

南岛语系研究的历史可以追溯到16世纪。当时欧洲人开始探索南太平洋地区,并发现了许多分布在这一地区的语言,因此早期的记录都是探险家做的。16到18世纪,许多探险家、传教士和学者开始记录南太平洋地区语言和文化。他们收集了大量的数据,包括词汇、文本、语音等样本。这些记录为后来的南岛语系研究提供了重要的资源和基础。

第一个南岛语词汇表是意大利编年史学家皮加费塔(Antonio Pigafetta,1491—1534)于1519-1522年首次环绕世界在麦哲伦海峡航行时收集的。而荷兰人是最早也是最多关注南岛语言关系的。16世纪晚期到17世纪初,早期的荷兰航海者们识别出了马来—波利尼西亚语言间的发生学关系。17世纪早期的荷兰旅行者如梅勒尔(Jacob le Maire,1585—1616)发现波利尼西亚的岛屿语言似乎与马来语同源。同时马达加斯加岛的马尔加什语也被认为是这个语系的成员。荷兰豪达(Gouda,荷兰西部一城市)的豪特曼(Frederick de Houtman,1571—1627)敏锐地发现马来语和马达加斯加的语言间存在紧密的发生学关系。第一个意识到远距离南岛语言间有发生学关系的人是荷兰学者雷兰德,1706年他曾假定有一种叫"马来语(Malayan)"的语言从马达加斯加穿过加里曼和马鲁古群岛,一直向东。19世纪开始,学者们主要依赖于比较语言学方法,通过比较南太平洋地区各种语言之间的词汇、语音、语法等特征,尝试找出它们之间的共同点和差异。这些努力为南岛语系的分类和演化提供了基础。

1779—1784年,西班牙耶稣会士潘杜拉(Lorenzo Hervas y Panduro,1735—1809)把大量语言写进他的五卷本著作《宇宙观》里。基于当时可得到的所有证据,他认为太平洋地带远至复活节岛的语言与马达加斯加岛、马来半岛、巽他群岛、马鲁古群岛和菲律宾群岛的语言存在发生学关系。1800—1805年,他又出版了六卷本的《语言目录》,继续论证马来语和玻利尼西亚语之间的发生学关系。

克拉普罗斯是南岛语研究之父,他首次论证台湾岛的语言与马来—玻利尼西亚语存在发生学关系。1822 年,当克拉普罗斯根据格拉维斯(Gravius)的材料最终把台湾岛语言包括进来时,这个语系的轮廓逐渐明朗。① 同时其他学者根据更详细的语言学证据,证明马尔加什语与加里曼岛南部的巴里托河(Barito river)地区马阿南语言(Maanyan)同属于马来—玻利尼西亚语。②

1834 年,英国历史学家马斯登(William Marsden,1754—1836)写了一篇有关"玻利尼西亚语或东部岛屿语言"的论文,文中他创立了二元划分法(two-fold division),即把印度尼西亚群岛的语言称为"近处玻利尼西亚语(Hither Polynesian)",太平洋一带的语言称为"远处玻利尼西亚语(Further Polynesian)"。③

随着时间的推移,南岛语系的系统分类也逐渐建立起来。学者们根据各种语言之间的共同特征,将南岛语系分为不同的语系、语族和语支。这些分类方案基于多种证据,包括词汇、语音、语法、历史、文化和地理分布等。

1838 年德国哲学家和语言学家洪堡特使用科学的证据仔细研究,在他的《论爪哇岛上的卡维语》(1836—1839)里,首次把这些语言置于一个专业术语"马来—玻利尼西亚语系(Malayo- Polynesian)"之下。④ 与马斯登相反,洪堡特保留了原来的术语,因为"玻利尼西亚语"只代表太平洋一带的语言。虽然与洪堡特同时代的德国语言学家葆普首次使用"马来—玻利尼西亚语

---

① Klaproth,J. *Verzeichnis der Chinesischen und Mandschuischen Bucher und Handschriften der Koniglichen Bibliothek zu Berlin*. Paris: In der königlichen Druckerei,1822.
② Dahl,O. C. *Malgache et Maanyan*,*Une Comparaison Linguistique*,*Avhandlinger utgitt av Instituttet* 3. Oslo: Egede Institut,1951.
③ Marsden,W. *Miscellaneous Works of William Marsden*. London: Parbury,Allen and Co,1834.
④ von Humboldt,W. *Über die Kawi-Sprache auf der Insel Java*. Berlin: Dümmler,1836-1839.

系",但是佛克斯认为,是洪堡特创立了术语"马来—玻利尼西亚语系"①。

大多数19世纪的早期学者在推理语言关系时总是与种族相联系,因此,在很长一段时间内,他们拒绝把新几内亚和大量美拉尼西亚语言放在同一语系之下。不过到了19世纪后期,这种状况得到了改善。1884年,荷兰学者克莱因(Johan Hendrik Caspar Kern,1833—1917)证明伊朗西端的努佛语[Nufor(Mafor)]属于马来—玻利尼西亚语系。② 1885年,科德林顿(Robert Henry Codrington,1830—1922)在他的巨著《美拉尼西亚语言》里,清楚地阐明了马来语、马达加斯加语和毛利语与许多美拉尼西亚语都存在发生学关系。③

荷兰学者图克(Herman van der Tuuk,1824—1894)研究印度尼西亚和菲律宾的语言时开创了运用循环语音对应的先河,④他创立了第一定律——"RGH定律"(马来语词urat的/r/对应他加禄语ugat的/g/和恩加朱·达雅克语uhat的/h/)。

1884年,布兰德斯(Jan Laurens Andries Brandes,1857—1905)在莱顿大学论文答辩中再次提到南岛语言的语音对应问题。⑤ 布兰德斯把图克创立的比较扩展至巽他语、马都拉语和苏拉威西岛的几种语言[即通布鲁语(Tombulu)、布吉语(Buginese)、望加锡语(Makasarese)]。除此之外,格拉维斯编写的《基督教义要旨》使用的西拉雅语(Siraya)被识为"台湾南岛语",

---

① Fox,J. J. *Current Developments in Comparative Austronesian Studies*. Paper prepared for Symposium Austronesia Pascasarjana Linguististik dan Kajian Budaya. Universitas Udayana,Bali 19-20 August 2004.

② Kern,H. *Over de Verhouding van het Mafoorsch tot de Maleisch—Polynesische Talen*. International Congrès des Orientalistes à Leide,1884.

③ Codrington,R. *The Melanesian Languages: A Linguistic Survey of the Groups of Dialects and Languages Spread Over the Islands of Melanesia Comprising their Comparative Grammar, Numerals, Vocabularies and Phonology, and the Grammars of Somethirty—Five Languages, Preceded by a General Introduction*. London: Clarendon Press,1885.

④ Tuuk, H. N. van der. *Bataksch leesboek bevattende stukken in het Tobasch, Mandelingsch en Dairisch*. Amsterdam: F. Muller,1861-1862.

⑤ Brandes, J. L. A. *Bijdrage tot de vergelijkende klankleer der Westersche Afdeeling van de Maliesch-Polynesische Taalfamilie*. Leiden: Band zonder omslag,1884.

布兰德斯也把它包括进来了。①

克莱因于1886年出版专著《斐济语与印度尼西亚和玻利尼西亚亲属语的比较》②，1906年发表文章《阿内蒂乌语的比较研究》③。他是首位运用词汇构拟的相似来解释东南亚岛屿和太平洋一带南岛语言语音发展的学者。瑞士学者布兰德斯特德(Renward Brandstetter, 1860—1942)找到了特别重要的四种语音定律：(1) Pĕpĕt 定律, (2) RGH 定律, (3) Hamzah 定律, (4) Mediae 定律。④ 德国学者丹波夫(Otto Dempwolff, 1871—1938)的三卷本著作《南岛语词表的比较音韵学研究》于1934至1938年间出版。这些著作代表他早期研究的最高水平，使南岛语言的比较研究从无序进入到一个有序的阶段。

与洪堡特相距五十一年后的1899年，德国学者施密特制造了一个术语"Austronesian(南岛语系)"(Austronesisch)，取代了"马来—玻利尼西亚语"。Austronesian是个合成词，由拉丁语"auster"(南风)和古希腊语词"nêsos"(岛)构成，⑤所以日本语将"Austronesia"翻译成"南岛"。中文在近代也沿用了这个日本语词汇。施密特通过这个术语，一方面想表明大部分语言是由岛民(islanders)使用(因此以"-nesian"结尾)，另一方面，他想表明所涉及的语言都在南方(Auster>Austro)——或者，使用地理上更精确的表述——在亚

---

① Gravius, D. *Patar Ki Tna-'msing-an Ki Christang, ka Taukipapatar-en-ato tmaeu'ug tou Sou KA MAKKa-SIDEIA, 't Formulier des Christendoms Met de Verklaringen van dien, Inde Sideis-Formosaansche Tale*. Amsterdam: Michiel Hartogh, Op den hoeck van de Oude Hooghstraet, 1662.

② Kern, H. *De Fidji-taal vergeleken met hare verwanten in Indonesië en Polynesië*. Amsterdam: University of Michigan Library, 1886.

③ Kern, H. *Taalvergelijkende verhandeling over het Aneityumsch, met een Aanhangsel over het Klankstelsel van het Eromanga* [sic]. Berlin: Nabu Press, 2011.

④ Brandstetter, R. *Common Indonesian and original Indonesian, Indonesian linguistics*. In R. Brandstetter (ed.). *An introduction to Indonesian linguistics*. London: The Royal Asiatic Society, 1911, pp. 67–133.

⑤ Schmidt, W. *Über das Verhältniss der melanesischen Sprachen zu den polynesischen und untereinander*. Sitzungsberichte der Kaiserland Akademie der Wissenschaften zu Wien, philosophisch-historische Classe, 1899, (141):1–93.

洲大陆的东南部发现。这个术语非常合适,因为大部分语言都是在岛上使用,只有少量的语言如马来语和占语在亚洲大陆上使用。

奥德里古尔把南岛语分为三个主要语支:西支包括菲律宾语、印度尼西亚语、东南亚大陆的语言和马达加斯加语,北支几乎是台湾南岛语,还有东支(=大洋洲语)。[①] 戴恩是当代最早对南岛语进行系统分类研究的学者[②]。基于245种语言的词汇统计学百分比对南岛语进行分类,戴恩认为南岛语可分为40个主要语支,只有3支在美拉尼西亚西部和相邻地区。他根据萨丕尔提出的原则,认为南岛语的故乡可能是在新几内亚和俾斯麦群岛。不过在当时那个时代没有一个学者接受他的观点,特别是大洋洲语假说的强烈支持者白乐思[③]。

白乐思(Robert A. Blust,1940—2022)最早对南岛语分类是在1977年,那时他把南岛语分为四类,包括泰雅语、邹语、排湾语和马—波语。马—波语进一步分为西、中、东支,大洋洲语属于东支。[④] 到了1978年,他进一步讨论了马—波语的内部分支,认为台湾岛之外的所有语言都属于马—波语,中、东支合为一支。[⑤] 他在1988年的观点几乎没有改变,与1978年相同。[⑥] 白乐思提出的南岛语系分类为现在的比较研究提供了一个框架。撇开他对台湾岛语言新的分类不说,他把马来—玻利尼西亚语言分为西马来—玻利尼西亚语和中东马来—玻利尼西亚语意义极大。中东语支又分为中马来—玻利尼西亚语支和东马来—玻利尼西亚语支。东马来—玻利尼西亚语支又

---

① Haudricourt, A. G. *Problems of Austronesian comparative philology*. Lingua,1965,(14): 315-329.

② Dyen, I. *Formosan evidence for some new Proto-Austronesian phonemes*. Lingua,1965, (14): 285-305.

③ Blust, R. *The linguistic value of the Wallace line*. Bijdragen tot de Taal-, Land- en Volkenkunde,1982,(138): 231-250.

④ Blust, R. *The Proto-Austronesian pronouns and Austronesian subgroupings: a preliminary report*. WPL,1977,(2):1-15.

⑤ Blust, R. *Eastern Malayo-Polynesian: a subgrouping argument*. Pacific Linguistics, 1978,(61): 181-234.

⑥ Blust, R. *The Austronesian homeland: a linguistic perspective*. Asian Perspectives,1988, (1): 45-67.

分为南哈尔马哈拉—西新几内亚语和大洋洲语。虽然这个框架给研究者们带来很大便利,不过分类本身也存在很多问题,所以他在 1999 年和 2009 年提出了新的分类假说[①][②]。现在他把南岛语系分为 10 个主要语支:邹语、西部平原语、西北台湾南岛语、泰雅语、东部台湾南岛语、布农语、鲁凯语、卑南语、排湾语和马来—玻利尼西亚语。其中 9 个语支在台湾岛(以前他和其他人认为只有 3 支)。主要语支数目的扩大只是使曾经认为大多数南岛语言属于马来—玻利尼西亚语支的说法更具说服力。

白乐思是南岛语言研究者中最多产的学者。他承继了丹波夫的研究方式,最大成就是出版了《南岛语词典》,这部词典已在网上发布,可通过夏威夷大学在线获得(www.trussel2.com/ACD),下载量已超出两千次。它是早期构拟作品《南岛语词源》(Austronesian etymologies)第一部(1980)、第二部(1983—1984)、第三部(1986)和第四部(1989)的继续和发展。

格林黑尔和白乐思、格雷编纂的《南岛语基本词汇数据库》保留了台湾岛北部南岛语族,否定了白乐思的台湾岛东部南岛语族,假定排湾语可能是马—玻语最近的亲属语。[③]

2009 年,罗斯(Malcolm David Ross,1942— )根据不同台湾南岛语的形态证据提出新的南岛语系分类。他认为目前原始南岛语的构拟实际上与某个中间阶段相对应,称为"原始核心南岛语(Proto-Nuclear Austronesian)"。[④] 由于大多数南岛语历史上没有书面语,这就使得构拟远古时代的原始南岛语非常困难。占语最古老的铭文——东延洲铭文可追溯到公元 6 世纪中期,是

---

① Blust, R. *Subgrouping, circularity and extinction*: *some issues in Austronesian comparative linguistics*. In E. Zeitoun & P. Li (eds.). *Selected Papers from the Eighth International Conference of Austronesian Linguistics*(Symposium Series of the Institute of Linguistics Prepatory Office). Taipei: Academia Sinica,1999,(1): 31-94.

② Blust,R. *The Austronesian Languages*. Canberra: Pacific Linguistics,2009.

③ Greenhill, S. J., R. Blust, R. D. Gray. *The Austronesian Basic Vocabulary Database*: *From Bioinformatics to Lexomics*. Evolutionary Bioinformatics,2008,(4): 271-283.

④ Ross, M. *Proto-Austronesian verbal morphology*: *areappraisal*. In A. Adelaar & A. Pawley (eds.). *Austronesian historical linguistics and culture history*: *a festschrift for Robert Blust*. Canberra: Pacific Linguistics,2009,pp.295-326.

南岛语在历史舞台上的首次露面。

为了深入研究南岛语系语言的演化和关系,学者们也运用了各种新的研究方法,如计算语言学、人类遗传学和考古学等。这些方法综合运用不同的证据,帮助我们更好地理解南岛语系的历史和演化。

南岛语系的研究成果反映了南太平洋地区不同社群的语言和文化多样性,表现了这些社群的历史和传统,并促进了南太平洋地区语言保护和文化保护的工作。需要指出的是,南岛语系研究仍然存在一些争议。由于南岛语系语言的复杂性和地理分布的广泛性,构建确定性的分类和演化方案仍然具有挑战性。因此,学者们继续研究和改进研究方法,以深入理解南岛语系的历史和演化。

总的来说,南岛语系研究取得了重要的成就,为我们理解南太平洋地区语言和文化提供了宝贵的信息。随着研究方法的不断创新和技术的发展,相信对南岛语系的认识将会继续深化。

**二、南岛语系分类**

南岛语言分布范围广,研究者分类结果不同。特别是到了现代,随着资料收集越来越多,各位学者的视角不同,导致分类越来越多样化。

根据"民族语"网站上的分类,南岛语系可以分为九大次语系:台湾岛东部原住民语(East Formosan languages)、台湾岛西北原住民语、布农语(Bunun)、泰雅语(Atayalic)、排湾语(Paiwanic)、卑南语(Puyuma)、鲁凯语(Rukai)、西部平原语、马来—玻利尼西亚语(Malayo-Polynesian languages),还有一种无法归类的语言。①

关于"南岛语"和"马来—玻利尼西亚语"的关系,"民族语"网站认为前者范围大于后者。戴孟德认为"南岛语"有十种次语系,其中有九种是在台湾岛,最后一种则是"马来—玻利尼西亚语"。② 虽然戴孟德也认为"马来—

---

① https://www.ethnologue.com/subgroups/austronesian.

② Diamond, J. M. *Taiwan's gift to the world*. Nature, 2000, (6771): 709-710.

玻利尼西亚语"是"南岛语"的下位分支,但是二者涵盖范围不同。但是台湾岛多数文献则认为"马来—玻利尼西亚语"就是"南岛语",比如说1996年台湾省"中央研究院"就有以下的陈述:"南岛语系又称马来—玻利尼西亚语系,是世界上唯一主要分布在岛屿上的一个大语系"。平埔文化资讯网也指出,生活在台湾岛的土著民族,即平埔族和高山族,他们所使用的语言,不仅内部相互之间有很深的关系,而且跟太平洋、印度洋岛屿上的许多种语言都有亲属关系,形成学术界所称的"南岛语系"(Austronesian 或称 Malayopolynesian)。① 有关南岛语的分类很多,本文只列出戴恩、米查姆、里德、白乐思、罗斯的分类(见表4-1、表4-2、表4-3、表4-4、表4-5)。

表4-1 戴恩的分类②

| 原始南岛语 | 赫斯佩拉尼西亚语(西支) | 台湾南岛语 | 泰雅语<br>邹语<br>排湾语 |
| --- | --- | --- | --- |
| | 大洋洲语(东支) | | |

表4-2 米查姆的分类③

| 原始南岛语 | 各种菲律宾语 | | | |
| --- | --- | --- | --- | --- |
| | 台湾语 | | | |
| | 原始马—玻语 | 西马—玻语(西印尼—马来西亚语?) | | |
| | | 原始中马—东玻语 | 原始中马—玻语(小巽他—马鲁古) | |
| | | | 原始东马—玻—大洋洲语 | 原始东马—玻语 |
| | | | | 原始大洋洲语 |

---

① "中央研究院"平埔文化资讯网,《平埔族隶属的大家庭—南岛语族》(http://twstudy.sinica.edu.tw/twstudy/ preHistory/part3.html)。

② Dyen, I. *The position of the languages of eastern Indonesia*. In S. A. Wurm & L. Carrington (eds.). *Proceedings of Second International Conference on Austronesian Linguistics*. Canberra: Pacific Linguistics, 1978, (1): 235-254.

③ Meacham, W. *On the improbability of Austronesian origins in South China*. Asian Perspectives, 1988, (1): 89-106.

表 4-3　里德的南岛语分类[①]

| 泰雅语邹语 | | | | |
|---|---|---|---|---|
| 其他台湾语 | | | | |
| 比利克语 | | | | |
| 阿眉斯—外台湾语 | 阿眉斯语 | | | |
| | 马—玻语 | 西马—玻语 | 原始菲律宾语 | 外菲律宾语 |
| | | | | 中菲律宾语—马来亚爪哇语 |
| | | | ? 加里曼语 | |
| | | | ? 恩加诺语 | |
| | | 中东马—玻语 | | |

里德对南岛语系语言进行了广泛细致的研究,试图将各种南岛语系语言划分为更为具体的语系和语族。他综合考虑了词汇、语音、语法等多个方面的特征,并结合历史、文化和地理分布等因素,使用了明确的分类标准,因此他的分类在南岛语系研究领域具有一定的影响力。由于南岛语系语言的复杂性和多样性,对它的分类学界很难达成一致。有些学者对里德的分类结果产生了质疑,并提出了不同的分类。这都促使学界对南岛语系的分类进行更深入的讨论和研究。

---

① Reid, L. A. *The Demise of Proto-Philippines*. Pacific Linguistics, 1982, (2): 201-216.

表4-4 白乐思的南岛语分类①

| 台湾南岛语(9支) | | | |
|---|---|---|---|
| 原始马来—玻利尼西亚语(马—玻语) | 西马—玻语族(20—25支?) | | |
| | 原始中/东马—玻语族 | 中马—玻方言链 | |
| | | （原始东马—玻语?） | 原始南哈尔马哈拉语/西新几内亚语 |
| | | | 原始大洋洲语 |

  白乐思对南岛语系进行了广泛而深入的研究,并提出了自己的南岛语分类。他基于语音、词汇、语法等多个层面的语言特征,将南岛语系划分为多个下位语支,并对各个下位语支进行了详细描述。他的分类考虑了不同语言特征之间的关系和相似性,使得分类结果更加准确可靠。白乐思的南岛语分类在学术界具有较高的影响力和认可度,为南岛语系研究提供了有价值的参考和研究框架。他的研究成果被广泛引用,为南岛语系研究提供了重要的参考。许多学者都积极探讨和应用白乐思的分类模式,并在此基础上进行进一步的研究和讨论。尽管白乐思的分类得到了广泛认可,但仍然存在一些争议和改进空间。由于南岛语系语言的复杂性和多样性,可能存在一些边缘或难以分类的语言。此外,随着更多语言数据的收集和研究方法的发展,对南岛语系分类的争议和讨论仍在继续。

---

① Blust,R. *The Austronesian Languages*. Canberra：The Australian National University, 2009.

表 4-5 罗斯的南岛语分类[①]

| 原始南岛语 | 邹语 | | |
|---|---|---|---|
| | 鲁凯语 | | |
| | 卑南语 | | |
| | 原始核心南岛语 | 原始卡—沙语 | 沙阿鲁阿语<br>卡那卡那富语 |
| | | 排湾语 | |
| | | 布农语 | |
| | | 原始西部平原语 | 邵语 |
| | | 原始西北台湾南岛语 | 赛夏语<br>巴宰语 |
| | | 原始泰雅语 | 泰雅语<br>赛德克语 |
| | | 原始东部台湾南岛语 | 西拉雅语<br>阿美语<br>卡瓦兰语 |
| | | 原始马—玻语 | （所有台湾岛之外的南岛语） |

还有学者认为南岛语系与其他语言也有发生学关系,构成一个超级语系,主要有四种。(1)白保罗的澳泰语系假说。他根据传统的比较法把南岛语和东南亚大陆内部的壮侗语联系起来,得到许家平(Weera Ostapirat)、布伦奇和沙加尔等人的支持。许家平假定了一系列的规则对应把这两个语系联系起来,南岛语是第一个从这个语系里分裂出来,而说壮侗语的人留在他

---

[①] Ross, M. *Proto-Austronesian verbal morphology*: areappraisal. In A. Adelaar & A. Pawley (eds.). *Austronesian historical linguistics and culture history*: *a festschrift for Robert Blust*. Canberra: Pacific Linguistics, 2009, pp. 295-326.

们的故乡中国大陆。<sup>①</sup> 布伦奇认为,如果它们之间的关系是真的,那么它们的关系就不可能只是姊妹语。<sup>②</sup> 他认为原始壮侗语人群是迁徙到海南岛后又从菲律宾北部返回大陆的,他们的独特性源于与宏勉语和汉语接触之后的结果。后来白保罗又扩展了该语系,把日语也加进去了<sup>③</sup>。(2)南方大语系(Austric)假说。有学者认为南亚语系和南岛语系应该存在发生学关系,但是二者更有可能是类型学关系。虽然如此,从形态证据来看,尼克巴语言和菲律宾的南岛语言之间存在着联系。白乐思支持把长江下游新石器时代澳泰语文化与水稻种植的南亚文化联系起来的假说,并且假定东亚水稻驯化的中心和推测的南方大语系的故乡都在中国云南与缅甸交界地带。根据这一观点,东亚南部地区基于水稻种植的人口扩张,出现了东西向的基因排列:南亚—壮侗—南岛,与之毫无关系的汉藏语系占据了更北的一层。<sup>④</sup>(3)汉—南岛语系假说。法国语言学家、汉学家沙加尔认为南岛语系与汉藏语系同源,并且认为壮侗语与马来—玻利尼西亚语关系更紧密。基于基本词汇和形态相似性中的语音对应关系,他认为,汉语和南岛语之间存在南北同源关系。沙加尔得出结论,台湾岛南岛语有两种粟米(而不仅仅是以前认为的狗尾草),把前南岛人定位于中国东北,与汉藏语可能的故乡相邻。<sup>⑤</sup> 科奥等人的基因研究可能证明沙加尔的结论是正确的,他们指出南岛人的 mtDNA 单倍型群和汉藏人的 M9a 单倍型群显示二者是姊妹语,这个至少表

---

① Ostapirat, W. *Kra-Dai and Austronesian*: Notes on phonological correspondences and vocabulary distribution. In L. Sagart, R. Blench & A. Sanchez-mazas (eds.). *The Peopling of East Asia*: *Putting Together Archaeology, Linguistics and Genetics*. London: Routledge Curzon, 2005, pp. 107-131.

② Blench, R. *Stratification in the peopling of China*: how far does the linguistic evidence match genetics and archaeology? In A. Sanchez-mazas, R. Blench, M. Ross, D. Malcolm, I. Peiros & M. Lin (eds.). *Past Human Migrations in East Asia. Matching Archaeology, Linguistics and Genetics*. London: Routledge, 2008.

③ Benedict, P. *Japanese/Austro-Tai*. Ann Arbor: Karoma Publisher, 1990.

④ Blust, R. *Some Recent Proposals Concerning the Classification of the Austronesian Languages*. Oceanic Linguistics, 2014, (2): 300-391.

⑤ Sagart, L., t-F. Hsu, Y-C Tsai, Y-I C. Hsing. *Austronesian and Chinese words for the millets*. Language Dynamics and Change, 2017, (2): 187-209.

明早期南岛人和汉藏人母系基因库之间存在着密切的联系。[1] 除此之外,魏等人的研究结果也与沙加尔的一致,他们的研究表明说南岛语的人的 Y-DNA 单倍型群 O3a2b*-P164(xM134)属于一个新定义的单倍型群 O3a2b2-N6,它广泛分布在从韩国到越南的亚洲东部沿海地区。[2] 沙加尔还以类似递归的方式给南岛语言分组,把壮侗语当作马来—玻利尼西亚的姊妹语。但是同行们发现他的方法论是假的。(4)日—南岛语系。白保罗[3]、川本[4]、米勒[5]等人都认为日语与南岛语有发生学关系。其他语言学家则认为二者没有发生学关系,只是受到南岛语底层的影响。提出这个假说的人认为南岛语系曾经覆盖整个岛屿,由南到北。罗贝兹(Martine Robbeets,1972—)认为日语应该属于跨欧亚语系("Transeurasian",即超级阿尔泰语系),但是受到了准南岛语("para-Austronesian"原始南岛语的姊妹语)的词汇影响。[6] 语言学家库马尔认为一些南岛人可能迁徙到日本,可能是来自爪哇的精英团体,然后创建了日本等级社会。[7] 她也识别了 82 个日语和南岛语可能的同源词,然而她的理论仍有很大争议。(5)翁干—南岛语系。布莱文斯假定南岛语和原始翁干语都是原始南岛—翁干语的子语,[8]但是主流语言学家都不认

---

[1] Ko, A. M. S., C. Y. Chen, Q. Fu, F. Delfin, M. K. Li, H. L. Chiu, M. Stoneking, Y. C. Ko. *Early Austronesians: Into and Out Of Taiwan*. The American Journal of Human Genetics, 2014, (3): 426-436.

[2] Wei, L-H., S. Yan, Y-Y. Teo, Y-Z. Huang L-X. Wang, G. Yu, W-Y. Saw, R. T-H. Ong, Y. Lu, C. Zhang, S. H. Xu, L. Jin, H. Li. *Phylogeography of Ychromosome haplogroup O3a2b2-N6 reveals patrilineal traces of Austronesian populations on the eastern coastal regions of Asia*. PLOS ONE, 2017, (4): 1-12.

[3] Benedict, P. *Japanese/Austro-Tai*. Ann Arbor: Karoma Publisher, 1990.

[4] Kawamoto, T. *Towards a comparative Japanese-Austronesian I*. Bulletin of the Nara University of Education, 1977, (1): 23-49.

[5] Miller, R. A. *The Japanese Language*. Chicago: Chicago University Press, 1967.

[6] Robbeets, M. *Austronesian influence and Transeurasian ancestry in Japanese: A case of farming/language dispersal*. Language Dynamics and Change, 2017, (2): 210-251.

[7] Kumar, A. *Globalizing the Prehistory of Japan: Language, Genes and Civilization*. Oxford: Routledge, 2009.

[8] Blevins, J. *A Long Lost Sister of Proto-Austronesian? Proto-Ongan, Mother of Jarawa and Onge of the Andaman Islands*. Oceanic Linguistics, 2007, (1): 154-198.

可,这个假说仍有很大争议。白乐思认为这个假说非常牵强,因其仅依靠偶然相似和有漏洞的方法论。[①] 除此之外还有日—澳泰语系假说、南岛—印欧语系假说、南岛—闪语系假说、南岛—美洲印第安语系假说。白乐思认为这些假说没有一种是有说服力的。李壬癸的态度稍有不同[②],他认为南方大语系假说最令人期待,因为它有两个重要的形态证据,南岛语和南亚语都有中缀-um-和-in-,并且有相似的功能,当它们同时出现时有着同样的顺序。与词汇、语音和句法相比,形态是最稳定的,不易变化的。而南岛—印欧语系假说、南岛—闪语系假说、南岛—美洲印第安语系假说、翁干—南岛语系假说都没有强有力的证据支撑。虽然不能仅仅根据某个人的支持与否来确定某个假说是否正确,但是证据是否有说服力一看便知。南岛语系语言的分类反映了它们之间的语言联系和演化历史。通过将语言分到不同的语系和语族,可以看到它们之间的共同点和差异,了解其发展和亲缘关系,这有助于我们理解南太平洋地区语言的起源和传播。同时,南岛语系语言的分类并非一成不变,而是一个动态的过程。随着新的研究和发现的不断出现,分类需要不断修订和调整。学者们根据新的证据和理论,不断完善对南岛语系语言的分类,以更好地反映它们之间的关系和演化历史。

总的来说,南岛语系的分类是基于系统性和科学性的原则进行的。学者们通过研究各种语言之间的词汇、语音、语法等特征,以及历史、文化和地理分布等因素,将它们划分为不同的语系、语族、语支。这种分类方案是经过深入研究和论证的,具有一定的科学性和准确性。不过,南岛语系语言的分类充满了争议和挑战。由于南太平洋地区语言的复杂性和多样性,确定性的分类方案很难找到。有时候,一些语言的分类归属可能会引起学术界的争议。在面对这些挑战时,学者们应继续进行研究和讨论,以求达成共识。

---

① Blust, R. *Some Recent Proposals Concerning the Classification of the Austronesian Languages*. Oceanic Linguistics, 2014, (2): 300-391.

② Jen-kuei Li, P. *Early Taiwan and Austronesian Dispersal*. Communication on Contemporary Anthropology, 2011, (5): 182-191.

需要指出的是,南岛语系语言的分类是一项复杂的任务,需要综合考虑多种因素和证据。它不仅仅是将语言划分到某个分类中,更重要的是了解其背后的历史、文化和社会关系。因此,在评价南岛语系语言的分类时,我们应当理解其中的挑战和限制,同时持续关注和支持学者们在这一领域的研究工作。

### 三、南岛系语言特点

南岛诸语言属黏着型,词根加附加成分或词根的重叠(或部分重叠)是构词和构形的主要手段,附加成分有前加、中加和后加三类。德国学者丹波夫,日本学者小川尚义、浅井惠伦、土田滋,美国学者戴恩等都对古南岛语语音做了拟测。该语系常用词大多为双音节;语法特点为人名、普通名词、方位名词分别加不同的冠词;代词有人称和数的范畴,第一人称复数有包括式和排除式两种;动词有时、体、态、式等范畴;数词有十进位、五进位、四进位等计数法;大多数词根既能用作名词,也能用作动词;词序往往随着谓语的性质而变动,谓语有的语言出现在句首,有的语言出现在主语之后。[①]

大多数台湾岛语和菲律宾语的语序为 VSO 或 VOS,否定助词和否定标记可以在主动词(main verb)之前。有些语言,如邵语和赛夏语,语序为 SVO,可能是由于与汉语的长期接触而产生的与汉语相似的语序。

印度尼西亚西部的大多数语言如马来语、爪哇语或巴厘语都是 SVO,然而,还有少数语言,如马达加斯加语、苏门答腊岛北部的巴塔克语、古老的爪哇语,都是以动词开头。印尼东部和太平洋的大多数南岛语都是 SVO。但是也有例外,如新几内亚沿海地区的玻利尼西亚语和斐济语为 VSO。新几内亚的 SOV 语言还表现出动词尾语言的某些特征,如使用后置词(如"the house in")而非介词("in the house")。这些特征主要是由于几代人与巴布亚语的接触造成的,而巴布亚语是 SOV。

---

① Blust, R. A. *Austronesian languages*. Encyclopedia Britannica, 13 Oct. 2023. (https://www.britannica.com/topic/Austronesian-languages. Accessed 2 February 2024).

台湾地区、菲律宾、加里曼北部、苏拉维西的南岛语和其他语言(如马达加斯加、帕劳和查莫罗)有着非常丰富的形态,在动词和名词形成过程中发挥着重要作用。一些语言使用词缀来给句法关系编码,句法关系通过使用自由词来表达,如台湾岛中部的邵语,体标记黏着在介词词组上,如 in-i-nay yaku "I was here" (从字面上看应该是 '[past]-location-this I')。邵语的关系从句通过定语结构来表达,定语结构可以使用由词缀派生的复杂名词,如 m-ihu a s-in-aran-an yanan sapaz "the place where you walked has footprints" ('your [ligature-past]-walking-place has footprints')。这类语言中,大多数所谓的焦点词缀(focus affixation)既有动词化功能,也有名词化功能。

苏拉维西和印尼东部大多数语言的动词都有前缀主语标记。在一些语言里,这些标记主语与完全自由代词同时出现,表现出一致性。在美拉尼西亚西部的一些语言中,如摩图语(Motu),动词复合词由前缀主语标记、动词词干和后缀宾语标记以及标记主语和宾语的自由名词或代词组成,产生了结构 the man the dog he-kicked-it 而非 the man kicked the dog。在这种情况下,动词复合词的结构提供了线索,即,现在的 SOV 句子结构来源于早期的 SVO。

南岛语中的重叠有多种形式,表达多种功能。台湾岛鲁凯语和菲律宾的他加禄语里动词词干的部分重叠用来标记将来时,如:他加禄语的 l-um-akad "走",la-lakad "将要走";或者 s-um-ulat "写",但是 su-sulat "将要写"。印度尼西亚的马来语(Bahasa)使用完全重叠用来标记名词复数,如 anak 是 "孩子",anak anak 是 "孩子们"。在许多语言里,重叠与词缀一起使用表达各种语义差别。如印尼的 anak anak-an "木偶"或 orange orange-an "稻草人" 只是多数现象中的一种。

规范形状(canonical shape)一词是指一些语言在构词中对音节的数量、辅音和元音的排序等表现出明显的偏好,但许多南岛语在实词(具有参考而不是纯粹语法功能的词)中表现出对双音节规范形状的明显偏好。这种偏好被其他力量打破,它经常通过特殊的机制重现。爪哇语 əri "刺"一定经过 ri 阶段,后来为了迎合双元音规范形状才增加了一个央元音 ə。在南岛语言中,还可以看到很多这种类型的、表现异常的例子。

在大多数大洋洲语和其他地区的一些南岛语里,所有词语以元音结尾。这是两种变化的结果:辅音丢失或增加"回声(echo)"元音或不变的"支持(supporting)"元音。斐济语和玻利尼西亚语由于第一类发展而表现出开放的尾音节;美拉尼西亚语西部和马达加斯加语的姆骚语(Mussau)由于第二种发展而展现出开放的尾音节。

大多数南岛语有16—22个辅音,4—5个元音。美拉尼西亚南忠诚岛上的语言就发现有非常多的辅音,而在玻利尼西亚语里辅音极少。夏威夷语音素很少,只有8个辅音(p,k,ʔ,m,n,l,h,w)和5个元音(a,e,i,o,u)。

南岛语元音系统很简单。台湾岛、菲律宾和印尼的许多语言只有4个对立元音:i,u,a和e,一个模糊的中央元音(mid-Central vowel)。绝大多数大洋洲语言有五元音系统:a,e,i,o,u。在很多密克罗尼西亚语、一些美拉尼西亚语(如瓦努阿图北中部的萨卡奥语)和一些占语里,有大量的元音系统。

有些罕见的南岛语语音,如有些台湾岛语有小舌塞音(q),它的发音是将舌头的最后部分向下拉,以接触咽壁。很多加里曼语和其他语言都有不同寻常的鼻辅音:前爆鼻音(preploded nasals),在词尾会听到鼻辅音/-pm/,/-tn/和/-kŋ/,和后爆鼻音(postploded nasal)/-mb-/,/-nd-/,或/-ŋg-/,元音间的鼻辅音后跟塞音,但是塞音持续时间太短,几乎听不见。

在台湾岛中部的一些语言,加里曼西北的大量语言,东南亚大陆的占语,小巽他群岛的几种语言里都发现了先喉塞音(preglottalized)或内爆音。在斐济语和美拉尼西亚语的许多其他语言里,浊塞音b,d,g自动前加鼻音,即mb,nd,ŋg。南岛语最不常见的辅音类型是前鼻双唇颤音(prenasalized bilabial trills),即,在m后颤抖嘴唇,通过上唇接触舌尖产生舌尖唇塞音(鼻音和擦音)。前者在美拉尼西亚西部金钟群岛的马努斯岛(Manus)语言里很常见,后者散见于瓦努阿图中部的大量语言里。

东南亚大陆的许多南岛语区分两种声域(voice register):呼吸音或阴森音(breathy或sepulchral)(放松声带),和清音(clear voice)(收紧声带)。由于几代人双语,大多数占语都有了这个特征。占语的这个特征使得施密特在1906年错误地把它归入南亚混合语。当他们进一步接触到有声调的语言时,如占语(越南语)或回辉语(Tsat)(海南岛的汉语和壮侗声调语),至少有两种占语已基本上变为有声调的单音节语言。声调对立也广泛出现在新几内亚的两个地区和新喀里多尼亚南部的一些南岛语里。尽管台湾土著语言长期与汉语接触,并且这种接触可追溯到至少三个世纪之前,但是台湾土著语言没有产生声调。

菲律宾的许多语言使用重音来区分单词,如他加禄语 sábat "设计编织成布或席", sabát "止动销或泥料"。有些菲律宾外的语言使用重音对比区分同一个词的不同形式,如苏门答腊北部托巴·巴塔克语(Toba Batak) gógo "死劲推", gogó "强"或者 díla "舌头", dilá "一个健谈的人"。重音对比的起源和历史仍是南岛语研究中尚未解决的主要问题之一。①

南岛语系的语言特点因具体语言而异,以上只是一般的概括。每种南岛语系的语言都有其独特之处,可以通过详细研究来更全面地了解其语言特点。

### 四、南岛系语言溯源

南岛语系是分布在太平洋地区众多岛屿和地区的一些语言,其起源一直是语言学研究的热点问题之一。有关南岛语言的起源,学界观点多种多样。有人说它源于南亚语系,有人说它源于印欧语系,有人说它源于汉藏语系。起源地有密克罗尼西亚、华南、台湾岛、印度尼西亚、中南半岛、新几内亚西部等不同地区的说法。绝大多数认为是台湾岛。台湾岛是南岛语系的源头,泰雅族聚落是目前全世界南岛语人群地理分布上最北端的聚落,而台湾岛原住民在南岛文化中又占有举足轻重的地位。

总的来说,现阶段有关南岛系语言起源的观点归纳起来主要有四类:一类认为起源于中南半岛沿海一带;一类认为起源于中国大陆华南地区;一类认为起源于南洋群岛的西新几内亚;最后一类认为起源于台湾岛,并由台湾

---

① Blust, R. A. *Austronesian languages*. Encyclopedia Britannica, 13 Oct. 2023. (https://www.britannica.com/topic/Austronesian-languages. Accessed 2 February 2024).

岛开始向外扩散。①

第一类主要是荷兰学者克莱因的观点。他主要运用构拟的动植物群的古语材料来推断南岛语的起源地,尤其是只在某种特定气候条件下才能找到的动植物群。1889年他在《马来玻利尼西亚人群起源地的语言学证据》一文中,比较了遍布各地区的一百种南岛语言,并构拟出一些原始南岛语词汇。如从稻、米、旱田、水牛、鳄鱼、黑毛猴、向海*laHud、内陆/高地*Daya等词汇的分布区域来看,古南岛语的起源地指向中南半岛沿海一带。日本学者土田滋与克莱因的看法比较一致,并从"穿山甲"一词的分布地域更进一步证实了克莱因的看法②。

第二类中国大陆华南起源说,最早提出者是美国学者白保罗。他于1942年发表《台语、加岱语和印度尼西亚语——东南亚的一个新联盟》,首次将南岛语与侗台语进行比较,列出了近30个南岛、侗台语同源词,论述了南岛语与侗台语的同源关系,并结合民族学、考古学证据证明它们共同起源地在中国的华南地区。法国学者奥德里古尔也持相同观点,他认为南岛语的起源地应该在亚洲大陆东南沿海一带,介于海南岛和台湾岛之间。

第三类主要体现在戴恩1965年的《南岛语言的词汇统计分类》一文中,他运用语言分布与民族迁徙学说来推测南岛语的起源问题。③ 由于东新几内亚与美拉尼西亚的语言属于东部南岛语大洋洲支系的一支,它们有一些共同的语言演变。那么南岛语言最分歧的地区也就只有新几内亚西部及其附近,因此这一地区最有可能是古南岛语的起源地。

第四类是基于学者贝尔伍德的观点形成的,他提出了南岛语在太平洋岛屿上的迁徙与扩散路径,即"Express-Train"(快车)模型。简单来说,快车模型认为南岛语起源于台湾岛,从台湾岛开始,经菲律宾、印尼东部,而后快

---

① 范志泉、邓晓华、王传超:《语言与基因:论南岛语族的起源与扩张》,载《学术月刊》2018年第10期。

② 土田滋:高砂族の言語,国際文化,1972年。

③ Dyen, I. *Formosan evidence for some new Proto-Austronesian phonemes*. Lingua, 1965, (14): 285-305.

速向玻利尼西亚扩散。格雷、德拉蒙德和格林希尔基于统计推断系统发育谱系树的贝叶斯法,认为南岛语大约距今 5200 年前起源于台湾岛,并在一系列的定居停留和对外扩张中迅速穿越太平洋。① 李壬癸也赞同这个说法,他根据萨丕尔的观点,认为语言最歧异的地区就有可能是该语族的发源地,也是语族扩展的中心。他发现,台湾岛的语言最纷歧,语言之间的差异最大,因此,台湾岛可能是南岛语的起源地。②

现在很多学者利用分子人类学知识探讨南岛语的起源,并且得出了不同的结果。自 20 世纪 80 年代起,线粒体 DNA 就被用来研究世界上不同族群之间的遗传演化历史关系。而与南岛语起源问题相关的线粒体 DNA 研究则始于 1992 年至 1996 年台湾省"中研院"的主题计划《台湾岛与东南亚南岛民族的生物与文化类缘关系之研究》,英国遗传人类学家梅尔顿也参与其中。梅尔顿等人的线粒体 DNA 研究结果显示玻利尼西亚人群起源于台湾岛,而另一些线粒体 DNA 研究对此提出不同看法,认为玻利尼西亚人群其实起源于印尼东部。③

2008 年,李辉、文波等人用 Y 染色体 SNP 单倍群频率数据进行主成分分析,结果显示:侗台人群比其他东亚、东南亚人群和南岛西群(即马来人群、台湾岛原住民人群)具有更强烈的遗传亲缘性。其中,O1a-M119 是台湾南岛人群的主要 Y 染色体单倍型,平均为 77%,这一单倍型在侗台人群和马来人群中分别约占 20.5% 和 21.2%,远高于其他东亚人群;其次,通过中介参与法(Median Joining)构建了三个人群之间的 Y 染色体单倍群 O1a* 的网络结构图,侗台人群处于网络图的中心,分别与马来人群、台湾南岛人群直接或间接共享单倍型,而马来人群与台湾岛原住民人群之间几乎没有共享单倍型。此外,在遗传分化距离上,马来人群与台湾南岛人群间的分化差异

---

① Gray, R. D., A. J. Drummond, S. J. Greenhill. *Language Phylogenies Reveal Expansion Pulses and Pauses in Pacific Settlement*. Science, 2009, (323): 479.
② 李任癸:《丰富而奇异的台湾语言》,载《科学与文化》,2010 年第 4 期。
③ Melton, T., R. Peterson, A. J. Redd, N. Saha, A. S. Sofro. *Polynesian genetic affinities with Southeast Asian populations as identified by mtDNA analysis*. American Journal of Human Genetics, 1995, (57): 403-414.

远远大于与侗台人群的分化差异,马来人群和台湾南岛人群与侗台人群的亲缘性均比侗台人群之间的还要近。换言之,从父系遗传结构上看,马来人群并非直接起源于台湾南岛人群,两者均独立起源于大陆的侗台人群。[1]

根据宿兵等人[2]和李辉等人[3]的研究,韦兰海、严实等人[4]选用17个STR位点分析了Y染色体单倍型O3a2b*-P164(×M134),并在310个具有谱系分辨意义的Y染色体多态性的基础上,生成修正系统发育树。研究结果显示:所有可得的Y染色体单倍型O3a2b*-P164(×M134)属于新定义的O3a2b2-N6单倍型,O3a2b2-N6(×F706)单倍型来自中国北方或东亚东南沿海地区,O3a2b2a2-F706(×B451)单倍型出现在中国大陆东部沿海地区。而来自南岛语人群的样本属于O3a2b2a2-F706单倍型。其中,O3a2b2a2b-B451单倍型均来自南岛语人群,是南岛语人群特有的Y染色体单倍型,属于O3a2b2a2-F706(×B451)单倍型的分支。可见,以Y染色体O3a2b2a2b-B451单倍型为代表的南岛语人群与亚洲大陆东南族群之间具有遗传亲缘关系。

还有学者利用线粒体DNA确定南岛语言的起源。2016年至2018年,斯科格兰[5]在《自然》、利普森[6]在《当代生物学》、波斯特[7]在《自然生态与进化》等国际学术刊物上陆续发表了数篇与太平洋岛屿古人类DNA相关的文

---

[1] Li, H. et al. *Paternal Genetic Affinity between Western Austronesians and Daic Populations*. BMC Evolutionary Biology, 2008, (8): 146-151.

[2] Su, B. et al. *Polynesian origins: Insights from the Y chromosome*. Proceedings National Academy Sciences of USA, 2000, (97): 8225-8228.

[3] Li, H. et al. *Paternal Genetic Affinity between Western Austronesians and Daic Populations*. BMC Evolutionary Biology, 2008, (8): 146-151.

[4] Wei, L. et al. *Phylogeography of Y-Chromosome haplogroup O3a2b2-N6 reveals patrilineal traces of Austronesian populations on the eastern coastal regions of Asia*. PLoS ONE, 2017, (4): 1-12.

[5] Skoglund, P. et al. *Genomic insights into the peopling of the Southwest Pacific*. Nature, 2016, (538): 510-513.

[6] Lipson, M. et al. *Population Turnover in Remote Oceania Shortly after Initial Settlement*. Current Biology, 2018, (28): 1-9.

[7] Posth, C. et al. *Language continuity despite population replacement in Remote Oceania*. Nature Ecology & Evolution, 2018, (2): 731-740.

章,系统全面地展示了南岛语族在太平洋岛屿上的迁徙与扩散。

利普森等通过分析56个东南亚岛屿人群的全基因组芯片数据,认为所有东南亚岛屿的南岛语人群与台湾南岛人群具有强烈的亲缘关系,同时也接受了来自大陆中南半岛说南亚语人群的遗传贡献,这种南亚语相关的遗传贡献有可能是因为在南岛语人群迁徙之前,东南亚岛屿就已有说南亚语人群的存在;又或是南岛语人群经由中南半岛走廊而后再扩散至印度尼西亚东部地区。[1]

南岛语系起源研究已经取得了一定的成果,并且涵盖了多个学科领域,如语言学、人类学、考古学、历史学等。虽然这些学科之间存在差异和难以统一的观点,但多学科交叉研究可以为南岛语系起源提供更全面的认识和理解。研究者们通过历史比较法、遗传学证据和多学科交叉研究等手段,逐步揭示了南岛语系的起源和演化历程。然而,南岛语系的起源问题仍存在许多争议和不确定性,需要进一步探索来完善现有的研究成果。

---

[1] Lipson, M. et al. *Reconstructing Austronesian population history in Island Southeast Asia*. Nature Communications, 2014, (5): 1-7.

# 第五章　美洲印第安语系

在美洲,没有发现类人猿、可直立猿之类的人类近亲的遗迹。史学界公认印第安人是从西伯利亚迁徙到美洲的蒙古人种。大约两万五千年前,他们经白令海峡在阿拉斯加的岛屿登陆,然后逐渐南移,遍布于整个美洲大陆。在欧洲殖民者入侵之前,印第安人世世代代生息于美洲大陆,是开拓这一地区的先驱者和主人。随着欧洲殖民者的到来,以印第安人为主的美洲原住民在几百年的时间里大量减少,再加上文化的同化,美洲原住民的大部分语言几乎消亡。即使会说美洲土著语言,大部分人也是操双语的人群,能流利说土著语的人不足几十甚至几人,而且一般都是老年人。西班牙语和英语等在此地使用范围的扩大,进一步削弱了这些语言。上述的复杂和不稳定状态,给语言统计工作造成了极大困难。因为缺少研究材料,对美洲土著语言的研究非常不足,对许多美洲土著语言的分类观点不一,语系分类更是相差悬殊。

## 一、美洲印第安语言研究历史

北美印第安语言数量众多,欧洲人第一次接触到这里的语言时,有 300 种之多。根据《濒危语言目录》统计,21 世纪早期还有 150 多种语言,其中 112 种在美国,60 种在加拿大(22 种横跨美国和加拿大)。[①] 在这将近 200 种语言里,

---

① https://endangeredlanguages.com.

123种已完全灭绝,有的使用人数不到十人,所有语言都处于濒危的边缘。虽然如此,该地语言的丰富多样性还是给语言学家提供了丰富的素材。

第一个对北美印第安语言进行全面分类的是美国的鲍威尔(John Wesley Powell,1834—1902),1891年他根据词汇的相似识别出24个语系。[1] 鲍威尔采用的这种命名原则后来被广泛使用,即,在有代表性的语言名字后加-an表示语系,如:Caddoan指包括Caddo语和其他有发生学关系的语言在内的语系。由于新语言不断发现,新证据不断产生,所以鲍威尔的分类后来已有很大改变。除了鲍威尔,还有很多学者试图把一些语系归并为更大的语系,因为在更远古的时代,那些语言也有发生学关系。在这些学者中,最有名的要属萨丕尔,他在1929年出版的《大英百科全书》(Encyclopædia Britannica)里根据语法上的相似把所有语言分为6大语系,即:因纽特—阿留申语系(Eskimo-Aleut)、阿尔冈琴—瓦卡山语系(Algonquian-(Algonkian-)Wakashan)、纳—德内语系(Na-Dené)、佩纽蒂语系(Penutian)、霍坎—苏语系(Hokan-Siouan)和阿兹特坎—塔诺安语系(Aztec-Tanoan)。[2] 还有更多学者试图在这个分类基础上继续减少大语系的数量,但是基本上都失败了。但其中还是有这样一个很特别的学者,他就是美国人类学家、语言学家格林伯格。1987年他假定美洲大约180种语系(包括孤立语)都属于一个超级大语系——美洲印第安语系(Amerind),当然不包括因纽特—阿留申语系和纳—德内语系。[3] 但是后来许多人发现他的方法论很成问题,证据也是漏洞百出,因此现在的语言学家基本上也就抛弃了他的假说。

到了21世纪初,美国语言学家瓦伊达(Edward Vajda,1958—)提出,北

---

[1] Powell, J. W. *Indian linguistic families of America north of Mexico*. In J. W. Powell (ed.). *Introduction to Handbook of American Indian languages by Franz Boas and Indian linguistic families of America, north of Mexico*. Lincoln: University of Nebraska Press, 1891.

[2] Sapir, E. *Central and North American Languages*. Encyclopedia Britannica, 14th ed, 1929, (5).

[3] Greenberg, J. H. *Languages in the Americans*. Standford: Standford University Press, 1987.

美的纳—德内语系(Athabaskan-Eyak—Tlingit)和西伯利亚中部的叶尼塞语系存在远距离发生学关系,[1]受到了学界的关注。虽然一开始这个观点很吸引人,但无论是词汇还是语音又或者语法(形态),证据都有问题,现在也少有人关注了。

中美洲的印第安语包括墨西哥中部和南部、危地马拉、洪都拉斯、英属洪都拉斯、萨尔瓦多、尼加拉瓜部分地区,以及墨西哥西北部的部分地区。据统计,哥伦布时代有约24组共300种语言,当时的使用人数约五百万,其中尚在使用的约70种。但是有些被当作中美印第安语的语言,实际上并不在中美洲地区使用,而只是因为它们跟其他中美洲语言同属一系。语言学家对于中美印第安语所知不多,语系的划分很不一致。有的语言学家划分的语系多达20个以上,有的语言学家把中美印第安语分为A、B、C三大类。A类语言的主要代表是奥托—曼格安诸语言,其特点是句子结构向右扩展(修饰语在被修饰语后面),综合程度较低,使用前缀和前置词,罕用复合构词法构词;B类的主要代表是玛雅诸语言、阿兹台克语等,属中间类型、中等综合型;C类的主要代表是塔拉斯科语、托托纳克语等,属高度综合型,句子结构向左扩展,大量使用后缀和后置词,用语音交替构成派生或屈折变化。

跟北美印第安语比较,学者们对南美印第安语的了解更为有限,对语系数量的估计分歧更大。有的认为多达2000种;但一般认为仍在使用的语言不过600种,而且彼此差别很大;有人把它们划分为70多个语系。根据《大英百科全书》,在南美的82个语族中,几乎半数是孤立语,25种已绝迹,至少10多个处于消亡的边缘。最重要的语族是超级齐别坎语(Chibchan)、阿拉瓦坎语(Arawakan)、卡里班语(Cariban)、图皮语(Tupian)、超级葛语(Ge)、奎丘马兰语(Quechumaran)、图卡诺安语(Tucanoan)、超级帕诺—塔卡兰语(Pano-Tacanan)。但目前南美印第安语尚无普遍承认的分类。

第一部有关南美印第安语言(克丘亚语)的语法著作出现于1560年。

---

[1] Vajda, E. J. *A Siberian Link with Na-Dene Languages*. Dene-Yeniseic Symposium, Fairbanks, 2008.

17世纪和18世纪上半叶,传教士在描写语法、词典和教理问答方面表现得很活跃,编年史和官方报告中也提供了一些数据,这些信息都收录在潘杜拉的《宇宙观》[①]和阿德隆(Johann Christoph Adelung,1732—1806)和沃特(Johann Severin Vater,1771—1826)的《语言大全卷》[②]里。随后,到了20世纪的前二十五年,人种学家大量收集一手材料。尽管这一时期无论从规模还是性质方面都取得了很大成就,但是他们的研究水平远远低于其他国家。1940年后,一些受过语言培训的传教士开始进行语言记录和历史研究,并且取得了很大进步,但是在基本描述方面还是有差距,没有哪种语言被彻底描述清楚,因此,南美洲语言的分类研究以及历史、区域和类型学研究都受到了阻碍。由于缺少语言学家,加上语言的快速消亡,以及那些急需研究的语言地处偏远,使得描述性研究更加困难。随着土著居民的不断消失,语言的不断消失,没有得到记录的语言再也没办法了解了。

南美洲地区的语言分类研究出现较早,第一部比较有说服力的、概述性的分类研究是美国人类学家布林顿,他根据语法标准和受限词表识别出了73个语系。[③] 1913年人类学家乾伯伦(Alexander Chamberlain,1856—1914)发表了美国语言新的分类文章[④],在以后的很多年,他的分类成了该领域的标杆。1924年,法国人类学家、人种学家瑞佛(Paul Rivet,1876—1958)前期做了大量细致的工作。他的分类富含大量有价值的信息,远超前期所有人的分类研究。瑞佛根据词汇的相似把语言分为77个语系。[⑤] 捷克语言学家

---

[①] Hervas y Panduro, L. *Idea dell'universo: che contiene la storia delta vita dell'uomo, elementi cosmografici, viaggio estat-ico al mondo planetaria, e storia de la terra e delle lingue*, 6 vols. Cesena: Biasini, 1784-1787.

[②] Adelung, J. C., J. S. Vater. *Mithridates oder allgemeine Sprachen-kunde mit dem Vater Unser ah Sprachprobe in bei nahe fimfhundert Sprachen und Mundarten*. Vol. 3, Sec. 3. Berlin: Voss, 1816.

[③] Brinton, D. G. *The American race*. New York: D. C. Hodges, 1891.

[④] Chamberlain, A. F. *Linguistic stocks of South American Indians, with distribution map*. AA, 1913, (15): 236-247.

[⑤] Rivet, P. *Langues americaines*. In A. Meillet & M. Cohen (eds.). *Les Langues du monde*. Paris: Champion. 1924, pp. 597-712.

劳科特卡和瑞佛一样,也做分类研究,他出版了两部专著①②,而且语系数量远超前人(分别为 94 种、114 种),其中包括新发现的语言,还有一些是把瑞佛的语系拆分开来。劳科特卡使用了一个 45 词的"诊断表"把语言分为"混合语"(有着其他语系 1/5 词项的语言)和"单纯语"(可能有其他语系"入侵"或留下的"痕迹",但是总数不超过 1/5),瑞佛根据 1944 年劳科特卡的分类,于 1952 年出版了《南美洲和安德列斯语言》,里面列出了 108 个语系③。在这之后,又出现了一些有关南美洲语言分类的研究,其中包括劳科特卡④和美国语言学家格林伯格⑤,以及另一个美国语言学家斯瓦迪士⑥。劳科特卡的分类基本上依据他以前的分类原则,识别出了 117 个语系,尽管方法简单,但是所含信息基本上是真实的。格林伯格和斯瓦迪士的分类都是根据受限的词汇项比较,以及更精确的标准,他们认为所有语言都有发生学关系,并把这些语言分为 4 大类,但是在大组和小组内部上差异很大。格林伯格只是使用了很少的词汇项,他的分类说服力不强。他把 4 个大语系又分为 13 个小项,然后是 21 个更小的项。斯瓦迪士根据他的词汇统计学理论,依据 100 基本词汇表进行分类。他把这些语言的 4 个分类(相互之间以及与北美语言之间都有关联)又分为 63 个下位语支,与传统分类更接近。另外还有很多学者投入到美洲印第安语言的关系研究中,此处不一一列举。

---

① Loukotka, Č. *Clasificacion de las lenguas sudamericanas*. Prague:Josef Bartl,1935.

② Loukotka, Č. *Klassifikation der sudamerikanischen Sprachen*. Zeitschrift fur Ethnologic, 1942[1944],(74):1-69.

③ Rivet,P. *Langues de l´Amerique du Sud et des Antilles*. In A. Meillet & M. Cohen (eds.). *Les Langues du monde*,2$^{nd}$ ed. Paris:Champion,1952,pp. 1009-1160.

④ Loukotka, Č. *Classification of South American Indian languages*. Los Angeles:Latin American Studies Center,University of California,1968.

⑤ Greenberg,J. H. *General classification of Central and South American languages*. In A. Wallace (ed.). *Men and cultures:fifth international congress of anthropological and ethnological sciences*. Philadelphia:University of Pennsylvania Press,1960,pp. 791-794.

⑥ Swadesh,M. *Towards a satisfactory genetic classification of Amerindian languages*. ICA (Sao Paulo),1955,(31):1001.

一些学者把美洲大陆语言与旧大陆的语言联系起来,认为美洲人群来自西伯利亚,如瓦伊达认为纳—德内语与西伯利亚的叶尼塞语有发生学关系[1],并得到了茹伦和尼科拉斯的支持,其他有关美洲印第安语言与美洲大陆外语言的假说还有:特龙贝提的美洲印第安—巴斯克语[2],米莱斯基的美洲印第安—亚洲语(和阿兹特克—梵语)[3],费拉里奥的美洲印第安—阿尔泰语[4][5],凯伊的美洲印第安—玻利尼西亚语[6],斯图尔特的纳—德内语与蒙古语、突厥语、汉语、东北藏语、吐火罗语、意大利、凯尔特语[7],瑞佛的霍坎—马来—玻利尼西亚语,霍坎—美拉尼西亚语[8],布达的犹他—阿兹特克语系和楚科奇语[9],丹尼逊的纳瓦特—希腊语和印欧语系[10],凯利的犹他—阿兹特

---

[1] Vajda, E. *A Siberian Link with Na-Dene Languages*. Dene-Yeniseic Symposium, Fairbanks, 2008.

[2] Trombetti, A. *Le origini della lingua basqa. Accademia delle Scienze dell' istituto di Bologna*. Bologna: Bologna University Press, 1926.

[3] Milewski, T. *Similarities between the Asiatic and American Indian languages*. UAL, 1960, (26): 265-274.

[4] Ferrario, B. *La investigation lingiiistica y el parentesco extra-continental de la lengua qhexwa*. Revista de la Sociedad "Amigos de la Arqueologia" (Montevideo, Uruguay), 1933, (7): 89-120.

[5] Ferrario, B. *Delia possible parentela fra le indue "altaiche" en alcune americaine*, Vol. 19 *of Congresso Internazionale degli Orientalisti*. Rome: Tipographia della Reale Accademia dei Lincei del Dott, 1938, pp. 210-223.

[6] Key, M. R. *Polynesian and American linguistic connections*. Lake Bluff: Jupiter Press, 1984.

[7] Stewart, E. G. *The Dene and Na-Dene Indian migration*-1233 A. D. : *escape from Genghis Khan to America*. Columbus: Institute for the Study of American Cultures, 1991.

[8] Rivet, P. *Les melaneso-polynesiens et les australiens en Amerique*. Anthropos, 1925, (20): 51-54.

[9] Bouda, K. *Die Tschuktschische Gruppe und das Utoaztekische*. In K. Bouda (ed.). *Die Verwandtschafts-verhaltnisse der tschuktschischen Sprachgruppe*. Acta Salmanticensia: Filosofia y Letras (Salamanca), 1952, (6): 69-78.

[10] Denison, T. S. *Mexican linguistics: including Nauatl or Mexican in Aryan phonology, the primitive Aryans of America, a Mexican-Aryan comparative vocabulary, morphology and the Mexican verb, and the Mexican-Aryan sibilants, with an appendix on comparative syntax*. Chicago: T. S. Denison, 1913.

克—玻利尼西亚语①,布达的米克斯—佐奎嗯—托托纳卡—奥托夫语和高加索语②,布达的华夫—乌拉尔语③,维坎德的玛雅—阿尔泰语④,弗兰克尔的玛雅—突厥语⑤,科佩尔曼的南部美洲—东部亚洲语⑥,塞多和泽巴罗斯的南部美洲—日语⑦,因贝洛尼的克丘亚—大洋洲语⑧,丹格尔和帕拉维西诺的克丘

---

① Kelly, D. H. *Our elder brother Coyote*. Ph. D. diss. , Harvard University, 1957.
② Bouda, K. *Zoque. ein mittelamerikanischer Brückpfeiler zwischen Westasien (Kaukasus) und Peru*. Zeitschrift der Deutschen Morgenlcindischen Gesellschaft, 1963, (113): 144-167.
③ Bouda, K. *Huavestudien I: Uralisches im Huave*. Etudes Finno-ougriennes, 1964, (1): 18-28; Bouda, K. *Huavestudien II*. Etudes Finno-ougriennes, 1965, (2): 167-175.
④ Wikander, S. *Maya and Altaic: Is the Maya group of languages related to the Altaic family?* Ethnos, 1967, (32): 141-148; Wikander, S. *Maya and Altaic II*. Ethnos, 1970, (35): 80-88; Wikander, S. *Maya and Altaic III*. Orientalia Suecana, 1970-1971, (19-20): 186-204.
⑤ Frankle, E. *Los morfemas vocalicos para derivaciones verbales en los grupos mayance y turquico*. Investigaciones recientes en el area may a. La 17a mesa redonda, Sociedad Mexicana de Antropologia, 1984a, (2): 517-524; Frankle, E. *Las relaciones externas entre las lenguas mayances y altaicas*. Investigaciones recientes en el area may a. La 17a mesa redonda, Sociedad Mexicana de Antropologia, 1984b, (1): 209-225.
⑥ Koppelmann, H. L. *Ostasiatische Zahlworter in sud-amerikanischen Sprachen*. Leiden: International Archiv fiir Ethnographie, 1929, pp. 77-118.
⑦ Gancedo, A. *El idioma japones y sus afinidades con lenguas americanas*. Revista de Derecho, Historia y Letras (Buenos Aires), 1922, (73): 114-122; Zeballos, E. S. *Consultas: etimologias araucanas*. Revista de Derecho, Historia, y Letras (Buenos Aires), 1922, (73): 770-771.
⑧ Imbelloni, J. *La esfinge Indiana: antiguos y nuevos aspectos del problema de los origenes americanos*. Buenos Aires: Museo Nacional de Historia Natural, 1926; Imbelloni, J. *L' idioma Kichua nel sistema linguistico dell' Oceano Pacifico*. ICA, 1928 [1926], (2): 495-509.

亚—毛利语①②；克里斯提的秘鲁—玻利尼西亚语③，杜梅齐尔的克丘亚—突厥语④(可参看海姆斯⑤)，布达的克丘亚—通古斯语⑥，(可参看海姆斯⑦)，还有与澳大利亚语的关系，如瑞佛的克恩(Chon)—澳大利亚语和马来西亚—玻利尼西亚语⑧，特龙贝提的南部美洲—澳大利亚语⑨。这些跨超大区域的假说很少在学界得到认可，可以说，它们的出现只是昙花一现，这与学者提供的证据以及语言演化的复杂性相关。

---

① Dangel, R. *Quechua and Maori*. Mitteilungen der Anthropologische Gesellschaft in Wien, 1930, (60): 343-351.
② Palavecino, E. *Glosario comparado Kicua-Maori*. CA, 1926, (2): 517-525.
③ Christian, F. W. *Polynesian and Oceanic elements in the Chimu and Inca languages*. Journal of the Polynesian Society, 1932, (41): 144-156
④ Dumezil, G. *Remarques sur les six premiers noms du nombres de turc*. Studia Linguistica, 1954, (8): 1-15; Dumezil, G. *Remarques complementaires sur les six premiers noms du nombres de turc et du quechua*. Journal de la Societe des Americanistes de Paris, 1955, (44): 17-37.
⑤ Hymes, D. H., A. L. Kroeber. *Language*. In T. A. Sebeok (ed.). *Portraits of linguists: a biographical source book for the history of Western linguistics, 1746-1963*. Bloomington: Indiana University Press, 1966, (2): 400-437.
⑥ Bouda, K. *Tungusisch und Ketschua*. Zeitschrift der Deutschen Morgenldndischen Gesellschaft, 1960, (110): 99-113; Bouda, K. *Zoque, ein mittelamerikanischer Brückpfeiler zwischen Westasien (Kaukasus) und Peru*. Zeitschrift der Deutschen Morgenlcindischen Gesellschaft, 1963, (113): 144-167.
⑦ Hymes, D. H., A. L. Kroeber. *Language*. In T. A. Sebeok (ed.). *Portraits of linguists: a biographical source book for the history of Western linguistics, 1746-1963*. Bloomington: Indiana University Press, 1966, (2): 400-437.
⑧ Rivet, P. *Les Australiens en Amerique*. Bulletin de la Societe Linguistique de Paris, 1925, (26): 23-63; Rivet, P. *Les Origines de l'homme Americain*, 8$^{th}$ ed. Paris: Gallimard, 1957[1943].
⑨ Trombetti, A. *Origine asiatica delle lingue e popolazioni americane*. ICA, 1928 [1926], (1): 169-246.

## 二、美洲印第安语系分类

1960年,格林伯格对美洲印第安语言进行分类研究(见表5-1)[1]。1987年,格林伯格的著作《美洲语言》(Language in the Americas)正式出版[2],他把新大陆的语言分为3大类:因纽特—阿留申语系、纳—德内语系和美洲印第安语系。

表5-1 格林伯格1960年的分类

| 美洲印第安语系 | 阿尔莫桑语 克里西安语 | |
| --- | --- | --- |
| | 霍坎语 | |
| | 佩纽蒂语 | |
| | 阿兹特坎—塔诺安语 | |
| | 奥托—曼格安语 | |
| | 普勒佩查语(Purépecha) | |
| | 超级奇布坎语 | 奇布坎语 |
| | | 皮赞语 |
| | 安第斯—赤道语 | 安第斯语 |
| | | 希瓦罗语(Jivaroan) |
| | | 超级图卡诺安语 |
| | | 赤道语 |
| | 葛—帕诺安—加勒比语 | 超级葛语 |
| | | 超级帕诺安语 |
| | | 超级加勒比语 |
| | | 南比克瓦拉语(Nambikwara) |
| | | 华朴语(Huarpe) |
| | | 塔鲁玛语(Taruma) |

这虽然与萨丕尔对美洲大陆语言的分类总数一样,但是里面的小类则

---

[1] Greenberg, J. H. *General classification of Central and South American languages*. In A. Wallace (ed.). *Men and cultures: Fifth international congress of anthropological and ethnological sciences*(1956). Philadelphia: University of Pennsylvania Press, 1960, pp. 791-794.

[2] Greenberg, J. H. *Languages in the Americans*. Standford: Standford University Press, 1987.

大不相同,萨丕尔分为6大类,格林伯格也是如此,但是又进一步细分为11类。到了2007年,在格林伯格去世后的第五年,他的学生茹伦(Merrit Ruhlen,1944—2021)对这个语系的分类及证据做了较大改动。在《美洲印第安语词源词典》前言里,茹伦写道:目前的这部词典是对格林伯格1987年成果的回顾、扩充和修改。这次修改包括以下内容:(1)根据某些研究美洲印第安语言的专家意见,修订了大量的形式,取消了一些形式;(2)把一些下位语支的词源合并到印第安语词源里;(3)从不同层次的印第安语里,根据大量的美洲印第安语系下位语支的构拟资料,增加了许多构拟;(4)首次增加了大量新的印第安语词源。① 至于分类,茹伦把下位语系由11个增加到13个,并按照从北到南的顺序依次排列举例,这些语系是阿尔莫桑语系、克里西安语系、佩纽蒂语系、霍坎语系、中部美洲印第安语系、奇别坎语系、皮赞语系、安第斯语系、赤道语系、超级图卡诺安语系、超级加勒比语系、超级帕诺安语系、超级葛语系。不过这些语系分类与1987年的分类没有什么大的区别,只不过把一些类别拆开而已,如阿尔莫桑—克里西安语系分为阿尔莫桑语系和克里西安语系,奇别坎—皮赞语系分为奇别坎语系和皮赞语系。茹伦在引言里解释道,这只是为了排列证据方便,没有其他意思。在这11个语系里,格林伯格并不认为它们有着同等的地位,相反,超级葛语系、超级帕诺安语系关系很近,与另一种关系较远的超级加勒比语系构成一个较大的语系葛—帕诺安—加勒比语系。同样,赤道语系与超级图卡诺安语系关系紧密。奇布坎—皮赞语和中部美洲印第安语构成一个单独的语族。有足够的证据证明霍坎语、佩纽蒂语和阿尔莫桑—克里西安语有着同等地位。因此,格林伯格把11个语系合并成6个:(1)葛—帕诺安—加勒比语系;(2)赤道—图卡诺安语系,(3)安第斯语系;(4)奇布坎—皮赞语系;(5)中美印第安语系;(6)北美印第安语系。② 卡瓦利—斯福扎和茹伦都同意格林伯格的

---

① Greenberg, J. H., M. Ruhlen. *An Amerind Etymological Dictionary*. Standford: Standford University Press, 2007.
② Greenberg, J. H. *Languages in the Americas*. Standford: Standford University Press, 1987.

观点,并且使用了树形图①。

茹伦特别分析了中部美洲语。中部美洲语分布范围广,从墨西哥南部直到犹他州。中部美洲语分为3部分:奥托—曼格安语、尤托—阿兹特坎语和塔诺安语(见表5-2)。奥托—曼格安语分布在墨西哥南部,尤托—阿兹特坎语从墨西哥南部直到犹他州,塔诺安语在新墨西哥。沃尔夫和特雷格认为尤托—阿兹特坎语和塔诺安语构成一个较高层次的语支,他们称为阿兹特坎—塔诺安语。② 奥托—曼格安语的家乡在墨西哥南部,曾经有人认为阿兹特坎—塔诺安语的故乡在北部,后从北向南扩张。如果塔诺安语位于北部,此说较为合理。关键是尤托—阿兹特坎语的扩张是从南朝北,从墨西哥南部到犹他州,塔诺安语似乎就成了一个由南朝北迁移的分支。对于语系发展树形图,茹伦表现得不太自信。其中有些分类也不确定,如安第斯语系可能跟中部美洲印第安语的北支更靠近,而非其他的南美洲语言。奇别坎—皮赞语系的详细位置也不确定。③

表5-2 格林伯格和茹伦的分类

| 中北部语群 | 北部语族 | 阿尔莫桑—克里西安语支 | 阿尔莫桑语 | Algic | | |
| --- | --- | --- | --- | --- | --- | --- |
| | | | | Kutenai | | |
| | | | | 莫桑语 | Chimakuan | |
| | | | | | Salishan | |
| | | | | | Wakashan | |
| | | | 克里西安语 | Caddoan | | |
| | | | | Iroquoian | | |
| | | | | 克里西安语 | | |
| | | | | Siouan - Yuchi | Siouan | |
| | | | | | Yuchi | |

---

① Ruhen, M. *A Guide to the World's Languages*: (*Vol. I*): *Classification*. Standford: Stanford University Press, 1991.

② Whorf, B., G. L. Trager. *The Relationship of Uto-Aztecan and Tanoan*. AA, 1937, (39): 609-624.

③ Greenberg, J. H., M. Ruhlen. *An Amerind Etymological Dictionary*. Standford: Standford University Press, 2007, p. 7.

续表:格林伯格和茹伦的分类

| 中北部语群 | 北部语族 | 佩纽蒂—霍坎语支 | 佩纽蒂语 | Tsimshian | | |
|---|---|---|---|---|---|---|
| | | | | Chinook | | |
| | | | | Oregon | | |
| | | | | Plateau | | |
| | | | | California | Maiduan | |
| | | | | | Miwok – Costanoan | |
| | | | | | Wintun | |
| | | | | | Yokutsan | |
| | | | | Zuni | | |
| | | | | 海湾语 | Atakapa | |
| | | | | | Chitimacha | |
| | | | | | Muskogean | |
| | | | | | Natchez | |
| | | | | | Tunica | |
| | | | | | Yukian | Yuki |
| | | | | | | Wappo |
| | | | | 墨西哥佩纽蒂语 | | |
| | | | 霍坎语 | 霍坎语北支 | Karok – Shasta | Karok |
| | | | | | | Chimariko |
| | | | | | | Shasta – Achomawi |
| | | | | | | Shasta Achomawi |
| | | | | | Yana | |
| | | | | | Pomoan | |
| | | | | Washo | | |
| | | | | Salinan – Chumash | Salinan | |
| | | | | | Chumash | |
| | | | | | Esselen | |
| | | | | Seri – Yuman | Seri | |
| | | | | | Yuman | |
| | | | | Waicuri – Quinigua | Waicuri | |
| | | | | | Maratino | |
| | | | | | Quinigua | |
| | | | | Coahuiltecan | | |
| | | | | Tequistlatec | | |
| | | | | Subtiaba | | |
| | | | | Jicaque | | |
| | | | | Yurumangui | | |

续表:格林伯格和茹伦的分类

| | 中部语族 | 塔洛安语 | | |
|---|---|---|---|---|
| | | 尤托—阿兹特坎语 | | |
| | | 奥托—曼格安语 | | |
| 南部语族 | 安第斯—齐别坎—皮赞语支 | 齐别坎—皮赞语 | 超级齐别坎语 | Cuitlatec |
| | | | | Lenca |
| | | | | 齐别坎语 |
| | | | | Paya |
| | | | | Purépecha |
| | | | | Yanomam |
| | | | | Yunca－Puruhan |
| | | | 超级皮赞语 | Allentiac |
| | | | | Atacama |
| | | | | Betoi |
| | | | | Chimu－Mochita |
| | | | | Itonama |
| | | | | Jirajara |
| | | | | Mura |
| | | | | 皮赞语 |
| | | | | Timucua |
| | | | | Warrao |
| | | 安第斯语 | Aymara | |
| | | | Itucale－Sabela | Itucale |
| | | | | Mayna |
| | | | | Sabela |
| | | | Cahuapana－Zaparo | Cahuapana |
| | | | | Zaparo |
| | | | 安第斯语北支 | Catacao |
| | | | | Cholona |
| | | | | Culli |
| | | | | Leco |
| | | | | Sechura |
| | | | 克丘亚语 | |
| | | | 安第斯语南支 | Qawasqar |
| | | | | Mapudungu |
| | | | | Gennaken |
| | | | | Chon |
| | | | | Yamana |

续表:格林伯格和茹伦的分类

| | | | | |
|---|---|---|---|---|
| 赤道－土卡安语支 | 赤道语 | Macro-Arawakan | | |
| | | Cayuvava | | |
| | | Coche | | |
| | | Jivaro – Kandoshi | Cofán | |
| | | | Esmeralda | |
| | | | Jivaro | |
| | | | Kandoshi | |
| | | | Yaruro | |
| | | Kariri – Tupi | | |
| | | Piaroa | | |
| | | Taruma | | |
| | | Timote | | |
| | | Trumai | | |
| | | Tusha | | |
| | | Yuracaré | | |
| | | Zamuco | | |
| | 超级土卡安语 | Auixiri | | |
| | | Canichana | | |
| | | Capixana | | |
| | | Catuquina | | |
| | | Gamella | | |
| | | Huari | | |
| | | Iranshe | | |
| | | Kaliana – Maku | | |
| | | Koaia | | |
| | | Movima | | |
| | | Muniche | | |
| | | Nambikwara | | |
| | | Natu | | |
| | | Pankaruru | | |
| | | Puinave | | |
| | | Shukuru | | |
| | | Ticuna – Yuri | | |

续表:格林伯格和茹伦的分类

| | | | |
|---|---|---|---|
| 葛－帕诺安－卡里博语支 | 超级卡里博语 | Andoke<br>Bora－Uitoto<br>卡里博语<br>Kukura [spurious]<br>Yagua |
| | 超级帕诺安语 | Charruan<br>Lengua<br>Lule－Vilela<br>Mataco－Guaicuru<br>Moseten<br>Pano－Tacanan |
| | 超级葛语 | Bororo<br>Botocudo<br>Caraja<br>Chiquito<br>Erikbatsa<br>Fulnio.<br>Ge－Kaingang<br>GuatóKamakan<br>Mashakali<br>Opaie<br>Oti.<br>Puri<br>Yabuti |

格林伯格的美洲语言三分法得到了其他领域证据的支持。亚尼桑那州立大学人类牙齿专家特纳等发现根据牙齿特征或基因特征(如血型)对美洲土著人进行分类[①]，与格林伯格基于语言的三分法完全一致。支持美洲语言

---

① Greenberg, J. H., C. G. Turner II, S. L. Zegura. *The Settlement of the Americas: a Comparison of the Linguistic, Dental and Genetic Evidence.* Current Anthropology, 1986, (27): 477-497.

三分的证据在遗传学家卡瓦利—斯福扎等人[①]的文章中也可找到。卡瓦利—斯福扎等在对新大陆人群的基因研究中,有了与格林伯格基于语言学证据所做的同样的发现[②],美洲人群应该分为三拨:因纽特—阿留申人、纳—德内人、印第安人。

还有一条线索就是所谓的不依赖于核 DNA 的线粒体 DNA 证据。1990年埃莫里(Emory)大学医学院的华莱士小组成员通过分析线粒体 DNA 得出的初步结果似乎也支持美洲印第安语系。吉本斯在《科学》杂志上发表的一篇文章里声称找到了三分法的有力证据。[③]

虽然有了这些证据,可是在语言学界全力支持格林伯格的只有他的学生茹伦。可能是因为标准模糊,方法随意,很难说服别人,因此遭到很多人的反对。自从格林伯格1987年提出印第安语系假说后,美国国内学者群起而攻之,甚至多次开会声讨他(更多详情可参看李艳的《历史语言学理论:从同源论到亲缘度》)[④]。即使到了几十年后的今天,学界基本上都持反对态度。从网络平台的介绍可见一斑,如百度百科:"美洲印第安语(Nativie American languages)并不是一种语言,甚至也不是一个语系,而是美洲除了纽因斯语外所有语系和孤立语言的统称,截至21世纪,已知印第安语分为71个语系和42种孤立语言。"哎哟百科写道:"'美洲印第安语'指分布于美洲各地的上千种土著语言。只是一种基于地域概念的归类,它的谱系分类的根据是不足的。在意见分歧的情况下,这是一种比较简便的归类方法。"《大英百科全书》上写道,美洲印第安语言不能形成一个独立的语系,它只是对该区域所有语言的统称。如此等等,可见该语系的认可度。

---

① Cavalli-Sforza, L., L. P. Menozzi, A. Piazza. *Reconstruction of Human Evolution: Bringing Together Genetic, Archaeological, and Linguistic Data.* Proceedings of the National Academy of Sciences in the USA, 1988, (85): 6002-6006.

② Cavalli-Sforza, L., L. P. Menozzi, A. Piazza. *The history and geography of human genes.* Princeton: Princeton University Press, 1994.

③ Gibbons, A. *Geneticists trace the DNA trail of the first Americans.* Science, 1993, (259): 312-313.

④ 李艳:《历史比较语言学理论:从同源论到亲缘度》,中国社会科学出版社,2020年,第69-102页。

总的来说,格林伯格的分类试图建立起一个系统而全面的语言分类框架,他将美洲印第安语言划分为 3 大类。他的分类体系考虑了词汇、音系和形态等多个要素,具有一定的逻辑性和连贯性。他的分类是建立在对大量语言数据的研究基础上的。他收集了来自不同美洲印第安语言的词汇和语法,并通过对这些语料的比较和分析,提出了他的分类理论。但是格林伯格的分类标准过于依赖词汇相似性,而忽视了语音、语法和语用等更重要的因素。此外,他的分类结果也遭到了一些语言事实的挑战和质疑。尽管格林伯格的分类存在争议,但它仍然对后续的美洲印第安语言研究产生了一定的影响。

总体而言,格林伯格的美洲印第安语言分类是一项重要而有影响力的研究。虽然这个分类系统受到了批判甚至是攻击,但它也为后来的研究提供了一个起点和参考,激发更多学者对美洲印第安语言的多样性和演化关系进行深入探索。

### 三、美洲印第安系语言特点

美洲大陆范围广阔,所以南北美洲语言特征差异巨大。北美语言语音系统纷繁复杂,西北海岸的语言有着丰富的音位系统,喉塞音很普遍。许多语言有两类软腭音:k 和 q(小舌音,发音时舌位更靠后),有些语言有前 k、中 k 和后 k 三种发音法。南美各地语言音位数目很不相同,少的尚不足 10 个音位,但多的可达 42 个,且普遍具有鼻元音系统。词汇方面,北美语言包括简单词干和派生结构,构词所使用的派生法通常包括添加词缀法和复合构词法两种。许多语言有多式综合词,即在单词上添加词缀,构成复合词,表达一个句子的意思。此外,南美语言多向西班牙语和葡萄牙语大量借词。语法方面,北美语言主语的人称和数通常用动词的前缀来表示,动词的时态和体通常用后缀表示(但有少数语言也用前缀表示)。名词的属有概念常用前缀表示,前缀表示所有者的人称和数。绝大多数南美印第安语言都是加后缀的语言,各语言的时态和体的具体范畴很不相同,等式句很普遍,即把两个名词性词并列在一起、中间不用系词的句子,如"他我兄弟"。这只是一个大概的叙述,实际上,整个美洲语言情况复杂,在目前这种意见分歧的状态下,格林伯格的印第安语系假说,只能说是一种比较简便的归类方法。

不过格林伯格提出把大部分美洲印第安语言归入一类的假说是有证据支持的,主要是词汇证据和形态证据。首先他从超级葛语开始,提供了123组同源词。在对每个语系、每个语支分析之后,格林伯格在1987年对整个美洲印第安语言进行全方位的讨论,提供了281组同源词,每个词源至少出现在两个或多个语支里。到了2007年,茹伦增加到913个。在这些词源证据中,超级葛语有103个,超级帕诺安语有78个,赤道语系有95个,超级图卡诺安语有85个,安第斯山语有85个,奇别坎—皮赞语有98个,中部美洲语系有45个,霍坎语有100个,佩纽蒂语有106个,阿尔莫桑—克里西安语有81个。由于词汇证据太丰富,此处不列举。茹伦在2007年的词源词典里添加了更多的词汇证据,各种语系里的词源更充足,而且同一个词义,增加了许多词汇,如"在……上面",以前只有三个词源证据,现增加到5个。"吃"2个,现增加到4个。另外,茹伦[1]还专门讨论了一些词汇证据,如同源词 TANA, TINA 或 TUNA "孩子、儿子或女儿",以及 MALIQ' A "吞、喉咙"[2],*QETS' "左(手)", *KAPA "手指、手"[3],它们广泛分布于美洲大陆,在美洲之外很少见。

除了词汇证据,格林伯格还提供了大量形态证据。其中的107项形态证据中,第1—27项是人称代词、指示词和反身词,第28—57项是表数、性和格的代名词和名词范畴,第58—65项是从其他名词和从动词派生来的名词,第66—69项是分词和其他形容词形式,第70—99项是动词范畴(时态—语气,语态,以及其他派生范畴如使役词),最后100—107项是否定和疑问词。代

---

[1] Ruhlen, M., J. H. Greenberg. 1992. *Linguistic Origins of Native Americans*. Scientific American, 267(5): 94-99. Ruhlen M. 1994a. *On the Origin of Languages: Studies in Linguistic Taxonomy*. Stanford: Stanford University Press.

[2] Ruhlen, M. 1994b. *The Origin of Language: Retrospective and Prospective. On the Origin of Languages: Studies in Linguistic Taxonomy*, 261-276. Stanford: Stanford University Press.

[3] Ruhlen, M. 1997. *L'origine des langues*. Paris: Berlin.

表性例词如下：

(1) 代名词前缀形式 i-/a-/i-在美洲语言普遍存在。

(2) 名词前缀 t-在北美语言中广泛分布。

(3) 第一和第二人称标记 n 和 m 在南北美洲语言广泛分布。

(4) 超级帕诺安语系的莫色顿语有第一人称复数非独立代词[izuñ]，吕勒语[cen]作第一人称复数祈使主语和所有格。莫色顿语起着连接吕勒—维列拉语和帕诺—塔卡纳语的桥梁作用。

(5) 超级图卡诺安语系里与提卡纳语有紧密关系的语言是已绝迹的尤里语。其中的一条证据就是二者之间第一人称复数独立代词极其相似，提卡纳语 to，尤里语 too。

(6) 第二人称代词最显著的特征是 m-几乎出现于所有印第安语言里。

(7) 第二人称单数前缀 a-出现在所有语言里。

(8) 安第斯语系里一些语言出现了相似形式，如克丘亚语 kam 表第二人称单数独立代词，戈纳肯语为 kemu，艾马拉语 huma，卡华帕纳语 kem，huma，køma。

(9) 第二人称代词 i 在很多赤道语系里出现。在蒂莫特语族里，库加语(Cuica)[ih]表第二人称独立代词单数。萨里巴语的第二人称单数祈使语气里，以主格标记起首的动词用-i 替代末尾元音。坎多适语的穆拉托语(Murato)第二人称复数所有格前缀是 i-,后缀是-ni。奥特马科语 i 表第二人称独立代词单数。瓜莫语的圣何塞方言使用 aska-i 表示第二人称独立代词单数。

(10) 在第三项提到过超级图卡诺安语系的卡里那语和阿瓦克语，关系亲密，与之对应的是第二人称代词单数的对应，如卡里那语 ka(-be)和阿瓦克语 kai(-kiete)。格林伯格找到了含 k 的另外几种语言，包括超级葛语的 3 种语言和奇别坎—皮赞语系的 4 种语言，此处不详述。

以上只是简单的描述，这些证据的可靠性如何，我们不得而知。有学者在格林伯格的证据中发现了很多借词、偶然相似词等，这也是不可避免的。借词的问题历来是历史语言学家面临的最大难题，至今仍是悬案。总体而言,格林伯格通过对大量语言数据进行研究和分析,找到了一些证据来支持他提出的美洲印第安语系语言分类。正如前面所说,格林伯格的分类有其局限性,他过度依赖词汇而不考虑其他因素,此外,在实际应用中也存在一些争议和误判。因此,他使用的方法论"大规模比较法(mass comparison)"需要结合其他方法和证据进行综合分析和比较,方能获得更加准确和可靠的结果。

### 四、美洲印第安系语言溯源

最早的美洲印第安人来自何处,目前众说纷纭。有说来自亚洲的,有说来自西伯利亚的,还有认为来自北欧、日本、印度尼西亚、非洲、中国等地的。学术界普遍认为,印第安人的祖先是由亚洲跨越白令海峡到达美洲的,亚洲的蒙古利亚人种与美洲人祖先有渊源关系。白令海峡位于亚洲大陆的东北端,它的另一端就是美洲的西北端。平均宽度只有 65 千米,最窄处只有 35 千米。在第四纪的一些时间里,尤其是在最后一次冰河期,世界气候变冷,冰河来临,海面下降了大约 130—160 米,水深只有几十米的白令海峡便露出了海面,因而袒露出了一座陆桥,连接起了亚洲东北部和美洲西北部,成为亚、美两洲的天然通道。当时以猎取猛犸、鹿类为生的亚洲东北部猎人很有可能尾随这些动物穿过白令海峡大陆桥来到了美洲,成为美洲远古文明的开山鼻祖。[①]

另外一种说法认为来自西伯利亚。2017 年,美国密歇根大学的科学家们证实,美洲印第安人的祖先均来自西伯利亚。专家们对生活在北美、中美和南美境内的 29 个印第安人部落,以及两组西伯利亚当地土著居民的基因进行了比对。分析显示,生活在西伯利亚地区的一些远古土著居民是现在美洲印第安人的直接祖先。这些原本生活在亚洲大陆上的古代居民是通过一次或是多次迁徙才抵达美洲大陆的。科学家们介绍说,在距今一万四千

---

[①] Crawford, M. H. *The Origins of Native Americans: evidence from anthropological genetics.* Cambridge: Cambridge University Press, 1998.

年前,白令海峡其实并不存在,当时,阿拉斯加和楚科奇完全连为一体。有科学家认为,数万年前生活在西伯利亚地区的各部落居民们曾进行过多次大规模的迁徙。例如,现生活在北美的纳瓦霍人在语言和生活方式上就与其他邻近部落有很大差异。有学者认为,纳瓦霍人的祖先离开西伯利亚的时间大约是在距今一万两千至八千年前。另外还有证据显示,公元 1000 年—1350 年,曾有北欧海盗在邻近美洲的格陵兰岛上生活过。此外,还有另外一些假说。有学者认为,在距今三千五百年至八千年前,曾有一些远古居民从相当于现今的印度尼西亚迁徙到了美洲。其证据是:印尼一些部落使用的乐器、纺织品和其他用具与南美印第安人的非常相似。另外,还有科学家认为,在大约七千年前,曾有一支原本生活在日本列岛的原始居民迁移到了现代的厄瓜多尔境内。同时有证据显示,在大约三千至五千年前,可能曾有腓尼基人和非洲人到达过中美洲地区。这一点可以从中美洲发现的一些奇特雕像上得到证实。这些雕像的面容与现在的非洲人非常相像。① 截止到目前,对于美洲印第安人源自何地,学界仍然莫衷一是。

  至于美洲首批人群如何抵达美洲大陆,考古学证据表明,首批抵达新大陆的人群经历了一个快速迁移的过程,他们在千年的时间很快占领了南北美洲。茹伦提供的语言学证据似乎也证明了这一点,即代词 n/m 和词根 t´ina/t´ana/t´una 在新大陆的广泛分布,特别是 t´ina/t´ana/t´una 这种复杂的形态系统在南美大陆保存得完好无损,表明当地人群在向南美移动之后语言才发生了分裂。②

  第一批人抵达新大陆的时间问题也是很多学者尽力想解决的问题。一些考古学家、语言学家和遗传学家认为人类抵达美洲的时间大约在三万多年以前,而另一批考古学家、语言学家和遗传学家却认为是在一万三千五百

---

① Arnaiz-Villena, A., C. Parga-Lozano, E. Moreno, C. Areces, D. Rey & P. Gomez-Prieto. *The Origin of Amerindians and the Peopling of the Americas According to HLA Genes: Admixture with Asian and Pacific People*. Curr Genomics, 2010, 11 (2):103-114.

② Greenberg, J. H., M. Ruhlen. *An Amerind Etymological Dictionary*. Standford: Standford University Press, 2007, p. 4.

年前,即穿过加拿大的冰川走廊形成之时。瑟斯塔德等人于 2003 年发现了一种 Y 染色体变种(M242)[1],这个变体位于我们所知道的、出现于亚洲的两种变种(M45,M74)和出现于美洲的一种变种之间(M3)。瑟斯塔德等推测 M242 变种出现于距今一万五千年至一万八千年之间,这也是美洲人群首次到达新大陆的时间上限。

还有考古学证据证明人类抵达新大陆的时间稍晚一些,大约距今一万三千年至一万一千年之间。他们用大量巨型物种的快速消亡说明人类已经进入此地:此前这些动物没见过人类,因此毫无恐惧之心,直至被人类灭亡。

除此之外,狗的驯养也可作为线索。狗在东亚首次被人类驯养大概是一万五千年以前。因为第一批美洲人随身携带了驯养的狗,因此可以断定距今一万五千年前他们才离开亚洲,否则他们就没有狗。[2] 人类抵达美洲的时间应该是在狗的驯养出现以后。由于不可知的原因,这些被带到美洲的亚洲狗都已绝迹,取而代之于晚些时候抵达的欧洲狗。

对于最早的美洲印第安人到底来自何处,最早的印第安语言来自哪里,目前仍然存在一些争议和不确定性。由于语言的演化过程多是在没有书写系统的情况下进行的,因此研究者们主要依靠口头传统和语言材料来推断语系关系。这种方法有时会受到数据的局限性和解释的不一致性的影响,导致争议的出现。然而,随着研究的不断深入和技术的发展,我们对最早的美洲印第安语系语言的了解正在不断增加。

总体而言,目前对美洲印第安语系语言溯源的研究为我们理解这些语言的历史和演化提供了重要线索。通过对各个语言之间的共性和差异进行比较和分析,可以揭示这些语言的关系和变迁。尽管仍存在一些争议,但这些研究成果为语言学和人类学研究提供了宝贵的信息,并促进了对美洲印第安语言的保护。

---

[1] Seielstad, M., N. Yuldasheva, N. Singh, P. Oefner, P. Shen, R. S. Wells. *A novel Y-Chromosome Variant Puts an Upper Limit on the Timing of First Entry in the Americans.* American Journal of Human Genetics, 2003, (73): 700-705.

[2] Wade, N. *From Wolf to Dog, Yes, but When?* The New York Times, 2002.

# 第六章 阿尔泰语系

阿尔泰语系(Altaic),又称为阿勒泰语系。"阿尔泰"来自突厥语、蒙古语,意为"黄金、金子",以绵亘于中、蒙、俄边境的阿尔泰山得名。该语系所在区域西起欧洲东部、阿塞拜疆,经过中亚五国,直达蒙古国和中国,还包括伊朗及东欧一些国家,约八千万人。一般认为,阿尔泰语系包括突厥、蒙古和满—通古斯等语族。

中国境内阿尔泰语系的语言主要分布在新疆维吾尔自治区、内蒙古自治区、甘肃省、青海省及东北诸省。中国使用突厥语族的民族有维吾尔族、哈萨克族、柯尔克孜族、土克曼族、乌孜别克族、塔塔尔族、撒拉族、裕固族(西部裕固语)。蒙古语族的民族有蒙古族、达斡尔族、土族、东乡族、保安族、裕固族(东部裕固语)。满—通古斯语族的民族有满族、鄂温克族、鄂伦春族、锡伯族、赫哲族。俄罗斯使用突厥语族的民族有雅库特族、哈萨克族。使用蒙古语族的有卡尔梅克族、布里亚特族。

自20世纪60年代起,语言学界因其各语族之间缺乏同源词,普遍开始否定"阿尔泰语系",即认为这类语言是接触而非同源关系,虽然它们在语法和词汇上有相同之处,但更多是相互交流、借用而来的,并非源自同一祖语。至于把该语系分为突厥语族、蒙古语族和通古斯语族,三者是否存在亲缘关系,学界也看法不一,主要有两种观点。主流观点认为三个语族之间不存在亲缘关系,没有构拟原始阿尔泰语的必要,至于三个语族在类型上的一致,他们认为是相互影响的结果;另外一种观点认为三个语族之间有亲缘关系,它们源出共同的原始阿尔泰语,并对原始阿尔泰语进行构拟。

**一、阿尔泰语系研究历史**

自印欧语系诸语言间的亲属关系得到语言科学证明之后,语言学界就试图把历史比较语言学的理论和方法应用到其他语言的谱系分类上。譬如,有学者提出,突厥语族、蒙古语族、满—通古斯语族诸语言和朝鲜语(有的也包括日语)同属于一个语系,称为"阿尔泰语系",语系内各语言之间具有同源关系。不过这种假说并未得到所有学者的认可,很多人持怀疑甚至否定态度。

阿尔泰语言研究的先驱者们进行了大量的田野调查、语料收集和比较工作,对多个语言进行了系统研究。他们发现了一些相似的语音、词汇和语法特征,从而提出了阿尔泰语系这一概念,并构建了一套分类模型。在阿尔泰语系研究中,研究者们运用了历史比较语言学的方法,通过比较语言之间的共同词汇和语法结构,推测它们的共同祖语和演化关系。此外,也有一些学者尝试从语音学、形态学等方面探究阿尔泰语系的特点和演化。

第一位注意到突厥语、蒙古语和满—通古斯语之间具有相似性的是瑞典学者斯特拉伦贝格(Philip Johan von Strahlenberg,1676—1747)。他在西伯利亚居住期间,收集了大量突厥语、蒙古语、芬兰—乌戈尔语和其他语言的材料。1730 年在斯德哥尔摩发文,称这些语言为鞑靼语(The Tatar Languages)[1]。后来,丹麦语言学家拉斯克提出了"斯基泰语言(The Scythian Languages)",包括鞑靼语和因纽特语、古亚洲语、高加索语及古代欧洲的非欧居民的语言等[2]。19 世纪中叶印欧比较语言学空前发展,缪勒(Friedrich Max

---

[1] Strahlenberg,V. P. T. *Das nord-und Ostliche Thei von Europa und Asia*,*insoweit das gantze Russische Reich mit Sibiren und grossen Tatarei in sich begreiffet*. etc. . Stockholem:Selbstverl,1730.

[2] Rask,R. K. *Den skytiske Sporget*. *Sammlede tildels forhen utryhen Afhandlingen* 1. København:Gyldendalske Boghandels Forlag,1834.

Müller,1823—1900)提出了"都兰诸语"(The Tulanian Languages),除包括前述语言之外,还增加了藏语、暹罗语、德拉维达语、马来亚语等①。1862 年卡斯特伦(Matthias Alexander Castrén,1813—1852)把芬兰—乌戈尔、萨摩亚、突厥、蒙古、满洲—通古斯等语言统一称为"阿尔泰语言",有的则称为乌拉尔—阿尔泰语言②。德国学者肖特③、温克勒④、法国语言学家索瓦吉欧⑤、芬兰突厥学家拉萨南⑥等都从事乌拉尔—阿尔泰语言的研究,索绪尔的《普通语言学教程》里也出现过该语系。这些语言在语音、词汇和语法方面都具有较多的相似性,比如元音和谐律,构词特征的黏着性(词干+词缀),句子的 SOV 结构,有后置词没有前置词和冠词,有从属范畴等。乌拉尔诸语虽然在某些语音特征、构词和句法结构等方面有一定类型上的相似,但语音对应和同源词极少,所以把乌拉尔诸语与阿尔泰诸语看作一个语系的学者很少。

19 世纪末 20 世纪初,精通芬兰—乌戈尔语和阿尔泰语言的芬兰学者兰司铁(Gustaf John Ramstedt,1873—1950)从突厥语和蒙古语的关系入手撰写了多部论著,做了很多有意义的研究,如《论阿尔泰语数词》讨论了阿尔泰诸语言的数词⑦,《蒙古—突厥语动词词根构词学》讨论了动词构词词缀⑧,《蒙

---

① Müller,M. *The Languages of the Seat of War in the East: with a Survey of Three Families of Languages,Semitic,Arian,and Turanian*. London:Williams and Norgate,1855.
② Castrén,M. A. *Über die Personalaffize in den altaischen Sprachen*. Petersburg: Kleine Schriften,1862.
③ Schott,W. *Das Zahlwort in der tsudischen Sprachenklasse,wie auch in Turkischen,Tungusischen und Mongolischen*. Berlin:Königliche Akademic der Wissenschaftenn,1884.
④ Winkler,H. *Uralaltaische Völker und Sprachen*. Berlin:Harrassowitz,1884.
⑤ Sauvageot,A. *Recherches sur le vocabulaire des langues ouralo-altaïques*. Paris:Geuthner,1930.
⑥ Räsänen,M. *Zur Lautgeschichte der turkischen Sprachen*. Berlin:Walter de Gruyter,1949.
⑦ Ramstedt,G. J. *Über die Zohlwürter der altaischen Sprachen*. JSFOu,1905,(23):4.
⑧ Ramstedt,G. J. *Zur Verbstammbildungslehre der mongolische-türkisch Sprachen*. JSFUu,1912,(28):3.

古—突厥语音史》讨论了语音语法特性①。他依靠丰富的第一手语言材料，证明了突厥语族、蒙古语族、满—通古斯语族诸语言和朝鲜语具有亲缘关系，并系统阐述了突厥语族、蒙古语族、满—通古斯语族诸语言在语音与语法方面的内在亲缘关系，从而建立了"阿尔泰学理论"，使得阿尔泰诸语言从乌拉尔—阿尔泰语系独立出来。从 1902 年起，他写了许多有关语族之间共享语法成分和语音对应关系的论文。后来他不断对阿尔泰诸语言的历史比较工作进行综合整理，写出了《阿尔泰语中的腭音》②、《阿尔泰语与其他语系的关系》③、《卡尔梅克语词典》④。他去世后，全部成果由他的学生阿尔托编辑出版，即《阿尔泰语言学导论》（第一部：语音学，1957；第二部：形态学，1952；第三部：索引 1966）⑤，这是兰司铁毕生研究的结晶，为阿尔泰语语言学打下了良好的基础。第一代从事阿尔泰语理论研究的学者还有在圣彼得堡大学工作的波兰学者科维兹（Wladyslaw Kotwicz，1872—1944）和俄罗斯学者弗拉吉米尔、波里沃诺夫、匈牙利突厥语学者米奈希、匈牙利学者格姆伯兹等，很多学者响应了兰司铁的理论，虽然这些学者一开始持怀疑态度，但后来又相信该语系的存在。兰司铁的学生弗拉吉米尔也曾怀疑过阿尔泰语言共同基础的存在，但经过他十五年的研究，改变了自己的看法，成了突厥、蒙古、满—通古斯语言同源论的支持者。⑥ 波里沃诺夫也是阿尔泰语系的支持者，他最大的贡献在于对朝鲜语与其他阿尔泰语言之间共同词汇的比较研究。⑦ 科维兹除了接受兰司铁关于阿尔泰诸语言间存在着一大批共同成分

---

① Ramstedt, G. J. *Ein anlautender stiunloser labial in der mongolisch-türkischen Unsprache*. JSFUu, 1916, (32):2.
② Ramstedt, G. J. *Die Palatalisation in den altaichen Sprachen*. AASF, 1932, p. XXVII.
③ Ramstedt, G. J. *The relation of the Altaic languages to other language groups*. JSFOu, 1947:53.
④ Ramstedt, G. J. *Kalmückisches Wörterbuch*. Helsinki: Suomalais-ugrilainen Seura, 1935.
⑤ Ramstedt, G. J. *Einfuhrung in die altaische Sprachscissenschaft*, T. II. Helsinki: Fromenlenhre, bearbeitet und berausgegeben von Pentti Aalto, 1952.
⑥ Vladimirtsov, B., N. Poppe. *Is Oblasti vokalizama mongola-turetslsogo prayacika*. DRAN, 1924.
⑦ Polivonov, E. D. *K voprosu o rodstvennïx otnošeniyax koreisksogo i altaiskix yazikov*. IAN SSSR, 1927.

的观点之外,在其他方面还保留了自己的观点。在他去世后出版的《阿尔泰诸语言研究》①集中反映了他的观点。他认为,突厥语对蒙古语有过强烈的影响,而蒙古语又对通古斯语有过较大的影响。这三种语族之间的相似可能是由于原有结构相似加上后来相互接触和影响所造成的。

20世纪后期,俄罗斯突厥语学家巴斯卡科夫也支持阿尔泰学理论。他在《阿尔泰语系语言及其研究》②中指出,曾经有过以乌拉尔—阿尔泰语言为基础的共同体,经过了历史上的分离,形成了乌拉尔语言和阿尔泰语言。后来阿尔泰语言又经过分化形成了突厥语、蒙古语、满—通古斯语、朝鲜语和日本语。

美国学者葆朴(Nicholas N. Poppe,1897—1991)是继兰司铁之后20世纪最著名、最多产的阿尔泰语言学家和蒙古语言学家。他撰写的《论阿尔泰语言的辅音系统》③、《阿尔泰语和原始突厥语》④、《阿尔泰语言学导论》⑤、《阿尔泰语言比较语法》⑥、《蒙古语比较研究绪论》⑦等论著,不仅进一步描写了阿尔泰诸语言的概貌,而且进行了相关语言之间的历史比较研究,对阿尔泰语言学理论的研究起到了积极的推进作用。葆朴用他的研究成果维护阿尔泰语系语言同源论的观点。他在做了许多专题比较研究的基础上,写出了《阿尔泰语比较语法》,把探索同源词和建立音变规律的工作又向前推进了一大步。

---

① Kotwicz,W. *Studia nad Yezikami altayskimi*. Warszawa:Książka i Wiedza,1953,p. 16.
② Baskakov,N. A. *Altayakaya Sern' ya Yazikor I yeyo lzučenie*. Moskow:Izdatel' stvo Nauka,1981.
③ Поппе, Н. Н. К консонантизму алтайских языков. Доклады Российской академии наук,1924.
④ Poppe,N. *Geserica,Untersuchung der Sprachlichen eigentumlichkeiten der Mongolischen version des Gesserkhan*. New York:Columbia University Press,1961.
⑤ Poppe,N. *Introduction to Altaic linguistics*. Wiesbaden:Otto Harrassowitz,1965.
⑥ Poppe,N. *Vergleichenden Grammatik der altaischen Sprachen*. Wiesbaden:Otto Harrassowits,1960.
⑦ Poppe, N. *Introduction to Mongolian Comparative Studies*. Helsinki:Suomalais-Ugrilainen Seura,1955,p. 110.

还有一位在美国颇有影响的阿尔泰语学家,即葆朴的学生诺曼。他本是一位著名的汉学家和满学家,在葆朴的指导下学习蒙古语、突厥语和阿尔泰语。这些知识为研究整个阿尔泰语言打下了深厚的基础。现在,他建立了研究阿尔泰语言的网站,方便大家共享信息。

此外,各国还有很多阿尔泰学方面的研究者,他们都发表了不少有相当学术价值的论著。可以说,经过两个多世纪的努力,阿尔泰学研究取得了巨大的成就。但同时也应看到,阿尔泰语系研究还远不如印欧语系那样得到理论上的肯定。还有不少学者对阿尔泰语言学理论抱有怀疑态度或持反对意见,认为目前对阿尔泰诸语言在语源上是否存在亲缘关系的问题做肯定回答为时过早。也有学者认为,蒙古语和突厥语等语言之间不存在数词的共同性和一些基本词汇的同源性,因此突厥语族、蒙古语族、满—通古斯语族诸语言之间不存在发生学上的同源关系,只存在类型学上的相似性。以至于后来的许多学者在对于阿尔泰语系亲缘关系问题上的态度更为谨慎,例如匈牙利学者利盖蒂认为阿尔泰诸语言的亲缘关系只是一种假说[1],丹麦学者格龙贝奇认为阿尔泰语系的存在还没有得到完全证明[2],本青认为同源关系虽然不是不可能,但暂时没有得到充分的证明[3]。持怀疑态度的还有西诺[4]、罗纳—塔斯[5]。也有学者认为阿尔泰诸语言间应为相互借用或接触关系,如波兰学者科维兹[6]、英国学者克劳森[7]、德国学者多尔弗[8]。还有巴斯卡

---

[1] Ligeti, L. *Review in Russian of G. D. Sanžeev, Sravritelaya grammatika mongolskix yaïkor.* Voprosä Yazikoaniya, 1955, p. 5.

[2] Grønbech, K. J., R. Kruëger. *An Introduction to Classical Mongolian.* Copenhagen: Museum Tusculanum Press, 1993.

[3] Benzing, J. *Einfuhning in des Studium der altaischen Philologie und der Turkologie.* Wiesbaden: Otto Harrassowitz, 1953.

[4] Sinor, D. *Observations on a New Comparative Altaic Phonology.* BSOAS, 1963, (26):1.

[5] Róna-Tas, A. *An introduction to Turkology.* Hungary: Szeged, 1991.

[6] Kolwicz, W. *Studia nad Yezikami altayslaimi.* Warszawa: Książka i Wiedza, 1953, p. 16.

[7] Clauson, Sir G. *The Case against the Altaic Theory.* CAJ, 1956(1):2.

[8] Doerfer G. *Turkische und mongolische Elemente in Neupersischen, Band. 1.* Wiesbaden: Mongolische Elemente im Neupersischen, 1963,

科夫则强调了阿尔泰语系语言的演变历史中存在着十分复杂的关系,在以分化为主的趋势中,分与合交织在一起①。

现在对阿尔泰语感兴趣的人越来越多,一些地区相继召开会议或者组织学术团体。1957年德国慕尼黑召开的第24届国际东方学会议决定建立阿尔泰学国际学术会议,后面坚持每年召开一次。最近一次的阿尔泰学国际学术会议于2021年8月26日—28日在蒙古国乌兰巴托召开。该会议已举办63届。

此外,美国、俄罗斯、日本、匈牙利、芬兰、韩国、土耳其等不少国家先后成立了阿尔泰学术研究机构或学术团体,有些还定期召开会议,创办期刊,越来越多的人开始关注阿尔泰学研究。今天,阿尔泰学是一门国际性学科。

国内也日益重视阿尔泰语的研究。2004年8月21日,中国民族语言协会阿尔泰分会成立典礼在位于呼和浩特的内蒙古大学举行。早在1955年至1956年,中国科学院和中央民族研究所组织并主办了一次全国少数民族语言调查,其中包括阿尔泰诸语。20世纪80年代初,国家民族事务委员会还编辑出版了中国各少数民族语言简史,包括蒙古语、突厥语和满语。

不过,阿尔泰语系的存在及其分类在学术界也引起一些争议。一些学者质疑其分类的准确性和一致性,认为阿尔泰语系并非一个单一的语系,而是由多个语系构成的超级语系。此外,由于历史比较语言学方法的局限性,如数据的不足和解释的多样性,阿尔泰语系的确切关系和演化历程仍存在许多未解之谜。总体而言,阿尔泰语系研究在语言学领域具有重要的历史地位。尽管存在一些争议,但这项研究为我们深入了解亚洲和欧洲的语言联系提供了框架和线索。随着研究技术的进步和数据的积累,对阿尔泰语系的了解将会不断深化和完善。

**二、阿尔泰语系分类**

有关语言系属分类,地理上的远近是很关键的一点。大部分距离相近

---

① Baskakov,H. A. 著,陈伟,周建其译:《阿尔泰语系语言及其研究》,内蒙古教育出版社,2003年。

的语言有同源关系的概率要大一些。虽然说印度与欧洲相距遥远,语言间存在亲属关系,但是这种情况毕竟占少数。印欧语系的东支西支,归根结底还是靠地理因素,位于西部的全部归西支,西支又分多个下位语支,那些同属一支的基本上是相距较近的语言。而在阿尔泰语系属分类上,学界也持同样观点,他们几乎把阿尔泰山脉周边的语言都归于阿尔泰语系。总体上来看,阿尔泰语系的确定,地理因素起了决定性作用。研究阿尔泰语的学者们,在分类上主要也是考虑地理因素,除此之外还有其他因素,因此观点不一。现把三种代表性的分类呈现出来。首先是巴斯卡科夫的分类(见表6-1)。

巴斯卡科夫是苏联时期的著名语言学家,他在阿尔泰语系研究方面做出了重要贡献,并提出了阿尔泰语系分类模型。

表 6-1　巴斯卡科夫的分类[①]

| | | |
|---|---|---|
| 突厥—蒙古语支 | 突厥诸语 | 西匈奴语<br>东匈奴语 |
| | 蒙古诸语 | 卫拉特卡尔梅克语<br>喀尔喀蒙古语<br>布里亚特语<br>蒙古诸语言 |
| 满—通古斯语支 | 通古斯诸语 | 埃文基语<br>那乃—果尔特语 |
| | 满语 | 满语<br>女真语 |
| 日本—朝鲜语支 | 朝鲜语 | |
| | 日本语 | |

从形式上来讲,巴斯卡科夫将朝鲜语和日语归入阿尔泰语系的论证存

---

[①] Baskakov,H. A. 著,陈伟,周建其译:《阿尔泰语系语言及其研究》,内蒙古教育出版社,2003 年。

在一些不完备的地方,所以产生了一些争议。朝鲜语和日语在语法上和同属于黏着语的阿尔泰语系语言非常相似,但在词汇上,极少有和阿尔泰语系同源的词汇,并且它们有着数量巨大的汉语词汇,可分为汉语借词、固有词和外来语借词(其中汉语借词占绝对优势,且以汉音为主);在发音上,带有开音节语言的强烈特征,又受到中古汉语语音的影响,类似于中古汉语中原雅言的发音。日语是世界上典型的大量吸收和应用外来语借词的一种语言,有着大量从汉语、英语以及其他语言中引入的借词,这也给试图通过同源词汇来探寻日语和阿尔泰语之间关系的工作带来了很大困难,部分学者出于日语部分词语体现出的较为复杂的特性,对日语与阿尔泰语存在发生学关系持反对意见,甚至将日语和韩语归为两种孤立语言。

总的来说,巴斯卡科夫的分类对阿尔泰语系的研究起到了开创性的作用。他提出了将阿尔泰语系分为三个主要分支的观点,在当时具有重要的意义,为后续的阿尔泰语系研究打下了基础。然而,巴斯卡科夫的分类模型也引起了一些争议。一些学者对他的分类结果表示怀疑,认为他在分类上过于简化了复杂的语言关系。

从表6-2的分类来看,葆朴的分类中包含了朝鲜语,值得深思。朝鲜语起源于阿尔泰语这一理论是由波里沃诺夫和兰司铁这样的一流语言学家所提出的。他们使用大量词语考证这个假说,而弗拉吉米尔虽然没有发表相关的假说,但是他对二者同源关系的讨论不亚于其他学者,他曾口头上举过一些二者对应关系的例子,如:朝 nɑl"日"和蒙古语 nɑrɑ"太阳";朝 tol"石头"=蒙古语 čilɑɣun<共同阿尔泰语 * tiāla-gū"石头"=楚瓦什语čul< * tiāl"石头"=土耳其语 tāš"石头",等等。兰司铁认为朝鲜语属于阿尔泰语系,并和蒙古语、满—通古斯语以及楚瓦什突厥语一样起源于原始阿尔泰语,他发表了一系列著作论证这种关系。阿尔托也认可这种观点。还有一些朝鲜学者也认为朝鲜语属于阿尔泰语系,如首尔大学教授李基文认为北群的共同夫余语和南群的共同韩语来自共同的夫余—韩语,它们都来自原始阿尔泰

语①。力提甫·托乎提也支持这种假说,他认为,葆朴的这种谱系分类法较客观地反映了阿尔泰语系各语族的形成过程,从而能解释各语族之间亲属关系的远近程度。②

**表6-2 葆朴的阿尔泰系语言分类③**

| 蒙古语族 | 三塔语 | |
| --- | --- | --- |
| | 土族语 | |
| | 达斡尔语 | |
| | 莫卧尔语 | |
| | 卫特拉语 | |
| | 布里亚特语 | |
| | 蒙古语 | 喀尔喀语 |
| | | 达里冈嘎语 |
| | | 察哈尔语 |
| | | 乌拉特语 |
| | | 喀喇沁土默特语 |
| | | 科尔沁语 |
| | | 乌珠穆沁语 |
| | | 鄂尔多斯语 |
| 满洲通古斯语族 | 满洲语支 | 女真语 |
| | | 满洲语 |
| | | 果尔迪语 |
| | | 乌尔察语 |
| | | 奥罗奇语 |
| | | 奥罗基语 |
| | | 乌德语 |
| | 通古斯语支 | 涅吉达尔语 |
| | | 埃文基语 |
| | | 拉穆特语 |
| | | 索伦语 |

---

① 李基文:《中古朝鲜语中的蒙语借词》,载《乌拉尔阿尔泰年刊》B分册,1964年,第188—197页。
② 力提甫·托乎提主编:《阿尔泰语言学导论》,山西教育出版社,2001年。
③ Poppe,N.N.著,周建其译:《阿尔泰语言学导论》,内蒙古教育出版社,2003年。

续表:葆朴的阿尔泰系语言分类

| 楚瓦什—突厥语族 | 楚瓦什语 | |
|---|---|---|
| | 突厥语族 | 雅库特语 |
| | | 图瓦哈卡斯语群 |
| | | 钦察语群 |
| | | 察合台语群 |
| | | 土库曼语群 |
| 朝鲜语 | | |

兰司铁提出的阿尔泰语系包括朝鲜语的观点,在20世纪60年代就被学界否定。一些学者还认为朝鲜语属于南岛语系或达罗毗荼语系,或属于一种古西伯利亚语,这些都没有得到证实。把朝鲜语置于阿尔泰语系里,这种分类的准确度有多高,令人生疑。截止到目前,朝鲜语的系属依然未定。

虽然如此,葆朴在阿尔泰语系分类研究方面做出的贡献是不可抹杀的。他的分类模型为我们继续研究阿尔泰语系各语言之间的关系打下了基础,并在学术界产生了重要影响。

表6-3　百度百科的阿尔泰语系分类

| 突厥语族 | Z群(突厥语) | 雅库特语 | |
|---|---|---|---|
| | | 北群,图瓦—哈卡斯语群 | 图瓦语 |
| | | | 哈卡斯语 |
| | | | 阿巴坎方言 |
| | | | 梭尔语 |
| | | | 楚雷姆语 |
| | | | 图巴语 |
| | | | 其他方言 |
| | | 南群(乌古斯语支) | 土克曼语、阿塞拜疆语、嘎嘎乌兹语、撒拉语 |
| | | 东群(葛逻禄语支) | 乌孜别克语 维吾尔语 |
| | | 西群(钦察语支) | 卡莱语、库梅克语、卡拉柴巴勒卡尔语、克里米亚鞑靼语、伏尔加鞑靼语、巴什基尔语、诺盖语、哈萨克语、吉尔吉斯语、阿尔泰语,还有不再使用的中古突厥语。 |
| | R群(楚瓦什语) | 阿纳特里方言,即下方言(下河口语) | |
| | | 维里亚尔方言,即上方言(上河口语) | |

续表:百度百科的分类

| 蒙古语族 | 蒙古语 | | 蒙古语<br>布里亚特语<br>卡尔梅克语<br>达斡尔语<br>莫戈勒语<br>东部裕固语<br>土族语<br>东乡语<br>保安语 |
|---|---|---|---|
| 满—通古斯语族 | 南支(满语支) | | 鄂温克语(埃文基语)<br>女真语<br>满语<br>锡伯语<br>赫哲语(那乃语)<br>乌尔察语<br>奥罗其语<br>乌德语 |
| | 北支(通古斯语支) | | 涅吉达尔语<br>埃文基语(鄂温克语)<br>阿穆特语 |

表 6-3 中的阿尔泰语系分类完全放弃了日语和朝鲜语,只有三个语族分类,更加符合语言事实。

### 三、阿尔泰系语言特点

根据葆朴的研究,与其他许多语言(如印欧语、闪语、汉藏语等)相比,阿尔泰语系的语支有很多共同特点。共同特征见于音位、形态音位、屈折和构词法,以及句法。如[①]:

(1)长元音与短元音的对立关系。长元音见于所有的阿尔泰语。长度是一种音位特征,即长短元音是不同的音位。长元音有两种,即原始长元音

---

① Poppe,N.N.著,周建其译:《阿尔泰语言学导论》,内蒙古教育出版社,2003年。

和派生长元音。原始长元音在语言的最初阶段就已是长元音,这种长,可能是由于一种特殊型的重读而产生的。而派生的长元音则是由元辅(即元音和辅音)或元辅元(即元音加辅音加元音)的结合发展而来的。

(2)重音与音调。送气的动力重音,在各阿尔泰语中,被固定在同一个音节,因此,它是非音位的。与动力重音同时存在的还有声调。大多数突厥语送气重音在第一个音节,声调落在最后一个音节。蒙古语也一样,动力送气重音在第一音节,如果有一个非第一音节的长音节,重音就落在这个长音节上。在双音节和三音节词中,声调在最后一个音节。通古斯语的动力重音落在第一音节,重音在第二音节,如果再有一个单音节后缀,声调则在这个音节上。如果加的是一个双音节后缀,则声调在第二和最末音节上,动力重音消失。

(3)元音和辅音的和谐。元音和谐是阿尔泰系语言的共同特征。元音和谐就是,在同一个词中,只能出现后元音,或者前元音。而辅音和谐也出现在阿尔泰语里,如舌根或后腭辅音对元音前后性质的依赖,就是辅音和谐。突厥语中,k 和 g 只出现于前元音词,而 q 和 γ 则出现于后元音词。带有 k 和 g 的后缀,就以 -kä, -gä, -qa, -γa 的形式出现。如:il-gärü "向前",但 quri-γaru "向后、向西"。

(4)内音变表现于相邻的辅音的同化,也发生其反面,即异化。内音变既出现于一个词素中,也出现在两个词素连接之时。同化有两种,某些情况下,后一辅音被前一辅音所同化,如哈萨克语 attar "一些马" < at+-lar。相反的情况是前一辅音为后一辅音同化。如雅库特语 akka "对马" < at+ka(与格)。

(5)阿尔泰语在语法结构方面有很多共同特点。阿尔泰语系各语言都是黏着语,在构词法和形态学上有很大的共同性。有在词根之后加构词附加成分为派生新词的主要手段,有在词干之后加语法黏附成分为形态变化的主要手段。构词成分和语法成分既可以是单层的,又可以是多层的。由一个以上的根词素构成的合成词在古老的语词中比例很小,在晚近的语词中才逐渐增加,用词干内部屈折手段表示语法的情况极为少见。总之,从语音结构上、语词派生上和语法构造上看,阿尔泰语系 3 个语族各语言之间都表现出类型上的高度一致性。3 个语族有同源关系的有力证据是名词(体词)后面所接的格黏附成分彼此很相似。各种语言的动词都至少可以接 3 套黏附成分,以表达 3 种不同的句法功能。一套出现在作句子的主要谓语的动词词干之后,称为述谓形式或终止形式;一套出现在作句子状语的动词词干之后,称为动副词或动副形式;一套出现在能仿照名词作句子的几种不同成分的动词词干之后,称为动名词或动名形式。带后两套黏附成分的动词同时也可再带宾语、补语、状语、主语、定语。

尽管阿尔泰系语言具有一些共同的特点,但每种语言仍然具有其独有的特征和变体。此外,对阿尔泰语系的分类和语言特点的研究还在不断发展中。以上只是对阿尔泰语系语言特点的一般描述,具体内容还需要根据不同的语言进行详细研究和分析。

**四、阿尔泰系语言溯源**

从历史的角度来审视,难以证实阿尔泰语系诸语言的祖先是哪一个民族。目前有两种主要观点:一种是阿尔泰语有着共同的来源,只是起源地不同。一个起源地推测为阿尔泰山区,另一个起源地可能在大兴安岭一带。另一种观点认为阿尔泰语没有共同来源,它们是远古各种语言混合的结果。

推测起源地为阿尔泰山区的观点认为,突厥人最早的祖先,现已知晓是铁勒人,公元前 200 年就有了这个民族的文献。突厥人原居住在森林地带,他们在阿尔泰山区以狩猎为生。6 世纪,突厥人组建王国,疆域从中国戈壁边境一直延伸到黑海之滨,而这个时期突厥人所操的语言已经不同于蒙古语了;然后,蒙古帝国兴起,大部分突厥人处于蒙古帝国的统治下,蒙古语必然对突厥语产生极大的影响。关于满—通古斯语族的诸语言,在 17 世纪发展前的情况,学术界知之甚少。不过有一点应该明确,操阿尔泰语系诸语言的人,从历史角度审视,早期都起源于蒙古国及中国东北边境,并长期在这里繁衍生息。其中匈奴人、乌桓人、鲜卑人、突厥人、契丹人、女真人、蒙古人诸民族曾在这些地区建立过政权。这些国家的人民在历史上曾将其生活领域向西拓展,达到西亚和东欧,并在那里建立了政权。历史上这些政权所统治的国家(不含元、清两朝),尤其是封建早期的国家,地广人稀,而且由多民族组成,其中说阿尔泰语族语言的人居多。一个民族在军事上取得胜利,随即就建立政权,还来不及对经济和文化做统筹安排,政权便又易手转入另一民族手中,如是辗转递嬗。在这样的历史背景下,对语言的发展必然有所冲击,由一种语言分化为地域性的方言,并由方言转化成各种独立的语言。再者,由于战乱及其他因素的影响,居民的流动性很大,接触其他语言的机会很多,常会先说一种语言,继而转说另一种语言。这充分表明了阿尔泰语系诸语言发展的复杂性,也增加了识别阿尔泰语系诸语言是同源还是相互影响的困难。[1]

而兰司铁却认为阿尔泰族最早的起源地可能在大兴安岭一带。大约四千年以前,蒙古和突厥人的祖先曾住过岭西,而通古斯人和朝鲜人的祖先曾住过岭东。从语言资料的比较中看,有时突厥语和朝鲜语、蒙古语和通古斯语之间关系更近。所以在一大片地域内,地理上的远近也影响语言之间的关系。[2]

还有一种观点认为阿尔泰语没有共同起源,它们是各种远古语言混合的结果。韦兰海通过父系单倍群的分布和 STR 网络图,说明"阿尔泰语"诸人群的主要父系(C3、C3c、N、Q、Rlas)有着各种独立的起源,并且与该语系之外的古亚细亚人群、乌拉尔人群和印欧语人群有关。分子人类学的数据表明,遗传学证据不支持阿尔泰语人群的共同起源。[3]

因此,阿尔泰语究竟起源于何处,是不是来自同一个地方,学界目前还

---

[1] Golden, P. B. *The Construction of Ethnicity in Medieval Turkic Eurasia*. In S. Schmidtke (ed.) *Studying the Near and Middle East at the Institute for Advanced Study, Princeton, 1935—2018*. NJ, USA: Gorgias Press, 2018, pp. 420-428.

[2] Ramstedt, G. J. *Einfuhrung in die altaische Sprachscissenschaft*, T. II. Helsinki: Fromenlenhre, bearbeitet und berausgegeben von Pentti Aalto, 1952.

[3] 韦兰海:《遗传学证据不支持阿尔泰语人群的共同起源》,载《现代人类学通讯》,2011 年,第 5 卷,第 229-238 页。

没有共同的答案。

目前有关阿尔泰语系语言溯源的研究仍然存在许多争议和不确定性。由于历史文献的不完整性和语言演化的复杂性,溯源研究往往只能提出假设和推测,无法得到确凿的证据。此外,不同的研究方法和观点也会导致不同的结论。因此,对于阿尔泰语系语言溯源的评价应保持谨慎态度,并持续关注学术界在该领域的新发现。

# 第七章　达罗毗荼语系

达罗毗荼语系(Dravidian family)主要分布在印度南部和中部,其次在斯里兰卡北部和巴基斯坦等地。印度宪法第 8 条规定,印度联邦的建立必须与语言学一致。四种达罗毗荼语,即卡纳达语(Kannada)、马拉雅拉姆语(Malayalam)、泰米尔语和泰卢古语,被认为是印度联邦的官方语言,分别是建立卡纳塔克邦、喀拉拉邦、泰米尔纳德邦和安得拉邦四个邦的基础。其中泰米尔语也是马来西亚、新加坡和斯里兰卡的官方语言。达罗毗荼语和它的使用者数量不确定,卡德维尔在其 1856 年版的《达罗毗荼语系比较语法》[1]里列出了 9 种语言,但是 1940 年就翻番了,到了 21 世纪更是达到惊人的数量。20 世纪早期,格里森调查了印度语言,他列出了 179 种语言,544 种方言[2]。这项调查包括除缅甸和马德拉斯省以及海得拉巴、迈索尔、特拉凡科和科钦等邦外的所有英属印度地区。除缅甸外,所有被排除在调查之外的地区都位于印度南部,即达罗毗荼语言的中心。印度独立后,人口普查每十年进行一次,因此人口普查结果一般在 1951、1961、1971 等年度出版。1951 年,印度独立后的第一次人口普查,包含 782 种语言。1961 年,数量飙升至 1652 种,1971 年又翻番至近 3000 种。而到了 1981 年,数量猛减到 105 种。因为

---

[1] Caldwell, B. R. *A Comparative Grammar of the Dravidian or South-Indian Family of Languages*. Madras: University of Madras, 1856.
[2] Grierson, G. A. (ed.). *Linguistic Survey of India*, Vol. IV. Calcutta: Office of the Superintendent of Government Printing, 1906.

有规定必须有超过一万人使用才能称为一种语言,因此,一些小语言,如托达语(Toda)和科塔语(Kota),人口不超过一千,有一些文章认为它们是独立的语言,另一些却没有。1981 年人口普查,包括 16 种达罗毗荼语言,使用人数达到 157,836,723,占总人数的 23.9%。[1]

史前时期,达罗毗荼语与其他三个语系:印欧语系的印度—雅利安语、南亚语系的蒙达语和汉藏语共享南亚次大陆。印度—雅利安语和达罗毗荼语彼此影响,这个已有深入的研究和记录。但是,正如布鲁所说,这个方向并不是单向的,只不过达罗毗荼语早在史前时期就已对印度—雅利安语产生了影响。以上四种语族长期共存,因而语言交叉影响,相互借用,从某种程度上来说,南亚现在是一个可以从语言学视角解释的领域。[2]

远古时期,达罗毗荼语一直与西部语言接触。从文献和考古记录来看,罗马商人很早就前往泰米尔沿海购物中心,用罗马金币购买香料、织物和其他奢侈品。中世纪伊斯兰教向次大陆的传播带来了官方语言,如波斯语和阿拉伯语。18 世纪中叶,当英国人出现时,这些影响已经延伸到了遥远的南方,如卡纳塔克邦的迈索尔和泰米尔纳德邦的坦乔尔。在过去的两个世纪里,英语一直影响着达罗毗荼语的词汇和语音系统,并且持续至今。

## 一、达罗毗荼语系研究历史

达罗毗荼语系是 1816 年由英国一个公务员埃里斯首次识别出来的[3]。他在《特鲁古语言专题论文》中指出,"高的、低的泰米尔语,有教养的、粗俗的特鲁古语,古老的、现代的卡纳塔卡语(Carnataca)或卡纳迪语(Cannadi),马拉雅拉姆语(Malayalma 或 Malayaḷam),以及泰卢固语,都可构成一个叫作印度南部方言的语系。"泰米尔语、特鲁古语和卡纳达语(Kannada)构成一个

---

[1] Steever, S. B. (ed.). *The Dravidian Languages*. London and New York: Routledge, 1998.
[2] Emeneau, M. B. *India as a linguistic area*. Language, 1956, (1): 3-16; Masica, C. *Defining a Linguistic Area: South Asia*. Chicago: University of Chicago Press, 1976.
[3] Ellis, F. W. *Note to the Introduction of A. D. Campbell's A Grammar of the Teloogoo Language*. Madras: University of Madras, 1816, pp. 154-155.

语系,后来梵语与之混合,但是三者根本没有关系。他提供了大量泰米尔语、特鲁古语和卡纳达语的材料,主要是词汇和语法方面的证据来证明他的假说[1]。一些小语种也被识别出来,如 1837 年伯纳德·施密特(Bernhard Schmidt)识别出了托达语,1838 年利奇识别出布拉灰语(Brahui)。

卡德维尔是第一个使用 Dravidian 这个名称作为印度次大陆主要语系的总称,仅次于印度—雅利安语,他在《达罗毗荼语系或南部印度语系比较语法》[2]中引进了梵语 draviḍa(形容词 drāviḍa,历史上的意思为 Tamil)。在这以前,被称作泰米尔(Tamil)或泰木尔语系(Tamoul),新名称改自梵语,也是它的古代名称,传统上指泰米尔语和泰米尔人,在某些情况下,泛指印度南部人。他在该文中只描述了 12 种达罗毗荼语言,证明了达罗毗荼各语言之间在语音和形态上的相似性,并且证明了达罗毗荼语并不是来自梵语。他还试图证明达罗毗荼语和所谓的"斯基台语"之间的亲缘关系。

卡德维尔指出,开始是 Kummārilabhaṭṭa 的《旦多罗释补》(Tantravārttika,公元 7 世纪)把 Drāviḍa-用作语言名字。事实上,Kummārila 只是引用了泰米尔语的一些词语,但被一些当代学者赋予了错误的梵语相似词及意义,如:泰米尔语 cōṟu "大米"(与梵语 cora-"小偷"匹配),pāmpu "蛇",形容词 pāppu(梵语 pāpa-"罪");泰米尔语 atar "方式"(梵语 atara-"不能跨越的"),泰米尔语 māl "女人"(梵语 mālā "花环"),vayiṟu "肚子"(梵语 vaira-"敌人")[3]。卡德维尔还引用了一些经文,如《摩奴法典》(Manusmṛti),婆罗多(Bharata)的《乐舞论》(Nāṭyaśāstra)、《摩诃婆罗多》(Mahābhārata),这些经文里的 Drāviḍa-用来指人,Draviḍī 指小的印度俗语,属于 Paiśācī "恶魔"语支。由于创立 Tamiẓ 是用来指泰米尔语的,因此当卡德维尔使用 Dravidian 来指整个

---

[1] Krishnamurti, B. *Comparative Dravidian linguistics*. Current Trends in Linguistics (South Asian Linguistics), 1969, (5): 311-312.

[2] Caldwell, B. R. *A Comparative Grammar of the Dravidian or South-Indian Family of Languages*. Madras: University of Madras, 1956, pp. 3-6.

[3] Zvelebil, K. V. *Dravidian Linguistics: an Introduction*. Pondicherry: Pondicherry Institute of Linguistics and Culture, 1990, pp. xxi-xxii.

语系时,便得到了普遍的认可。他说,自从有了 Dravidian,"Tamilian"一词可自由地用来表示泰米尔人特有的语言了。Dravidian 用来指整个语系差不多有一个半世纪。

兹维莱比尔详细描述了西方传教士和达罗毗荼语的首次接触。[①] 1554 年,一位葡萄牙犹太传教士阿尔奇兹(Fr. Anrique Anriquez,1520—1600)首次出版了用罗马语描写的泰米尔语。泰米尔语又被称作马拉巴里语(Malabarian)。1970 年,里斯本国家考古与民族博物馆重新出版了《泰米尔语和葡萄牙语的启蒙读物》(Cartilha em Tamul e Português)。1994 年赫林(Herbert Herring,1899—1966)详细讨论了几位德国传教士/学者对达罗毗荼语的贡献。德国新教传教士泽根巴格(Ziegenbalg,1682—1719)在德国哈雷市(Halle)出版了第一部用拉丁语撰写的有关泰米尔语语法的著作《达姆里语语法》(Grammatica Damulica)。1856 年,格罗尔(Karl Graul,1814—1864)出版了《泰米尔语语法概要》(Outline of Tamil Grammar),并且发表了四篇有关泰米尔语的哲学论文,他还把库拉尔语译为德文和拉丁文。

特鲁古语区的英国人布朗(C. P. Brown,1798—1884)编辑了特鲁古语古文文本,出版了特鲁古语语法和《特鲁古—英语词典》[②]。温斯洛出版了《泰米尔语和英语综合词典》[③]。冈德特(Hermann Gundert,1814—1893)出版了里程碑式的作品《马来亚兰—英语词典》[④],他在 1859 年还发表了《马来亚兰语语法》。基特尔(Ferdinand Kittel,1832—1903)的《卡纳达—英语词典》[⑤]和马纳尔的《图卢—英语词典》[⑥]至今被认为是这些语言的标准查阅工具。19 世纪下半叶出现了一些研究达罗毗荼小语种词汇和语法的论著,如贡迪语

---

① Zvelebil, K. V. *Dravidian Linguistics*: *an Introduction*. Pondicherry: Pondicherry Institute of Linguistics and Culture, 1990, pp. xxi-xxii.

② Brown, C. P. *A Dictionary, Telugu and English*. Madras: Christian Literature Society, 1852.

③ Winslow, M. *A Comprehensive Tamil and English Dictionary of High and Low Tamil*. New Delhi: Asian Educational Services, 1987.

④ Gundert, H. *A Malayāḷam and English Dictionary*. Mangalore: Basel Mission Press, 1872.

⑤ Kittel, F. *A Kannaḍa-English Dictionary*. Mangalore: Basel Mission Press, 1894.

⑥ Männer, A. *Tuḷu-English Dictionary*. Mangalore: Basel Mission Press, 1886.

(Gondi)[1]、库伊语(Kui)[2]、科拉米语(Kolami)[3]、科达古语(Koḍagu)[4]、图卢语(Tuḷu)[5]和马尔托语(Malto)[6]等的研究。

20世纪达罗毗荼语的研究主要集中在比较语音方面，布鲁、埃梅诺的《达罗毗荼语词源词典》[7]和特纳的《印度—雅利安语比较词典》[8]推动了语音比较的研究工作。但是，还有不少学者做了大量的形态比较研究，如：艾亚尔(Ramswami Aiyar)、埃梅诺、克里希那穆提、兹维莱比尔、沙布拉曼亚姆、斯蒂夫等。现有的比较全面的形态比较的著作有沙布拉曼亚姆的《达罗毗荼语动词形态：比较研究》[9]和山姆甘的《达罗毗荼语名词：比较研究》[10]。斯蒂夫[11]对系列动词，特别是南支 II 动词的开创性研究使人们全面了解了复合动词(composite verbs)。

---

[1] Driberg, J. G., H. J. Harrison. *Narrative of Second Visit to the Gonds of the Nerbudda Territory with a Grammar and Vocabulary of their Language*. Calcutta: Droese, Ernest, 1849.

[2] Letchmajee, L., G. A. Grierson, G. M. Descombes. *An Introduction to the Grammar of the Kui or Kandh Language*. Calcutta: Bengal Secretariat Press, 1853.

[3] Hislop, S. *Papers Relating to the Aboriginal Tribes of the Central Provinces*. Nagpore: Government of the Central Provinces, 1866.

[4] Cole, R. A. *An Elementary Grammar of the Coorg Language*. Bangalore: Wesleyan Press, 1867.

[5] Brigel, J. *A Grammar of the Tuḷu Language*. Mangalore: Basel Mission Press and Tract Depository, 1872.

[6] Droese, E. *Introduction to the Malto Language*. Agra: Secundra Orphanage Press, 1884.

[7] Burrow, T. M., B. Emeneau. *A Dravidian Etymological Dictionary*. Oxford: Clarendon Press, 1961.

[8] Turner, R. L. *A Comparative Dictionary of the Indo-Aryan Languages*, 3 vols. London: Oxford University Press, 1966.

[9] Subrahmanyam, P. S. *Dravidian Verb Morphology: a Comparative Study*. Annamalainagar: Annamalai University, 1971.

[10] Shanmugam, P. M. *Cases in Tamil, primary and secondary. Proceedings of the First All India Conference of Linguists*. Poona: Deccan College, 1971, pp. 229-234.

[11] Steever, S. B. *The Serial Verb Formation in the Dravidian Languages*. Delhi: Motital Banarsidass, 1988; Steever, S. B. *Analysis to Synthesis*. Oxford: Oxford University Press, 1993.

埃梅诺的《科塔语研究》[1]是格里森《蒙达语和达罗毗荼语》[2]之后作为印度语言研究最主要的作品。布鲁和巴塔查里亚调查研究了印度中部的大量语言[3]。巴塔查里亚出版了有关奥拉里语(Ollari)和奈基语(Naiki)的专著[4]。埃梅诺的科拉米语[5]、克里希那穆提的孔达语(Konda)[6]、伊斯拉尔的库维语(Kuvi)[7]和巴斯卡拉劳的科那科尔—嘎达巴语(Konekor Gadaba)[8]都丰富了印度中部达罗毗荼语的研究，同时给达罗毗荼语言分类提供了条件。

1960年到1985年间，安纳马莱大学(Annamalai)语言学系开始了达罗毗荼语的比较研究工作以及印度南部语言的描写工作，如伊如拉语(Irula)、托达语、科塔语、科达古语等。卡普还大量研究了 Ālu Kuṟumba Nāyaⁿ 语的语法和词汇[9]。1984年埃梅诺对托达语的语法和文本展开研究[10]，马哈帕特拉描述了马尔托语[11]，还有喀拉拉邦大学(Kerala)的苏布拉蒙亚(Subramonyam)于1972年创立的《达罗毗荼语国际语言学杂志》双月刊，定期出版。一些印度及其他国家的大学和研究所还有研究相关部落语言的博

---

[1] Emeneau, M. B. *Kota Texts*. Berkeley and Los Angeles: University of California Press, 1944-1946.

[2] Grierson, G. A. *Linguistic Survey of India*, Vol. IV. Delhi: Motilal Banarsidass, 1967.

[3] Burrow, T. S. *Bhattacharya*. Hertford: The Parji Language, 1953.

[4] Bhattacharya, S. *Naiki of Chanda*. Indo-Iranian Journal, 1961, (5): 85-117.

[5] Emeneau, M. B. *Kolami, a Dravidian Language*. Berkeley: University of California Press, 1955.

[6] Krishnamurti, Bh. *Konḍa or Kūbi a Dravidian Language*. Hyderabad: Tribal Cultural Research and Training Institute, 1969.

[7] Israel, M. *A Grammar of the Kuvi Language*. Tiruvananthapuram: International School of Dravidian Linguistics, 1979.

[8] Bhaskararao, P. *Koṇekor Gadaba: a Dravidian Language*. Poona: Deccan College Postgraduate and Research Institute, 1980.

[9] Kapp, Dieter B. *Ālu Kuṟumba Nāyaⁿ*. Wiesbaden: Otto Harrassowitz, 1984.

[10] Emeneau, M. B. *Toda Grammar and Texts*. Philadelphia: American Philosophical Society, 1984.

[11] Mahapatra, B. P. *Malto: an Ethno-Semantic Study*. Mysore: Central Institute of Indian Languages, 1979.

士论文，但是还没出版，如迪夫洛斯的伊如拉语[1]、加曼的科达古语（Koḍagu）[2]、安德斯的姆里—贡迪语（Muria Gondi）[3]、埃克卡的库鲁斯语[4]、来克尔的巴达嘎语[5]。20世纪80年代奥斯马尼亚大学（Osmania）出现了一些达罗毗荼语南支Ⅱ和中支比较研究的博士论文，如苏马提[6]、苏瓦查拉[7]和拉奥[8]。

兹维莱比尔在《达罗毗荼语比较语音》里对达罗毗荼语进行了分类，他认为特鲁古语和图卢语是从原始达罗毗荼语独自演化而来的，实际上特鲁古语与贡迪—孔达—库伊—库维—朋戈—曼达语组同属一类而不是与泰米尔—卡纳达语同属一类[9]。

安德罗诺夫的《达罗毗荼语言》[10]和斯蒂夫编辑出版的《达罗毗荼语言》[11]都对达罗毗荼语进行了描述，但是他们的描述并不完整。斯蒂夫的著作内容更充实，虽然它只是描述了26种语言中的10种，其中两章专门描写

---

[1] Diffloth, G. *The Irula Language: a Close Relative of Tamil*. PhD dissertation, University of California at Los Angeles, 1968.

[2] Garman, M. *An approach to Dravidian derivational morphology*. IJDL Working Papers in Linguistics, 1986, (1): 47-67.

[3] Andres, S. *A description of Muria Gonḍi phonology and morphology*. Unpublished PhD dissertation, Deccan College Postgraduate and Research Institute, Pune, 1977.

[4] Ekka, F. *Remarks on the treatment of PDr *o: in Kurux and Malto*. IJDL, 1972, (2): 19-28.

[5] Pilot-Raichoor, C. *Badaga and its relations with neighbouring languages*. In P. Hockings (ed.). *Blue mountains revisited: cultural studies on the Nilgiri Hills*. Delhi: Oxford University Press. 1997, pp. 136-147.

[6] Sumati, S. *Comparative Phonology of the South-Central Dravidian Languages*. MPhil. Dissertation, Department of Linguistics, Osmania University, Hyderabad, 1982.

[7] Suvarchala, B. *Central Dravidian Comparative Phonology*. MPhil. Dissertation, Osmania University, Hyderabad, 1984.

[8] Rao, G. U. *The development of personal pronouns in modern Gondi*. Studies in the Linguistic Sciences, 1987, (1): 35-50.

[9] Krishnamurti, Bh. *Telugu Verbal Bases: a Comparative and Descriptive Study*. Berkeley and Los Angeles: University of California Press, 1961, pp. 236-274.

[10] Andronov, M. S. *Dravidian Languages*. Moscow: Nauka Publishing House, 1970.

[11] Steever, S. B. (ed.). *The Dravidian Languages*. London and New York: Routledge, 1998.

了泰米尔语和特鲁古语,二者分别代表语言的老变体和新变体。卡德维尔的《达罗毗荼语系或南部印度语系比较语法》一百多年来一直是这一领域的标杆。布洛赫的《达罗毗荼语的结构语法》[①](1954 年 R. G. Harshe 翻译为英文)虽然标题看起来是描述性的,但其核心是比较的。它根据新研究的语言如贡迪语、库伊语、库鲁斯语、马尔托语、布拉灰语等,解决了形态方面的很多问题。截至 20 世纪末,兹维莱比尔对语音和形态等主要问题都进行了大致的描述。[②] 还有一些与其他语言的比较研究,如《达罗毗荼语和哈拉帕语(Harappan)》《达罗毗荼语和乌拉尔阿尔泰语》《达罗毗荼语和埃兰语》和《达罗毗荼语和日语》,这些研究占了一半。

卡瓦利—斯福扎等人曾提出亚洲南部 28 种人群的谱系树,也包括说达罗毗荼语的人群。下位群有 3 个操达罗毗荼语的人群(一个北支即 C1 和两个中支即 C2)和操南亚语系蒙达语的人群。C1 达罗毗荼语包括瑟楚—雷迪语(Chenchu-Reddi)、孔达语、科亚语、贡迪语等等,它们都在亚洲中部和中东部。C2 包括科拉米—奈基语、帕尔吉语(Parji)等,它们位于中部偏西。北支是奥昂语(Oraon),它们在地理上与前者有重叠之处,在亚洲更东和更北的地方。[③]

第二个主要的语群 B,包括一个更小的语群 B1,由僧伽罗语、兰巴达语和南达罗毗荼语构成。达罗毗荼语包括南部特别是马德拉斯语的大量的小部落语言如伊如拉语,喀拉拉的伊扎瓦语(Izhava)、马德拉斯的库鲁巴语(Kurumba),喀拉拉、托达的纳亚尔语(Nayar),马德拉斯境内尼尔吉里(Nilgiri)山上的科塔语。[④]

---

① Bloch, J. *Structure grammaticale des langues dravidiennes*. Paris: Adrien Maisonneuve, 1946.
② Zvelebil, K. V. *Dravidian Linguistics: an Introduction*. Pondicherry: Pondicherry Institute of Linguistics and Culture, 1990, p. 156.
③ Cavalli-Sforza, L. L., P. Menozzi, A. Piazza. *The History and Geography of Human Genes*. Princeton: Princeton University Press, 1994.
④ Cavalli-Sforza, L. L., P. Menozzi, A. Piazza. *The History and Geography of Human Genes*. Princeton: Princeton University Press, 1994.

索伯格认为,尽管地中海高加索成分在今天说达罗毗荼语的人群中占主导地位,但是这些人群却是几种亚种族型的混合物。毫无疑问,许多被称为达罗毗荼文化的亚群永远是个谜。[1]

21世纪对达罗毗荼语的研究主要集中在语言分类。如,克里希那穆提[2]和索斯沃斯[3]辨认出了四个语支:北支、中支、南Ⅰ支、南Ⅱ支,认为原始达罗毗荼语分为三支:北支、中支、南Ⅰ支+南Ⅱ支。克里希那穆提不确定大多数南Ⅰ支语言是如何发生关系的。他提供了13个语音和27个形态特征(9个名词性和13个动词性的,5个其他的形态特征)来证明这四个分类,还有南Ⅰ支和南Ⅱ支的共时阶段。南Ⅰ支加上南Ⅱ支和中支可能有一个共同发展阶段,但是证据很少。中支只有很少的几个创新(四个,只有一个是语音的)可作为证据,索斯沃斯认为,即使只有很少甚至没有证据证明南Ⅰ支+南Ⅱ支和中支的共时阶段,但这两支一定在过去的某几个时间段有过接触,因为有几个同言线把它们隔开了。

近年来,随着语料库和计算语言学的发展,简化了对达罗毗荼语系的研究。利用大规模语料库和自然语言处理技术,研究者能够更好地分析和比较达罗毗荼语系的不同语言,并从中挖掘出更多的语言学知识。需要指出的是,对于达罗毗荼语系的研究仍然存在一些挑战和争议。由于历史文献的限制和语言接触的影响,确定其内部的关系和演化路径仍有许多问题待解决。因此,达罗毗荼语系的研究仍在不断发展和完善中,并需要更多的学术努力和跨学科研究。

### 二、达罗毗荼语系分类

达罗毗荼语言的分类是一个复杂且有争议的问题。学术界对达罗毗荼语系内部的分类有不同的观点和方法。

达罗毗荼语的特殊性决定了该语系分类的多样性,很多学者们做过该

---

[1] Sjoberg, A. F. *The Dravidian contribution to the development of Indian civilization: a call for reassessment.* Comparative Civilizations Review, 1990, (23): 48.

[2] Krishnamurti, Bh. *The Dravidian Languages.* Cambridge: Cambridge University Press, 2003.

[3] Southworth, F. C. *Linguistic Archaeology of South Asia.* London: Routledge, 2005.

语系的分类工作。斯蒂夫根据地理位置而非亲缘关系对达罗毗荼语言进行了分类(见表7-1)。

表7-1 斯蒂夫的达罗毗荼语系分类①

| | | | |
|---|---|---|---|
| 原始达罗毗荼语 | 南部语支 | 泰米尔语 | |
| | | 图卢语 | |
| | | 卡纳达语 | |
| | 南—中语支 | 特鲁古语 | |
| | | 贡迪语 | |
| | | 孔达/库毕语 | |
| | | 孔德语(Kondh) | 库伊语 |
| | | | 库维语 |
| | | | 朋戈语 |
| | | | 曼达语 |
| | 中部语支 | 嘎巴达语/奥拉里语/科那科尔语/嘎巴达语/波亚语 科拉米语 奈基语 帕尔吉语 | |
| | 北部语支 | 布拉灰语 马尔托语 库鲁斯语 | |

斯蒂夫尝试建立起达罗毗荼语系内不同语言的演化路径和相似性,以揭示它们的共同起源。他的分类为达罗毗荼语系的研究提供了重要的框架和思路。他的研究成果对后续学者在该领域的研究有着深远的影响,激发了更多关于达罗毗荼语系内部关系的讨论和研究。需要指出的是,斯蒂夫的分类并不是确定和无争议的。达罗毗荼语系的分类依然是一个活跃的研究领域,而且不同学者有着不同的见解和方法。

克里希那穆提认为,目前已知的达罗毗荼语有26种语言,可以分为四支

---

① Steever,S. B. (ed.). *The Dravidian Languages*. London and New York:Routledge,1998.

(见表7-2)①。

表7-2 克里希那穆提的分类

| | | |
|---|---|---|
| 原始达罗毗荼语 | 南部语支(南Ⅰ支) | 泰米尔语<br>Malayāḷam 语<br>Iruḷa 语<br>Kuṟumba 语<br>Kodagu 语<br>托达语<br>科塔语<br>Baḍaga 语<br>卡纳达语<br>Koraga 语<br>图卢语 |
| | 南—中语支(南Ⅱ支) | 特鲁古语<br>Gondi 语(好几种方言)<br>Koṇḍa 语<br>库伊语<br>库威语<br>Pengo 语<br>Manḍa 语 |
| | 中部语支 | 科拉米语<br>Naikṛi 语<br>奈基语<br>Parji 语<br>Ollari 语<br>(Konḍekor) Gadaba 语 |
| | 北部语支 | Kuṟux 语<br>马尔托语<br>布拉灰语 |

达罗毗荼语南支Ⅰ和南支Ⅱ一定有共同来源,称为原始南达罗毗荼语。

---

① Krishnamurti, Bh. *The Dravidian Languages*. Cambridge: Cambridge University Press, 2003.

共享创新包括两个语音变化,一是原始达罗毗荼语 *i *u 在低元音 *a 前变为 *e *o,二是原始达罗毗荼语 *c 在南达罗毗荼语 I 支里变为零声母,这个情况在 II 支里还在变化。克里希那穆提还提供了形态变化以及各个下位语支里的创新。他画出了南亚达罗毗荼语的地理分布情况以及达罗毗荼语系的谱系树(见图7-1)。

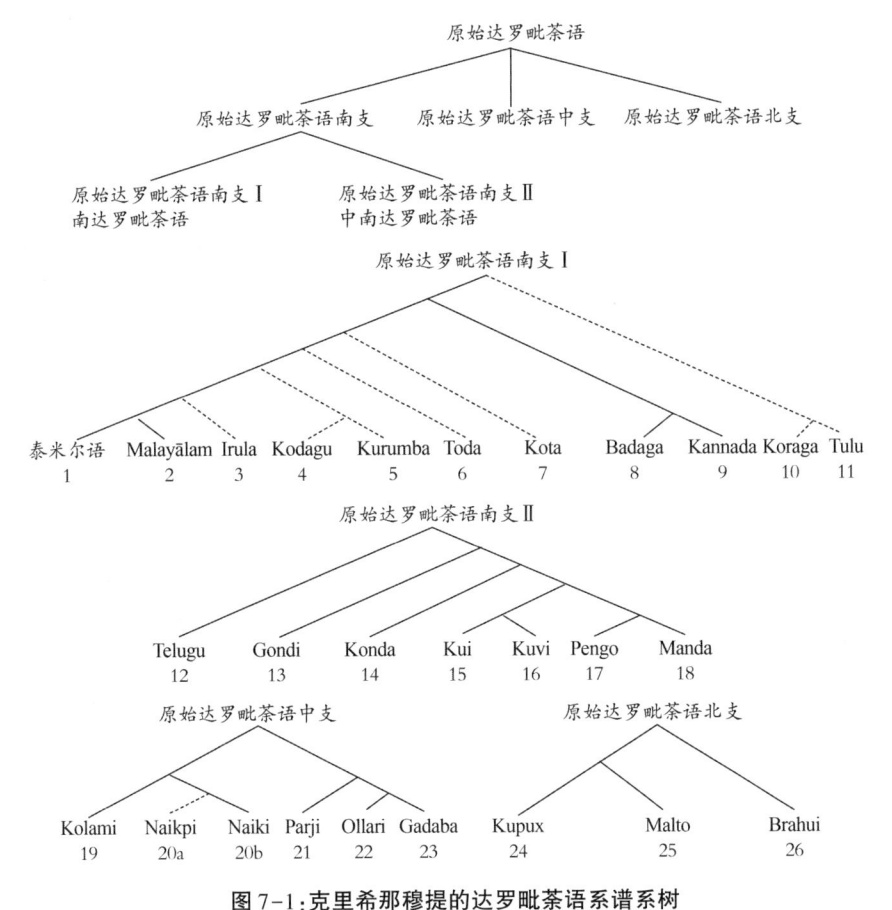

**图7-1:克里希那穆提的达罗毗荼语系谱系树**

(注:虚线表示该语言在语系中的位置不确定)

克里希那穆提的分类注重不同语言之间的接触影响。他认为语言接触在达罗毗荼语系内部的分类和演化中起着重要作用,特别是在边界地区和交流频繁的地方。这种观点对于理解语言变化和发展具有一定的启示性。同时他的分类强调区分不同语言之间的微小差异。他将注意力放在具体语言之间的特征差异上,以便更准确地判断它们的关系和联系。这种细致入微的观察有助于提供更精确的分类结果。不过,与任何语言分类一样,克里希那穆提的分类也不是没有争议的。对于某些具体的语言和地区,他的分类引起了学术界的争议和质疑。总之,克里希那穆提的分类为达罗毗荼语系的研究提供了一个重要的框架和参考点。

科里帕卡等[1]通过贝叶斯系统分析法推测达罗毗荼语系有四千五百年,与语言学和考古学结论相合。他们把达罗毗荼语系分为北支、中支、南支Ⅰ、南支Ⅱ(见表7-3)。

表7-3 科里帕卡等的分类[2]

| 原始达罗毗荼语 | 北部语支 | 布拉灰语<br>马尔托语<br>库鲁斯语 |
| --- | --- | --- |
| | 中部语支 | 科拉米语<br>帕尔吉语<br>奥拉里 Gadba 语 |
| | 南部语支Ⅰ | 图卢语<br>泰米尔语<br>马拉雅拉姆语<br>Yeruva 语<br>Kodava 语<br>卡纳达语<br>Badga 语<br>托达语<br>科塔语<br>贝塔—库鲁巴语 |

---

[1] Kolipakam, V. F., M. Jordan, M. Dunn, S. J. Greenhill, R. Bouckaert, R. D. Gray, A. Verkerk. *A Bayesian phylogenetic study of the Dravidian language family*. Royal Society Open Science, 2018, (3): 1-17.

[2] Kolipakam, V. F., M. Jordan, M. Dunn, S. J. Greenhill, R. Bouckaert, R. D. Gray, A. Verkerk. *A Bayesian phylogenetic study of the Dravidian language family*. Royal Society Open Science, 2018, (3): 1-17.

续表:科里帕卡等的分类

| | | |
|---|---|---|
| | 南部语支 II | 特鲁古语<br>科亚语<br>贡迪语<br>库威语 |

科里帕卡等的分类是建立在大规模语言数据的基础上,通过分析和比较不同语言的特征,尤其是音韵和词汇等方面的数据,来揭示达罗毗荼语系内各个语言之间的关系。这种数据驱动的方法有助于消除主观偏见,使分类结果更加客观和准确。研究团队采用了计算机科学中的方法和技术,如贝叶斯系统分析法,在全球范围内实现了大规模的语言类比和分类。这种计算方法可以帮助处理复杂的语言数据,并从中提取出有效的分类信息。他们分析了语言接触、迁移和扩散等因素对达罗毗荼语系内部的分类关系的影响,并对各个语言的历史和地理联系进行了考虑。该研究团队将他们的研究成果开放共享给学术界和公众,促进了对达罗毗荼语系的更广泛的研究和讨论。这种开放共享的态度有助于推动达罗毗荼语的研究,并为其他学者提供了参考和启发。虽然科里帕卡和他的团队的分类方案提供了一个新的角度和方法来理解达罗毗荼语系,但这并不意味着它是最终和确定的分类方案。

民族语网站 2020 版把达罗毗荼语系分为 4 支:中支(2 种语言)、北支(5 种语言)、中—南支(3 种语言)、南支(7 种语言)(见表 7-4)。但是 2022 年版却认为达罗毗荼语系有 85 种语言,分为四支:中支(5 种语言)、北支(5 种语言)、中—南支(23 种语言)、南支(47 种语言),还有 5 种系属未名的语言。[①]

---

[①] https://www.ethnologue.com/.

表 7-4 "民族语"网站 2020 年的分类①

| | | | |
|---|---|---|---|
| 原始达罗毗荼语 | 中部语支 | 科拉米—奈基语<br>帕尔吉—嘎巴达语 | |
| | 北部语支 | 布拉灰语<br>库鲁斯语<br>Kumarbhag Paharia 语<br>Kurux 语<br>Sauria Paharia 语 | |
| | 中—南部语支 | 贡迪-Kui 语 | 贡迪语 |
| | | 孔达—库伊语 | 孔达语<br>蒙达—库伊语 |
| | | 特鲁古语 | 瑟楚语<br>Manna-Dora 语<br>特鲁古语<br>Wadda 语 |
| | 南部语支 | Kalanadi 语<br>Kumbaran 语<br>Kunduvadi 语<br>Kurichiya 语<br>库鲁巴语, Attapady 语<br>Muduga 语<br>Pathiya 语<br>泰米尔—卡纳达语<br>图卢语<br>未分类 | |

总的来说，达罗毗荼语系内部分类基本一致，为北、中、南，中间加上中—南或南 I 或南 II 支，关键的问题在于内部分类的不同。"民族语"网站上的分类年年变化，从另一方面也说明了该语系的复杂性。未来达罗毗荼语系语言分类肯定还会变化。

---

① https://www.ethnologue.com/subgroups/dravidian.

需要注意的是,达罗毗荼语系的分类仍然是一个活跃的研究领域,不同的学者可能会使用不同的分类方法和标准。由于历史文献的限制和语言接触的影响,确立一个既科学又广泛接受的达罗毗荼语系分类方案仍困难重重。

### 三、达罗毗荼系语言特点

达罗毗荼语系是一个庞大且多样化的语系,包含了许多语言。这些语言具有丰富的辅音和元音,并且辅音的发音方式和特点多种多样。一些语言有着复杂的音韵规则,涉及音变和声调等方面。达罗毗荼语词汇也丰富多样,常常通过词根、词缀和复合词来构建单词。很多达罗毗荼语系的语言都拥有复杂的名词和动词派生系统,可以通过加上前缀、后缀或变化词形来表达不同的意义。在语法结构上也存在很大差异。某些语言倾向于使用主谓宾的基本句型,而其他语言采用类似于主题—评论结构或主宾—述补结构的句型。甚至还有丰富的名词类别,包括名词的性、数和格等方面的变化。一些语言还有复杂的格系统来表达句法关系,例如主格、宾格、与格等。具体表现如下:

大多数达罗毗荼语言有五到多个元音,而且有长有短。元音长短会产生不同的意义。鼻化音不是固有的特点,是后来发展起来的。元音和谐比较弱,亦无规律可循。辅音也有很多相同特征,如:塞音和塞擦音送气和不送气之间的对立。/p-p$^h$, t-t$^h$, k-k$^h$, b-b$^h$, d-d$^h$, g-g$^h$/,送气辅音在发声时产生强烈的送气声。舌尖音和卷舌音的对立,如,/t-ṭ, d—ḍ, n-ŋ, l-ḷ/。舌尖音是由舌尖接触口腔顶部产生的,而卷舌音是舌头卷曲,舌的底面与口腔顶部接触产生的。此外还有不同的鼻辅音及一定数量的辅音群。辅音群主要出现在首位和中间位置。南部达罗毗荼语的词,以元音收尾,重音微弱,达罗毗荼语的重音通常落在第一个音节上。

达罗毗荼语都是黏着语。如:在词干上加词缀。它们一个接一个串在一起,产生很长的单词。名词性的词类分两种:名词和形容词。除了一小部分真正的形容词外,还包括分词、名词间接格、代名形容词。这些都没有形态变化。

达罗毗荼语像所有的黏着语一样,使用后置词而非前置词标明语法关系。名词有单数和复数之分,复数由词缀表示。格的数量在各种语言中表现不同,没有冠词,有些达罗毗荼语有三个性:阴性、阳性和中性。名词分为两类:理性(rational)名词和非理性(irrational)名词。理性名词包括人和神(根据语言和方言,女人可能是理性的也是非理性的);非理性名词包括动物、物体和其他。这些分类也不是绝对的。南部语言有阳性与阴性之别,但是在泰卢固语和中部语言中,阴性实际上不存在,单数与中性同,复数与阳性同。人类名词常有特殊的词缀,与动词相适应。构成复数利用词缀黏着的形式,在构成过程中,人类名词可以改变单数的词尾。

名词变化有两个基本的格:(1)直接格(主格);(2)间接格,一般具有所有格的含义,加上黏着的词缀或后置词,以表示不同的含义。加上人称词缀形成的派生名词(所谓人称名词或者代名词化的名词),是达罗毗荼语的特征。人称代词在人称、格和数方面是有标记的。性只在第三人称单数上有标记。第一人称复数可以是包含式(inclusive),如包括说话者和听话者,也可以是排除式,如排除听话者。第三人称复数代词被用作尊称。由于邻近性/距离性以及对指称者的尊重程度,指示代词是有区别的。形容词在性、数、或格上没有屈折。

达罗毗荼语动词在时态、语气、语态、因果关系和态度上有屈折变化,有三个基本形式:(1)现在不定时,(2)过去时,(3)将来时。构成方法是字根加特殊词缀。代名词后缀就是人称词尾,基本词序为SOV,谓语总是放在最后面,定语放在被定者前面。

达罗毗荼语早期借词最重要的来源是梵语、帕利语和帕拉克里语(Prakrit)。不同的达罗毗荼语从临近印度的印度—雅利安语里不同程度地借入词语。例如,泰米尔语有少量的印度—雅利安语借词,马拉雅拉姆语和特鲁古语则借词比例非常高。二十世纪的达罗毗荼语还从乌尔都语、葡萄牙语和英语借入了很多词语。现在泰米尔语发起了一场清除梵语借词的运动。四种主要的达罗毗荼语(泰米尔语、特鲁古语、埃纳德语、马来亚兰语)都使用英语、梵语、和土著语模式开发了新的技术术语、使用合成词和重叠构成新词,除此之外还有大量的象声词。

由于达罗毗荼语系分布范围广,并与其他语系有过密切接触,因此许多达罗毗荼语系的语言受到了外部语言的强烈影响,这也导致了一些语言特点的共享和变异。需要注意的是,达罗毗荼语系是一个大且多样的语系,不同语言之间存在很大差异。因此,上述特点并不能适用于所有达罗毗荼语系的语言。对于某个具体的达罗毗荼语系的语言,更深入地研究和分析才能获得更准确和详细的语言特点。

### 四、达罗毗荼系语言溯源

对于达罗毗荼语的起源问题研究,除了语言学证据外,考古学的发现可为其提供线索。通过对达罗毗荼地区的遗址、文物和人类活动的研究,可以揭示该地区古代语言的演化和变迁。最近的基因研究也可以提供一种新的视角来探索达罗毗荼语的起源。通过研究现代人群的基因数据,研究者可以追溯达罗毗荼语系人群的迁移和扩散路径,从而推测其起源和分布情况。古代历史文献中的记录也可为达罗毗荼语的起源提供一些线索。通过研究古代文献、碑铭和记录,可以了解到达罗毗荼语的使用和发展情况,以及与其他语言的关系。

目前有关达罗毗荼语的起源问题,学界无论从时间还是地理上都有不同意见。卡瓦利—斯福扎认为达罗毗荼语散见于印度北部,以及巴基斯坦西部的某一人群中(布拉灰语),可能起源于印度西部的某个地方,也可能在里海南部,或者印度北部中心。[1] 巴沙姆认为达罗毗荼语言是由古地中海移民引进的,他们在新石器时代来到印度,带来了农业技术。[2] 拉斯克"是首位假定达罗毗荼语可能是'斯基台语(Scythian)'的学者,大概代表'居住在亚洲和欧洲北部的野蛮部落'"[3]。兹维莱比尔认为大约公元前1500年,达罗

---

[1] Cavalli-Sforza,L. L. 著,乐俊河译:《人类大迁徙》,远流出版社,2000 年。
[2] Basham, A. L. *Aryan and non-Aryan in South Asia*. In M. M. Deshpande & P. E. Hook (eds.). Delhi: Motilal Banarsidass,1979, p. 2.
[3] Caldwell,B. R. *A Comparative Grammar of the Dravidian or South-Indian Family of Languages*. Madras: University of Madras,1956, pp. 61-62.

毗荼人在雅利安人抵达那里之前的两千年前从西北进入印度。① 到了1990年他又认为情况并非如此，需要继续斟酌。②

大多数学者认为，原始达罗毗荼语从外部进入次大陆，布拉灰语是原始达罗毗荼语第一次分裂的结果，印度文明更可能是达罗毗荼语。没有任何证据显示布拉灰语存有原始达罗毗荼语的古代特征。达罗毗荼语语音和形态的最古老特征在南方语言中还可以见到，如：早期泰米尔语a-ytam，音素z，塞音系列中的齿—齿龈—卷舌对立，塞音缺乏清浊对立，动词有时态和及物特征，等等。达罗毗荼人是印度次大陆土著，大约公元前1500年，随着雅利安人进入印度，随后达罗毗荼人便分散到全国。③

至于达罗毗荼语起源的时间，德国马克斯·普朗克学会的研究团队在英国期刊《皇家学会开放科学》(2018)上发表的文章显示④，南亚达罗毗荼语系的起源可追溯到大约四千五百年前。研究人员从使用不同达罗毗荼语言的母语人士那里收集了第一手数据，详细调查了20种达罗毗荼语言的历史演变关系。通过使用先进的统计方法，研究者推断达罗毗荼语大约起源于四千至四千五百年前。该推断不仅符合先前语言学研究的推论，也与之前的考古学推论吻合。考古学证据证明达罗毗荼语系大约在这一时期分化为北、中、南三个分支，与该地区文化发展的起始时间相一致。

目前关于达罗毗荼语起源的研究仍然存在很多争议。由于没有直接的历史文献或其他确凿的证据，确定性的结论仍然难以得出。因此，研究者们在探索达罗毗荼语起源问题时，需要结合多种学科方法和证据，并持开放态度对待不同的研究观点。未来随着技术的进步和更多证据的发现，我们可能会对达罗毗荼语的起源有更深入的认识。

---

① Zvelebil, K. V. *The descent of the Dravidians*. IJDL,1972,(1): 57-63.
② Zvelebil, K. V. *Dravidian Linguistics: an Introduction*. Pondicherry: Pondicherry Institute of Linguistics and Culture,1990.
③ Krishnamurti, Bh. *The Dravidian Languages*. Cambridge: Cambridge University Press, 2003.
④ 《达罗毗荼语起源于4500年前》,http://www.cssn.cn/xspj/gjsy/201804/t20180417_4153823.shtml.

# 第八章　高加索语系

　　高加索语系泛指来源于高加索地区的语言,主要分布于黑海和里海之间的高加索山脉及其周边地区,所包括的语言数量众说不一,中世纪的阿拉伯旅游者见证了高加索一带的多语现象。十世纪时一位叫 al-mas'udi 的地理学家称高加索为 jabal al-alsun"多语之山(mountain of tongues)"。高加索一带在不同历史阶段相继有多种语言传入,而且有 37 种土著语言一直在此使用,据说已有四千多年。高加索语系是西方学者的叫法,现代俄罗斯学者大都称之为"伊比利亚—高加索语系(Ibero-Caucasian, iberijsko-kavkazskie)"。需要注意的是,前缀 ibero-与欧洲另一端的伊比利亚半岛没有任何关系。严格说来,它指的是高加索的伊比利亚,即古代的外高加索地区,现在被称为格鲁吉亚的地方。在西方学者眼中,"伊比利亚—高加索语系"意味着高加索语与巴斯克语之间存在发生学关系,如荷马[1],但是俄罗斯没有这样的说法。[2]

　　由于语言和方言之间界限不明,因此很难确定高加索语系的具体数量。高加索语系使用人数大概有一千多万,使用者都是高加索山区的原住民,其归属及分类一直存在争议。支持高加索语是一个语系的研究者,一般把高加索语系分为 2 个或 3 个语族,包括东北高加索语族(Northeast Caucasian

---

[1] Holmer, N. M. *Ibero-Caucasian as a linguistic type*. Stud. Ling, 1947, (1): 11-44.
[2] Catford, J. C. *Mountain of Tongues: the Languages of the Caucasus*. Ann. Rev. Anthropol., 1977, (6): 283-314.

languages,使用人口约 380 万)、西北高加索语族(Northwest Caucasian languages,使用人口约 250 万)和南高加索语族(Kartvelian languages,使用人口约 520 万),东北和西北语族都位于俄罗斯境内。也有研究者把东北和西北高加索语族合并为北高加索语族。三个语族之间差别很大,完全不能沟通。也有研究者认为高加索不是一个语系,百度百科上这样说:"它们相互之间没有明显的亲和力,'高加索语'有时被错误地称为一个语系。"高加索一带还有其他语系语言的存在,如印欧语系的亚美尼亚语、希腊语、库尔德语、奥塞梯语、塔利什语、俄语,阿尔泰语系的阿塞拜疆语、卡拉切—巴尔卡尔语、库梅克语、诺盖语、土库曼语、卡尔梅克语,等等。

## 一、高加索语言研究历史

用英语对高加索语进行全面介绍的较少。丹麦语言学家凯帕斯在《语言学的最新趋势》第一卷中对高加索语言进行了介绍[1]。格鲁吉亚语言学家甘克里兹和古达瓦的《大不列颠百科全书》也做了简单且有价值的介绍[2]。盖戈尔等的《高加索人和语言》虽然没有详细介绍语言,但参考价值很大[3]。还有其他对高加索语言的介绍,如迪尔的《简介》(Einführung)[4]虽然过时了,但是有关高加索语言的动词部分研究仍然很有价值。迪特斯在《东方学手册》里写的 79 页关于高加索语言的研究对于现在考察当地语言很有帮助[5]。但是最好的关于高加索语言的介绍当属克里莫夫俄文出版的《高加索语言》[6],1969 年译成德文。德文版似乎比俄文版在某些方面更有价值,它包含

---

[1] Kuipers, A. N. *Caucasian*. In T. Sebeok (ed.). *Current Trends in Linguistics*. The Hague:Mouton de Gruyter,1963,315-344.

[2] Gamkrelidze,Th. V. , T. E. Gudava. *Caucasian languages*. Encyclopaedia Britannica, 1974,pp. 1011-1015.

[3] Geiger,B. ,T. Halasi-Kun, A. N. Kuipers, K. H. Menges. *Peoples and Languages of the Caucasus*. The Hague:Mouton & Co. ,1959.

[4] Dirr, A. *Einführung in das Studium der Kaukasischen Sprachen*. Leipzig: Verlag der Asia Major,1928.

[5] Deeters,G. *Die kaukasischen Sprachen*. Handbuch der Orientalistik,1963,(1):1-79.

[6] Klimov,G. A. *Kavkazskiejazyki*. Hamburg: Buske Verlag,1965.

更全面的参考书目、更好的地图。当然更有用的简介是俄文《苏联人的语言》第四卷①。这部 700 页的著作对当地语言有个大致的介绍,还有 15—22 页关于每种高加索语言详细的描述。这些描述主要包括对语音和形态(有些包括句法、词法和方言)的描述。

有关高加索语言亲属关系的讨论,有两派意见:一种认为所有高加索语言构成一个"语系",它们来自同一祖语——原始高加索语,但是需要更多证据;另一种持怀疑态度,认为高加索语言组成一个语言联盟。高加索语言内部关系的证明困难重重。有些语言关系显而易见,如卡尔特维里语(Kartvelian)是一个有发生学关系的语族,证据可见于甘克里兹和马恰瓦里阿尼的《格鲁吉亚卡尔特维里语的响音和元音交替系统及俄语摘要》②,克里莫夫的《卡尔特维里语词源学词典》③,施密特的《西高加索语语音构拟研究》④。纳克语言(Nakh)的亲缘关系也已证明,见迪瑟里夫的《纳赫语的历史语法比较以及高加索山区人民的起源与历史发展问题》⑤,索梅费特的《东北高加索语比较研究》⑥。但是达吉斯坦语仍然有问题。很明显这些语言分为几个下位语支:阿瓦尔—安迪语(Avaro-Andi)、采兹语(Tsez)、列兹吉语(Lezgian)。有学者认为拉克语(Lak)和达吉语(Dargi)构成一个有紧密关系的拉克—达吉语组。博卡里夫俄文版的《达吉斯坦语言比较研究介绍》⑦在建立达吉斯坦

---

① Klimov, G. A. *Abxazskoadygskie etimologii I, Iskonnyj fond.* Etimologija, 1965, pp. 296–306.

② Gamkrelidze, Th. V., G. I. Machavariani. *Sonantʹta sistʹema da ablautʹi kartvelur enebJi.* Tbilisi: Metsniereba, 1965.

③ Klimov, G. A. *Etimologiceskij slovarʹ kartvelʹskix jazykov.* Moscow: Akad. Nauk SSSR, 1964.

④ Schmidt, K. H. *Studien zur Rekonstruktion des Lautstandes der Südkaukasischen Grundsprache.* Wiesbaden: Kommissionsverlag Franz Steiner GMBH, 1962.

⑤ Dešeriev, J. D. *Sravnitelʹ noistoriceskaja grammatika naxskix jazykov i problemy proisxotdenija i istoriceskogo razvitija gorskix kavkazskix narodov.* Grozny: Chechen-Ingush Sci. Res. Inst., 1963.

⑥ Sommerfeit, A. *Etudes comparatives sur le caucasique du nord-est.* Nor. Tidsskr. Sprogvidenskap, 1934, (7): 178–210; 1938, (9): 115–143; 1947, (14): 141–155.

⑦ Bokarëv, E. A. *Vvedenie v sravnitelʹno-istoriceskoe izocenie dagestanskix jazykov.* Makhachkala: Dagestan. Gos. Univ., 1961.

语语音对应关系方面推进了一大步。而博卡里夫构拟的原始达吉斯坦语已被专家普遍接受。西北语支有很多共同特征,它们很明显分为两个语组:阿布哈兹—阿巴赞语组(Abkhaz-Abazan)和阿迪干语组(Adyghan),而尤比克语(Ubykh)是孤立语。杰科里夫的《古代欧罗巴语言之间的关系》①和凯帕斯《原始切尔克斯语语音学:构拟论文》②建立了阿迪干语的语音对应关系。凯帕斯的《原始高加索语词根词典》③对于研究西北高加索语支是无价之宝。阿布哈兹语言学家沙科尔的《阿布哈兹—阿迪戈语的词汇与语音对应》④和《阿布哈兹语言调查》⑤做了有关西北语支比较研究的工作,他列出了中北部语言的 500 词表。但是这个词表并不准确,也没有识别出借词。更有说服力的是沙吉罗夫的《阿迪戈语词汇比较研究》⑥和克里莫夫的《阿布哈兹—阿迪戈语词源学(一)》⑦提供的西北语支同源词。其中有 120 个同源词似乎很有说服力。卡特福德认为,高加索语每个语支的同源关系确定无疑,但是高加索作为一个语系疑点重重⑧。全高加索语言同源词数量很少,克里莫夫只找到了 22 个,另外加上 28 个语音对应⑨。克里莫夫的《高加索语言》根据托瓦尔的《词汇统计学方法在巴斯克语言关系中的应用》⑩对格鲁吉亚语和阿迪

---

① Jakovlev, N. F. *Drevnye jazykovye svjazi Europy. Azii i Ameriki Izv. Akad. Nauk SSSR Otd. Lit. Jaz.*, 1940, (2): 143-148.

② Kuipers, A. N. *Proto-Circassian phonology: an essay in reconstruction.* Stud. Caucasica, 1963, (1): 56-92.

③ Kuipers, A. N. *A Dictionary of Proto-Circassian Roots.* Lisse: Ridder, 1975.

④ Shakryl, K. S. *Nekotorye leksiceskie i zvukovye sootvetstvija v abxazsko-adygskix jazykax.* Sukhumi: Alasara, 1968.

⑤ Shakryl, K. S. *Ocerki po abxazsko-adygskam jazykam.* Sukhumi: AlaSara, 1971.

⑥ Shagirov, A. K. *Ocerki po sravnitel'noj leksikologii adygskix jazykov.* Nalchik: Kabardino-Balkar, 1962.

⑦ Klimov, G. A. *Abxazskoadygskie etimologii I, Iskonnyj fond.* Etimologija, 1965, pp. 296-306.

⑧ Catford, J. C. *Mountain of Tongues: the Languages of the Caucasus.* Ann. Rev. Anthropol., 1977, (6): 283-314.

⑨ Klimov, G. A. *Kavkazskiejazyki.* Hamburg: Buske Verlag, 1965.

⑩ Tovar, A. *El metodo lexicoestadistico y su aplicación a las relaciones des vascuence.* BoL R. Soc. Vascongada Amigos Pals, Vol 17. San Sebastian, 1961.

戈语、格鲁吉亚语和阿瓦尔语、阿迪戈语和阿瓦尔语作了比较,并使用斯瓦迪士的 100 词表,比较了三种卡尔特维里语,得出了结论。[1] 卡特福德使用词汇统计学比较了西北语言、东北语言,车臣语和阿瓦尔语、达吉斯坦内部语言、阿瓦尔语和阿卡瓦卡语(Akhwakh)、汉兹柏语(Hunzib)和列兹吉语。[2]

研究高加索语言的主要是俄罗斯学者,这些学者对各地语言和方言进行了调查描述,如莫斯科社科院语言所的杰科里夫[3]、沙姆什丁[4]、博卡里夫[5]、阿布拉夫[6]、日尔科夫[7]、博卡里夫[8]、迪瑟里夫[9]、阿布拉夫[10]、卡杰达科夫[11]等。还有一些学者进行达吉斯坦语言的历史比较工作,如:卡杰达科

---

[1] Klimov, G. A. *Oleksiko-statisticeskoj teorii M. Svodesa*. Nauk SSSR, 1961, pp. 239–253.

[2] Catford, J. C. Mountain of Tongues: the Languages of the Caucasus. Ann. Rev. Anthropol., 1977, (6): 283–314.

[3] Jakovlev, N. F. *Drevnye jazykovye svjazi Europy*. Nauk SSSR Otd. Lit. Jaz. 1940, (2): 143–148.

[4] Šaumjan, R. *Grammatičeskij očerk agul'skogo jazyka*. Moskva: AN SSSR, 1941.

[5] Bokarëv, A. A. *Očerki grammatiki čamalinskogo jazyka*. Moskva: AN SSSR, 1949a; Bokarëv, A. A. *Sintaksis avarskogo jazyka*. Moskva-Leningrad: AN SSSR, 1949b.

[6] Abdullaev, S. N. *Grammatika darginskogo jazyka: fonetika i morfologija*. Maxačkala, 1954.

[7] Žirkov, L. I. *Lakskij jazyk. Fonetika i morfologija*. Moskva: AN SSSR, 1955.

[8] Bokarëv, E. A. (ed.). *Cezskie (didojskie) jazyki Dagestana*. Moskva: AN SSSR, 1959.

[9] Dešeriev, Ju. D. *Grammatika xinalugskogo jazyka*. Moskva: AN SSSR, 1959.

[10] Abdullaev, Z. G. *Očerki po sintaksisu darginskogo jazyka*. Moskva: Nauka, 1971; Abdullaev, Z. G. *Problemy èrgativnosti darginskogo jazyka*. Moskva: Nauka, 1986; Abdullaev, Z. G. *Darginskij jazyk* (I Fonetika, II Morfologija, III Slovoobrazovanie). Moskva: Nauka, 1993.

[11] Xajdakov, S. M. *Darginskij i megebskij jazyki. Principy slovoizmenenija*. Moskva: Nauka, 1985.

夫①、基布里克②。还有范围更广的类型学研究,如克里莫夫③,克里莫夫和阿列克谢夫④。这些学者及使用的方法都对高加索语言研究做出了很大的贡献,为后来者的研究提供了极大的便利,也方便了以后高加索语言的比较构拟工作。

除了语言所一大批学者外,莫斯科国立大学的基布里克也为高加索语言研究做出了很大贡献。20世纪70年代,莫斯科国立大学语言学专业的学生在基布里克和科萨佐夫的指导下做了很多田野调查工作。他们先是收集了22种语言材料,然后进行描述⑤。基布里克和科萨佐夫还编辑出版了达

---

① Xajdakov, S. M. *Sravnitel'no-sopostavitel'nyj slovar' dagestanskix jazykov*. Moskva: Nauka, 1973; Xajdakov, S. M. *Sistema glagola v dagestanskix jazykax*. Moskva: Nauka, 1975.

② Kibrik, A. E. *Towards a typology of ergativity*. In J. Nichols & A. Woodbury (eds.). *Grammar Inside and Outside the Clause*. Berlin: De Gruyter Mouton, 1985, pp. 268-323; Kibrik, A. E. *Constructions with clause actants in Daghestanian languages*. Lingua, 1987, (71): 133-178.

③ Klimov, G. A. (ed.). *Strukturnye obščnosti kavkazskix jazykov*. Moskva: Nauka, 1978; Klimov, G. A. *Vvedenie v kavkazskoe jazykoznanie*. Moskva: Nauka, 1986; Klimov, G. A. *Einführung in die kaukasische Sprachwissenschaft. Aus dem Russischen übersetzt und bearbeitet von Jost Gippert*. Hamburg: Buske, 1994.

④ Klimov, G. A., M. E. Alekseev. *Tipologija kavkazskix jazykov*. Moskva: Nauka, 1980.

⑤ Kibrik, A. E., S. V. Kodzasov, I. P. Olovjannikova. *Fragmenty grammatiki xinalugskogo jazyka*. Moskva: MGU, 1972; Kibrik, A. E., S. V. Kodzasov, I. P. Olovjannikova, D. S. Samedov. *Opyt strukturnogo opisanija arčīnskogo jazyka (v 4 tomax)*. Moskva: MGU, 1977; Kibrik, A. E. et al. *Tabasaranskie ètjudy*. Moskva: MGU, 1982.

吉斯坦语言比较词典①。调查收集的材料也大量用以语言比较和类型学分析②。最近几年,这个研究小组又进行了其他语言的描述研究工作,并且发表了三篇语法方面的文章③。

少数西方学者研究北支语言,主要是舒尔兹的《阿塞拜疆语北部乌登语》④和《察库尔语》⑤,尼科拉斯的格鲁吉亚语⑥,卡拉奇泽⑦、莫尔⑧、比尔⑨的突厥语及其他学者的东支语言研究,如弗里德曼的《拉克语动词系统的现

---

① Kibrik, A. E., S. V. Kodsazov. *Sopostavitel'noe izučenie dagestanskix jazykov*. Moskva: MGU, 1988; Kibrik, A. E., S. V. Kodsazov. *Sopostavitel'noe izučenie dagestanskix jazykov*. Moskva: MGU, 1990.

② Kibrik, A. E. *Canonical ergativity and Daghestan languages*. In F. Plank (ed.). *Ergativity: Towards a Theory of Grammatical Relations*. London: Academic Press, 1979, pp. 62–77; Kibrik, A. E. *Towards a typology of ergativity*. In J. Nichols & A. Woodbury (eds.). *Grammar Inside and Outside the Clause*. Cambridge: Cambridge University Press, 1985, pp. 268–323; Kibrik, A. E. *Constructions with clause actants in Daghestanian languages*. Lingua, 1987, (71): 133–178; Kibrik, A. E. *The Noun Phrase in the Andalal Dialect of Avar as Spoken at Sogratl*. Eurotyp Working Papers 1993, p. 18; Kibrik, A. E. *Beyond subject and object: towards a complehensive relational typology*. Linguistic Typology, 1997, (1–3): 279–346.

③ Kibrik, A. E. (ed.). *Godoberi*. München: Lincom Europa, 1996; Kibrik, A. E., J. G. Testelec (eds.). *Èlementy caxurskogo jazyka v tipologičeskom osveščenii*. Moskva: Nasledie, 1999; Kibrik, A. E., K. I. Kazenin, E. A. Ljutikova, S. G. Tatevosov (eds.). *Bagvalinskij jazyk: grammatika, teksty, slovari*. Moskva: Nasledie, 2001.

④ Schulze, W. *Die Sprache der Uden in Nord-azerbajdžan*. Wiesbaden: Harrasowitz, 1982.

⑤ Schulze, W. *Tsakhur. Languages of the World/Materials* 133. München: Lincom Europa, 1997.

⑥ Nichols, J. *Chechen*. In R. Smeets (ed.). *The Indigenous Languages of the Caucasus*, Volume 4: *The North East Caucasian Languages* (Part 2). Delmar: Caravan, 1994a, pp. 1–78.

⑦ Charachidzé, G. *Grammaire de la langue avar (langue du Caucase Nord-Est)*. Paris: Jean-Favard, 1981.

⑧ Moor, M. *Studien zum lesgischen Verb*. Wiesbaden: Harrassowitz, 1985.

⑨ Beerle, W. *A contribution to the morphology of the simple verb in Chechen*. In F. Thordarson (ed.). *Studia Caucasologica I. Proceedings of the Third Caucasian Colloquium*. Oslo: Norwegian University Press, 1988, pp. 9–37.

状》[1]《拉克语的过去完成时》[2]《拉克语的名词变格》[3]《达吉斯坦高地的性、类和年龄:拉克语形态一致性的统一描述》[4],科姆里和波林斯基的《采兹语类范畴的一些观察》[5]和《句法的形式和功能:采兹语的关系从句》[6],波林斯基和科姆里的《采兹语的一致性》[7]《领有名词的提升》[8]《采兹语的反身性》[9]。1989年之后才有学者开始研究北支语言,如哈斯普麻斯的《列兹吉

---

[1] Friedman, V. A. *Status and the Lak Verbal System*. Folia Slavica, 1984, (7-1/2): 135-149.

[2] Friedman, V. A. *On the question of "Pluperfect" in Lak*. EIKJA, 1988, (15): 282-292.

[3] Friedman, V. A. *Lak substantival declension: 40 cases or 50*. In H. I. Aronson (ed.). The Non-Slavic Languages of the USSR. Chicago: CLS, 1992, pp. 113-133.

[4] Friedman, V. A. *Gender, class and age in the Daghestanian highlands: towards a unified account of the morphology of agreement. in Lak*. In H. I. Aronson (ed.). Linguistic Studies in the Non-Slavic Languages of the CIS and the Baltic Republics, Vol. 8. Chicago: CLS, 1996, pp. 187-199.

[5] Comrie, B., M. Polinsky. *Some observations on class categorization in Tsez*. In H. E. van den Berg (ed.). Studies in Caucasian linguistics. Selected Papers of the Eighth Caucasian Colloquium. Leiden: CNWS, 1999a, pp. 125-139.

[6] Comrie, B., M. Polinsky. *Form and function in syntax: relative clauses in Tsez*. In M. Darnell, E. Moravcsik, F. Newmeyer, M. Noonan & K. Wheatley (eds.). Functionalism and Formalism in Linguistics, Volume II: Case Studies. Amsterdam: Benjamins, 1999b, pp. 77-92.

[7] Polinsky, M., B. Comrie. *Agreement in Tsez*. Folia Linguistica, 1999a, (33):1-2.

[8] Polinsky, M., B. Comrie. *Possessor Raising in a language that does not have any*. In D. Payne & I. Barshi (eds.). External Possession. Amsterdam: Benjamins, 1999b, pp. 523-542.

[9] Polinsky, M., B. Comrie. *Reflexivity in Tsez. Tipologija i teorija jazyka: ot opisanija k ob"jasneniju. K 60-letiju A. E*. Moskva: Jazyki russkoj kul'tury, 1999c, pp. 319-339.

语语法》①,尼科拉斯的《车臣语》②《印古什语》③;范登伯格的《汉兹柏语语法》④《达吉语民间故事》⑤,赫尔布奇特的《东高加索语人称一致性的句法研究》⑥,科姆里的《达吉斯坦语的空间格》⑦。然而1997年后,由于社会政治的不稳定,以及俄罗斯与车臣之间的不断冲突,导致田野调查工作难以展开。这种情况持续了很多年,俄罗斯的高加索语研究几乎处于停滞阶段。

除此之外,也有一些学者认为高加索语系与其他一些语系同源,构成超级大语系,如俄罗斯学者斯塔罗斯金于20世纪80年代提出了德内—高加索语系,把汉藏语、北高加索语和叶尼塞语包括在内,⑧这个语系可能还与美洲的纳—德内语系有关。美国学者本特森更是将巴斯克语、布鲁沙斯基语(Burushaski)等加了进去⑨,从而为高加索语具有更远古的语源关系提供了进一步的线索。这一假说也得到了美国语言学家格林伯格等人的支持,并将之命名为德内—高加索超级语系⑩。甘克里兹和马恰瓦里阿尼发现了卡

---

① Haspelmath, M. *A Grammar of Lezgian*. Berlin: Mouton de Gruyter, 1993.
② Nichols, J. *Chechen*. In R. Smeets (ed.). *The Indigenous Languages of the Caucasus*, Volume 4: *The North East Caucasian Languages* (Part 2). Delmar: Caravan, 1994a, pp. 1–78.
③ Nichols, J. *Ingush*. In R. Smeets (ed.). *The Indigenous Languages of the Caucasus*, Volume 4: *The North East Caucasian Languages* (Part 2). Delmar: Caravan, 1994b, pp. 79–146.
④ van den Berg, H. E. *A Grammar of Hunzib* (with texts and lexicon). München: Lincom Europa, 1995.
⑤ van den Berg, H. E. *Dargi folktales. Oral stories from the Caucasus with an introduction to Dargi grammar*. Leiden: CNWS, 2001.
⑥ Helmbrecht, J. *The syntax of personal agreement in East Caucasian languages*. Sprachtypologie und Universalienforschung, 1996, (49-2): 127–148.
⑦ Comrie, B. *Spatial cases in Daghestanian languages*. Sprachtypologie und Universalienforschung, 1999, (52-2): 108–117.
⑧ Starostin, S. A. *Praenisejskaja rekonstrukcija I vneshnie svjazi enisejskix jazykov*. In K. Sbornik (ed.). *antropologiija, etnografija mifologija, lingvistika*. Leningrad: Jazyki Russkoj Kultury, 1982, pp. 144–237.
⑨ Bengtson, J., V. Blazek. *Lexica Dene-Caucasica*. Central Asiatic Journal, 1995, (1): 11–50.
⑩ Greenberg, J. H. *Indo-European and its Closest Relatives: the Eurosiatic Language Family*, Vol. 1: *Grammar*. Stanford: Stanford University Press, 2002.

尔特维里语和印欧语系的相似性,但是他们认为二者不过是类型学的相似①。最有影响的莫过于斯维提奇提出的诺斯特拉语系假说,他讨论了卡尔特维里语、印欧语、阿尔泰语、乌拉尔语、达罗毗荼语和闪含语的关系,建立了这些不同语系原始语言的语音对应关系。②但是他的结果却模棱两可,让人无法确定究竟是同源还是语言联盟。布郎和克里莫夫提供了乌拉尔语和北高加索语之间的语音对应。③

有学者使用语言年代学研究高加索语的外部关系。作格是高加索语言的共同特征,因此许多学者基于这个特征找到与之有同源关系的语言,最有名的是巴斯克语、布鲁沙斯基语、原始西伯利亚语、苏美尔语、乌拉尔语。法国语言学家拉芬讨论了高加索语和巴斯克语的关系,但是却没有找到语音对应的例子④。布雷奇斯特内认为高加索语和布鲁沙斯基语同源,此观点受到莫尔根施坦恩的批判⑤。高加索语的发生学关系,不管是内部还是外部的关系,依然难以确定,截止到目前,谁也没有提供令人信服的证据。

20 世纪 90 年代俄罗斯的政治经济发生了巨大变化,严重影响了高加索语的研究和出版工作,特别是高加索语北支的研究。在新的政治经济秩序下,国家的投入也逐渐降低,研究者的经济来源不知从何而来。不过现在情况有所好转。⑥

随着现代语言学研究方法的发展和技术进步,高加索语言研究取得了新的进展。现代研究者使用计算机技术、语料库和语音分析等工具来进行语言数据的收集、处理和分析,从而提供更全面、精确和可靠的研究结果。

---

① Gamkrelidze, Th. V., G. I. Machavariani. *Sonant´ta sist´ema da ablaut´i kartvelur enebJi* (The system of sonants and ablaut in Kartvelian languages-in Georgian with Russian summary). Tbilisi: Metsniereba, 1965.

② Illič-Svityč, V. M. *Opyt sravnenija nostraticeskixjazykov*. Moscow: Nauka, 1971.

③ Braun, I., G. Klimov. *Ob istoriceskom vzaimootnosenii urartskogo i iberijsko-kavkazskix jazykov*. Tezisy Dokl, 1954.

④ Lafon, R. *Etudes basques et caucasiques*. Acta Salmant. Filos. Letra, 1952, (2): 5-91.

⑤ Morgestierne, G. *Preface to D. L. R. Lorimer, The Burushaski Language: Introduction and Grammar*. Oslo: Inst. Samlignende Kulturforskning, 1935, (1): 7-30.

⑥ van den Berg, H. E. *The East Caucasian Family*. Lingua, 2005, (115): 147-190.

但是,高加索语言研究领域仍然存在一些挑战和争议。由于高加索地区语言的复杂多样性,以及相对较少的文献记录,对某些高加索语言的准确分类和内部关系依然存在争议。此外,由于一些高加索地区的政治、社会和历史因素,研究人员在进行实地调查和数据收集时也可能面临一些困难。因此,高加索语言研究仍然需要持续的努力和跨学科的合作来推动其发展和进步。

### 二、高加索语系分类

高加索语的归属及分类历来存在争议,各学者之间观点差异明显,但总的分类却相差无几,大都分为北支和南支,北支再细分为东北支和西北支,南支相对简单,差异主要来自语系内部。一些学者的分类相对来说简单,里面所列语言较少,一些学者的内部分类却很细(见表 8-1)、盖戈尔等学者(见表 8-2)、卡特福德(见表 8-3)、科姆里(见表 8-4)。

表 8-1　高加索语系(又称伊比利亚—高加索语系)分类[①]

| 南支 | 格鲁吉亚语<br>斯凡语<br>拉兹语<br>明格雷里亚语等 | |
|---|---|---|
| 北支 | 西北语支 | 卡巴尔达语<br>阿布哈兹语等 |
| | 东北语支 | 车臣语<br>阿瓦尔语<br>列兹吉语等 |

---

[①] T. V. Gamkrelidze & T. E. Gudava. *Caucasian Languages*. Encyclopædia Britannica, 2011.

表 8-2　盖戈尔等学者的分类①

| 南支(卡尔特维里语、伊比利亚语) | 格鲁吉亚语<br>美格雷尔—拉色语<br>斯凡 | | |
|---|---|---|---|
| 西北支(西高加索语、阿巴斯戈—克尔克蒂安语、朋提克语) | 阿布哈兹语<br>尤比克语<br>切尔克斯语 | | |
| 东北支(东高加索语、车臣—列兹吉语、车臣—达吉斯坦尼安语、里海语) | 维纳克语组(Veinakh, 北中高加索语组) | 车臣—印古什语<br>巴茨语 | |
| | 阿瓦尔—安多—迪多语组 | 阿瓦尔语 | |
| | | 安迪次语组 | 安迪语<br>Botlikh-Godoberi 语<br>Karata 语<br>Bagulal 语<br>Tindi 语<br>Chamalal 语<br>阿卡瓦卡语 |
| | | 迪多次语组 | Khvarshi 语<br>迪多语<br>Kapucha-khunzal-Ginukh 语 |
| | | 阿奇语 | |
| | 拉克—达尔瓦语组 | 拉克语和达尔瓦方言 | 达尔瓦语<br>Kaitak 语<br>Kubachi 语 |
| | 苏美尔语组 | 列兹吉语<br>阿古尔语<br>Rutul 语<br>Tsakhur 语<br>塔巴萨兰语<br>Budukh 语<br>Dzhek 语 | |
| | 基纳鲁格语 | | |
| | 乌迪语 | | |

---

① Geiger, B., T. Halasi-Kun, A. N. Kuipers, K. H. Menges. *Peoples and Languages of the Caucasus*. The Hageue: Mouton & Co, 1959.

盖戈尔等人对高加索语言的分类作出了重要的贡献,他们的研究是高加索语言分类研究的经典之作。他们基于大量的实地调查和数据收集,采用了系统化的比较语言学方法,并尝试解决高加索语言多样性和关系复杂性带来的挑战。他们聚焦于高加索语言内部的类似性和差异性,以及高加索语言与其他语言的接触和影响,对高加索语言进行分类,把高加索语言划分为南支、西北支、和东北支,并在此基础上进行了更详细的分类。值得一提的是,他们的分类在一定程度上受到了后续研究者的认可和广泛应用。他们的工作为后来的高加索语言研究奠定了坚实的基础,为学术界提供了重要的参考和讨论依据。

卡特福德和科姆里的分类相比其他学者来说不完全一样,他们增加了中北支。大的分类还是两支:北支和南支(见表8-3)。但是再细分,二者又有不同,卡特福德把北支下分为三组:阿布哈兹—阿巴赞语组或西北高加索语组(NWC),纳克语或北中语组(NCC)和达吉斯坦语组或东北语组(NEC)。南支又称为卡尔特维里语,是从格鲁吉亚语派生出来的名称,单独构成一个语组。在这些语组内,存在一些有着紧密发生学关系的下位语支以及一些孤立语。①

表8-3 卡特福德的分类②

| 北支 | 阿布哈兹—阿迪干语支或西北支 | 阿布哈兹—阿巴赞语组 | 1. 阿布哈兹语<br>2. 阿巴赞语 |
| --- | --- | --- | --- |
| | | | 3. 尤比克语 |
| | | 阿迪干或切尔克斯语组 | 4. 阿迪干语<br>5. Kabardian 语 |
| | | | 6. 车臣语<br>7. 印古什语<br>8. Batsbiy 语 |
| | 纳克语支或中北支 | | |

---

① Catford, J. C. *Mountain of Tongues*: *the Languages of the Caucasus*. Ann. Rev. Anthropol,1977,(6):283-314.

② Catford, J. C. *Mountain of Tongues*: *the Languages of the Caucasus*. Ann. Rev. Anthropol,1977,(6):283-314.

续表：卡特福德的分类

| | | | |
|---|---|---|---|
| 北支 | 达吉斯坦语支或东北支 | 阿瓦尔—安迪—迪多语组 | 9. 阿瓦尔语<br>10. 安迪语<br>11. Botlikh 语<br>12. 戈得贝里语<br>13. Karata 语<br>14. 阿卡瓦卡语<br>15. Bagwali 语<br>16. Tindi 语<br>17. Chamali 语<br>18. 采兹语<br>19. Khwarshi 语<br>20. Hinukh 语<br>21. Bezhti 语<br>22. 汉兹柏语 |
| | | 拉克—达吉语组 | 23. 拉克语<br>24. 达吉语 |
| | | 列兹吉语组 | 25. 阿奇语<br>26. 塔巴萨兰语<br>27. 阿古尔语<br>28. 卢图尔语<br>29. 扎库尔语<br>30. 列兹吉语<br>31. 克里茨语<br>32. 布杜克语<br>33. 基纳鲁格语<br>34. 乌迪语 |
| 南支 | 卡尔特维里语支 | | 35. 乔治亚语<br>36. 斯凡语<br>37. Zan 语 |

表 8-4 科姆里的分类①

| 南支(卡尔特维里语) | 格鲁吉亚语<br>斯凡语<br>明格雷里亚语(Megrel)<br>拉兹语(Chan) | | |
|---|---|---|---|
| 西北支 | 阿布哈兹语<br>阿巴赞语<br>阿迪戈语<br>卡巴德—切尔克斯语(Kabard-Cherkes,东切尔克斯语)<br>尤比克语 | | |
| 中北支(纳克语、维纳克语(Veynakh)) | 车臣语<br>印古什语<br>巴兹语(Bats) | | |
| 东北支 | 阿瓦尔—安迪—迪多语组 | 阿瓦尔语 | |
| | | 安迪语言 | 安迪语<br>Botlikh 语<br>戈得贝里语<br>Karata 语<br>阿卡瓦卡语<br>Bagval 语<br>Tindi 语<br>Chamalal 语 |
| | | 迪多语言(采兹语) | 迪多语<br>Khvarsh 语<br>Ginukh 语<br>Bezhti 语<br>Gunzib 语 |
| | 拉克—达尔瓦语组 | 拉克语<br>达尔瓦语 | |
| | 列兹吉语组 | 阿奇语<br>塔巴萨兰语<br>阿古尔语<br>卢库尔语<br>扎库尔语<br>布杜克语<br>基纳鲁格语<br>乌迪语<br>列兹吉语<br>克里茨语(Kryts) | |

---

① Comrie, B. *The Languages of Soviet Union*. Cambridge: Cambridge University Press, 1981.

科姆里采用了广泛的比较语言学方法,结合了音韵学、形态学和句法学等多个领域的研究成果,并借鉴前人的工作,重新整理和构建了高加索语言的分类体系。

科姆里突出了高加索语言内部多样性和变异性,同时也考虑了它们与其他语言的接触和影响。他提出了一些关于高加索语言分支的假设和理论,包括南高加索语言和北高加索语言之间的区分,以及不同分支内部的关系。

总体来说,科姆里的高加索语言分类工作为我们理解高加索语言的内部关系和特点提供了有价值的参考,对于推动相关研究的发展起到了积极的作用。

表8-5 休伊特的分类[①]

| 南高加索语族（卡尔特维里语） | 格鲁吉亚语<br>斯凡语<br>明格雷里亚语<br>拉兹语(Ch'an) |
|---|---|
| 西北高加索语族 | 阿布哈兹语<br>阿巴扎语<br>尤比克语(1992年消亡)<br>西切尔克斯语(阿迪戈语)<br>东切尔克斯语(Kabardian语) |

---

① Hewitt, B. G. *Caucasian Languages*. New York: Routledge, 2005.

续表：休伊特的分类

| 纳克—达吉斯坦语族 | 纳克语支(中北高加索语) | 车臣语<br>印古什语<br>巴兹语(Ts'ova Tush语) | | |
|---|---|---|---|---|
| | 达吉斯坦语支(东北高加索语) | 1. 阿瓦尔—安多—采兹语组 | 阿瓦尔语丛 | 阿瓦尔语 |
| | | | 安迪语丛 | 安迪语<br>Botlikh语<br>戈得贝里语<br>K'arat'a (Karata)语<br>阿卡瓦卡语<br>Bagvalal语<br>T'indi (Tindi)语<br>Ch'amalal(Chamalal)语 |
| | | | 采兹语丛 | 采兹(迪多)语<br>Khvarshi语<br>Hinukh语<br>Bezht'a(Bezhta)语<br>汉兹柏语 |
| | | 2. 拉克—达吉语组 | 拉克语丛 | 拉克语 |
| | | | 达吉语丛 | 达尔瓦(达吉)语 |
| | | 3. 列兹吉语组 | | 列兹吉语<br>塔巴萨兰语<br>卢图尔(Mukhad)语<br>扎库尔(Tsakhur)语<br>阿古尔语<br>乌迪语<br>阿奇语<br>布杜克语(Budukh)<br>基纳鲁格语<br>克里茨语 |

休伊特的分类方法(见表8-5)着眼于高加索语言的内部多样性和变异性,并通过比较语音、词汇和句法等方面的特征,将这些语言分为不同的分支。他的分类方法在一定程度上被广泛接受,并为学界对高加索语言多样

性的认识提供了重要参考。

### 三、高加索系语言特点[1]

所有高加索语言都有清音(无声)/浊音(有声)/无声喷音(既不是"非喷音",也不是其"对应的浊音"),塞擦音,擦音等,有的还有强音(清不送气或成对音)。

高加索语语音特征南北差异较大。南部有格鲁吉亚语、明格雷里亚语、拉兹语和斯凡语。这些语言的语音特征比较一致,只是元音系统有所不同。除了斯凡语以外,元音没有长短之别。基本元音有 5 个:a、e、i、o、u。此外,一些语言中还有鼻化长元音,喉化、唇化元音。多数语言有强势辅音和非强势辅音的对立。塞音和塞擦音有清、浊和喉塞 3 类。辅音丛很常见,有的多达6—8 个辅音,如格鲁吉亚语 prckvna(剥皮)。北部语言分西北和东北两个部分。西北一带的主要语言是卡巴尔达语,此外还有阿布哈兹语、阿迪戈语、阿巴齐尼亚语等。西北诸语言的特点是:元音少,还包括开口/ɑ/和合口/ə/的垂直对立。辅音多且种类复杂,有些语言达七八十个,如尤比克语有 80 个音位(如果加上借词中的普通软腭塞音就有 83 个,见表 8-6),该语言充分调动了从唇到喉的每一个最小的发音部位,完全展示了腭化、唇化和喉化的各种次生特点。东北支的达吉斯坦语喉化附着在元音上面。

---

[1] Hewitt, B. G. *Caucasian Languages*. New York: Routledge, 2005.

表 8-6　尤比克语的辅音系统

| p | b | p' |  |  | m |  | w |
| pˤ | bˤ | pˤ' |  |  | mˤ |  | wˤ |
|  |  |  | f |  |  |  |  |
|  |  |  | vˤ |  |  |  |  |
| t | d | t' |  |  | n |  | r |
| tʷ | dʷ | tʷ' |  |  |  |  |  |
| t͡s | d͡z | t͡s' | s | z |  |  |  |
| t͡ɕ | d͡ʑ | t͡ɕ' | ɕ | ʑ |  |  |  |
| t͡ɕʷ | d͡ʑʷ | t͡ɕʷ' | ɕʷ | ʑʷ |  |  |  |
| t͡ʃ | d͡ʒ | t͡ʃ' | ʃ | ʒ |  |  |  |
|  |  |  | ʃʷ | ʒʷ |  |  |  |
| t͡ʂ | d͡ʐ | tʂ | ʂ | ʐ |  |  |  |
|  |  |  | ɬ |  |  | ɬ' | l |
|  |  |  |  |  |  |  | j |
| (k) | (g) | (k') | x | ɣ |  |  |  |
| kʲ | gʲ | kʲ' |  |  |  |  |  |
| kʷ | gʷ | kʷ' |  |  |  |  |  |
| q |  | q' | χ | ʁ |  |  |  |
| qˤ |  | qˤ' | χˤ | ʁˤ |  |  |  |
| qʲ |  | qʲ' | χʲ | ʁʲ |  |  |  |
| qʷ |  | qʷ' | χʷ | ʁʷ |  |  |  |
| qˤʷ |  | qˤʷ' | χˤʷ | ʁˤʷ |  |  |  |
|  |  | h |  |  |  |  |  |

　　东北支包含的语言很多,约有 30 种,主要有车臣语、印古什语,还有阿瓦尔语、列兹吉语、拉克语、达吉语和塔巴萨兰语(Tabasaran)等。

　　东北支的达吉斯坦语有着与西北高加索语媲美的语音表,如阿奇语(Archi)有 70 个辅音(见表 8-7)。值得注意的是,该语言居然有 10 多个边音,一般专家可能只识别出 3—4 个。卡尔特维里语辅音数量居中,大概有 28—30 个。

表 8-7　阿奇语的辅音系统

| p | b | p' | pː |  |  |  |  | m | w |
|---|---|---|---|---|---|---|---|---|---|
| t | d | t' | tː |  |  |  |  | n | r |
| tʷ | dʷ |  |  |  |  |  |  |  |  |
| t͡s |  | t͡s' | tsː' | s | sː | z |  |  |  |
| t͡sʷ |  | t͡sʷ' |  | sʷ | sːʷ | zʷ |  |  |  |
| t͡ʃ |  | t͡ʃ' | t͡ʃː' | ʃ | ʃː | ʒ |  |  |  |
| t͡ʃʷ |  | t͡ʃʷ' |  | ʃʷ | ʃːʷ | ʒʷ |  |  |  |
| k͡ɬ |  | k͡ɬ' |  | ɬ | ɬː | ɮ |  | l |  |
| k͡ɬʷ |  | k͡ɬʷ' |  | ɬʷ | ɬːʷ |  |  |  |  |
|  |  |  |  |  |  |  |  |  | j |
| k | g | k' | kː |  |  |  |  |  |  |
| kʷ | gʷ | kʷ' | kːʷ |  |  |  |  |  |  |
| q |  | q' | qː' | χʷ | χː | ʁ |  |  |  |
| qʷ |  | qʷ' |  | χʷ | χːʷ | ʁʷ |  |  |  |
|  |  |  |  | ħ |  |  |  |  |  |
|  |  | ʔ |  | h |  |  |  |  |  |

格鲁吉亚语与阿瓦尔语和安迪语（Andi）都只有简单的 5 元音系统（见表 8-8）。其他卡尔特维里语增加了一个央元音，斯凡语的各种方言都有音长和元音变化，上巴尔话（Bal）拥有最丰富的元音系统（见表 8-9）。纳克—达吉斯坦语族里证明有三角形或四边形的元音系统（见表 8-10）。

表 8-8　格鲁吉亚—阿瓦尔—安迪语元音系统

| i |  |  |  | u |
|---|---|---|---|---|
|  | ɛ |  | ɔ |  |
|  |  | ɑ |  |  |

表 8-9　斯凡语上巴尔话元音系统

| i | iː | y | yː |  |  | u | uː |
|---|---|---|---|---|---|---|---|
|  |  |  |  | ə | əː |  |  |
| ɛ | ɛː | œ | œː |  |  | ɔ | ɔː |
| a | aː |  |  |  |  | ɑ | ɑː |

表 8-10　贝兹特语(Bezht)的基本元音系统

| i | y |   |   | u |
|---|---|---|---|---|
|   | ɛ | œ | ɔ |   |
|   |   | a | ɑ |   |

汉兹柏语只有/y,ɛ,œ/有对应的长元音,还有大量的鼻元音:/ĩ,ɛ̃,ã,ɔ̃,ũ,ũː,ãː,ỹː/(见表 8-11)。希赫拉·达尔瓦语(Chiragh Dargwa)里只有简单的接近四边形的系统,有长短音对立(见表 8-12)。乌迪语(Udi)的元音系统比较复杂,中间有一个央元音 ə(见表 8-13),车臣语有着复杂的元音系统(见表 8-14),区别性元音达 30 个之多(包括二合元音和三合元音),大多数会随着后面 n 的弱化而鼻化。

表 8-11　汉兹柏语的基本元音系统

| i |   |   | ɨ | u |
|---|---|---|---|---|
|   | ɛ | ə | ɔ |   |
|   |   | a | ɑ |   |

表 8-12　希赫拉·达尔瓦语的元音系统

| i(ː) |   | u(ː) |
|---|---|---|
| ɛ(ː) |   |   |
|   |   | ɑ(ː) |

表 8-13　乌迪语的元音系统

| i iˤ(y) |   | u uˤ |
|---|---|---|
| ɛ ɛˤ(œ) | ə | ɔ ɔˤ |
| (a) |   | ɑ ɑˤ |

表 8-14　车臣语的元音系统

| i | i(ː) | y | y(ː) |   | u | u(ː) |
|---|---|---|---|---|---|---|
| je | ie | ɥœ | yœ |   | wo | uo |
| e | e(ː) |   |   |   | o | o(ː) |
| a | a(ː) |   |   |   | ɑ | ɑ(ː) |

表8-15　低地车臣语的元音系统(包括双元音)

| a | e | i | o | u |
|---|---|---|---|---|
| aa | ee | ii | oo | uu |
| ä | ö | ü | | |
| ää | öö | üü | | |
| ã | ẽ | ĩ | | ũ |
| ãã | ẽẽ | ĩĩ | | ũũ |
| je | wo | wö | | |
| jee | woo | wöö | | |
| jẽ | wõ | [wõ] | | |
| jẽẽ | wõõ | [wõõ] | | |

马戈梅多夫发现纳克语,即低地车臣语里有着非常复杂的元音系统(见表8-15)。值得注意的是,纳克语的首元音常常前跟一个浊咽塞音,即所谓的强音首,这是一些东北高加索语言的典型特点,如阿瓦尔语和安迪语。[①]

形态方面,高加索系语言大多是作格—通格语言,也就是及物动词、不及物动词句中的主语用不一样的格。词形变化上,高加索语的前缀用得非常之多,甚至超过了后缀。高加索语的动词变化非常复杂。南部语言的语法屈折形式很多,动词分人称、数(单、复数)、时、体、语气、语态、使役和确定主宾关系的特殊格式。这些范畴主要用前缀、后缀表示,也用动词词干内部屈折表示。动词变化复杂,在动词上加特定的前缀,就能表示动词的主语和直接、间接宾语,如格鲁吉亚语 m-er-s(他写给我)、m-xaaV-s(他画我),其中 m 表示作为宾语的"我",s 表示作为主语的"他"。名词格的变化繁多,其数目从6—11个不等。名词性的词不分性别,也没有特别的冠词。南部语族诸

---

① Magomedov, A. G. *Sistema glasnyx čečeno-ingušskogo jazyka*. Makhachkala, 1974. p. 9-11.

语言有共同的词汇,包括亲属词、动植物名称、人体各部位名称、表示人类各种活动的词,等等。词法的共同特征是按类别划分名词,例如"物"类和"人"类,"人"类又细分为"男人"类和"女人"类。

北部语言的名词系统非常简单,动词变化比较复杂。有些语言没有语法上的格,有些语言有两个格。名词的领属关系用代词性前缀表示。动词的特点是:多为多式综合词,即不同的词结合在一起,构成复合词,成为一个完整的陈述。前缀表示最重要的动词范畴。在人称标记之后的前缀表示状语。北部诸语言保存许多本族词,但也有相当数量来自阿拉伯语、突厥语、波斯语的借词。在近代和现代,俄语是借词的主要来源。

西北高加索语基本上是 C(C)(V) 结构,最小格系统(minimal case systems)与高度合成的动词相结合,可能有多达四个一致性前缀(agreement prefixes)、表达位置的动词前词缀、表示定位的动词前词缀或前缀、疑问和连词成分、时态—情态标记、(非)有限性、因果关系、可能性、无意识、极性、反身和交互性。卡尔特维里语使用相对合理复杂的动词中和了格的数量,包括:带有两个或三个(很少四个)论元,通过两套一致性词缀表达的一致性,方向/完成的动词前缀,时体态标记、因果关系、可能性、变体和语态。卡尔特维里语是唯一有着完全的主动—被动对立的语系。纳克—达吉斯坦语有着复杂的名词系统,并且还有语法格和大量的位置格。除了列兹吉语,阿古尔语(Aghul)和乌迪语外,名词都有 2—5 类,或 2—8 类等。动词相对简单:列兹吉语和阿古尔语完全没有一致性;虽然有些语言也增加了基本人称的一致性,但有着一致性缺口的动词只有类的一致性(安迪语);而乌迪语只有人称的一致性。一些语言只有一小部分动词前缀,一些语言区别完成体词根和非完成体词根,一些北部高加索语的动词根据小句结构推测出及物性或非及物性。反被动式(antipassive)也被证实存在。阿瓦尔语是一种典型的位置格系统语言(见表 8-16)。

表 8-16　阿瓦尔语的位置格尾

| 意义 | 存在格 | 向格 | 离格 |
|---|---|---|---|
| 在…上面 | -d(.)ɑ | -d.ɛ | -d(.)ɑ.sːɑ |
| 在附近 | -qː | -q.ɛ | -qːɑ |
| 在下面 | -kʰːˊ | -kʰːˊ.ɛ | -kʰːˊ.ɑ |
| 全体 | -kʰː | -kʰː.ɛ | -kʰː.ɑ |
| (宇宙)中,(空)中 | -D(=格标记) | -D-ɛ | -sːɑ |

作格和其他一些间接格的功能经常被合并为一个语素。指示系统从两项〔明格里亚语、尤比克语、克里茨语(Kryts)〕到三项(格鲁吉亚语、阿布哈兹语、切尔克斯语),到达吉斯坦语的五项,甚至列兹吉语、戈得贝里语(Godoberi)的六项。计数系统主要是二十进制的,至少达到九十九,但是有些系统是十进制的。

句法方面,南部语言句子的基本结构是 SOV,但 SVO 也很常见。特点是有唯被动结构,复杂句通常由分词—形容词和分词—状语结构构成。其中及物动词的主语用动者格表示,而真正的直接宾语用不及物动词的主语(传统上叫主格)表示。北部语言句序多为 SOV。简单句有 3 种结构:不定、主格和唯被动结构,分别用不定格、主格、动者格表示这 3 种句子的主语。

总体而言,高加索系语言以其多样性、复杂性和独特性而闻名。研究高加索系语言带来了对语言多样性和人类语言演化的深入理解,同时也挑战着语言学家们的分类和研究能力。

**四、高加索系语言溯源**[①]

高加索语起源问题一直是语言学界的研究重点之一,但至今仍存在许多未解之谜。高加索语起源研究存在着广泛的争议,不同学者对起源地点、语言接触和迁徙等方面有不同的观点和假设。此外,高加索地区历史上的政治和文化变迁也增加了研究的难度。

---

[①] https://www.sohu.com/a/114942 559_119033.

对于高加索语的起源问题，很少有学者深入讨论过。高加索山脉横跨五百英里，从黑海一直到里海，在欧洲和亚洲之间构成了一道天然屏障。对于古希腊人来说，这些山脉和陆地充满神秘和传奇。他们控制了黑海的最深处，对于希腊海员来说，到波提（黑海港口）科尔奇滇市（Colchidian），沿着一条不知名的河（现在使用斯凡语名字 Rioni）就是最远的行程了。在波提后面的山上，希腊城市苏呼米后面，是普罗米修斯被锁的地方。那里，用希罗多德的话说，就住着"很多民族"。

希罗多德之后的两千五百多年里，许多学者讨论了高加索的民族和语言类别。四十五年后，斯特拉波认为说着不同语言的七十个部落来狄俄斯库里（Dioscurias）做生意。而斯特拉波之后的几十年，据普里尼推断，罗马人通过一百多个翻译来到这里做生意。中世纪的阿拉伯人继而见证了高加索语言的多元化，也就是他们，10 世纪的地理学者 al-Mas'udi，把高加索语言叫作"山上的语言"。

所有说这些语言的民族在不同的历史时期移民至此。然而，有 37 种语言不是在历史上随移民来的，它们至少在高加索地区说了四千年了。这些土著语言构成了西方出版物所称的高加索语，在现代俄语资料里大多称为"Ibero-Caucasian"。

休伊特[①]认为高加索祖先的家园有四个，一是俄罗斯北部高加索地区（切尔克斯、阿巴扎、印古什、车臣、阿瓦尔—安多—采兹、拉克—达吉、列兹吉北部）；二是阿布哈兹地区（阿布哈兹、明格雷里亚、斯凡、格鲁吉亚、拉兹）；三是格鲁吉亚（格鲁吉亚、明格尼尔、斯凡、拉兹、巴兹、车臣、阿瓦尔、乌迪）；四是阿塞拜疆（列兹吉、布杜克、克里茨、基纳鲁格、卢图尔、扎库尔、阿瓦尔、乌迪），突厥（拉兹、格鲁吉亚）。高加索北部（特别是西北）散居的人群曾住在以前的奥斯曼帝国，尤其在土耳其一带，就是大多数切尔克斯人和阿布哈兹人居住的地方。切尔克斯人指的就是北部高加索人。在叙利亚、以色列和约旦都发现了切尔克斯人，这也是车臣人的故乡。说话者人数多

---

① Hewitt, B. G. *Caucasian Languages*. New York: Routledge, 2005.

则三四万人,少则四五百人,很多语言已消亡。

    总之,高加索语起源问题的研究需要考虑到目前的知识和证据的有限性。尽管存在许多假说和观点,但仍然没有确凿的证据能够证明它。因此,持续的跨学科合作研究和新的发现将是进一步深入理解高加索语起源的关键。

# 第九章　乌拉尔语系

乌拉尔语系(Uralic)分布于欧洲东北部及西伯利亚的部分地区,从斯堪的纳维亚往东经乌拉尔山脉一直到亚洲西北部,主要包括芬兰语、匈牙利语、爱沙尼亚语、萨莫耶德语、沃古尔语(Vogul)、阿斯提亚克语(Astyak)、拉普语(Lapp)和其他一些语言,大约有38种,使用人口约2500万。该语系使用人数最多的语言为匈牙利语、芬兰语和爱沙尼亚语。乌拉尔语均为黏着语。"Uralic"这个名称源于这个语系的原始家园:Urheimat,欧洲与亚洲分界线之一的乌拉尔山脉。因乌拉尔语言在该山脉东侧与西侧都有分布,乌拉尔山脉被认为是乌拉尔语言的发源地。虽然学者们认为芬兰—乌戈尔语系(Finno-Ugric)不包括萨莫耶德语,但有时却把它归入乌拉尔语。

由于乌拉尔语系涉及欧洲和亚洲多个地区和国家,因此需要掌握多个语种,还需要跨学科合作。从历史渊源的角度来看,乌拉尔系分支语言的起源和发展反映了当地地理环境、社会结构和政治变迁等多方面的影响。另外,乌拉尔系语言在语音、词汇和形态方面表现出了一定的统一性和差异性。而与其他语言的接触对乌拉尔系语言的形成和演化产生了深远的影响。在全球化浪潮下,保护和维护乌拉尔系语言已成为当地政府和社区关注的问题。一方面,这些语言在世界范围内为人类语言多样性做出了重要贡献;另一方面,它们也正面临着濒临消失的威胁。为此,采取一系列措施以确保这些语言的存续已经成为乌拉尔语系研究的重要议题之一。因此,乌拉尔语系的研究具有重要的学术价值和实践意义。通过对乌拉尔语系各分支语言进行比较和分类研究,可以更好地理解其共性和差异,为揭示语言演化提供有力的证据。

### 一、乌拉尔系语言研究历史

众所周知,《编年史》指出了匈牙利人的东部家园,但是具体地点无从得知。15 至 17 世纪,人们想当然地认为,这个家园可以确定为乌拉尔山脉附近一个叫 Yugria 的地方(因此有了"Uralic"和"Ugric")。Yugria(俄语称呼)和匈牙利的民族名称 hungarus 之间存在明显的相似性,目前尚不清楚这种联系在现代文献中是否仍然被接受,因为 hungarus 在现在通常被认为与 On-Ogur 突厥部落有关系,后来的发现也支持这种关系。根据卡尔曼的研究,Vogus 地区的人群自称曼西(Mansi),"对外行来说,这个名字有点像 magyar"。[1] 现在,magyar/Mansi 被视为乌拉尔语系假说的有力证据,它使用了一个特殊的词源,不过却与历史不符。今天,人们认为匈牙利语与 Yugria 地区的语言(沃古尔语和阿斯提亚克语)有着特殊的关系,它们共同构成了所谓的"乌戈尔语"。但是匈牙利语无论在音韵、形态、词汇还是句法上都与其他乌戈尔语截然不同,因此乌戈尔语是否真的存在还是有许多争议。

关于乌拉尔语最早的纪录可能来自公元 98 年罗马帝国历史学家塔西佗编写的《日耳曼志》,其中提到了芬尼人(Fenni,指现今的萨米人 Sami)和另外两个分布于斯堪的纳维亚半岛的乌拉尔部落。[2] 17 世纪末期,德国学者马丁·沃戈尔通过对比发现匈牙利语与芬兰语在语法与词汇上存在共同点。瑞典学者谢恩赫尔姆提出萨米语、爱沙尼亚语均与芬兰语有关系,并且注意到了匈牙利语与芬兰语的相似之处。[3] 二人的发现奠定了芬兰—乌戈尔语

---

[1] Kálmán, B. *The history of the Ob-Ugric languages*. In D. Sinor (ed.). *The Uralic Languages: Description, History, and Foreign Influences*. Leiden: Brill, 1988, p. 395.

[2] Anderson, J. G. C. (ed.). *Germania*. Oxford: Clarendon Press, 1938.

[3] Korholen. R. *Origin of Finnish and related Languages*. Finland Promotion Board, 1981, p. 29; Wickman, B. *The History of Uralic Languages*. In D. Sinor (ed.). *The Uralic Languages: Description, History, and Foreign Influences*. Leiden: Brill, 1988, pp. 795–796.

系,甚至是后来乌拉尔语系的基础。瑞典科学家鲁德贝克发现匈牙利语与芬兰语词汇有很多相同的词根。1717 年,瑞典学者艾克哈特在《词源汇总》(Collectanea Etymologica)上发表文章,首次提出乌拉尔语与萨莫耶德语存在某种联系。[1] 1730 年,瑞典地理学者斯特拉伦贝格调查了北亚主要使用的语言后,在他的《东北欧亚语言一览》一书中指出北亚主要使用的语言中绝大多数是乌拉尔语。[2] 但是大多数匈牙利学者并不接受匈牙利语与乌拉尔语之间的关系,反而认为匈牙利语与突厥语有关系。为了证实该语言分类是否正确,匈牙利传教士萨诺维克与天文学者米克萨做了很多调查,1770 年,萨诺维克根据一些语法特点,提出匈牙利语与乌拉尔语存在同源关系。[3] 1799 年,匈牙利学者萨缪尔在《从语法上证明匈牙利语和芬兰语起源上的亲属关系》一书中,根据萨诺维克的研究成果,写出了芬兰—乌戈尔语言演化史。这些早期的研究工作为后续的研究奠定了基础。随着研究的深入,学者们逐渐对乌拉尔语系内部的语言关系进行了更加系统化的分类和比较。通过对语音、词汇和形态学等方面的广泛研究,他们成功地确定了乌拉尔语系的主要分支,并揭示了这些语言之间的共同特点和差异。

19 世纪初乌拉尔语系的研究已远远走在世界历史语言学研究的前列,但是印欧语历史比较语言学的兴起,吸引了语言学界的注意,乌拉尔语系逐渐被人淡忘了。到了 1840 年,乌拉尔系语言研究又有了新进展,代表者有研究萨莫耶德语的芬兰学者卡斯特伦和研究鄂毕—乌戈尔诸语言(Ob-Ugric)的匈牙利学者安塔尔等。支持匈牙利语和乌拉尔语存在发生学关系的匈牙利语言学家洪法尔维和德国语言学家布登兹继续研究安塔尔的材料。布登兹是首位把该结论带到匈牙利公众视野里的,并且他还尝试构拟原始芬兰—乌戈尔语的语法和词汇。另外一位 19 世纪末的匈牙利语言学家哈拉兹

---

[1] Collinder, B. *An Introduction to the Uralic languages*. Berkeley: University of California Press, 1965, (8): 27-34.

[2] von Strahlenberg, P. J. *Das Nord-und Ostliche Theil von Europa und Asia*. Nuremberg: Johann Baptist Homann, 1730.

[3] Sajnovics, J. *De monstratio idioma Ungarorum et Lapponum idem esse*. Copenhagen: Typis Collegi societatis Iesu, 1770.

于19世纪90年代发表了大量有关比较芬兰—乌戈尔语和萨莫耶德语的文章,他的研究奠定了萨莫耶德语属于乌拉尔语系假说的基础。1850年,芬兰语言及语言学首任主席卡斯特伦在赫尔辛基大学正式成立研究芬兰语言的部门,这就使得赫尔辛基取代圣彼得堡成为北方乌拉尔语研究的中心。1883年,芬兰语言学家唐纳成立"芬兰—乌戈尔语学会"(Finno-Ugric Society),该学会在19世纪末20世纪初派出大量研修生调查使用人群较少的乌拉尔语言,如致力于萨莫耶德语研究的帕索能(主要研究莫尔多瓦语Mordvin)、研究皮尔姆语(Permian)的维齐曼、研究曼西语(Mansi)的卡尼斯托、研究汉特语(Khanty)的卡亚莱能、研究涅涅茨语的雷提萨洛、研究卡马斯语(Kamass)的唐纳等。这些收集来的大量语料给后世研究芬兰—乌拉尔语的学者们提供了大量素材。

  在19世纪末之前的大约三十年时间里,研究人员开始将达尔文研究模型应用于语言研究,并使用当时还处于起步阶段的历史比较法。乌戈尔语系假说因此随之也得到了发展,并有了一个理所当然的科学的基础。19世纪末,布登兹和唐纳这两位主要的研究者使用新的不一样的方法论继续论证这一假说。

  19世纪末,在匈牙利工作的德国语言学家布登兹试图用比较法证明匈牙利语和其他乌戈尔语之间的同源关系(并将这一方法延伸至欧洲东北部的其他语言如芬兰语),他还认为匈牙利语与东北欧语言(乌戈尔语加上其他语言,如芬兰语)的关系比突厥语"更紧密",因此,匈牙利语归入"乌戈尔语",而不是突厥语。布登兹用"乌戈尔语对应"词汇语料库证明了这一结论。他把乌戈尔语分为两个主要语支:北支和南支。① 北支包括拉普语、皮尔姆语(Zyrian 和 Votyak),鄂毕—乌戈尔语(沃古尔语和阿斯提亚克语)和匈牙利语。南支包括波罗的—芬兰语、莫尔多瓦语和克莱米斯语

---

① Budenz,J. *ueber die Verzweigung der ugrischen Sprachen*. In L. Meyer et al. (eds.). *Festschrift zur Feier seines füufzigjährigen Docotrjubiläums am 24. October 1878 Herrn Professor Theodor Benfey gewidmet*. Beitrage zur Kunde der indogermanischen Sprachen 4. Göttingen: Robert Peppermüller,1878/1879,p. 196.

(Cheremis)。这个分类主要是基于首音 ń—(北支)和 n-(南支)的分布。不过,马坎托尼奥批评布登兹没有正确地使用比较法[1],例如,他没有说明"对应"所基于的语音规则,而且语义随意延伸,并且指出布登兹有81%的对应在现代文献中是不正确的。

唐纳也批驳了布登兹的方法论和谱系树,他反对布登兹的词汇法,并尝试使用少量形态特征以及元音和谐和辅音等级分布来建立萨莫耶德语的亲缘关系。他的理由是:如果只根据一个语音变化(腭音和非腭音 n-)就建立一个语系是不合适的。他认为,这些特征在欧亚大陆的所有语言中都广泛存在,而且萨莫耶德语比突厥语或蒙古语更靠近东北欧语言[2]。唐纳的谱系树不像布登兹的,唐纳没有构拟语音,他假定有一个芬兰—乌戈尔语系,这个语系包括乌戈尔语族(沃古尔语,阿斯提亚克语和匈牙利语)和芬兰语族,芬兰语族包括芬兰—拉普语、莫尔多瓦语、克莱米斯语(Wolga Sprachen)和皮尔姆语(permisch),这基本上就是传统的谱系树。唐纳的观点被语言学界采纳,并移植到布登兹的语系中。因此,19世纪末到20世纪初,学者们应用科学的比较法,证明所有这些语言(包括东北欧语言、匈牙利语和萨莫耶德语)都属于乌拉尔语系。

唐纳的模式和谱系树得到了色塔拉的支持[3],《百科全书》也同意他的观点。色塔拉对乌戈尔语下位分支做了小小的修改,并追溯了一些语音变化情况[4]。在1913至1918的文章中,他提供了一长串芬兰语、乌戈尔语和萨莫

---

[1] Marcantonio, A. *The Uralic Language Family: Facts, Myths and Statistics.* Oxford: Blackwell, 2002, p. 27.

[2] Donner, O. *Die gegenseitige Verwandtschaft der Finnischugrischen sprachen (in German).* Helsingfors: Druckerei der Finnischen Literaturges, 1879.

[3] Setälä, E. N. Über Art, *Umfang und Alter des Stufenwechsels im finnisch-ugrischen und samojedischen.* FUF, 1912/1914, (12): 1-128; Setälä, E. N. *Zur Frage nach der Verwandtschaft der finnisch-ugrischen und samojedischen Sprachen.* JSFOu, 1913-1918, (30): 3-104; Setälä, E. N. *Kielisukulaisuus ja rotu.* Helsinki: Otava, 1926.

[4] Setälä, E. N. Über Art, *Umfang und Alter des Stufenwechsels im finnisch-ugrischen und samojedischen.* FUF, 1912/1914, (12): 1-128.

耶德语的"相似"词,很多词也出现在其他语言里,如"语言""树""鱼"等。[1] 杨胡宁认为,唐纳/色塔拉的谱系树得到了广泛的认可,但是乌拉尔语言的同源关系仍然是"无法证明的假说"。[2] 帕索能试图提供乌拉尔语言更系统的语音关系。[3] 当代很多学者做了该语系的分类工作,如科姆里把乌拉尔语系分为萨莫耶德语支和芬兰—乌戈尔语支,萨莫耶德语支又分为北支和南支,北支包括涅涅茨语、恩内茨语(Enets)、恩加纳桑语(Nganasan),南支包括塞库普语(Selkup)、卡马斯语。芬兰—乌戈尔语支又分为乌戈尔语支和芬兰—皮尔姆语支,乌戈尔语支包括匈牙利语和鄂毕—乌戈尔语。芬兰—皮尔姆语支分为皮尔姆语组和芬兰—伏尔加语组。皮尔姆语组包括科米语(Komi)和乌德姆特语(Udmurt),芬兰—伏尔加语组包括伏尔加语、拉普语和波罗的—芬兰语,而波罗的—芬兰语还包括芬兰语、卡勒里语(Karelian)、印各里语(Ingrian)、韦普斯语(Veps)、沃特语(Vot)、爱沙尼亚语、里韦语(Liv)。[4] 奥斯特里兹的分类略有不同,他在科姆里的分类上做了一些改动。他的萨莫耶德语南支增加了一种语言:莫托语(Motor),并把芬兰—乌戈尔语支分为乌戈尔语支和芬兰语支,芬兰语支包括皮尔姆语组、伏尔加语组、波罗的—芬兰语组。[5]

乌拉尔语系研究到了现在已经涌现出更多的学者,他们都参与到乌拉

---

[1] Setälä, E. N. *Zur Frage nach der Verwandtschaft der finnisch-ugrischen und samojedischen Sprachen*. JSFOu,1913–1918,(30):3–104.

[2] Janhunen, J. *On early Indo-European-Samoyed contacts*. MSFOu,1983,(85):115–128.

[3] Paasonen, H. *Beitrage zur finnischugrisch-samojedischen Lautgeschichte*. KSz,1916/17, pp.1–224.

[4] Comrie, B. *The Languages of Soviet Union* (Cambridge Language Survey). Cambridge: CUP,1981.

[5] Austerlitz, R. *Uralic languages*. In B. Comrie (ed.). *The Major Languages of Eastern Europe*. London: Croom Helm,1987,pp.177–184.

尔语系的研究中,并取得了丰硕的成果,如阿本多洛编辑出版的《乌拉尔语言》①、坎贝尔的《芬兰—乌戈尔语系语言史前史研究》②、切普莱吉编辑的《芬兰—乌戈尔语系导论》③、贝莱兹基的《芬兰—乌戈尔语语言学基础》④、雷德的《我们史前的问题,对语言业余主义的批判》⑤、拉克索的《熊语:芬兰—乌戈尔语研究概览》⑥,还有伊克能的《语系和接触》⑦《比较法没有任何错:第二部》⑧,等等。截止到目前,乌拉尔语系的同源关系可以说不证自明。

虽然如此,还是有少数学者否认乌拉尔语系。他们认为,由于地域会聚,共同特点不多,乌拉尔语系假说难以成立。不过这些毕竟是少数,大多数人都接受了乌拉尔语系假说,很多学者甚至确定乌拉尔语系与其他语系存在发生学关系,但是具体与哪种语系同源意见不一致。如,有学者认为乌拉尔语系和阿尔泰语系存在发生学关系,乌拉尔语系是乌拉尔—阿尔泰语系的一个分支,如:阿尔托⑨、拉萨

---

① Abondolo, D. M. (ed.). *The Uralic Languages*. London and New York: Routledge, 1998.
② Campbell, L. *On the linguistic prehistory of Finno-Ugric*. In R. Hickey & S. Puppel (eds.). *A Festschrift for Jacek Fisiak on his 60th Birthday*. Berlin: Mouton de Gruyter, 1997, pp. 829-861.
③ Csepregi, M. (ed.). *Finnugor kalauz*. Budapest: Panoráma, 1998.
④ Bereczki, G. *Fondamenti di Linguistica Ugro Finnica*. Udinc: Forum, 1998.
⑤ Rédei, K. *Östörténetiink kérdesei. A nyelvészeti dilettantizmus kritikája*. Budapest: Balassi Kiadó, 1998.
⑥ Laakso, J. *Karhnnkieli. Pyyhkäisyjä suomalais-ugrilaisten kielten tutkimukseen*. Helsinki: SKS, 1999.
⑦ Itkonen, E. *Sukupuu ja kontakti*. Vir, 1998, (102): 96-103.
⑧ Itkonen, E. *There is nothing wrong with the comparative method: Part two*. In A. Kunnap (ed.). *Indo-European-Uralic-Siberian Linguistic and Cultural Contacts*. F-U, 1999, (22): 85-90.
⑨ Aalto, P. *Uralisch und Altaisch*. UAJb, 1969/78, (41): 323-334.

南①、西诺②、孟吉斯③、科林德④、福克斯⑤、科洛斯⑥和马尔何贝⑦。该理论以

---

① Räsänen, M. *Uralilais-altailaisia sanavertailuja*. Vir, 1947a, (51): pp. 162 – 173; Räsänen, M. *Etymologisia lisiä*. Vir, 1947b, (51): 354 – 357; Räsänen, M. *Uralaltaische Forschungen*. UAJb, 1953, (25): 19 – 27; Räsänen, M. *Uralaltaische Wortforschungen*. SO, 1955, (18): 1 – 59; Räsänen, M. *Materialien zur Morphologie der türkischen Sprachen*. SO, 1957, (21): 1 – 256; Räsänen, M. *Uralaltailaisesta kielisukulaisuudesta*. In E. Öhmann (ed.). *Esitehnät ja Pöytäkirjat*. Helsinki: Suomalainen Tiedeakatemia, 1963/4, pp. 180 – 189; Räsänen, M. *Über die ural-altaische Sprachverwandtschaft*. Sitzungsberichte der Finnischen Akademie der Wissenschafter. Helsinki, 1963/5, pp. 161 – 172.

② Sinor, D. *Geschichtliche Hypothesen und Sprachwissenschaft in der ungarischen, finnisch-ugrischen und uralischen Urgeschichtsforschung*. UAJb, 1969, (41): 273 – 281; Sinor, D. *Uralo-Tunguz lexical correspondences*. In L. Ligeti (ed.). *Researches in Altaic Languages*. Budapest: Akadémiai Kiadò, 1975, pp. 245 – 256; Sinor, D. *The problem of the Ural-altaic relationship*. In D. Sinor (ed.). *The Uralic Languages: Description, History, and Foreign Influences*. Leiden: Brill, 1988, pp. 706 – 741; Sinor, D. (ed.). *The Cambridge History of Early Inner Asia*. Cambridge: CUP, 1990.

③ Menges, K. H. *The Turkic Languages and People. An Introduction to Turkic Studies*. Veröffentlichungen der Societas Uralo-Altaica 42. Wiesbaden: O. Harrassowitz, 1968/1995.

④ Collinder, B. *La parenté linguistique et le calcul des probabilités*. Språkvetenskapliga Sållskapets I Uppsala Förhandligar, 1946 – 1948, pp. 1 – 24; Collinder, B. *Ural-altaisch*. UAJb, 1952, (24): 1 – 26; Collinder, B. *Hat das Uralische Verwandte? Eine sprachvergleichende Untersuchung*. Acta Universitatis Upsaliensis, 1965, (1/4): 109 – 180; Collinder, B. *Der Sprachforscher 'behind the looking glass'*. Filologiskt Arkiv Stockholm, 1970, (16): 1 – 28; Collinder, B. *Fenno-Ugric Vocabulary*. Stockholm: Almqvist & Wiksell, 1977a; Collinder, B. *Pro hypothesis Urolo-Altaica*. MSFOu, 1977b, (158): 67 – 73.

⑤ Fokos-Fuchs, D. R. *Übereinstimmende Lativkonstruktionen in den finnisch-ugrischen und türkischen Sprachen*. MSFOu, 1933, (67):105 – 114; Fokos-Fuchs, D. R. *Übereinstimmungen in der Syntax der finnisch-ugrischen und türkischen Sprachen*. FUF, 1937, (24): 292 – 322; Fokos-Fuchs, D. R. *Aus der Syntax der ural-altaischen Sprache*. ALH, 1960, (10): 423 – 454; Fokos-Fuchs, D. R. *Uráli és altaji összehasonlító szintaktikai tanulmanyok*, VI A, *numerus absolutus v. indefinitus használata*. NyK, 1961, (63): 263 – 291; Fokos-Fuchs, D. R. *Rolle der Syntax in der Frage nach Sprachverwandtschaft, mit besonderer Rücksicht anf das Problem der ural-altaischen Sprachverwandtschaft*. Wiesbaden: O. Harrassowitz, 1962.

⑥ Klose, A. *Sprachen der Welt*. München: Saur, 1987.

⑦ Malherbe, M. (ed.). *Les Langages de l'Humanité. Une Encyclopédie des 3000 Langues Parlées dans le Monde*. Paris: Laffont, 1995.

前很流行,它基于词汇、语法和语音特征的相似性,特别是乌拉尔语和阿尔泰语代词的相似性以及两种语言中的黏着现象,还有一些语言中的元音和谐现象,如:"语言"爱沙尼亚语 keel,蒙古语 хэл(hel)。不过这种理论现在已被否定,因为大多数相似只是出于接触或巧合。

还有乌拉尔—优卡吉尔语系假说,这个假说认定乌拉尔语和尤卡吉尔语为一个语系的两个独立成员。这个假说得到科林德[1]和茹伦[2]的支持。此语系只包括乌拉尔语和优卡吉尔语,排除了阿尔泰语。目前的学术界普遍认定,乌拉尔语和尤卡吉尔语之间的相似性是由于远古接触。此外,裴特生[3]、斯维提奇[4]、舍沃洛斯金[5]、格林伯格等支持的诺斯特拉语系假说和欧亚语系假说中包括乌拉尔—阿尔泰语系。

其次是因纽特—乌拉尔语系假说,它把乌拉尔语和因纽特—阿留申语言联系起来。该假说非常古老,可追溯至 18 世纪,1959 年贝格斯兰又重新对之进行了阐述[6]。

再次是乌拉尔—西伯利亚语系假说(Uralo-Siberian)。它是 1998 年佛特斯克首次提出的[7],由因纽特—乌拉尔语系假说扩展而成。它把乌拉尔语和优卡吉尔语、楚克奇—堪查加语和因纽特—阿留申语联系起来,是所有与乌

---

[1] Collinder, B. *Jukagirisch und Uralisch*. Uppsala Universitets Arsskrift. Recuil de travaux publié par l'université d'Uppsala 8, 1940.

[2] Ruhlen, M. *A Guide to the World's Languages*, I: *Classification*. London/Melbourne: E. Arnold, 1987.

[3] Pedersen, H. *Zur Frage nach der Urverwandtschaft des Indoeuropaischen mit dem Ugrofinnischen*. MSFOu, 1933, (67): 308–325.

[4] Illič-Svityč, V. M. *Opyt sravnenija nostraticeskikh jazykov (semitokhamitskij, kartvel'skij, indoevropejskij, ural'skij, dravidskij, altajskij)*, i-III. Moskva: Nauka, 1971–1984.

[5] Shevoroshkin, V. (ed.). *Explorations in Language Macrofamilies: Materials from the First International Interdisciplinary Symposium on Language and Prehistory*. Bochum: Universitatsverlag, Dr. N. Brockmeyer, 1971.

[6] Bergsland, K. *The Eskimo-Uralic hypothesis*. Journal de la Société Finno-Ougrienne, 1959, (61): 1–29.

[7] Fortescue, M. D. *Language Relations Across Bering Strait: Reappraising the Archaeological and Linguistic Evidence*. London: Cassell, 1998.

拉尔语相关的超级语系中支持率最高的假说。当代的支持者有斯瓦迪士、杨胡宁和哈基宁。2017年佛特斯克除了提供新的语言证据外,还提供了一些基因证据,证明所含语言都有共同来源,原始语故乡应该来自东北亚的某个地方。[1]

另外,乌拉尔—达罗毗荼语系假说。此观点假定乌拉尔语系和达罗毗荼语系有发生学关系,但此观点一直备受争议。这个假说在达罗毗荼语语言学家中很受欢迎,并且得到很多学者的支持,包括卡德维尔[2]、托马斯·巴洛[3]、兹维莱比尔[4]和安德罗诺夫[5]。布鲁和埃梅诺出版的《达罗毗荼语词源词典》使得二者的发生学关系成为可能[6]。泰勒[7]使用了科林德的《芬兰—乌戈尔语词汇》[8]编辑了153个乌拉尔语和达罗毗荼语的对应,包括基本词汇和语法形式。孟吉斯讨论了阿尔泰语和达罗毗荼语大量的形态和句法相似[9],布达列出了137对达罗毗荼—阿尔泰语词源,还有28组达罗毗荼—乌拉尔—阿尔泰语词源[10]。虽然如此,研究乌拉尔语的专家还是拒绝接受这个

---

[1] Fortescue, M. D. Correlating Palaeo-Siberian languages and populations: recent advances in the Uralo-Siberian hypothesis. (https://www.researchgate.net/publication/320126371), 2017.

[2] Webb, E. *Evidences of the Scythian Affinities of the Dravidian Languages, Condensed and Arranged from Rev. R. Caldwell's Comparative Dravidian Grammar*. Journal of the American Oriental Society, 1860, (7): 271-298.

[3] Burrow, T. *Dravidian Studies IV: The body in Dravidian and Uralian*. Bulletin of the School of Oriental and African Studies, 1944, (2): 328-356.

[4] Zvelebil, K. *Dravidian Languages*. Encyclopædia Britannica, 2006.

[5] Andronov, M. S. Comparative studies on the nature of Dravidian-Uralian parallels: A peep into the prehistory of language families. *Proceedings of the Second International Conference of Tamil Studies*. Madras, 1971, pp. 267-277.

[6] Burrow, T., M. B. Emeneau. *A Dravidian Etymological Dictionary*. Oxford: Clarendon, 1961.

[7] Tyler, S. A. *Dravidian and Uralian: the lexical evidence*. Language, 1968, (44): 798-812.

[8] Collinder, B. *Fenno-Ugric Vocabulary. An Etymological Dictionary of the Uralic Languages*. Stockholm: Almqvist & Wiksell, 1955.

[9] Menges, K. H. *Altajisch und Dravidisch*. Orbis, 1964, (13): 66-104.

[10] Bouda, K. *Dravidisch und Uralataisch*. UAJb, 1953, (25): 161-173.

理论,如兹维莱比尔[1]。最近连达罗毗荼语专家克里希那穆提[2]也开始批评这个假说了。

一些学者支持和赞同乌拉尔—印欧语系假说,他们认为乌拉尔语和印欧语系有同源关系。

还有一些人对乌拉尔与其他语言进行了各种非正统的比较,但充其量只是一些边缘理论,有的甚至带有虚假的成分,如芬兰—巴斯克语系[3]、匈牙利—伊特鲁里亚语系(Etruscan)[4]、卡尔(Cal)—乌戈尔语系,等等。

乌拉尔语系的研究历史经历了不断的发展和完善。学者们通过不同的研究方法和角度,为我们提供了深入了解乌拉尔语系语言的机会。随着时间的推移,乌拉尔语系的研究也越来越关注语言的社会和文化方面,并致力于保护和传承这一语系语言的丰富多样性。这些研究成果为语言学领域的发展和人类语言多样性的保护做出了重要贡献。

### 二、乌拉尔语系分类

所有乌拉尔语都被认为是经过独立的语言变化过程,从原始乌拉尔语演变而来的。自从学界有人首次提出乌拉尔语系这个假说后,它的内部结构一直备受争议,有关它的较高节点的分支(分为9个语支)也是疑点重重。虽然早在19世纪末就有了乌拉尔语系的内部分类,但是它的分类在各种著作中不断被修改。

很多学者从事乌拉尔语系的分类研究,早期学者的分类总是把乌拉尔语和阿尔泰语系联系起来(见图9-1至图9-4)。最近几十年,越来越多的学者参与到乌拉尔语的研究中来,并且取得了很多成就,分类模式多如牛

---

[1] Zvelebil, K. *Comparative Dravidian Phonology*. The Hauge: Mouton & Co., 1970, p. 22.

[2] Krishnamurti, B. *The Dravidian Languages*. Cambridge: Cambridge University Press, 2003, p. 43.

[3] Trask, R. L. *The History of Basque*. London & New York: Routledge, 1997, p. 94.

[4] Alinei, M. *Etrusco: Una forma arcaica di ungherese*. Bologna: Il Mulino, 2003.

毛,本文摘取几种,如萨尔米宁的球状分类模式①、库洛宁的"同言线分类模式"②、哈基宁的"灌木丛模式"(bush-model)③、维斯托的谱系树模式④、普斯塔的"语链"模式等⑤(见图9-9)。最新版的民族语网站认为乌拉尔语系包括38种语言,分为芬兰语族、马里语族、莫尔多瓦语族、皮尔姆语族、萨米语族和萨莫耶德语族等⑥。总之,乌拉尔语系的分类是基于对该语系内语言之间相似性和差异性的比较和分析而建立起来的。

图9-1:布登兹之前学者们的分类⑦

---

① Salminen, T. *Euroopan kielet muinoin ja nykyisin*. In P. Fogelberg (ed.). *Pohjan poluilla: Suomalaisten juuret nykytutkimksen mukaan*. Bidrag till kännedom av Finlands natur och folk 153. Hesinki: Finnish Society of Science and Letters, 1999, pp. 14-26.
② Kulonen, u-M. *Kulttuurisanat ja esihistoria*. In P. Fogelberg (ed.). *Pohjan poluilla: Suomalaisten juuret nykytutkimksen mukaan*. Hesinki: Finnish Society of Science and Letters, 1999, pp. 24.
③ Häkkinen, K. *Snomen kielen vanhimmasta sanastosta ja sen tutkimisesta: Suomaloisugrilaisten kielten etymologisen tutkinmksen perusteita ja metodiikkaa*. Turku: University of Turku, 1983.
④ Viitso, T.-R. *Keelesugulus ja some-ugri keelepuu*. Akadeemia, 1997, (9): 899-929.
⑤ Pusztay, J. *Ajatus uralilaisten kansojen ketjumaisesta alkukodista*. In K. Julku & M. Aärelä (eds.). *Itämerensnomi enrooppalamen maa*. Jyväskylä: Atena, 1997, pp. 9-19.
⑥ https://www.ethnologue.com/subgroups/uralic.
⑦ Budenz, J. *ueber die Verzweigung der ugrischen Sprachen*. In L. Meyer et al. (eds.), *Festschrift zur Feier seines füufzigjährigen Docotrjubiläums am 24. October 1878 Herrn Professor Theodor Benfey gewidmet. Beitrage zur Kunde der indogermanischen Sprachen 4*. Göttingen: Robert Peppermüller, 1878/1879.

第九章　乌拉尔语系　197

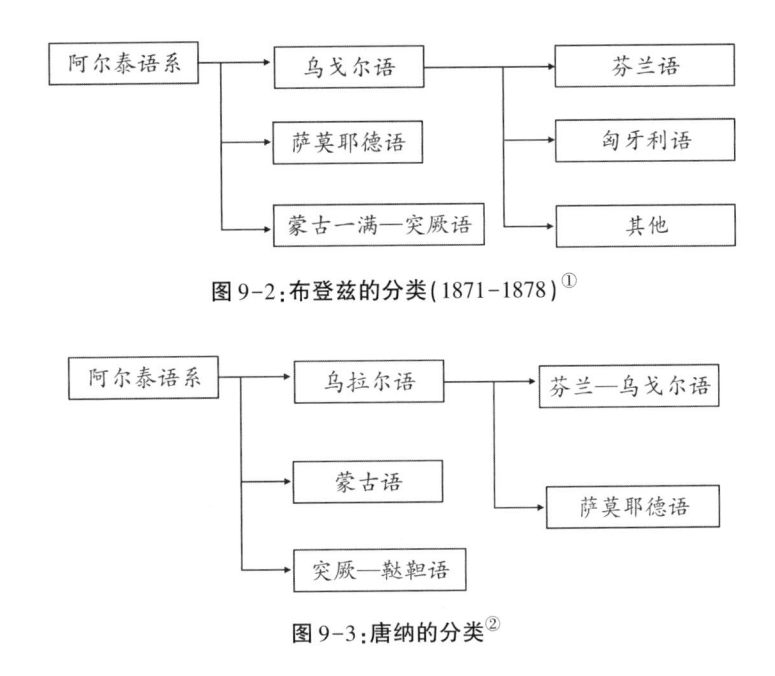

```
阿尔泰语系 → 乌戈尔语 → 芬兰语
           → 萨莫耶德语 → 匈牙利语
           → 蒙古—满—突厥语 → 其他
```

图 9-2：布登兹的分类(1871-1878)[1]

```
阿尔泰语系 → 乌拉尔语 → 芬兰—乌戈尔语
           → 蒙古语     → 萨莫耶德语
           → 突厥—鞑靼语
```

图 9-3：唐纳的分类[2]

　　唐纳的分类方法考虑了乌拉尔语系内不同语言的音韵学、词汇学和形态学等多个方面的特征。他通过比较和分析这些特征，建立起了一个较为全面综合的分类体系。这种综合性使得他的分类方法能够更准确地反映乌拉尔语系内不同语言之间的差异和相似性。唐纳的分类方法在学术界得到了相对广泛的认可和应用。他的研究成果为乌拉尔语系研究提供了重要的参考和基础，对后续学者的研究产生了积极影响，并且随着时间的推移和研究的不断深入，学者们也对其分类方法进行了修订和调整。不过，在唐纳那个时代，人们对萨摩耶德语了解很少，他也很难确定它的地位。到了 20 世纪早期，人们对了解到的萨摩耶德语观点分歧很大，主要在于萨摩耶德语很早

---

[1] Marcantonio, A. *The Uralic Language Family: Facts, Myths and Statistics.* Oxford: Blackwell, 2002.

[2] Donner, O. *Die gegenseitige Verwandtschaft der Finnischugrischen sprachen* (in German). *Acta Societatis Scientiation Fennicae.* Helsinfors: Finska Vetenskaps-Societen, 1879/80, (11): 406-567.

就从乌拉尔语系中分离出去了。乌拉尔语指的是整个语系,芬兰—乌戈尔语指的是非萨摩耶德语(虽然芬兰—乌戈尔语至今用作整个语系的同义词)。芬兰—乌戈尔语和萨摩耶德语是乌拉尔语系的首要分支。

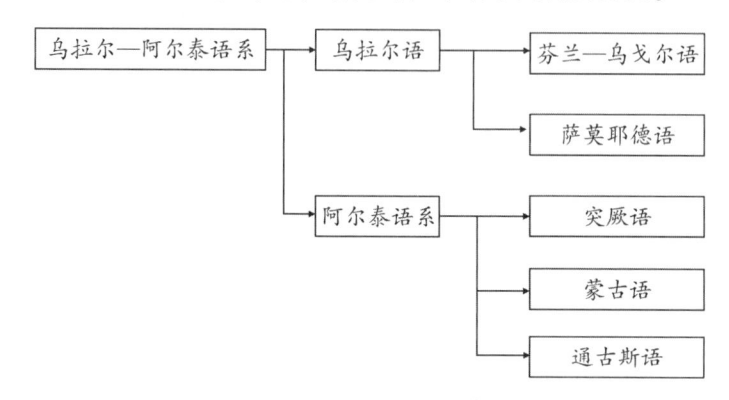

```
乌拉尔—阿尔泰语系 ──┬── 乌拉尔语 ──┬── 芬兰—乌戈尔语
                   │              └── 萨摩耶德语
                   └── 阿尔泰语系 ──┬── 突厥语
                                    ├── 蒙古语
                                    └── 通古斯语
```

图 9-4:孟吉斯的分类①

(拉普语)(波兰的—芬兰语)(莫尔多瓦语)(克莱米斯语)(皮尔姆语)(夫居语)(奥斯蒂克语)(萨莫耶德语)(匈牙利语)

图 9-5:萨尔米宁的球状模式②

萨尔米宁是乌拉尔语系研究领域的权威之一,他的研究和学术成就得到广泛认可。他的分类方法(见图 9-5)对乌拉尔语系研究产生了深远的影响,研究成果被广泛引用和应用,并为后续学者提供了重要的参考。

---

① Menges, K. H. *The Turkic Languages and People. An Introduction to Turkic Studies*. Wiesbaden:O. Harrassowitz,1968/95.

② Salminen, T. *Euroopan kielet muinoin ja nykyisin*. In P. Fogelberg (ed.). *Pohjan poluilla*:*Suomalaisten juuret nykytutkimksen mukaan*. Hesinki:Finnish Society of Science and Letters,1999,pp. 14-26.

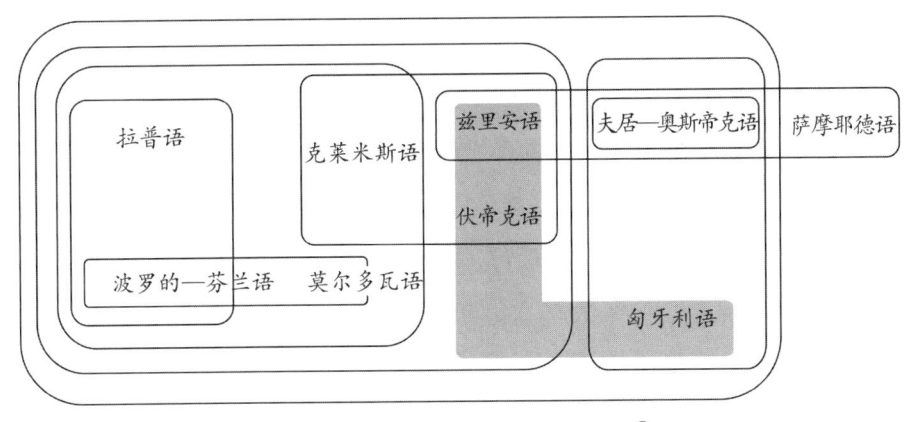

图 9-6：库洛宁的"同言线模式"分类①

库洛宁的"同言线模式"分类方法（见图 9-6）具有一定的创新性。她提出了根据语言特征共享来划分语群的概念。该方法认为，语群内的语言在某些特征上相似度较高，形成了一种"同言线"，并以此作为分类的依据。这种创新性的分类方法为理解乌拉尔语系内各个语言之间的联系提供了新的视角，并在一定程度上得到了学术界的认可。她的研究对乌拉尔语系的分类提供了新的思路和方法，并为后续的研究者提供了参考。然而，如同任何一种分类方法，其得到学术认可程度可能因观点和证据的差异而有所不同。

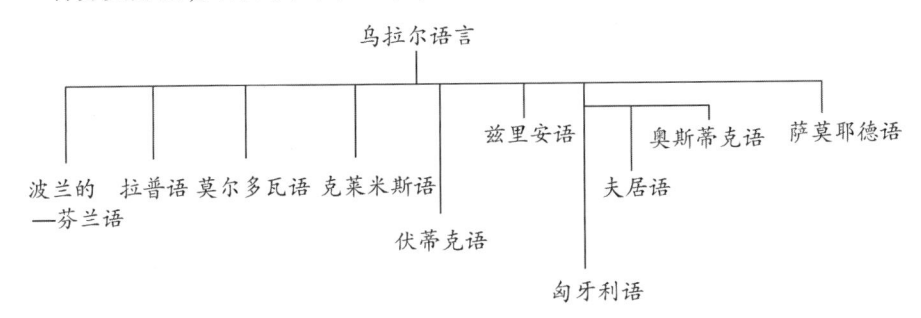

图 9-7：哈基宁的"灌木丛模式"分类②

---

① Kulonen, u-M. *Kulttuurisanat ja esihistoria*. In P. Fogelberg (ed.). *Pohjan poluilla: Suomalaisten juuret nykytutkimuksen mukaan*. Hesinki: Finnish Society of Science and Letters, 1999, p. 24.

② Häkkinen, K. *Snomen kielen vanhimmasta sanastosta ja sen tutkimisesta: Suomaloisugrilaisten kielten etymologisen tutkinmksen perusteita ja metodiikkaa*. Turku: University of Turku, 1983.

哈基宁的"灌木丛模式"分类方法(见图9-7)在乌拉尔语系研究中具有一定的创新性。她把乌拉尔语系内各个语言之间的关系比喻为灌木丛。该模式认为,乌拉尔语系内并不存在明确的分支和嵌套的关系,而是由各个语言相互影响、互通有无形成一个复杂的网络结构。这种创新性的分类方法提供了一种不同于传统分类的视角,以便更好地描述乌拉尔语系的内部关系。她认为,乌拉尔语系内的语言之间存在着复杂的联系和共享特征,不能简单地按照语支和层级进行分类。她的分类方法强调多样性和动态性。这种灵活性使得分类方法能够更好地适应乌拉尔语系的复杂性。哈基宁的"灌木丛模式"分类方法在一定程度上获得了学术界的认可。她的研究为乌拉尔语系的分类提供了新的思路和方法,并引起了学术界的关注和讨论。然而,由于乌拉尔语系的复杂性以及分类问题的多样性,关于该分类方法学界争议很大。

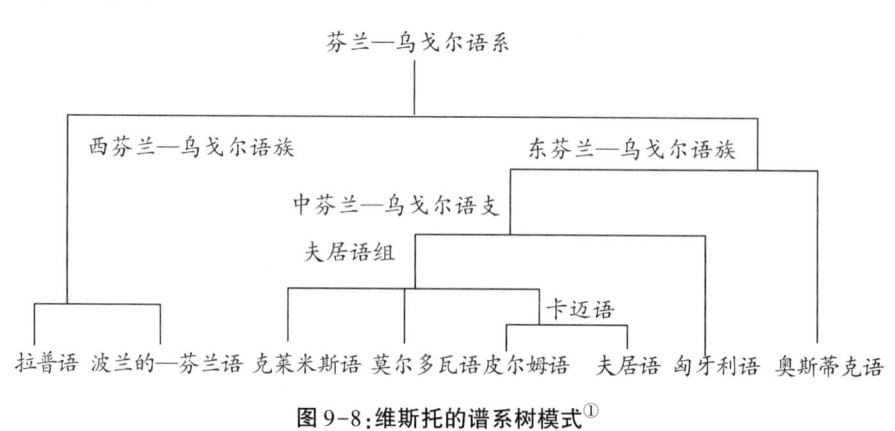

图9-8:维斯托的谱系树模式[①]

1997年维斯托使用与传统分类法标准分歧很大的辅音同言线(没有考虑萨莫耶德语)作为标准对乌拉尔语系进行分类,2000年又做了修改[②]。修改版里他把乌拉尔语系分为萨米—芬兰语(辅音渐变)和芬兰—乌戈尔语

---

① Viitso,t-R. *Keelesugulus ja some-ugri keelepuu*. Akadeemia,1997,(9):899-929.
② Viitso,t-R. *Finnic Affinity*. Congressus Nonus Internationalis Fenno-Ugristarum Ⅰ: Orationes plenariae & Orationes publicae,2000.

族东支,最低节点的匈牙利语、汉提语和曼西语同属乌戈尔语。总的来说,维斯托的谱系树模式(见图9-8)具有较高的系统性。他基于历史比较语言学的原理,通过比较乌拉尔语系内部语言的音韵学、词汇、形态学和语法等特征,建立了一个谱系树模型。该模型基于对乌拉尔语系语言的详尽研究和实证分析,以分支的方式描述了乌拉尔语系内不同语言之间的关系,形成了一个相对清晰的分类体系。他通过对乌拉尔语系内不同语言的共享词汇和语音特征进行系统比较,积累了大量的证据来支持他的谱系树模式。这种基于实证研究的分类方法为其在学术界获得了一定的认可度。尽管维斯托的谱系树模式在系统性和证据支持方面具有优势,但它也存在一定局限性。由于乌拉尔语系的复杂性和历史变迁的不确定性,建立一棵确定且普遍适用的谱系树相对来说很困难。因此,维斯托的模型在面临乌拉尔语系内一些充满争议或少数语言的分类时可能会遇到挑战。

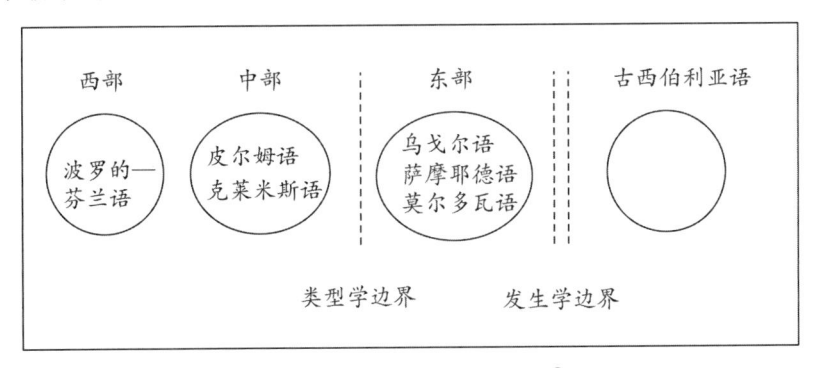

**图9-9:普斯塔的"语链"模式**[①]

---

① Pusztay, J. *Ajatus uralilaisten kansojen ketjumaisesta alkukodista*. In K. Julku & M. Aärelä (eds.). *Itämerensnomi enrooppalamen maa*. Jyväskylä: Atena, 1997, pp. 9-19.

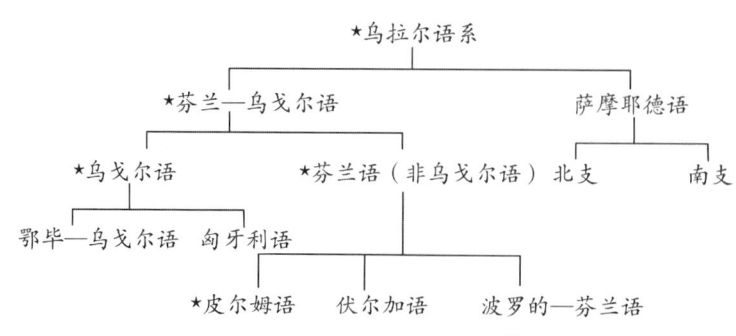

```
                        *乌拉尔语系
              ┌─────────────┴─────────────┐
         *芬兰—乌戈尔语                  萨摩耶德语
       ┌──────┴──────┐                ┌─────┴─────┐
    *乌戈尔语    *芬兰语（非乌戈尔语）  北支        南支
    ┌────┴────┐        ┌──────┴──────┐
 鄂毕—乌戈尔语 匈牙利语  *皮尔姆语  伏尔加语  波罗的—芬兰语
```

图 9-10：马坎托尼奥的分类①

马坎托尼奥的分类方法（见图 9-10）可以被其他语言学家重复使用和验证。她采用的方法和原则均基于历史比较语言学的标准，并结合了近年来的研究成果。这样的分类方法既符合学术规范，又便于与其他的分类体系进行比较和验证。尽管马坎托尼奥的分类方法具有一定的准确性和可信度，但它也存在一些局限性。乌拉尔语系内部语言的分类面临着复杂性和多样性的挑战，马坎托尼奥的方法虽然尽可能全面地考虑了各方面的证据，但在某些具体的分类问题上还存在争议和不确定性。

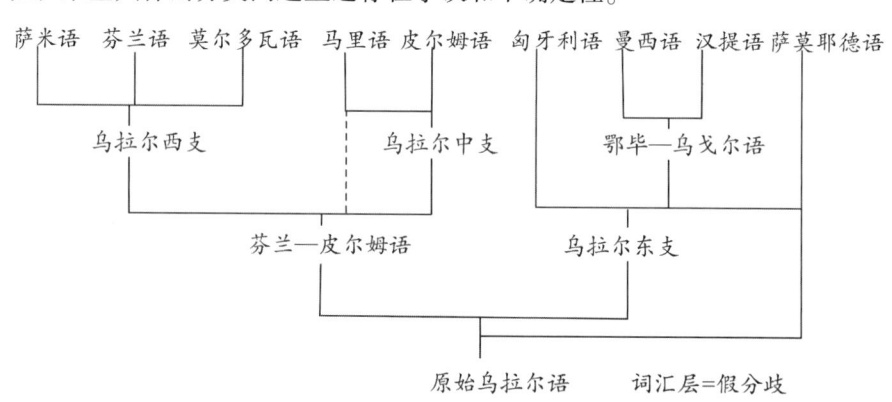

```
萨米语 芬兰语 莫尔多瓦语 马里语 皮尔姆语 匈牙利语 曼西语 汉提语 萨莫耶德语
  └──┬──┘       └──┬──┘    │        └──┬──┘     └──┬──┘     │
  乌拉尔西支    乌拉尔中支              鄂毕—乌戈尔语
        └──────┬──────┘                    │
          芬兰—皮尔姆语              乌拉尔东支
                └────────────┬────────────┘
                        原始乌拉尔语       词汇层=假分歧
```

图 9-11：哈基宁基于语音的谱系树分类②

哈基宁的研究不仅涵盖了语言学领域，还借鉴了其他学科的研究成果。

---

① Marcantonio, A. *The Uralic Language Family: Facts, Myths, and Statistics*. Hydrobiologia, 2002, (2): 107-120.

② Häkkinen, J. *Kantauralin ajoitus ja paikannus: perustelut puntarissa*. Suomalais-Ugrilaisen Seuran Aikakau-skirja, 2009, p.92.

他将乌拉尔语系语言与相关领域的考古学、人类学和历史学等进行了综合分析,并结合了多种证据,以支持他的分类模型。这种跨学科的方法使他的研究更加全面和综合。哈基宁的分类方法(见图9-11)提供了一个相对清晰的分类框架,用于描述乌拉尔语系内不同语言之间的关系。他将乌拉尔语系分为几个大的分支,并对各分支内的语言进行了更详细的分类。这种分类框架为研究者和学者提供了一个共同的参考点,促进了对乌拉尔语系的深入研究和讨论。

2013年,洪科拉等学者依靠计算机发生学研究把乌拉尔语分为两类,并且提供了分离年代。

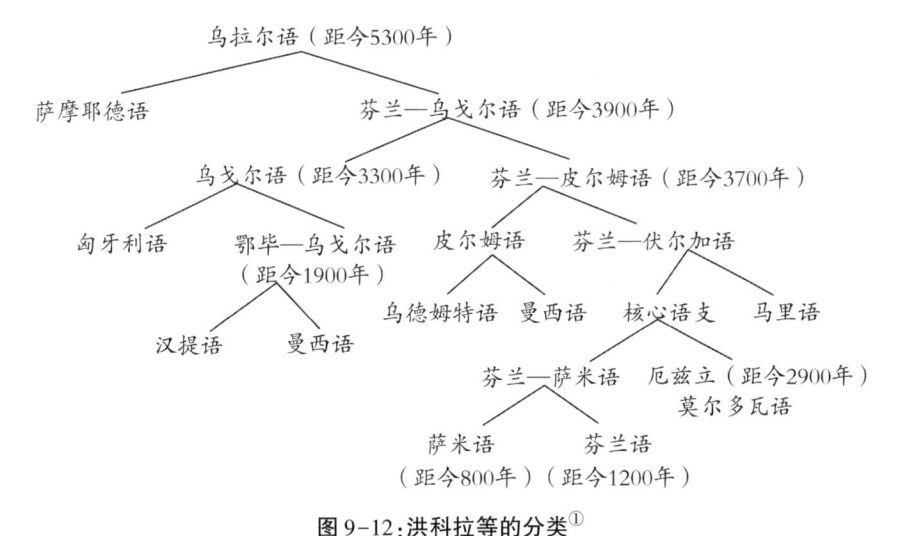

**图9-12:洪科拉等的分类**[①]

洪科拉等人的分类方法(见图9-12)与其他传统的基于语言学特征的方法有所不同。他们基于对大规模数据的深入研究和分析,收集了广泛的语言样本,包括乌拉尔语系内的多个语言,并利用计算机技术进行数据处理和模型构建。这种数据驱动的方法使得他们的分类结果更加客观和全面。

洪科拉等人结合了基因组数据和语音特征,认为这些特征可以提供关

---

① Honkola, T., O. Vesakoski, K. Korhonen, J. Lehtinen, K. Syrjänen, N. Wahlberg. *Cultural and climatic changes shape the evolutionary history of the Uralic languages.* Journal of Evolutionary Biology, 2013, (6): 1244-1253.

于语言间关系的额外线索。他们尝试通过比较不同乌拉尔语系语言的基因组和语音特征来确定它们之间的关系。这种跨学科的方法为乌拉尔语系的分类提供了新的视角。但是这个分类方法在学术界引起了一定的争议和讨论,一些分类结果甚至引起了学术界的批判。

自从唐纳提出其分类以来,很少有明确的证据支持他的假说,并且已经出现了许多替代方案。尤其是在芬兰,越来越多的学者反对芬兰—乌戈尔语这个中间原始语。最近一个竞争性假说是将乌戈尔语和萨莫耶德语合在一个"东乌拉尔语"里,可以看到它们的共同创新。

但是仍然有一些人支持芬兰—皮尔姆语团,虽然它的下位分类还存在争议。他们通常认为莫尔多瓦语与芬兰—萨莫耶德语存在紧密发生学关系,也有人认为莫尔多瓦语是芬兰—萨莫耶德语的一部分。伏尔加语(或伏尔加—芬兰语)用以表示某一个语支,包括马里语、莫尔多瓦语和大量灭绝的语言,但现在已经过时了,这个语支被认为是地理分类而不是语言分类。

在乌戈尔语内部,将曼西语与匈牙利语而非汉提语合在一起一直是鄂毕—乌戈尔语的一个竞争性假说。①

表9-1 传统乌拉尔语系的不同节点②

| 年份 | 作者 | 芬兰—乌戈尔语 | 乌戈尔语 | 鄂毕—乌戈尔语 | 芬兰—皮尔姆语 | 芬兰—伏尔加语 | 伏尔加—芬兰语 | 芬兰—萨米语 |
|---|---|---|---|---|---|---|---|---|
| 1910 | 辛涅伊 | √ | √ | √ | √ | √ | × | √ |
| 1921 | T伊克能 | √ | √ | √ | √ | √ | √ | × |
| 1926 | 色塔拉 | √ | √ | √ | √ | √ | √ | × |
| 1962 | 哈都 | √ | × | √ | √ | √ | × | × |
| 1965 | 科林德 | √ | √ | √ | × | × | × | × |
| 1966 | E伊克能 | √ | √ | √ | √ | √ | √ | √ |
| 1968 | 奥斯特里兹 | × | √ | √ | × | × | √ | × |

---

① https://en.wikipedia.org/wiki/Uralic_languages.

② https://en.wikipedia.org/wiki/Uralic_languages.

**续表：传统乌拉尔语系的不同节点**

| 年份 | 作者 | 芬兰—乌戈尔语 | 乌戈尔语 | 鄂毕—乌戈尔语 | 芬兰—皮尔姆语 | 芬兰—伏尔加语 | 伏尔加—芬兰语 | 芬兰—萨米语 |
|------|------|------|------|------|------|------|------|------|
| 1977 | 沃格林&沃格林 | √ | √ | √ | √ | √ | √ | √ |
| 2002 | 库洛宁 | √ | √ | √ | √ | √ | √ | √ |
| 2002 | 米科洛夫 | × | × | √ |  |  | × |  |
| 2007 | 哈基宁 | × | × | √ | × | × | × | × |
| 2007 | 雷提南 | √ | √ | √ | √ |  | × | √ |
| 2007 | 萨尔米宁 | × | × | × | × |  | × | × |
| 2009 | 杨胡宁 | √ | × | × | √ |  | × | × |

乌拉尔语系的分类揭示了各个分支语言之间的共性和差异(见表9-1)。通过对语音、词汇和形态学等方面的比较,分类结果可以较准确地反映出各语言之间的共同特点和相互关系。学者们依靠对大量语言数据的收集和分析,对语音、词汇和语法等方面的系统比较,确立了乌拉尔语系内各个语言分支的分类关系。这种系统性和科学性使得乌拉尔语系的分类成果具备了较高的准确性和可信度。当然,对乌拉尔语系分类的研究是一个动态的过程,随着新的语言数据和研究方法的涌现,对分类体系的调整和修订也在不断进行。学者们通过不断更新和完善乌拉尔语系的分类,使其更加准确地反映语言之间的关系和变化。

### 三、乌拉尔系语言特点[①]

乌拉尔语系各语言的语音结构很不相同。芬兰语的辅音少,已失去腭化齿龈音,匈牙利语辅音多,有清、浊区别。芬兰语有8个元音:i、ü、u、e、ä、o、ö、a,匈牙利语也有类似的元音系统,沃恰克语有7个实足元音,3个简化元音。这些语言中的元音也有长短之分,如芬兰语的 tulen(火的)、tuulen(风的)、tuleen(火中)、tuuleen(风中)。部分乌拉尔语中有元音和谐现象,一般

---

[①] https://en.wikipedia.org/wiki/Uralic_languages.

出现在一个词中。在匈牙利语和波罗的—芬兰语的各种语言中有元音和谐现象，在其他语言中也有一定程度的存在，如莫尔多瓦语、马里语（Mari）、东汉提语（Khanty）和萨莫耶德语。但是萨米语、皮尔姆语和标准爱沙尼亚语都没有，而在沃罗语（Võro）和南爱沙尼亚其他语言中，以及北爱沙尼亚基努岛（Kihnu）的子方言里也有。

乌拉尔语有大量元音，如，一些塞库普语的方言变体里有20多个不同的单元音，爱沙尼亚语有20多个双元音。

芬兰语、爱沙尼亚语和拉普语还有辅音交替现象。大多数芬兰—乌戈尔语的词重音落在第一个音节上，恩加纳桑语重音在倒数第二个音节上，中部地区的许多语言（厄兹亚语、马里语、乌德姆特语和科米—皮尔姆亚克语）同时还表现出词汇重音。厄兹亚语可以改变单词的重音，以赋予句子意义特定的细微差别。

乌拉尔语还有辅音腭化现象。腭化意味着再次发音，并且舌头中部发紧，如[ɲ]—[n]；或[c]—[t]在匈牙利语里是对立的，如hattyú[hɒcːuː]"天鹅"。有的萨米语，如斯克特·萨米语，区分三种程度的腭化：普通的⟨l⟩[l]，腭化的⟨ĺ⟩[lʲ]，腭音的(lj)[ʎ]，⟨ĺ⟩主要是齿龈音读音，而⟨lj⟩主要是腭音读音。腭化可以追溯到几千年前的原始乌拉尔语，原始乌拉尔语的腭化是音位化，不依赖后面的元音。乌拉尔语的腭化与斯拉夫语的腭化不同，斯拉夫语有着时间较近的起源。芬兰语已经没有了腭化，但是有一些语言又有了腭化现象，所以芬兰语的腭化最初依赖于后面的元音，但是与乌拉尔其他地方的腭化现象没有关系。

有些乌拉尔语言的构词法属于黏着型，芬兰语、爱沙尼亚语则更多采用融合法来构词。大多数乌拉尔语的名词都有数和格之分，平均有13—14个格，一般包括主格、受格、所有格和3种表示空间位置的格，这是各个语言系统的基础（见表9-2）。格主要是后来发展起来的：原始乌拉尔语构拟了6个格，厄兹亚语有12个格，爱沙尼亚语有14个格，芬兰语有15个格，匈牙利语有18个格（同时还有34个语法格加上类似格的后缀），伊纳里·萨米语（Inari Sami）有9个格，有些科米语的方言有27个格，莫克沙语（Moksha）有

13个格,涅涅茨语有7个格,北萨米语有6个格,乌德姆特语有16个格,韦普斯语语有24个格。所有现代乌拉尔语都是从这些独特的乌拉尔语格系统中派生出来的(见表9-2)。

表 9-2 乌拉尔语的格尾①

| 芬兰语 | 科米语(Komi) | 匈牙利语 | 涅涅茨语 | 意思 |
| --- | --- | --- | --- | --- |
| talo-ssa | kerka-yn | ház-ban | xarda-xa-na | 在房间里 |
| talo-i-ssa | kerka-jas-yn | ház-ban | xarda-xa-ʔ-na | 在房间里 |
| talo-sta | kerka-yś | ház-ból | xarda-xa-d | 从房间里来 |
| talo-i-sta | kerka-jas-yś | ház-ak-ból | xarda-xa-t (来自 xa-ʔ-d) | 从房间里来 |

主格单数没有格词缀。宾格和属格后缀是鼻辅音(-n,-m等)。本地格系统都有三分,每一套当地格被大致分为对应于"from""to"和"in/at"的形式,特别是匈牙利语、芬兰语和爱沙尼亚语表现明显,匈牙利语有好几套本地格,如"内部(inner)""外部(outer)""顶部(on top)"系统,而在芬兰语里,顶部形式已合并到外部形式里了。

乌拉尔语位置格后缀在许多所有乌拉尔语言里都以不同的格形式存在,例如匈牙利语重叠格、芬兰语重叠格(-na)、北萨米语重叠格、厄兹亚语重叠格和涅涅茨语位置格。

乌拉尔语的方向格后缀在乌拉尔语言中以不同的格形式存在,例如匈牙利语的进入格、芬兰语的方向格、厄兹亚语的进入格、科米语的近似格和北萨米语的位置格。

乌拉尔语没有性的区别,一个代词可以同时表示 he 和 she,如芬兰语的 hän,沃特语的 tämä,立沃尼亚语(Livonian)的 tämā 或 ta,爱沙尼亚语的 tema 或 ta,科米语的 sijə,匈牙利语的 ö。

否定动词存在于除匈牙利语以外的乌拉尔语言里。使用后置词对应于介词(介词不常见)。

---

① https://en.wikipedia.org/wiki/Uralic_languages.

萨莫耶德语和鄂毕—乌戈尔语、萨米语有双数，原始乌拉尔语构拟了双数。

复数标记-j(i)和-t(-d,-q)有共同的来源(如芬兰语、爱沙尼亚语、沃罗语、厄兹亚语、萨米语、萨莫耶德语)。匈牙利语在所有格前有-i-，其他地方为-k。复数标记-k也用于萨米语，但是在萨米语里尾音-k和-t通常合流。

所有格后缀：属格在一些语言里也表示××所有，如爱沙尼亚语 mu koer、芬兰口语 mun koira、北萨米语 mu beana，意为"我的狗"。所有格形容词和所有格代词，如"我的""你的"，很少见。所有格在位置格和与格里由占有者，动词"be"(系词而非动词"have")以及带或不带所有格后缀的被占有者表示，因此，句子的语法主语是被占有者。例如，芬兰语里，所有者在位置格里，"Minulla on kala"，字面意思是"At me is fish"，而在匈牙利语里，如"I have a fish"，占有者在与格位置，只有当它表示强烈对比时，才表现得明显。而被占有者有一个表示占有者数量和人的所有格尾，如："(Nekem) van egy halam"，字面意思是："〔To me(与格)〕is a fish-my"(对于我—是鱼—我的)〔"(For me) there is a fish of mine"〕，即"(As for me,) I have a fish"(对于我来说，我有一条鱼)。

芬兰语、匈牙利语和拉普语的句序是 SVO，萨莫耶德诸语的句序是主—宾—主要动词—助动词。在变化的主要动词后添加后缀，使得主语的人称和数一致。如涅涅茨语：iky pevumd'o-msaravna t'eńe-va(直译："那个傍晚很好地记住—我们"，即"我们牢记那个傍晚")。动词"有"，用动词"是"加上动作者的方位格或与格表示，如："父亲有一幢房子"，芬兰语说 is-ll on talo(直译："父亲—在是房子")，句子中词的功能用格的后缀和后置词表示。

在沙俄时代，萨莫耶德诸语没有文字，1931年，苏联政府为涅涅茨语和塞库普语引进拉丁字母，1937—1940年之间，拉丁字母为西里尔字母所取代。其他乌拉尔语使用经过修改的拉丁字母，有些语言还采用一些变音符号。

乌拉尔语系没有一种语言有着理想化的语言类型特征。现代乌拉尔语中存在各种不同的类型特征(见表9-3)。

表9-3 乌拉尔语系的类型特征

| 特征 | 萨莫耶德语 | 鄂毕—乌戈尔语 | 匈牙利语 | 皮尔姆语 | 马里语 | 莫尔多瓦语 | 芬兰语 | 萨米语 |
|---|---|---|---|---|---|---|---|---|
| 腭化 | + | + | + | + | − | + | − | + |
| 辅音长度 | − | − | + | − | − | − | + | + |
| 辅音渐进 | − | − | − | − | − | − | + | + |
| 元音和谐 | − | − | + | − | + | + | + | + |
| 语法元音交替（元音变换或转音） | + | + | − | − | − | − | − | + |
| 双数 | + | + | − | − | − | − | − | + |
| 内部和外部本地格的区别 | − | − | + | + | + | + | + | − |
| 定性屈折 | + | + | + | − | − | + | + | + |
| 被动态 | − | + | + | − | − | + | + | + |
| 否定动词 | + | − | − | + | + | ± | + | + |
| SVO 词序 | − | − | − | ± | − | + | + | + |

## 四、乌拉尔系语言溯源

很多学者都讨论过乌拉尔语系的起源问题，如昆纳普[1]、塔格佩拉[2]，他们认为原始乌拉尔语是北欧采集打猎人群的混合语言。还有学者认为，乌拉尔语起源于伏尔加河附近，乌拉尔以西，靠近印欧语系的故乡，或乌拉尔的东部和东南部。历史学家拉斯拉认为它应该起源于奥卡河和波兰中部的森林地带，色塔拉和兹斯莱认为起源于伏尔加河和卡马河之间，而伊克能认为，乌拉尔的古老家园可能一直延伸至波罗的海，哈基宁识别出公元前

---

[1] Künnap, A. *On the origin of the Uralic languages*. In A. Künnap (ed.). *Western and Eastern Contact Areas of Uralic Languages*. Tartu Ülikool, 1997, (21): 65-68.

[2] Taagepera, R. *Uralic as a Lingua Franca with roots*. In A. Künnap (ed.). *Western and Eastern Contact Areas of Uralic Languages*. Tartu Ülikool, 2000, (23): 381-395.

3000—前2500年位于下卡马盆地的新石器加里诺文化(Garino-Bor, Turbin)。① 哈都认为乌拉尔语应该起源于西伯利亚西部和西北部②。杨胡宁假定起源地在西伯利亚中部鄂毕和叶尼塞之间排灌的地方③。

总的来说,现在学术界主要有两种观点:

一种观点认为,六千年前,乌拉尔语各方言的差别还不算太大。石器时代生活在东欧平原的乌拉尔先民随着社会发展,需要拓宽疆土获取食物,说乌拉尔各方言的群体于是便开始朝四面八方迁移,于是相互之间渐渐疏远,方言间的差别越来越大,以至于最后无法沟通。最终于公元前4000年前分化出萨摩耶德语和芬兰—乌戈尔语。大部分芬兰—乌戈尔人定居于俄国北部和中部乌拉尔山区。在以后的两千多年间,芬兰—乌戈尔人最远抵达波罗的海。期间他们还被斯拉夫人、突厥人同化。公元前2000年,芬语支从芬兰—乌戈尔语中分离出来。稍后,非芬兰—乌戈尔人的萨米人采用了这种初期芬语(即刚从芬—乌戈尔语分化出来的语言),在公元前1000年的时候形成了萨米语雏形。而芬兰语跟卡累利阿语、爱沙尼亚语等的分化是在纪元后。

另一种观点认为,乌拉尔语系起源于乌拉尔山脉的某个地方,原始乌拉尔语产生于大概八千至六千年以前。一些研究者认为乌拉尔山脉和伏尔加河之间或乌拉尔和波罗的海岸之间"延伸的故乡"更有说服力。例如,阿本多洛认为,所有操乌拉尔语的人的原始故乡是未知的,但是靠近乌拉尔山脉最南端的地区确有可能④。根据传统乌拉尔语谱系树模式,现代乌拉尔语是

---

① Dziebel, G. On the Homeland of the Uralic Language Family. (http://anthropogenesis.kinshipstudies.org/blog/2012/10/01/on-the-homeland-of-the-uralic-language-family/).

② Hajdú, P. *The Samoyedic Peoples and Languages*. Indiana University Uralic and Altaic Series 14. Bloomington: Indiana University [The Hague: Mouton], 1963.

③ Janhunen, J. *Proto-Uralic-what, where and when?* In J. Ylikoski (ed.). *The Quasquicentennial of the Finno-Ugrian Society. Suomalais-Ugrilaisen Seuran Toimituksia* 258. Helsinki: Société Finno-Ougrienne, 2009.

④ Abondolo, D. (ed.). *The Uralic Languages. Language Family Descriptions*. London: Routledge, 1998.

由于后续的、线性的二维分裂形成的①。第一次分裂导致产生了两种主要分类,一种向东迁移,形成了萨摩耶德语言/方言(北支和南支),主要位于乌拉尔东部;而其他则向西迁移,形成了芬兰—乌戈尔语支。乌戈尔语支又分裂为匈牙利语和鄂毕—乌戈尔语支(沃古尔/曼西和阿斯提亚克/汉提语),操这些语言的人群现在居住在乌拉尔东部。芬兰语支分裂为两个下位语支:芬兰—伏尔加语支和皮尔姆语支。根据最新的研究,芬兰—伏尔加语支由芬兰下位语组构成,包括波罗的—芬兰语和拉普语(萨米语),伏尔加语组只包括莫尔多瓦语和克莱米斯(马里)语。皮尔姆语组包括科米(Zyrian)语和乌德姆特(Votyak)语。

对于乌拉尔语的起源问题,由于学界观点并不一致,目前还没有达成共识,需要有进一步的考古、基因、语言学和历史研究来提供更多的证据。因此,在研究乌拉尔语起源问题时,应综合考虑各种观点和证据,避免过度简化或绝对化的结论。

---

① Hajdú, P. *Az uráli nyelvészet alapkérdései*. Budapest: Tankonyvkiado, 1981; Décsy, G. *The Uralic Protolanguage. A Comprehensive Reconstruction. Eurolingua*. Bloomington: Indiana University, 1990.

# 第十章　亚非语系

亚非语系（Afro-asiatic, Afrasian），以前称为闪米特—含米特语系（Semito-Hamitic）、含米特—闪米特语系（Hamito-Semitic）、厄里特立语言（Erythraean Languages）。它来自非洲北部的阿拉伯半岛及西非的一些岛屿和相邻区域，包括300多种语言，有阿拉伯语、希伯来语、豪萨语（Hausa）和阿姆哈拉语等，使用人口近两亿。闪含语系的命名来源于《圣经·旧约》，《圣经》说诺亚的儿子闪米特是希伯来人的祖先，另一个儿子含米特是亚述人和非洲人的祖先。1955—1963年美国语言学家格林伯格在非洲语言分类研究中首次提出"亚非语系"这个概念，之后亚非语系这个名称逐渐取代了闪含语系的旧称，成为国际学术界普遍使用的称呼。苏联学者倾向于称这些语言为Afrasian。现在闪含语系或含闪语系基本不再使用，因为从语言学专业角度来看，没有一个与闪语支相对的含语支，因而是错误的。其他术语，如厄里特立语（Erythraean），里斯拉米克语（Lisramic）等，在学界也没有引起反响。

亚非语系的大多数语言都没有记录，用它们记录文献和有关它们的文献相对较少，绝大多数语言只有不到十万人使用，几乎四分之一的语言使用者不到五千人，很多语言只有一小部分人在说，有些已濒临灭绝或已经灭绝。但仍然有一些语言是某些国家的官方语言（见表10-1）。

表 10-1　各种官方语言及所属国家

| 阿拉伯语 | 阿尔及利亚、巴林、乍得、吉布提、埃及、厄立特里亚、伊拉克、约旦、科威特、黎巴嫩、利比亚、摩洛哥、阿曼、巴勒斯坦西岸和加沙、卡塔尔、索马里、苏丹、叙利亚、突尼斯、毛里塔尼亚、阿拉伯联合酋长国和也门 |
| --- | --- |
| 阿姆哈拉语 | 埃塞俄比亚 |
| 豪萨语 | 尼日利亚 |
| 希伯来语 | 以色列 |
| 索马里语 | 索马里 |
| 柏柏尔语 | 阿尔及利亚 |
| 提格里尼亚语 | 埃塞俄比亚、厄立特里亚 |

## 一、亚非语系研究历史

9世纪,阿尔及利亚提亚雷特的希伯来语语法学家古莱氏(Judan ibn Quraysh)首次把亚非语系的两个语支联系起来,他发现了柏柏尔语与闪米特语之间的亲缘关系,并通过研究阿拉伯语、希伯来语和亚拉姆语(Aramaic)发现了闪语[1]。19世纪,欧洲学者也开始提出有关亲缘假说。19世纪早期,语言学家将柏柏尔语、库希特语和埃及语归入含语系,并试图证明这些语言之间以及与闪米特语之间是否存在发生学关系。1844年,德国语言学家本菲(Theodor Benfey)认为闪米特语、柏柏尔语与库希特语(他把后者称为埃塞俄比亚语)同属一个语系。同年,纽曼提出了闪语和豪萨语之间的同源关系,但是这个假说一直备受争议。1876年,德国语言学家缪勒在其《语言学一览》(Grundriss der Sprachwissenschaft)中首次提出了"闪含语系"这一概念,认为它包括闪语支和含语支,含语支又包括埃及语、柏柏尔语和库希特语,但是他排除了乍得语支。埃及学家莱普休斯(Karl Richard Lepsius)通过性系统把含语支限制在非洲的非闪语言(non-Semitic languages)里。他假定

---

[1] Lipiński,E.. Semitic Languages: Outline of a Comparative Grammar. Leuven: Peeters Publishers,2001,pp.21-22.

这个"含语族"把不同的、主要是北非的语言合在一起,包括古埃及语、柏柏尔语、库希特语、贝雅语(Beja)和乍得语。莱普休斯不像缪勒,他认为豪萨语和纳马语(Nama)是含语族的一部分。这些学者的分类主要依靠人类学和人种学的证据,使用人的肤色、生活方式以及当地人的某些特点作为语言分类的部分证据。①

1912 年,迈因霍夫出版了《含语》,他把莱普休斯的模式加以扩张,其中的含语族增加了富拉语(Fula)、玛塞语(Maasai)、巴里语(Bari)、南迪语(Nandi)、桑达韦语(Sandwe)和哈扎语(Haza)。迈因霍夫的模式得到了广泛的认可,并且这种情况一直持续到 20 世纪 40 年代。他认为:"说含语的人可能来自高加索的放牧人群,本质上与'非洲黑人'不同而且优于他们。"② 然而,这种所谓的尼罗—含语(他引入的概念)是基于性的类型学特征以及"混合语的荒谬理论"。③ 早期学者如莱普休斯和约翰斯顿认为他后来称为"尼罗—含语"的语言事实上应该是尼罗语,因为它们与其他尼罗语(Nilotic)有大量相似词。④

赖尼希曾经假定库希特语和乍得语有亲缘关系,同时认为与埃及语和闪语有较远的亲缘关系。⑤ 然而,很少有人同意这个观点。1924 年,科恩拒绝"含语"下位分支的观点,并把豪萨语(一种乍得语)放入他的含闪语里。

由于含语作为一个与闪语对立的语言类型遭到大部分语言学家的否定,1914 年,法国人种学家莫里斯新创了"亚非语系"(Afroasiatic)这一新词。⑥

---

① Ruhlen, M. *A Guide to the World's Languages: Classification*. Stanford: Stanford University Press, 1991.

② Ruhlen, M. *A Guide to the World's Languages: Classification*. Stanford: Stanford University Press, 1991.

③ Shillington, K. *Encyclopedia of African History*. New York: Fitzroy Dearborn, 2005, p. 797.

④ Shillington, K. *Encyclopedia of African History*. New York: Fitzroy Dearborn, 2005, p. 797.

⑤ Reinisch, L. *Das personliche Furwort und die Verbalflexion in den chamito-semitischen Sprachen*. Wien: Hölder, 1909.

⑥ Maurice, D. *Fang du Haut-Ivindo (Gquisse Gabon). From Esquisse des l'Afrique et plus particulierement de l'Afrique fracaise*. Paris: Masson & Cie, 1914.

1950年,美国语言学家格林伯格正式提出了"亚非语系"概念。格林伯格批判了迈因霍夫的语言理论,反对使用人种学和社会学证据。格林伯格根本不考虑单设一个"尼罗—含语支",他又"回到了半个世纪之前广泛接受的观点"。后来他把迈因霍夫所谓的尼罗—含语归入尼罗语支,并增加了乍得语,为这个语系假定了一个新名字"Afroasiatic(亚非语系)"。几乎所有学者都接受了这个新名称。[①] 格林伯格的分类模式在《非洲语言》里得到了发展[②]。总的来说,格林伯格的分类是现代非洲语言分类研究的新起点。

由于迄今尚无人能证明含语的三个传统分支(柏柏尔语支、库希特语支和埃及语支)都有着各自独特的结构,并可与其他非洲语言分开,因此语言学界不再使用这些名称,只是把它们当作亚非语系的下位分支。

1969年,富莱明假定以前所了解的西库希特语是亚非语系的一个独立分支,并给它取了一个新名字奥摩语(Omotic),[③]这个假定和名字得到了学界广泛的认可。

2009年,荷兹隆根据库希特语言的类型学差异,认为贝雅语必须从库希特语族里移出去,在亚非语系里自成一支。但是遭到大多数学者的反对,并继续把贝雅语作为库希特语北支的唯一成员。[④]

《言语学》没有把奥摩语包括进来,也不接受翁戈塔语(Ongota)或未分类的库加吉语(Kujarge)为亚非语系的成员。

在俄罗斯,一大批学者正在研究亚非语系。1981—1986年,俄罗斯迪亚科诺夫团队首次出版了三卷本的《亚非语言词典》[⑤],但是发行量很小。1991

---

① Greenberg, J. H. *Studies in African linguistic classification: IV. Hamito-Semitic*. Southwestern Journal of Anthropology, 1950, (6): 47-63.

② Greenberg, J. H. *The Languages of Africa*. Bloomington: Indiana University, 1963.

③ Fleming, H. C. *The Classification of West Cushitic within Hamito-Semitic*. In D. F. McCall, N. R. Bennett & B. Jeffrey (eds.). *Eastern African History*. New York/Washington/London: Frederick A. Praeger, 1969, pp. 3-27.

④ Hetzron, R. Afroasiatic Languages. In B. Comrie (ed.). The World's Major Languages. London: Routledge, 2009.

⑤ D'jakonov, I. M., A. J. Militarev. *Poslesovie*. In A. Lot & K. Tassili (eds.). *Novye otkrytija v Sahare*. Leningrad: Iskusstvo, Leningradskoe Otdelenie, 1984, pp. 195-208.

年,米里塔乐夫出版了《柏柏尔语比较词汇》①。1999 年,斯托伯瓦完成了《乍得语比较词典》②。同年,塔卡斯还专门总结了俄罗斯学者在"亚非语系"研究方面的成就③。

亚非语系的一些小语种最近成了历史比较研究的主题,如西里夫特语(West-Rift,一种南库希特语)④、阿加乌语(Agaw,一种中库希特语)⑤、比—曼达拉语 A 支(Biu-Mandara A)⑥和罗恩语(Ron)⑦。乍得语族的研究重心也已由分类研究转移到形式构拟,如:名词修饰语⑧、位置格短语⑨、主语附着语素⑩和时体标记⑪。而语系内部及语系之间的语言接触研究也大量涌现,如

---

① Militarev, A. J. *Neskol' ko peredneaziatskih etimologij. Vypusk* 2. Moskva: Nauka, 1991.
② Stolbova, O. V. *Comparative Chadic Dictionary*. Moscow: Diaphragma Publishers, 1999.
③ Takács, G. *The development of Afro-Asiatic Comparative Historical Linguistics in Russian and the Former Soviet Union*. München: Lincom Europa, 1999.
④ Kiessling R., M. Maarten. *The Lexical Reconstruction of West-Rift Southern Cushitic*. Keulen: Ruediger Koeppe Verlag, 2003.
⑤ Appleyard, D. L. *A comparative dictionary of the Agaw languages*. Aethiopica, 2008 (11): 266-269.
⑥ Gravina, R. *Classification and reconstruction in Chadic Biu-Mandara*. In A. H. Tourneux (ed.). *Topics in Chadic linguistics III: historical studies, papers from the 3rd biennial international colloquium on the Chadic languages* (Villejuif, November 24-25, 2005) (Chadic Languages Vol. 4). Köln: Rüdiger Köppe, 2007, pp. 37-91.
⑦ Blench, R. *Why reconstructing comparative Ron is so problematic*. In E. Wolff (ed.). *Topics in Chadic linguistics: papers from the 1st Biennial International Colloquium on the Chadic Language Family*(Leipzig, July 5-8, 2001). Köln: Rüdiger Köppe, 2003, pp. 21-42.
⑧ Wolff, H. E. *Suffix petrification and prosodies in Central Chadic (Lamang-Hdi)*. In D. Ibriszimow (ed.). *Topics in Chadic linguistics II: Papers from the 2nd biennial international colloquium on the Chadic languages* (Prague, October 11-12, 2003). Köln: Rüdiger Köppe, 2006, pp. 141-154.
⑨ Pawlak, N. *Diachronic typology of locative phrases in Chadic*. In D. Nurse (ed.). *Historical language contact in Africa*(Sprache und Geschichte in Afrika, Special volume 16/17). Köln: Rüdiger Köppe, 2001, pp. 355-385.
⑩ Tosco, M. *Feature-geometry and diachrony: the development of the subject clitics in Cushitic and Romance*. Diachronica, 2007, (1): 119-153.
⑪ Jungraithmayr, H. *The verb in Chadic-State of the Art*. In B. Caron & P. Zima (eds.). *Sprachbund in the West African Sahel*. Louvain: Peeters, 2006a, pp. 167-183.

君戈莱马尔的《西南亚非语系/闪含语系(乍得语)的代词性别差异》[1]、阿泽卜和迪蒙达尔的《非洲人视角下的简约动词》[2]、海涅和纳尔斯的《非洲语言地理学》[3]。由于亚非语系语言数量众多,也就给学者们提供了大量素材,研究者可根据今日的语言现状来推测过去语言接触的模式。

最近很多学者参与到亚非语系的讨论中来,如荷兹隆的《亚非语言》[4]、克拉格的《亚非语系的灌木、树和网》[5]、本德尔的《亚非语概况》[6]、克拉斯的《亚非语言》[7]和黑沃德的《亚非语系》[8]。"民族语"网站最新版认为亚非语系包括381种语言,可分为6个语支:柏柏尔语支、乍得语支、库希特语支、埃及语支、奥摩语支、闪语支。[9]

虽然亚非语系现在的研究有了很大进步,一些小语种的研究成果也日益丰富,但是这个地区的大多数语言没有古音构拟,也没有深入细致成熟的研究,导致这个地区的语言分类很不一致。格林伯格的分类是5种,现在有

---

[1] Jungraithmayr, H. *Pronominal gender distinction in Southwestern Afroasiatic/Hamito-Semitic (Chadic)*. In P. G. Borbone, A. Mengozzi & M. Tosco (eds.). *Loquentes linguis: Studi linguistici e orientali in onore di Fabrizio A. Pennacchietti*. Wiesbaden: Harrassowitz, 2006b, pp. 363–370.

[2] Azeb, A., G. J. Dimmendaal. *Converbs in an African perspective*. In F. K. Ameka, A. Dench & N. Evans (eds.). *Catching language: the standing challenge of grammar writing*. Berlin: Mouton de Gruyter, 2006, pp. 393–440.

[3] Heine, B., D. Nurse (eds.). *A linguistic geography of Africa*. Cambridge: Cambridge University Press, 2008.

[4] Hetzron, R. *Afroasiatic Languages*. In B. Comrie (ed.). *The World's Major Languages*. London: Routledge, 2009.

[5] Gragg, G. *Bushes, trees, and networks in Afroasiatic*. Papers from the 40th Annual Regional Meeting of the Chicago Linguistic Society: The panels. Chicago: Chicago Linguistic Society, 2004, pp. 53–72.

[6] Bender, M. L. *Afrasian overview*. In M. L. Bender, G. Takács & D. L. Appleyard (eds.). *Selected comparative-historical Afrasian linguistic studies, in memory of Igor M. Diakonoff*. München: Lincom Europa, 2003, pp. 1–6.

[7] Crass, J. *Afroasiatic languages*. In E. K. Brown & A. Anderson (eds.). *Encyclopedia of language and linguistics*, 2nd ed. Boston: Elsevier, 2006, pp. 106–109.

[8] Hayward, R. J. *Afroasiatic*. In B. Heine & D. Nurse (eds.). *African languages: an introduction*. Cambridge: Cambridge University Press, 2000, pp. 74–98.

[9] https://www.ethnologue.com/subgroups/afro-asiatic

学者又重新分类,增加了几种少为人知的语言:奥摩语[1]和翁戈塔语。奥摩语是一种充满矛盾和争议的语族,因为研究亚非语系的专家认为奥摩语缺乏亚非语里非常重要的语法构形成分,因此格林伯格[2]和一些学者把它归入库希特语族。目前还有一种观点认为,奥摩语有一种分布广泛的语言——阿洛伊德语(Aroid,包括 Ari 语、Hamer 语和 Dime 语),事实上属于尼罗—撒哈拉语系[3]。大多数专家认为,奥摩语是亚非语系的一个下位语支。由于奥摩语族现有 25 种语言,比柏柏尔语族和闪语族的语言还多,而且内部复杂多变,导致分类困难。

翁戈塔语是一种埃塞俄比亚语,几近灭绝。到 2000 年只有 8 个人使用[4]。这种语言直到 20 世纪 80 年代才有人记录,并且只有少量的词汇和语法资料,因此很难对其分类。本德尔称它为"埃塞俄比亚境内一种神秘的语言"[5]。翁戈塔语曾被认为是亚非语系一种主要的、独立的语支[6]。但是也有学者认为,翁戈塔语可能是尼罗—撒哈拉语,或奥摩语,或是某种混合语[7]。

---

[1] Bender, M. L. *Omotic lexicon and phonology*. Carbondale: Southern Illinois University Printing/Duplicating, 2003; Bender, M. L. *Topics in Omotic morphology*. In A. S. Kaye (ed.). *Morphologies of Asia and Africa*, Vol. 1. Winona Lake: Eisenbrauns, 2007, pp. 729-751.

[2] Greenberg, J. H. *The languages of Africa*. Bloomington: Indiana University, 1963.

[3] Zaborski, A. *West Cushitic-a genetic reality*. Lingua Posnaniensis, 2004, (46): 173-186; Moges, Y. *The vowel system of Kara from a historical-Comparative perspective*. In R. M. Voigt (ed.). *From beyond the Mediterranean Akten des* 7. Aachen: Shaker Verlag, 2007, pp. 245-251.

[4] Savà, G., M. Tosco. *A sketch of Ongota, a dying language of Southwest Ethiopia*. Studies in African Linguistics, 2000, (1): 59-136.

[5] Bender, M. L. *The mystery languages of Ethiopia*. In H. G. Marcus & G. Hudson (eds.). *New trends in Ethiopian studies: Ethiopia 94*, papers of the 12th International Conference of Ethiopian Studies, Michigan State University, 5-10 September 1994. Lawrenceville: Red Sea Press, 1994, (1): 1153-1174.

[6] Fleming, H. C. *Ongota: a decisive language in African prehistory*. Wiesbaden: Harrassowitz, 2006.

[7] Blažek, V. *Nilo-Saharan stratum of Ongota*. In M. Reh & D. L. Payne (eds.). *Proceedings of the 8th Nilo-Saharan linguistics colloquium*, University of Hamburg, August 22-25, 2001. Köln: Rüdiger Köppe, 2007, pp. 1-10.

最使人信服的一种假说认为,翁戈塔语是一种东库希特语,带有尼罗—撒哈拉语的底层特征[1]。换言之,翁戈塔人过去使用尼罗—撒哈拉语,后来转而使用库希特语,却保留了一些早期语言的特点。

还有一些学者开始编纂亚非语词源词典,如科恩的《闪含语语音词汇比较》[2]、迪亚科诺夫的《亚非语系历史比较词汇》[3]、厄勒特的《原始亚非语构拟:元音、声调、辅音和词汇》[4]、奥勒尔和斯托伯瓦的《闪含语词源词典:构拟材料》[5]。其中有两本是用完全对立的方法构拟的,一个是厄勒特的,一个是奥勒尔和斯托伯瓦的,这两本词典呈现出来的结果完全不同。

亚非语系的研究是一个复杂而广泛的领域,每种语言都有其独特的特点和研究重点。后来的研究深入挖掘了亚非语系中诸多语言之间的相互关系和影响,同时也融合了多种学科、方法和技术,促进了语言学领域的发展和进步。

## 二、亚非语系分类

亚非语系诸语言分类研究者众(见表10-2),截止到目前还没有一个最终的结论,关于它的下位分类,基本上认为有5—6种:闪语、埃及语、柏柏尔

---

[1] Savà, G., M. Tosco. *The classification of Ongota*. In M. L. Bender, G. Takács & D. L. Appleyard (eds.). *Selected comparative-historical Afrasian linguistic studies* (*In memory of Igor M. Diakonoff*). München: Lincom Europa, 2003, pp. 307–316.

[2] Cohen, M. *Essai comparatif sur le vocabulaire et la phonétique du chamito-sémitique*. Paris: Champion, 1947.

[3] Diakonoff, I. M., A. Belova, A. Militarev, V. Porkhomovsky. *Historical-Comparative vocabulary of Afrasian*. Journal of African Studies, 1993–1997, pp. 2–6.

[4] Ehret, C. *Reconstructing Proto-Afroasiatic* (*Proto-Afrasian*): *Vowels, Tone, Consonants, and Vocabulary* (= *University of California Publications in Linguistics* 126). Berkeley and Los Angeles: University of California Press, 1995.

[5] Orel, V., O. Stolbova. *Hamito-Semitic Etymological Dictionary: Materials for a reconstruction*. Leiden: E. J. Brill, 1995.

语、乍得语、库希特语和奥摩语。不过厄勒特[①]、富莱明[②]和格林伯格[③]都认为奥摩语是最早从其他语言中分离出来的语言。一些学者缺乏下位语支分类的有力证据，只好接受格林伯格的5个并列分支(或6个，包括作为一个独立语支的奥摩语)，有些学者同意二元谱系分类说。他们各说各理，根本问题在于标准不统一。

表10-2 亚非语系分类[④]

| 格林伯格(1963) | 纽曼(1980) | 富莱明(1981之后) | 厄勒特(1995) |
|---|---|---|---|
| 闪语<br>埃及语<br>柏柏尔语<br>库希特语<br>　库希特北支(=贝雅语)<br>　库希特中支<br>　库希特东支(=奥摩语)<br>　库希特南支<br>乍得语 | 柏柏尔—乍得语<br>埃及—闪语<br>库希特语<br>(不包括奥摩语) | 奥摩语<br>厄立特里亚语<br>库希特语<br>翁格塔语<br>非埃塞俄比亚语<br>乍得语<br>柏柏尔语<br>埃及语<br>闪语<br>贝雅语 | 奥摩语<br>　奥摩语北支<br>　奥摩语南支<br>厄立特里亚语<br>库希特语<br>贝雅语<br>Agaw语<br>库希特东—南支<br>　库希特东支<br>　库希特南支<br>厄立特里亚语北支<br>　乍得语<br>　波拉夫拉西亚语<br>　埃及语<br>　柏柏尔语<br>　闪语 |

---

[①] Ehret, C. *Reconstructing Proto-Afroasiatic (Proto-Afrasian). Vowels, Tone, Consonants, and Vocabulary*. Berkeley and Los Angeles: University of California Press, 1995.

[②] Fleming, H. C. *Chadic External Relations*. In E. Wolff & H. Meyer-Bahlburg (eds.). *Studies in Chadic and Afroasiatic Linguistics*. Hamburg: Helmut Buske, 1983, pp. 17-31.

[③] Greenberg, J. H. *African linguistic classification. General History of Africa*. In J. Ki-Zerbo (ed.). *Volume 1: Methodology and African Prehistory*. Berkeley and Los Angeles: University of California Press, 1981, pp. 292-308.

[④] https://en.wikipedia.org/wiki/Afroasiatic_languages.

**续表：亚非语系分类**

| 奥勒尔和斯托伯瓦(1995) | 迪亚科诺夫(1996) | 本德尔(1997) | 米里塔乐夫(2000) |
|---|---|---|---|
| 柏柏尔—闪语<br>乍得—埃及语<br>奥摩语<br>贝雅语<br>Agaw 语<br>Sidamic 语<br>低地语东支<br>Rift 语 | 亚非语东—西支<br>柏柏尔语<br>库希特语<br>闪语<br>亚非语北—南支<br>乍得语<br>埃及语<br>(不包括奥摩语) | 奥摩语<br>乍得语<br>超级库希特语<br>柏柏尔语<br>库希特语<br>闪语 | 亚非语北支<br>非洲亚非语北支<br>乍得—柏柏尔语<br>埃及语<br>闪语<br>亚非语南支<br>奥摩语<br>库希特语 |

　　纽曼把柏柏尔语和乍得语合在一起，又把埃及语和闪语合在一起，而把奥摩语排除掉①，泰伊尔同意他的观点。②

　　富莱明把非奥摩语或厄立特里亚语分为三组：库希特语、闪语和乍得—柏柏尔—埃及语。后来他又在乍得—柏柏尔—埃及语里增加了闪语和贝雅语，并且假定翁戈塔语是厄立特里亚语的第三支，因此他的亚非语系主要有两支：奥摩语和厄立特里亚语，厄立特里亚语包括三个下位语支：库希特语、乍得—柏柏尔—埃及—闪—贝雅语和翁格塔语。③

　　和富莱明一样，厄勒特把亚非语系分为两支：奥摩语和厄立特里亚语，然后把奥摩语分为两支：奥摩语北支和南支。他把厄立特里亚语分为库希特语和北厄立特里亚语，其中库希特语包括贝雅语、阿加乌语和库希特语东—南支，北厄立特里亚语包括乍得语和波拉夫拉西亚语(Boreafrasian)，根

---

① Newman, P. *The classification of Chadic within Afroasiatic*. Leiden: Universitaire Pers, 1980.

② Theil, R. Is Omotic Afroasiatic? *Proceedings from the David Dwyer retirement symposium*, Michigan State University, East Lansing, 21 October 2006.

③ Fleming, H. C. *Chadic External Relations*. In E. Wolff & H. Meyer-Bahlburg (eds.). *Studies in Chadic and Afroasiatic Linguistics*. Hamburg: Helmut Buske, 1983, pp. 17-31.

据他的分类,波拉夫拉西亚语又包括埃及语、柏柏尔语和闪语。①

奥勒尔和迪亚科诺夫把柏柏尔语和闪语、乍得语和埃及语合在一起,把库希特语分为5种或者更多独立的语支,把库希特语当作一种语言而非语系。②

迪亚科诺夫把亚非语系分为两支,其中柏柏尔语、库希特语和闪语为亚非语系的东西支,乍得语和埃及语为亚非语系的南北支,没有把奥摩语包括进来。③

本德尔把柏柏尔语、库希特语和闪语一起称作超级库希特语。他认为乍得语和奥摩语是亚非语系的分支,离其他语言最遥远。④

米里塔乐夫基于词汇统计学,把柏柏尔语与乍得语合在一起,相比库希特语和奥摩语,二者与闪语相距遥远。他还把翁戈塔语置于奥摩语南支里。⑤

除此之外,还有大量学者对亚非语系进行了分类(见图10-1)。

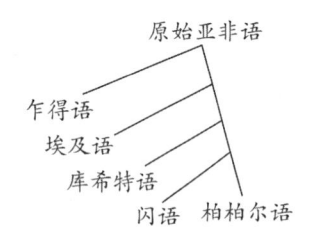

(图10-1-1:Lipiński,1997:41)

(图10-1-2:Cust 1883,II:467-474,Müller,1887:224-230,Zyhlarz,1932/3:250f)

---

① Ehret, C. *Reconstructing Proto-Afroasiatic (Proto-Afrasian), Vowels, Tone, Consonants, and Vocabulary*. Berkeley: University of California Press, 1995.
② Orel, V., O. Stolbova. *Hamito-Semitic Etymological Dictionary: Materials for a reconstruction*. Leiden: E. J. Brill, 1995.
③ Diakonoff, I. M. *Same Reflections on the Afrasian Linguistic Macrofamily*. Journal of Near Eatern Studies, 1996, (4): 490.
④ Bender, L. *Upside Down Afrasian*. Afrikanistische Arbeitspapiere, 1997, (50): 19-34.
⑤ Militarev, A. *Towards the genetic affiliation of Ongota, a nearly-extinct language of Ethiopia*. Papers of the Institute of Oriental and Classical Studies, Issue 5, 2000.

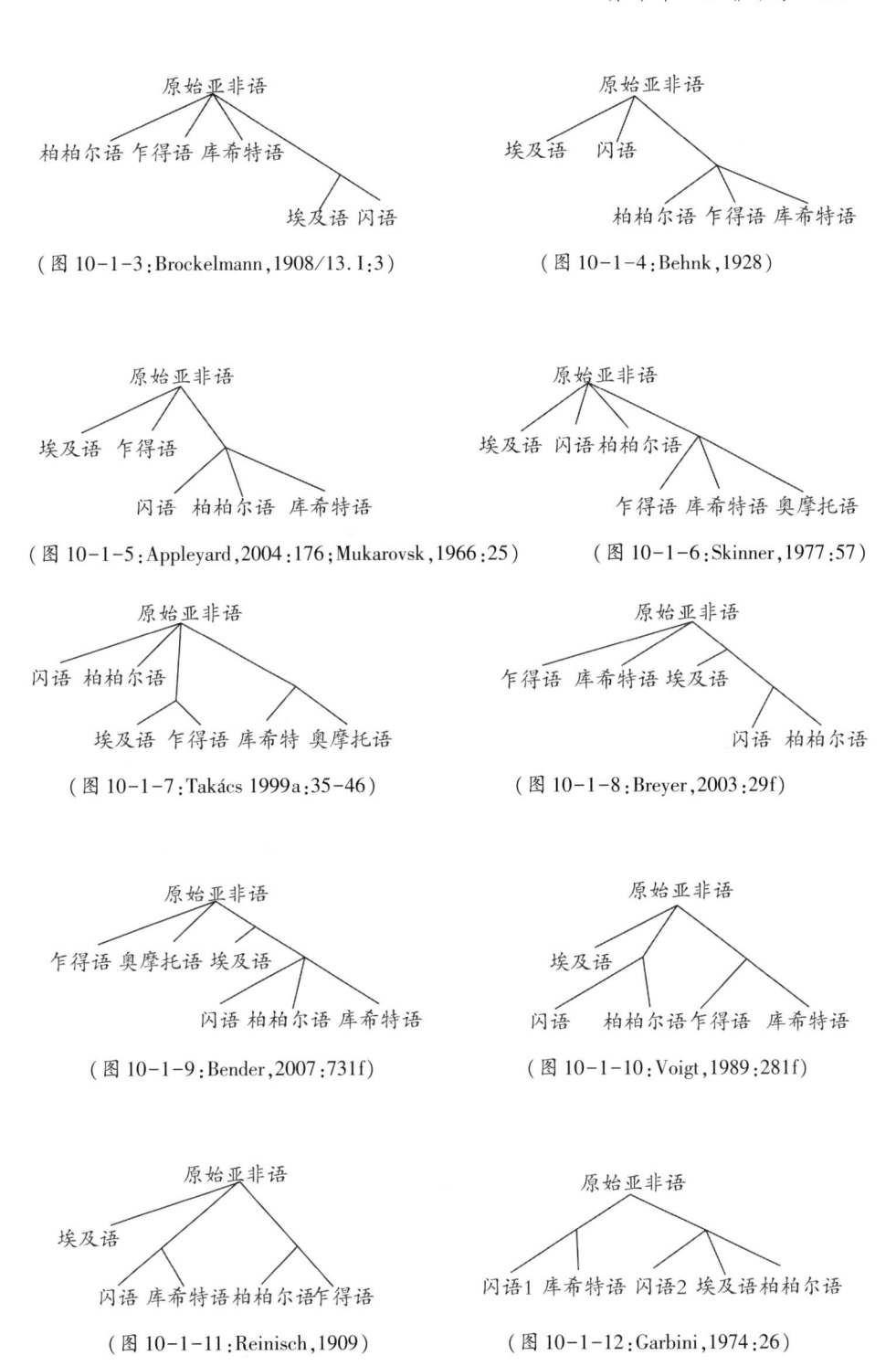

（图 10-1-3：Brockelmann，1908/13. I：3）

（图 10-1-4：Behnk，1928）

（图 10-1-5：Appleyard，2004：176；Mukarovsk，1966：25）

（图 10-1-6：Skinner，1977：57）

（图 10-1-7：Takács 1999a：35-46）

（图 10-1-8：Breyer，2003：29f）

（图 10-1-9：Bender，2007：731f）

（图 10-1-10：Voigt，1989：281f）

（图 10-1-11：Reinisch，1909）

（图 10-1-12：Garbini，1974：26）

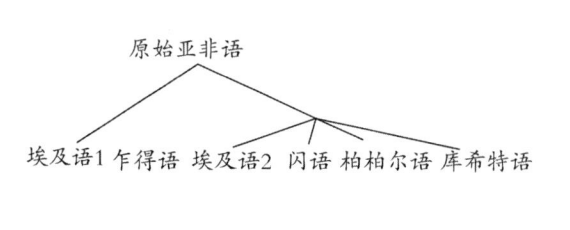

（图 10-1-13：Lexa,1938:401 和 plate 25）

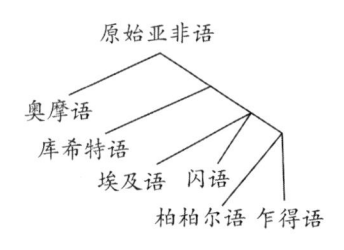

（图 10-1-14：Lottner,1860/1）

（图 10-1-15：Lepsius,1863:303 和 1880:xV-xviii）

（图 10-1-16：Zaborski,2005:138 和 2007:158f）

（图 10-1-17：Diakonoff,1965:102-105）

（图 10-1-18：Hodge,1987:153）

（图 10-1-19：Blench,2001:173 和 2008）

（图 10-1-20：Militarev,2005:398f 和 2008:143）

（图 10-1-21：Bleek,1853:39）

（图 10-1-22：Trombetti,1922/3:20 和 38f）

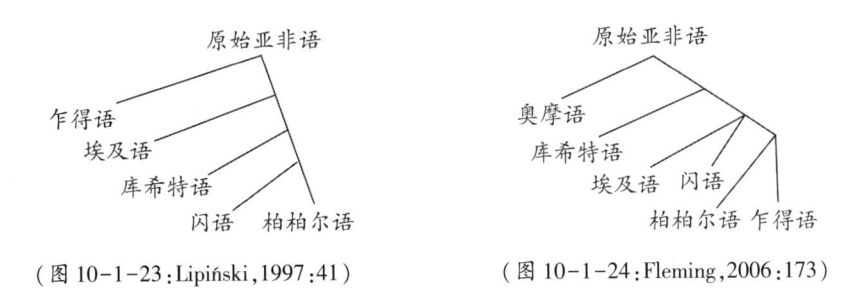

（图10-1-23：Lipiński,1997:41）　　（图10-1-24：Fleming,2006:173）

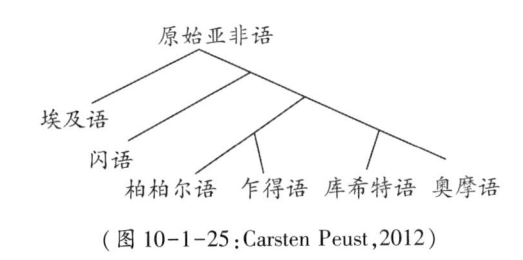

（图10-1-25：Carsten Peust,2012）

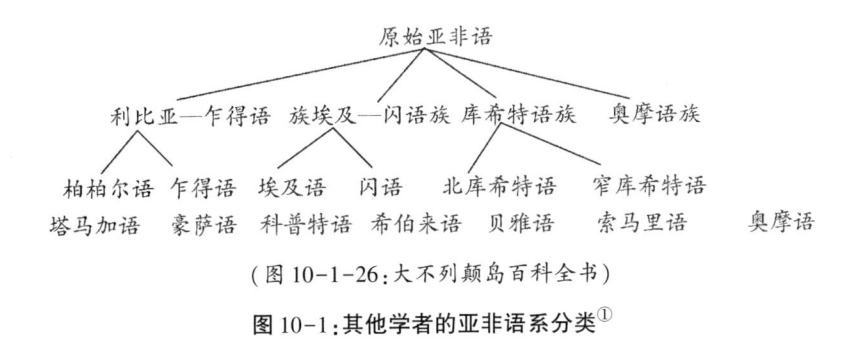

（图10-1-26：大不列颠岛百科全书）
图10-1：其他学者的亚非语系分类[1]

另外,沃尔夫把亚非语系分为5支,包括：阿马齐格语族、乍得语族、库希特语族、埃及语族和闪语族,这些分类的根据是共享词汇和语法特征。他认为各语支间的亲缘关系比印欧语系各支要古老得多。[2]

---

[1] Carsten P. *On the subgrouping of Afroasiatic*. Ling Aeg,2012,(20)：221-251.
[2] Wolff,H. E. *Suffix petrification and prosodies in Central Chadic*（*Lamang-Hdi*）. In D. Ibriszimow（ed.）. *Topics in Chadic linguistics II：Papers from the 2nd biennial international colloquium on the Chadic languages*（Prague,October 11-12,2003）. Köln：Rüdiger Köppe,2006,pp. 141-154.

桑德斯也把亚非语系分为6支:库希特语族、奥摩语族、柏柏尔语族、埃及语族、乍得语族、闪语族。①

还有学者认为亚非语系和其他语系之间也存在同源关系,如亚非语系和印欧语系的关系。1906年莫勒提出闪—印欧语系假说,得到了一些语言学家的支持(如裴特生和叶尔姆斯列夫)。虽然很多语言学家承认这两个语系之间存在大量的语法相似性,如性、名词和形容词的一致性、数词三分、元音交替作为派生的方式等,但关于二者的同源关系,最终没有定论。②

裴特生很显然受莫勒(哥本哈根大学的同事)的影响,他把闪含语系(这个名称后来被亚非语系取代)置于他假定的诺斯特拉超级语系里③,这个语系还包括印欧语系、乌拉尔语系、阿尔泰语系、尤卡吉尔语、达罗毗荼语。后来,这种分类被保留在诺斯特拉语言学家的假说里,如斯维提奇④和多戈格波斯基。⑤

格林伯格也没有否定亚非语系与这些语言的关系,但他认为亚非语系与其他语系的关系比这些语言彼此之间的关系要遥远,并且他把这些语言置于另外一个独立的超级大语系——欧亚超级语系里。这个超级语系还包括楚克齐语、吉里亚克语、韩语、日—琉球语、因纽特—阿留申语和阿依

---

① Sands, B. *Northern Khoesan reconstruction and subgrouping*. In M. Brenzinger & C. König (eds.). *Khoisan languages and linguistics: the Riezlern symposium* 2003. (Quellen zur Khoisan-Forschung 17). Köln: Rüdiger Köppe, 2008, pp. XX – XXX.

② https://en.wikipedia.org/wiki/Afroasiatic_languages.

③ Pederson, H. *Türkische Lautgesetze*. Zeitschrift der Deutschen Morgenländischen Gesellschaft, 1903. (57): 535-561.

④ Illič-Svityč, V. M. *Opyt sravnenija nostraticheskikh jazykov (setitoxatztskl), kartvel' skij, indoevropejskij, ural' skij, dravidijskij, altajskij*, 3 vols. Moscow: Nauka, 1971, 1976, 1984.

⑤ Dolgopolsky, A. *The Nostratic Macrofamily and Linguistic Plaeonthology*. Cambridge: Mcdonald Inst Arch Res, 1998.

努语。①

最近,斯塔罗斯金学派接受了欧亚语系是诺斯特拉语系一支的观点,欧亚语系之外的亚非语系、达罗毗荼语系和卡尔特维里语系都包含进诺斯特拉语系里。更大的北方超大语系(Borean)包括诺斯特拉语系以及德内—高加索语系和南方大语系(Austric)。②

如果这些语言有一个共同的祖语,那一定很古老,很难使用比较法检测出来。

总之,分类标准的不统一导致分类结果大相径庭。有的根据同言线(如迪亚科诺夫)③或斯瓦迪斯词表(如富莱明④、米里塔乐夫⑤),有的仅仅根据一个或几个共有特征如前缀组合的有无(如穆卡洛夫斯基⑥、迪亚科诺夫⑦),有的则根据三辅音或双辅音词干是否占优势作为闪语和含语的特征(维西科尔和其他人)⑧。当然,这样的情况不只是在亚非语系研究中,世界上其他

---

① Greenberg, J. H. *Indo-European and its Closest Relatives*: *The Eurasiatic language family. Volume 1*: *Grammar*. Stadford: Stadford University Press, 2000.
② Starostin, S. A. *Nostratic and Sino-Caucasian*, *Explorations of in Language Macrofamilies*. In V. Shevoroshkin (ed.). *Reconstructing Languages and Cultures*. Bochum: Brockmeyer, 1989, pp. 43-44.
③ Diakonoff, I. M. *Semito-Hamitic languages*, *An essay in classification*. Moscow: Nauka, 1965.
④ Fleming, H. C. *Ongota*: *A decisive language in African prehistory*. Wiesbaden: Harrassowitz, 2006.
⑤ Militarev, A. *Once more about glottochronology and the comparative method*: *The Omotic-afrasian case*. Orientalia et Classica (Moskva), 2005, (6): 339-408.
⑥ Mukarovsky, H. G. *West African and Hamito-Semitic languages*. Wiener Volkerkundliehe Mitteilungen, 1966, (13): 9-36.
⑦ Diakonoff, I. M. *Afrasian languages*. Moscow: Nauka, 1988.
⑧ Vycichl, W. *Is Egyptian a Semitic language?*, Kush, 1959, (7): 27-44; Vycichl, W. *Hamitic and Semitic languages*. In J. Bynon (ed.). *Current progress in Afro-Asiatic linguistics. Papers of the third international Hamito-Semitic congress*. Amsterdam/Philadelphia: J. Benjamins, 1984, pp. 483-488; Vycichl, W. *The origin of the Hamito-Semitic languages*. In H. Jungraithmayr & W. W. Milller (eds.). *Proceedings of the fourth international Hamito-Semitic congress*. Amsterdam/Philadelphia: J. Benjamins, 1987, 109-121.

语言分类研究都遇到同样的问题,如何解决它,是每个语言学家都应该考虑的。

总的来说,亚非语系语言分类的首要目标是准确地将语言划分为不同的语系和语支。在进行分类时,需要考虑诸多因素,如语音特征、语法结构、词汇相似性以及历史关系等。一个好的分类方法应能够准确地反映各语言之间的相似性和差异性,使得归类后的语言具有一定的内在连贯性。另外,分类还需要依赖科学的研究方法和分析技术。这包括比较语言学的方法、历史语言学的视角、实证研究和语料库的分析等。总之,一个好的分类研究应该基于充足的数据和系统的方法,并尽可能地避免主观判断和偏见的干扰。

由于亚非语系语言的复杂性和多样性,对于它的内部分类,争议很大。亚非语系语言分类是一个持续发展和不断更新的领域。随着研究的深入,对亚非语系的了解将得到进一步拓展和深化。因此,评价亚非语系语言分类时应该考虑其是否具备适应未来研究进展的灵活性和容错性。

### 三、亚非系语言特点

亚非系语言的共同点主要有:都是屈折语;辅音除了有清辅音和浊辅音外,还有一种重辅音,是在口腔后部和喉腔形成的;动词有人称前缀;有性和格的区别,但比印欧语系简单;词根基本由辅音组成;等等。亚非语系语言有一些语音特征,这些特征出现在亚非语系的大部分语言中。(1)6元音系统,a、i、u有长短;(2)擦音有3类:清、浊和喉擦音;(3)喉塞音可区分单词意义;(4)有清、浊和重辅音三分对立,可表现为软腭化、声门化、咽化、外爆音、内爆音;(5)半元音w和j用作辅音。

阿马齐格语(Amazigh)和阿拉伯语有三种主要类型的辅音:咽音化(在声道后部用咽发出的音)、腭音化(舌后部紧贴软腭)、小舌音化(在声道后部用小舌发出的音)。在南部阿拉伯语、埃塞俄比亚—闪米特语和乍得语中,辅音有以下发音方式或气流类型：当完全闭合突然发生时，爆破性喉音（explosive glottal）出现；把空气从声门挤向嘴唇为挤喉音（ejective glottal），在声门关闭释放之前，空气暂时进入口腔，使空气从肺部再次流出是内爆音（implosive glottal）；喉塞音（"hamzah"）是一个独立的辅音。此外半元音 y 和 w 也用作辅音，像'和 *H 这样的辅音表现出与元音相同的功能。

大多数亚非语言都是声调语言，也就是说，除了辅音和元音外，声调是用来区别词语和更小的有意义的单位的。声调出现于乍得语、库希特语和奥摩语里，闪米特语和阿马齐格语中没有。然而，在一些库希特语和奥摩语中，却有类似于音调重音的声调，这是一种类似于欧洲语言重音的语言特征，尽管"重音"音节只依赖于较高的声调，而不是自动将较高的音高与响度或持续时间结合起来。一些语言学家认为原始亚非语是一种声调语言，她的子语如闪米特语、阿马齐格语，甚至埃及语可能随后就失去了声调。其他学者认为原始亚非语是一种声调重音语言，声调很可能是在乍得语、库希特语和奥摩语中独立出现的。音调的区别，至少在乍得语中，是由原始亚非语的音高系统发展而来的，同时伴随着被称为声调抑制器的某些音节首辅音的音调降低效果。这种自动音调降低在乍得语之外都得到了很好的证明。因此，与尼日尔—刚果语系和尼罗—撒哈拉语系的真正非洲声调语言使用者长时间接触，可能会使亚非语言从音高到声调系统发生历史性转变。

亚非语言也有一些共同的语法特征，但是这些特征并不出现于亚非语系的所有语言里：

（1）绝大多数词根都由三个辅音构成，两个辅音的词根很少；（2）中缀系统非常发达，在词根中插进各种成分，表达语法关系，构成新词。后缀系统很不发达。(3) 有三种格：主格、属格和宾格，有使用作格的痕迹。(4) 有三个数—单数、双数和复数。(5) 单数有两个性，阴性用/t/表示。(6) 代词有相似性。(7) 动词体有发达的二元系统。(8) 名词和动词的词根由动词派生而来，动词由两个部分构成：辅音构成词根，元音构成内容。(9) VSO 语序，有向 SVO 发展的趋势。(10)所有亚非语系的下位语支都有致使(causative)词缀 s。(11)闪语、柏柏尔语、库希特语(包括贝雅语)和乍得语都有所有格后缀。(12)形容词派生以-j(早期埃及语)或-ī结尾(闪语)。(13)词语屈折表现在词根内部变化(元音变化或双音变化)和前后缀变化。

亚非系语言最突出的一个共同点是动词前缀变位(见表 10-3),前缀以/ʔ t n y/开头,第三人称单数阳性/y/对应第三人称单数阴性和第二人称单数/t-/。

表 10-3 亚非系语言的动词模式①

| 数 | 语言→ | 阿拉伯语 | Kabyle 语 | 索马里语 | 贝雅语 | 豪萨语 |
|---|---|---|---|---|---|---|
| ↓ | 动词→ | katab | afeg |  | naw |  |
|  | 意义→ | 写 | 飞 | 来 | 失败 | 喝 |
| 单数 | 1 | 'aktubu | ttafgeɣ | imaadaa | anáw | ina shan |
|  | 2 阴性 | taktubīna | tettafgeḍ | timaadaa | ináwi | kina shan |
|  | 2 阳性 | taktubu |  |  | ináwa | kana shan |
|  | 3 阴性 |  | tettafeg |  | ináw | tana shan |
|  | 3 阳性 | yaktubu | yettafeg | yimaadaa | ináw | yana shan |
| 双数 | 2 | taktubāni |  |  |  |  |
|  | 3 阴性 |  |  |  |  |  |
|  | 3 阳性 | yaktubāni |  |  |  |  |
| 复数 | 1 | naktubu | nettafeg | nimaadnaa | ninaw | muna shan |
|  | 2 阴性 | taktubūna | tettafgem |  |  |  |
|  | 2 阳性 | taktubna | tettafgemt | timaadaan | tinawna | kuna shan |
|  | 3 阴性 | yaktubūna | ttafgen |  |  |  |
|  | 3 阳性 | yaktubna | ttafgent | yimaadaa | inawna | suna shan |

亚非语言里,事件的结果用名词的零谓语表示。(1)动词都有互相对立

---

① https://en.wikipedia.org/wiki/Afroasiatic_languages.

的体:完成体对未完成体,一次体对持续体;动词的时、态表达法在现代才发展起来;(2)用添加后缀的方法表示代词的所有关系和宾语,给动词加前缀,表示动作者。(3)古代亚非语的名词、代词和动词有许多性。(4)句法方面,修饰结构用得很多。保留上述所有或大部分特点的亚非语,属于古语阶段;保留不少于三分之二特点的,属于中古阶段;失去一半以上特点的,则属于现代语阶段。除了阿拉伯和希伯来书面语外,所有亚非语系诸语言都属于现代阶段的语言。①

古闪米特语、埃及语和阿马齐格语都使用 VSO 语序,几乎所有库希特语都使用 SOV 语序,乍得语则通常使用 SVO 语序。然而,就如迪亚科诺夫假定的,原始亚非语是一种作格类型的语言,在这种语言里,传统意义上的主语和宾语都不是有效的概念,那么这种简单的说法在解释原始语言的句法时就毫无用处了。

说亚非语的人群是人类历史上首个发明书写系统的人。一些古代亚非语只能通过五千年前的书面记录被发现和了解,其中有阿卡德语和埃卜拉语。有些虽然已经消失了,但在铭文里留下了痕迹,如古利比亚语通过铭文可追溯至公元前 139 年。还有一些语言在欧洲语言的转写记录里提到过,如加那利群岛古法文(Guanche)中的格。

亚非语系各语言词汇之间的差异可以通过各语言彼此失去联系后,因各自的内部发展,以及居住在亚非语言所在地的人群现在所使用的语言对原来语言的影响来解释。通过数字 1—10 在各种亚非语言里的表现,可见它们之间的关系(见表 10-4)。

---

① https://en.wikipedia.org/wiki/Afroasiatic_languages.

表 10-4　数字 1—10 在各种亚非语言的表现①

| 闪语 | 1 | 2 | 3 | 4 | 5 | 6 | 7 | 8 | 9 | 10 |
|---|---|---|---|---|---|---|---|---|---|---|
| 阿拉伯语 | waahid | ithnaan | thalaathah | ʹarbaʹah | xamsah | sittah | sabʹah | thamaaniyyah | tisʹah | ʹasharah |
| 希伯来语 | ʹaxat | shtayim | shalosh | ʹarba | xamesh | shesh | shevaʹ | shmone | tesha | ʹeser |
| 阿姆哈拉语 | and | hulat | sost | arat | ammist | siddist | sabat | simmint | zaʹann | asir |
| 柏柏尔语 | | | | | | | | | | |
| Tamazight 语 | yun | sin | shradh | rbʹa | hemsa | setta | sebʹa | thmanya | tsaʹa | ʹeshra |
| Kabyle 语 | yiwen | wahed sin | juj tlata | rebea | xemsa | setta | sebea | tmanya | tesea | eecra |
| 库希特语 | | | | | | | | | | |
| 索马里语 | mid-ki | lába-di | sádehh-di | áfar | shán | liʔ | toddóbo | siyéed | sagáal | tómon |
| 奥莫洛语 | tokko | lama | sadii | afur | shan | jaʔa | torba | saddeet | sagal | kudʹa |
| 乍得语 | | | | | | | | | | |
| Hausa 语 | dʹaya | biyu | ukù | hudù | bìyar | shidà | bakwaɗi | takwàs | tarà | gooma |

亚非语系语言的特点因具体语言、地理区域和历史背景而有所差异。因此,在研究亚非语系语言特点时,应充分考虑到个体差异和特定语言的特殊情况。总体而言,亚非语系语言的多样性、语言的形态、声调和音节结构、丰富的词汇资源及语言接触和变异在世界上是独一无二的。

## 四、亚非系语言溯源

原始亚非语非常古老,有些学者认为它起源于公元前 15000—前 10000

---

① https://www.mustgo.com/worldlanguages/afro-asiatic-language-family/.

年的中石器时代。亚非语最早的书面证据可追溯至公元前 3400 年的古埃及铭文。格尔塞(Gerzean)(涅加达文化 II,Naqada II)陶器上类似埃及象形文字的符号可追溯至公元前 4000 年,时间可能会更早,这为我们提供了一个亚非语年代的最短日期。然而,古埃及语与原始亚非语有很大的不同,两者都经历了长时间的演化。有关原始亚非语的年代各学者的观点分歧很大。迪亚科诺夫认为原始亚非语大概发生在公元前 11000 年,厄勒特认为原始亚非语最迟不过公元前 10000 年,也可能是公元前 16000 年。相比其他原始语,亚非语的年代要早得多。[①]

对于它的原始家园,学界目前还没达成一致。根据《大不列颠岛百科全书》,主要观点有四种:新月沃土、撒哈拉东部、北非、非洲之角。一些苏联学者,如迪亚科诺夫,认为亚非语源自撒哈拉,公元前 5000 年之后,发生了一系列来自撒哈拉的迁徙,包括后来说闪语的人群。迪亚科诺夫认为发生过广泛的、种族间、语言间的接触,导致语言复杂多样。晚期智人"走出非洲"的理论把原始家园放在中东,即一万年前农业非常发达的地区——新月沃土(Fertile Crescent)一带。这就意味着原始亚非语人群在最终抵达非洲五个语系的古代和现在位置前,通过西奈半岛和尼罗河重返非洲,如埃及语族(尼罗山谷)、阿玛齐格语族(柏柏尔语;北非和撒哈拉中部)、乍得语族(中非,乍得湖流域)、库希特语族(非洲之角)、奥摩语族(埃塞俄比亚西北部)。更晚的,来自阿拉伯南部的移民把闪语带进了厄里特立亚和埃塞俄比亚,紧跟着就是伊斯兰时期的阿拉伯语扩张。[②](见图 10-2,图 10-3)

---

[①] https://en.wikipedia.org/wiki/Afroasiatic_languages.
[②] Wolff, H. E. *Suffix petrification and prosodies in Central Chadic (Lamang-Hdi)*. In D. Ibriszimow (ed.). *Topics in Chadic linguistics II: Papers from the 2nd biennial international colloquium on the Chadic languages* (Prague, October 11-12, 2003). Köln: Rüdiger Köppe, 2006, pp. 141-154.

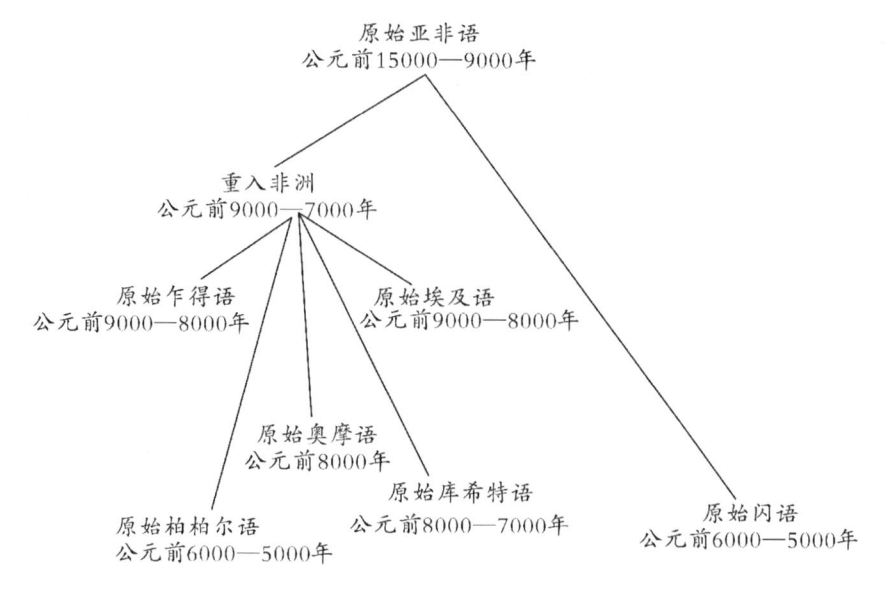

```
                    原始亚非语
                    公元前15000—9000年
                   ╱              ╲
              重入非洲              ╲
              公元前9000—7000年      ╲
           ╱  │  │  ╲                ╲
      原始乍得语   原始埃及语           ╲
      公元前9000—  公元前9000—          ╲
      8000年      8000年                ╲
         原始奥摩语                       ╲
         公元前8000年                      ╲
              原始库希特语                   ╲
              公元前8000—7000年          原始闪语
    原始柏柏尔语                          公元前6000—5000年
    公元前6000—5000年
```

**图10-2:亚非语的演化**[①]

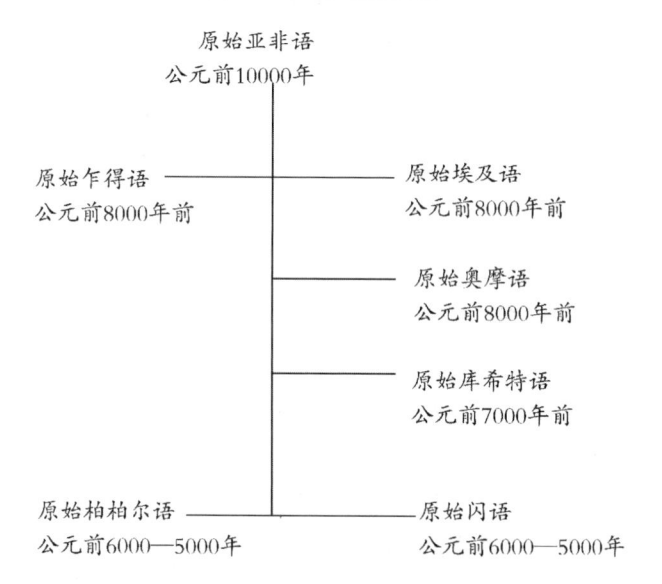

```
                原始亚非语
                公元前10000年
                     │
    原始乍得语 ────────┼──────── 原始埃及语
    公元前8000年前              公元前8000年前
                     │
                     ├──────── 原始奥摩语
                     │         公元前8000年前
                     │
                     ├──────── 原始库希特语
                     │         公元前7000年前
                     │
    原始柏柏尔语 ─────┴──────── 原始闪语
    公元前6000—5000年           公元前6000—5000年
```

**图10-3:亚非语言溯源**[②]

  除此之外,很多学者还讨论了亚非语系的来源。传统观点认为,亚非语系起源于黎凡特地区,也就是亚非交界的地中海东部地区。这种理论认为,

---

① https://www.britannica.com/topic/Afro-Asiatic-languages. 2014.
② https://www.britannica.com/topic/Afro-Asiatic-languages. 2014.

亚非语系有差不多一万年的历史，最早出现在地中海东部地区的农耕族群中，因为亚非语系诸语言里关于农业的一些词汇被认为有共同起源。一些学者认为分布于今天巴勒斯坦/以色列境内的纳图夫文化可能是最早使用原始亚非语的族群，但这种观点无法解释为什么一些原产于东北非的农作物会出现在纳图夫文化的遗址里，所以支持者较少。

而近年相对主流的观点则认为，亚非语系起源于东北非地区，也就是今天的索马里、埃塞俄比亚和厄立特里亚等地。这种理论内部也分为几个流派。一种观点认为亚非语系最早起源于今天的厄立特里亚周边，最早说这种语言的并不是农耕族群，而是生活在当地的果实采集和游牧族群，后来这个族群在生存竞争中压倒了周边的族群，所以其中一些人向外扩张，逐渐进入黎凡特地区，在当地创造了纳图夫文化，并带去了一些北非特有的农作物。

还有观点认为，亚非语系最早诞生于今天埃塞俄比亚境内的奥摩河谷地区，因为这里所流行的亚非语系奥摩语族内部有很高的多样性，而现代又没有发现有任何证据表明这里的族群是从别处迁入的，因此就说明亚非语系有可能诞生于此，并在此发生了最早的分化。

除了上面提到观点之外，还有观点认为亚非语系最早发源于撒哈拉沙漠边缘地带，或者苏丹首都喀土穆周边，但这些观点相对来说争议更大，在现代学术界也不是主流。[①]

有关亚非语系语言起源的研究是一个复杂而具挑战性的任务。需要综合运用语言学、考古学和历史文献等多种方法和证据，进行数据收集、比较分析和推理推断。尽管还存在许多未解之谜，但随着研究的深入和方法的不断发展，对亚非语系起源的认识将会更加全面和准确。

---

① Wright, D. K. *East and southern African Neolithic: Geography and overview*. In C. Smith (ed.). Encyclopedia of Global Archaeology. New York: Springer.

# 第十一章　尼日尔—刚果语系

从语言数量上来看,尼日尔—刚果语系(Niger-Congo)是非洲使用人数最多,分布范围最广的语系。分布地区从非洲西部的塞内加尔首都达喀尔,穿过上几内亚高原区,到东部的肯尼亚,然后向南直到大陆南端的好望角。根据"民族语"2022年版,该语系大约有1553种语言。[①] 2015年的调查显示,85%的非洲人,也就是说在非洲至少七亿人说尼日尔—刚果语,在七亿人中说班图语的就占了近一半。在尼日尔和乍得这两个国家,只有少数人说尼日尔—刚果语,在尼日利亚北部、乌干达北部和肯尼亚,大量人口说尼日尔—刚果语。当地使用较广泛的语言有约鲁巴语、伊博语、富拉语、舒纳语、塞索托语、祖鲁语、阿坎语和摩尔语。而使用最广泛的是斯瓦希里语,它在非洲东部和东南部的部分地区都被当作通用语。

"传统"的尼日尔—刚果语在多大程度上构成一个真正的语系尚不清楚,但却使得该语系地域语言学的研究变得复杂起来。塞缪尔等[②],威廉森

---

[①] https://www.ethnologue.com/subgroups/niger-congo. 2022.

[②] Bendor-Samuel, J., R. L. Hartell (eds.). *The Niger-Congo languages: a classification and description of Africa's largest language family*. Lanham: University Press of America, 1989.

和布伦奇[①],迪蒙达尔[②]等都对尼日尔—刚果语进行了研究。尼日尔—刚果语系有一些毫无争议的"核心语",它们是贝努埃—刚果语、克瓦语(Kwa)、阿达马瓦语、古尔语(Gur)和克鲁语(Kru)。贝努埃—刚果语包括尼日利亚南部的许多语言、班图语,以及介于二者之间的许多语言;克瓦语在西非南部,从科特迪瓦到尼日利亚边境,大西洋沿岸的一个毗连地带,并向内陆延伸。古尔语分布于西非内陆地区,包括布基纳法索(Burkina Faso)大部分地区、马里南部、科特迪瓦北部、加纳、多哥和贝宁以及尼日利亚西部的一小部分地区,其南部和东部边界分别使用克瓦语和贝努埃—刚果语。阿达马瓦语也是一种内陆语言,分散在尼日利亚、喀麦隆、乍得和中非共和国一带。克鲁语分布于西非海岸的一条狭长地带,在克瓦语西部,包括科特迪瓦西南部和利比里亚大部分地区。在塞内加尔、冈比亚、几内亚和塞拉利昂的部分地区,大西洋沿岸及附近发现的所谓的大西洋语,与上述语言不同。一些通常被称为科尔多凡的语言分布在苏丹的努巴山区,与语系的其他语言相距遥远。即使对尼日尔—刚果语系内部分类没有异议,但关于它们的内部分类仍然有许多问题。如:大西洋语作为尼日尔—刚果语系的一个下位语支,其正确与否一直没得到确认,有些人甚至认为,大西洋语只是因为"学术惰性"(scholarly inertia)才没有被放弃[③]。还有曼德语(Mande)的地位也从未得到证实。如果没有它们,尼日尔—刚果作为一个语系也就无从确定。

## 一、尼日尔—刚果语系研究历史

尼日尔—刚果语系是一个被逐渐认可的语系。虽然10—12世纪在一些阿拉伯语言材料里引用了可能是尼日尔—刚果语言的一些词语,但是最早、最清晰可辨的词语应该在1506年的葡萄牙语记录里。这些词语可能来自班

---

[①] Williamson, K., R. Blench. *Niger-Congo*. In B. Heine & D. Nurse (eds.). *African languages: an introduction*. Cambridge: Cambridge University Press, 2000, pp. 11-42.

[②] Dimmendaal, G. J. *Historical linguistics and the comparative study of African languages*. Amsterdam: Benjamins, 2011, pp. 85-92.

[③] Childs, G. T. *An introduction to African languages*. Amsterdam: Benjamins, 2003, p. 47.

图语东南部的卡兰加语(Karanga)。从那之后，东班图语词汇和短语就出现在葡萄牙语记录里，1523年还出现在与来自加纳的现代阿肯语相似的词表里。1591年意大利数学家皮加费塔根据葡萄牙旅行家罗佩兹1578年到罗安达旅行时提供的信息，在描述刚果国王时使用了大量刚果语词汇和短语。第一部现存的用尼日尔—刚果语写的专著出版于1624年。这部134页的著作是三个耶稣会牧师的作品，其中有葡萄牙教义手册，行间有刚果语翻译。①

1659年，第一部有关非洲语法的著作在罗马出版，是关于刚果语的，共98页。这是意大利牧师布鲁斯托的作品，他在其中讲述了名词类系统。后来出现了其他讲述词汇和语法的文章，后面的一个世纪里关于非洲语言研究的著作很少。到了19世纪才又出现了大量词汇和语法研究作品，而且都出于牧师之手。它们在质量上参差不齐，而且很多仅限于拉丁语语法。其中最有名的是巴色会(Basel Mission)的克里斯塔勒的著作，他于1875年出版的阿桑特语(Asante/Ashanti)和凡特语(Fante/Fanti)语法研究表现出对语言结构非凡的洞察力。②

19世纪，学者们开始尝试尼日尔—刚果语言的分类研究工作。在非洲语言的早期分类研究中，用来区分不同语系的主要标准之一是使用前缀来给名词分类。到了科勒(Koelle)时代，非洲语言分类研究才有了大发展。科勒是教会传道会的德国传教士，在弗里敦(Freetown，现塞拉利昂)为解放奴隶而工作，1854年创作了他的不朽作品《多语言的非洲(Polyglotta Africana)》③。他调查了156种语言的283个单词，并对它们进行分类，试图从分类结果中找出这些语言之间的关系。现今的分类与他的许多分类密切对应。科勒为尼日尔—刚果语系画了一张草图。正是通过他，我们才了解了当时的尼日尔—刚果语系。与他同时代的布里克发现大西洋语和许多南部非洲语言一样使用前缀。④ 布里克的后续工作以及几十年后迈因霍夫的比

---

① https://www.britannica.com/topic/Niger-Congo-languages.
② https://www.britannica.com/topic/Niger-Congo-languages.
③ Koelle, S. W. *Polyglotta Africana*. London: Church Missionary House, 1854.
④ Bleek, W. H. I. *The Languages of Mozambique*. London: Harrison and Sons, 1856.

较工作,为把班图语确立为一种独立的语言打下了坚实的基础。尽管班图语所处级别很低,但它历来是历史语言学研究的重点。班图语曾被用来检测从生物学借用来的分类技术(如雷克索瓦等的《班图语的分支研究:基于词汇和语法数据的新谱系树》[1];阿特金森等的《语言在连续性爆炸中演化》[2])。近年来一些学者专注于班图语的分类研究,如纳尔斯和菲利普森的《班图语的历史分类》[3]、马霍的《班图语分类:古特里语指称系统的更新》[4],还有一些对班图语比较研究作出贡献的当代学者如纳尔斯[5]、达乌达和范德维恩[6]、马丁[7]、马赛勒[8]和谢德伯格[9]。

---

[1] Rexová, K., Y. Bastin, D. Frynta. *Cladistic Analysis of Bantu languages: a new tree Based on Combined Lexical and Grammatical Data.* Naturwissenschaften, 2006, (4): 189–194.

[2] Atkinson, Q. D., A. Meade, C. Venditti, S. J. Greenhill, M. Pagel. *Languages evolve in Punctuational Bursts.* Science, 2008, (319):588.

[3] Nurse, D., G. Philippson. *Towards a historical classification of the Bantu languages.* In D. Nurse & G. Philippson (eds.). *The Bantu languages.* London: Routledge, 2003, pp.164–181.

[4] Maho, J. *A classification of the Bantu languages: an update of Guthrie's referential system.* In D. Nurse & G. Philippson (eds.). *The Bantu languages.* London: Routledge, 2003, pp.639–651.

[5] Nurse, D. *Inheritance, contact, and change in two East African languages (Language Contact in Africa* 4). Köln: Rüdiger Köppe, 2000; Nurse, D. *The emergence of tense in early Bantu.* In D. L. Payne & J. Peña (eds.). *Selected proceedings of the 37th annual conference on African linguistics.* Somerville: Cascadilla Proceedings Project, 2007, pp. 164–179.

[6] Mouguiama-Daouda, P., L. J. Van der Veen. *B10–B30: conglomérat phylogénétique ou produit d'une hybridation?* In K. Bostoen & J. Maniacky (eds.). *Studies in African comparative linguistics with special focus on Bantu and Mande: essays in honour of Y. Bastin & C. Grégoire.* Tervuren: Royal Museum for Central Africa, 2005, pp.91–121.

[7] Marten, L., N. C. Kula & N. Thwala. *Parameters of morphosyntactic variation in Bantu.* Transactions of the Philological Society, 2007, (3):253–338.

[8] Masele, B. F. *The linguistic history of Sisuumbwa, Kisukuma and Kinyamweezi in Bantu zone F.* PhD Dissertation Memorial University of Newfoundland, Newfoundland and Labrador, Canada, 2001.

[9] Schadeberg, T. C. *Progress in Bantu lexical reconstruction.* Journal of African Languages and Linguistics, 2002, (2):183–195.

19世纪中期,学者们开始意识到非洲西部和南部的语言存在发生学关系,但是当时缺乏对大量语言的详细了解阻碍了此项研究。1856年,布里克也意识到非洲西部和南部语言同源,他写道:"除了霍屯督方言外,那个大语系包括整个南部非洲和大多数西部非洲的语言。"[1]后来,学者们关注的重点转到非洲南部的班图语,非洲其他地方有着相似特征的语言被认为在起源上是"混合型的",它们的相似是由于迁徙和语言接触,而非与班图语同源。早期学者对语言分类采用类型学和人种学的混合标准,因此,缪勒在其分类中,将"黑人语言"从班图语中分离出来;莱普休斯则认为班图语起源于非洲,许多"黑人混合语言"是班图语与入侵的亚洲语言混合的产物。这一时期,班图语和类班图语(但不太完整)的名词类系统之间的关系开始被发现,一些学者将后者视为尚未完全演变成班图语的语言,而另一些学者则将其视为失去部分班图语原有特征的语言。班图主义者迈因霍夫对班图语和"半班图语"进行了区分,据他说,班图人最初属于不相关的苏丹人。[2]

迈因霍夫的学生德国学者韦斯特曼于20世纪初开始对苏丹语内部进行分类。1911年他把苏丹语分为东支和西支。[3] 1927年,他意识到了西苏丹语支(现在称为尼日尔—刚果语)和东苏丹语支(现在称为尼罗—撒哈拉语)之间的区别,他也认识到西苏丹语支某些语言的词语和班图语的某些词语相似。[4] 韦斯特曼把西苏丹语分为6支:克瓦语、贝努埃—刚果语、多哥·勒南特语(Togo Remnant)、古尔语、西大西洋语和曼丁戈语(Mandingo, Maninka)。他构拟了西苏丹语,虽然他没有指出这些语言之间的关系,但是在1935年的《苏丹语特征及分类》中他确定了班图语和西苏丹语的同源

---

[1] Bleek, W. H. I. *The Languages of Mozambique.* London: Harrison and Sons, 1856.

[2] https://en.wikipedia.org/wiki/Afroasiatic_languages.

[3] Westermann, D. *Die Sudansprachen: Eine sprachvergleichende Studie.* Hamburg: L. Friedrichsen, 1911.

[4] Westermann, D. *Die westlichen Sudansprachen und ihre Beziehungen zum Bantu. Mitteilungen des Seminars für orientalische Sprachen.* Berlin: de Gruyter, 1927.

关系。[1]

　　格林伯格把韦斯特曼的研究作为自己研究此语系分类的起点,从1949年到1954年,他发表了一系列文章,证明韦斯特曼的西苏丹语和班图语构成一个语系,称为"尼日尔—刚果语系"。班图语是贝努埃—刚果语支的下位语支。以前学者认为阿达马瓦—东部语支(Adamawa-Eastern)不同源,现在把它当作该语系的另一个成员。富拉语(Fula)属于大西洋语。就在把这些文章整理成册(即1963年的《非洲语言》)出版之前,他建议把科尔多凡语言(见表11-1)也拉进来与之并列。[2] 最终他把这个语系重新命名为刚果—科尔多凡语系,后又叫作尼日尔—科尔多凡语系。格林伯格保留了韦斯特曼的下位语系成员——克瓦语、贝努埃—刚果语、古尔语、西大西洋语和曼丁戈语,但是他把多哥·勒南特语放进了克瓦语,并增加了一个新成员,称为"阿达马瓦—东部语支"。他最具创新性的变革就是把班图语作为贝努埃—刚果语的下下位分支,而不是与尼日尔—刚果语系的其他主要分支并列的下位语支。格林伯格去世后,尼日尔—刚果语系内部结构也被多次修改,但是在所有这些修改中(包括目前的版本),班图语始终被看作一个语支,与尼日尔东部和喀麦隆西部的类班图语支比较接近。格林伯格有关非洲语言分类的工作,最初尽管受到怀疑,但后来却成为非洲语言分类的标杆。

　　虽然格林伯格确定了分类框架,而且得到了大多数学者的认可,但他的分类还是存在一些问题。后来的很多学者对他的分类进行了修改[3](见表11-2)。本·斯坦基于词汇统计学对尼日尔—刚果语系的内部进行了重

---

[1] Westermann, D. *Charakter und Einteilung der Sudansprachen*. Journal of the International African Institute, 1935, (2): 129-148.
[2] Greenberg, J. H. *The Languages of Africa*. Bloomington: Indiana University Press, 1963.
[3] Bendor-Samuel, J., R. L. Hartell (eds.). *The Niger-Congo languages: a classification and description of Africa's largest language family*. Lanham: University Press of America, 1989.

新分类,[1]为塞缪尔等的分类[2]奠定了基础。科尔多凡语只是一个下位分支,而非与整个语系并列,这就促使语言学家重新引入"尼日尔—刚果语系"这一术语。穆卡洛夫斯基的《西尼戈里提语》支持格林伯格的尼日尔—刚果语系假说[3],尽管他没有从阿达马瓦—东部语、科尔多凡语或曼德语里找到证据。斯图尔特使用经典的新语法学派的方法证明尼日尔—刚果语系的比较证据。在斯图尔特[4]的比较研究中,他强调语系成员之间,特别是克瓦语和班图语(贝努埃—刚果语内部的主要分支)之间的系统语音比较,进一步将他的原始珀托—阿卡尼克—班图语(Potou-Akanic-Bantu,PAB)与格林伯格的大西洋语支语言进行比较,认为"原始 PAB 语可能是原始尼日尔—刚果语的起点",与把"原始日耳曼—拉丁—希腊—梵语"作为原始印欧语的起点基本相同。[5]

塞缪尔认为,现今的尼日尔—刚果语系主要包括以下 9 个下位语支:曼丁戈语、科尔多凡语、大西洋语、伊约得语(Ijoid)、克鲁语、古尔语、阿达马瓦—乌班吉语、克瓦语和贝努埃—刚果语。这九个主要语支存在不同程度的亲缘关系,有些语言之间甚至比另一些看似相近的语言的关系更近些。

---

[1] Bennett, P., J. P. Sterk. *South Central Niger-Congo: A reclassification*. Studies in African Linguistics, 1977, (8): 241-273.

[2] Bendor-Samuel, J., R. L. Hartell (eds.). *The Niger-Congo languages: a classification and description of Africa's largest language family*. Lanham: University Press of America, 1989.

[3] Mukarovsky, H. G. *A Study of Western Nigritic*, 2 vols. Wien: Institut für Ägyptologie un Afrikanistik, Universität Wien. 1976-1977.

[4] Stewart, J. M. *The high unadvanced vowels of proto-Tano-Congo*. Journal of West African Languages, 1983, (1): 19-50; Stewart, J. M. *The potential of Proto-Potou-Akanic-Bantu as a pilot Proto-Niger-Congo, and the reconstructions updated*. Journal of African Languages and Linguistics, 2002, (2): 197-224; Stewart, J. M. *Three-grade consonant mutation in the Fulanic and Akanic languages and in their latest common ancestor (Proto-Niger-Congo?)*. In K. Bostoen & J. Maniacky (eds.). *Studies in African Comparative Linguistics with Special Focus on Bantu and Mande*. Tervuren: Royal Museum for Central Africa, 2005, pp. 7-25.

[5] Stewart, J. M. *The potential of Proto-Potou-Akanic-Bantu as a pilot Proto-Niger-Congo, and the reconstructions updated*, Journal of African Languages and Linguistics, 2002, (2): 197-224.

这些语支并非直接来自一个共同祖语，它们还经过一些中间阶段。[①] 波兹尼科夫认为："尼日尔—刚果语系语言之间的同源关系并不是因为发现了许多同源形式，例如曼德语和阿达马瓦语，这似乎是班图语与其他非洲语言比较的结果。经典的比较方法可能适用于班图语，并得出了可靠的构拟。但没有班图语就没有尼日尔—刚果语系。我们需要清楚地说明，如果要确定班图语和大西洋语，或班图语和曼德语之间的同源关系，就要追溯至原始尼日尔—刚果语……换言之，所有的尼日尔—刚果语都是平等的。"[②]《言语学》接受了把名词类系统作为核心标准的做法，确定了大西洋—刚果语支，排除了最近加入的一些科尔多凡语。尼日尔—刚果语系包括以下语支：大西洋—刚果语支、曼德语支、多贡语支（Dogon）、伊约得语支、拉福法语支（Lafofa）、卡特拉—提马语支（Katla-Tima）、黑班语支（Heiban）、塔罗迪语支（Talodi）和拉夏得语支（Rashad）。[③]

事实上，几乎没有人能够对格林伯格的尼日尔—刚果语系假说进行验证，因为很少有人熟悉如此大范围的语言。因此现在的学者对尼日尔—刚果语系的研究主要集中于低层次语言的分类和构拟，但是与大西洋语或曼德语的研究相比，尼日尔—刚果语的构拟研究相对较少。

《牛津在线手册》指出，对尼日尔—刚果语系内部分类的不确定主要在于格林伯格的分类法，它不提供语言之间同源关系的证据，而只是找到"可能的候选语言"。只有先构拟低层次的语言，而不是基于大规模比较，才能有助于验证（或反驳）存在发生学关系的尼日尔—刚果语系，即尼日尔—刚果语系是否由贝努埃—刚果语加上沃尔特—尼日尔语、克瓦语、阿达马瓦语、古尔语、克鲁语，还有所谓的科尔多凡语，以及可能在传统上被划为大西

---

[①] Bendor-Samuel, J. *Niger-Congo languages*. In E. K. Brown & A. Anderson (eds.). *Encyclopedia of language and linguistics*, 2$^{nd}$ ed. Boston: Elsevier, 2006, pp. 631–635.

[②] Pozdniakov, K. *From Atlantic to Niger-Congo: three, two, one……Towards Proto-Niger-Congo: Comparison and Reconstruction International Congress*, September 18–21, 2012, p. 2.

[③] *Glottolog* 3.4–(https://glottolog.org/glottolog/family). glottolog.org.

洋语支的某些语言构成的。① 迪蒙达尔、克里夫尔斯和穆斯肯认为："格林伯格的尼日尔—刚果语系假说有时被视为一个既定事实,而不是等待进一步证明的假说,但也有人试图更详细地讨论他的研究。在格林伯格的开创性贡献之后,关于尼日尔—刚果语系的许多讨论实际上都是围绕着特定语言或语言群体的纳入或排除展开的。"② 古德认为："格林伯格于1946年首次提出的尼日尔—刚果语系③,几十年来,此语系一直被当作非洲四个主要语系中的一个,现在使用的这个名称,也比较方便。一方面,它被用作1500多种语言的标签,成为世界上最大的常用语言之一;另一方面,该术语也意在体现一种尚未被证实的用来指称尼日尔—刚果语言内部同源关系的假说。"④

此后,一些学者继续证明尼日尔—刚果语系假说。如格罗勒蒙德等人使用计算机系统发生法证明尼日尔—刚果语系假说的正确性,但他不支持沃尔特(Volta)—刚果语分为东西两支,也不支持贝努埃—刚果语分东西两支及班图语分南北两支,却支持班图语支由厄科伊得语(Ekoid)、本迪语(Bendi)、达科伊得语(Dakoid)、朱昆得语(Jukunoid)、提瓦得语(Tivoid)、马比罗得语(Mambiloid)、贝柏得语(Beboid)、曼非语(Mamfe)、提卡尔语(Tikar)、格拉斯菲尔得语(Grassfields)和班图语等构成。⑤ 自动相似性判断程序(The Automated Similarity Judgment Program)也把许多尼日尔—刚果语放在一个语系里。当代很多学者都投身于尼日尔—刚果语的研究,并因此

---

① Dimmendaal, G. J., A. Storch. *Niger-Congo: A brief state of the art*. Oxford: Oxford University Press, 2016.
② Dimmendaal, G. J., M. Crevels, P. Muysken. *Patterns of dispersal and diversification in Africa. Language Dispersal, Diversification, and Contact*. Oxford: Oxford University Press, 2020, p. 201.
③ Good, J. *Niger-Congo, With A Special Focus On Benue Congo*. Oxford: Oxford University Press, 2020, p. 139.
④ https://en.wikipedia.org/wiki/Afroasiatic_languages.
⑤ Güeldemann, T. *Historical linguistics and genealogical language classification in Africa*. Berlin: Mouton de Gruyter, 2018, p. 146.

涌现出一大批优秀学者的著作,如奥尔森的《尼日尔—刚果语系分类》[1]、威廉森和奥尔森的《尼日尔—刚果语系》[2]、塞缪尔的《尼日尔—刚果语》[3]、布伦奇的《卡都语和尼罗—撒哈拉语系、尼日尔—刚果语系和亚非语系之间的亲缘关系》[4]。还有一些学者对该语系的研究进行了梳理和分析,如塞缪尔和哈特尔的《尼日尔—刚果语言:非洲最大语系的分类和描述》[5]、威廉森和布伦奇的《尼日尔—刚果语系》[6]、斯图尔特的《原始珀托—阿卡尼克—班图语作为原始尼日尔—刚果语的潜力以及构拟更新》[7]、海曼的《尼日尔—刚果语动词扩展:概述和讨论》[8]。

假设尼日尔—刚果语系有 1000—1500 种语言,对于历史语言学研究来说无疑是一笔巨大的财富。这个语系既包括一些有紧密发生学关系的语

---

[1] Olson, K. S. *On Niger-Congo classification*. In B. J. Darden & H. I. Aronson (eds.). *The bill question: Contributions to the study of linguistics and languages in honor of Bill J. Darden on the occasion of his sixty-sixth birthday*. Bloomington: Slavica Publishers, 2006, pp. 153-190.

[2] Williamson, K., K. S. Olson. *Niger-Congo*. In J. Middleton & J. C. Miller (eds.). *New encyclopedia of Africa*. London: Charles Scribner's Sons, 2007, (3): 231-233.

[3] Bendor-Samuel, J. *Niger-Congo Languages*. In E. K. Brown & A. Anderson (eds.). *Encyclopedia of language and linguistics*, 2$^{nd}$ ed. Boston: Elsevier, 2006, pp. 631-635.

[4] Blench, R. *The Kadu languages and their affiliation: between Nilo-Saharan, Niger-Congo and Afro-Asiatic*. In A. A. Abu-Manga, L. Gilley & A. Storch (eds.). *Insights into Nilo-Saharan language, history and vulture: proceedings of the 9th Nilo-Saharan linguistic colloquium, Institute of African and Asian Studies, University of Khartoum*, 16-19 February 2004. Köln: Rüdiger Köppe, 2006, pp. 101-127.

[5] Bendor-Samuel, J., R. L. Hartell (eds.). *The Niger-Congo languages: a classification and description of Africa's largest language family*. Lanham: University Press of America, 1989.

[6] Williamson, K., R. Blench. *Niger-Congo*. In B. Heine & D. Nurse (eds.). *African languages: an introduction*. Cambridge: Cambridge University Press, 2000, pp. 11-42.

[7] Stewart, J. M. *The potential of Proto-Potou-Akanic-Bantu as a pilot Proto-Niger-Congo, and the reconstructions updated*. Journal of African Languages and Linguistics, 2002, (23): 197-224.

[8] Hyman, L. M. *Niger-Congo verb extensions: overview and discussion*. In D. L. Payne & J. Peña (eds.). *Selected proceedings of the 37th annual conference on African linguistics*. Somerville: Cascadilla Proceedings Project, 2007, pp. 149-163.

言,也包括一些有着远距离发生学关系的语言,还有一些关系存疑的语言。[1]现在的研究也把科尔多凡语族归入尼日尔—刚果语系之下,而非格林伯格的尼罗—科尔多凡语系之下。科尔多凡语族对于历史语言学家来说有着特别的吸引力,但是记录很少,部分原因可能是很少有人愿意到苏丹南部调查。但是现在一些学者又对它产生了兴趣并对之重新分类,如谢德伯格[2]和昆特[3]。谢德伯格认为科尔多凡语包括四种语言:黑班语、塔罗迪语、拉沙德语、卡特拉语[4],而昆特[5]和迪蒙达尔[6]对卡特拉语隶属于科尔多凡语族持怀疑态度。昆特认为少有记录的拉福法语是科尔多凡语族中四个主要语支的一个[7],而谢德伯格认为它是塔罗迪语[8]。科尔多凡语族分类最大的变化是把格林伯格认同的9种卡都格里语从科尔多凡语族里排除掉。现在的学者

---

[1] Sands, B. *Africa's Linguistic Diversity*. Language and Linguistic Compass, 2009, (2): 559-580.

[2] Schadeberg, T. C. *Kordofanian languages*. In E. K. Brown & A. Anderson (eds.). *Encyclopedia of language and linguistics*, 2nd ed. Boston: Elsevier, 2006, pp. 233-234.

[3] Quint, N. Do you speak Kordofanian? 7th International Sudan Studies Conference 'Fifty years after independence: Sudan's quest for peace, stability and identity', April 6-8, 2006, University of Bergen.

[4] Schadeberg, T. C. *Kordofanian languages*. In E. K. Brown & A. Anderson (eds.). *Encyclopedia of language and linguistics*, 2nd ed. Boston: Elsevier, 2006, pp. 233-234.

[5] Quint, N. Do you speak Kordofanian? 7th International Sudan Studies Conference 'Fifty years after independence: Sudan's quest for peace, stability and identity', April 6-8, 2006, University of Bergen.

[6] Dimmendaal, G. J. Language ecology and genetic diversity on the African continent. *New Directions in Historical Linguistics*. Lyon, May 12-14, 2008.

[7] Quint, N. Do you speak Kordofanian? 7th International Sudan Studies Conference 'Fifty years after independence: Sudan's quest for peace, stability and identity', April 6-8, 2006, University of Bergen.

[8] Schadeberg, T. C. *Kordofanian languages*. In E. K. Brown & A. Anderson (eds.). *Encyclopedia of language and linguistics*, 2nd ed. Boston: Elsevier, 2006, pp. 233-234.

认为它要么属于尼罗—撒哈拉语系[1]，要么是一种孤立语[2]。另一种假说认为卡都格里语属于尼日尔—撒哈拉语系，即它是一种既含有尼日尔—刚果语特点同时又含有尼罗—撒哈拉语特点的语言[3]。

多年来，一些语言学家假定尼日尔—刚果语系和尼罗—撒哈拉语系存在发生学关系可能是源自韦斯特曼对"苏丹"语的比较研究工作。韦斯特曼认为，东苏丹语（现在叫作尼罗—撒哈拉语系）和西苏丹语（现在叫作尼日尔—刚果语系）存在发生学关系。格里格森假定尼日尔—刚果语系和尼罗—撒哈拉语系可能构成一个更大的语系——刚果—撒哈拉语系（Kongo-Saharan）[4]。他的证据主要在于宋海语（Songhay）分类、形态相似性和词汇相似性。布伦奇根据语音、形态和词汇证据提出尼日尔—刚果语系和尼罗—撒哈拉语系构成尼日尔—撒哈拉超级语系，尼日尔—刚果语系和中苏丹语还有特殊的亲缘关系。[5] 然而，十五年后他的观点变了。布伦奇提出，中苏丹语的名词分类系统（noun-classifier system）通常反映在一个三方通用单复

---

[1] Stevenson, R. C. *Relationship of Kadugli-Krongo to Nilo-Saharan*: *morphology and lexis*. In M. L. Bender (ed.). *Proceedings of the fourth Nilo-Saharan conference*, Bayreuth, Aug. 30–Sep. 2, 1989. Hamburg: Helmut Buske, 1991, pp. 347–369; Blench, R. *The Kadu languages and their affiliation*: *between Nilo-Saharan*, *Niger-Congo and Afro-Asiatic*. In A. Abu-Manga, L. Gilley & A. Storch (eds.). *Insights into Nilo-Saharan language, history and vulture*: *proceedings of the 9th Nilo-Saharan linguistic colloquium*, *Institute of African and Asian Studies*, *University of Khartoum*, 16–19 February 2004. Köln: Rüdiger Köppe, 2006, pp. 101–127.

[2] Hall, E., M. Hall. *Kadugli-Krongo*. Occasional Papers in the Study of Sudanese Languages, 2004, (9): 57–68; Dafalla, R. Y. *A phonological comparison in the Katcha-kadugli language group of the Nuba mountains*. In A. Abu-Manga, L. Gilley & A. Storch (eds.). *Insights into Nilo-Saharan language, history and culture*: *Proceedings of the 9th Nilo-Saharan linguistic colloquium*, *Institute of African and Asian Studies*, *University of Khartoum*, 16–19 February 2004. Köln: Rüdiger Köppe, 2006, pp. 153–172.

[3] Ehret, C. *Is Krongo after all a Niger-Congo language?* In R. Vossen, A. Mietzner & A. Meissner (eds.). *Mehr als nur Worte Afrikanistische Beiträge zum 65*. Köln: Rüdiger Köppe, 2000, pp. 225–237.

[4] Gregersen, E. A. *Kongo-Saharan*. Journal of African Languages, 1972, (4): 46–56.

[5] Blench, R. *Is Niger-Congo simply a Branch of Nilo-Saharan?* In R. Nicolai & F. Rottland (eds.). *Fifth Nilo-Saharan Linguistics Colloquium*, Nice, 1992. Köln: Rüdiger Köppe, 1995, pp. 83–130.

数数字系统(tripartite general-singulative-plurative number system)中,继而引发大西洋—刚果语名词类系统的发展或完善,三方数字标记在尼日尔—刚果语系的高原语和古尔语中仍然存在,而词汇上的相似是由于借用,因此同源关系依然存疑。①

总体而言,尼日尔—刚果语系研究经历了从早期的探索到系统化研究的历程。学者们通过深入研究语法、词汇和历史脉络等,努力揭示尼日尔—刚果语系语言的内在联系和共同特征。跨学科的研究方法也为我们提供了更丰富的视角,使我们对尼日尔—刚果语系的起源和发展有了更深入的认识。随着研究的不断深入和技术手段的不断进步,尼日尔—刚果语系研究将继续发展,并为我们提供更多有关非洲语言的见解。

### 二、尼日尔—刚果语系分类

尼日尔—刚果语系的内部分类,学界经过几十年的探讨,还是没有得出统一答案。格林伯格使用大规模比较法对大量语言进行了比较分类。他的分类方法得到很多人的肯定,但是一些学者持怀疑态度,并做了一些改变。本德尔就是其中的一位,他把格林伯格的6支扩展为9支,即:曼德语、科尔多凡语、大西洋语、伊约得语、克鲁语、古尔语、阿达马瓦—乌班吉语、克瓦语和贝努埃—刚果语。② 这9个语支以不同的方式相互发生关系,分支间关系有近有远,交错复杂,如阿达马瓦—乌班吉语和古尔语的关系似乎比克鲁语和克瓦语之间的关系要紧密一些。这些不同的关系反映了这个事实:9个语支并非直接来自一个共同的祖语。曼德语和科尔多凡语是首先从原始尼日尔—刚果语里分裂出来的。这并不意味着这两支语言是同时出现的,它们只是比其他尼日尔—刚果语表现出更大的差别,这个阶段被称为大西洋—刚果语。下一个分裂促进了大西洋语支和伊约得语支的形成。后来剩下的语支为沃尔塔—刚果语,它又分为5个主要分支:克鲁语、克瓦

---

① Blench, R. *Should Kordofanian be Split up*? Nuba Hills Conference, Leiden, 2011.
② Bendor-Samuel, J. *Niger-Congo languages*. In E. K. Brown & A. Anderson (eds.). *Encyclopedia of language and linguistics*. 2$^{nd}$ ed. Boston: Elsevier, 2006, pp. 631–635.

语、贝努埃—刚果语、古尔语和阿达马瓦—乌班吉语,而多贡语的地位目前还不确定。

维基百科显示,某些语支的同源关系尚未被普遍接受,而那些被认为有同源关系的语支间的关系也模糊不清。尼日尔—刚果语系的核心是大西洋—刚果语系。大西洋—刚果语(Atlantic-Congo)由大西洋语言(不构成一个分支)和沃尔塔—刚果语构成,它占说尼日尔—刚果语人口的80%以上,接近六亿人口。大西洋—刚果语的特点是其语言的名词类系统。大西洋—刚果语很大程度上对应于穆卡洛夫斯基的"西尼格里提语支"①。尼日尔—刚果语系内的非大西洋—刚果语有多贡语、曼德语、伊约语(有时Defaka语为伊约得语)、卡特拉语和拉夏得语。那些已经濒危或绝迹的语言如拉尔语、门普勒语和加拉语,都被归入尼日尔—刚果语系。在苏丹中南部的努巴山区周围使用的科尔多凡语虽然与尼日尔—刚果语不相邻,并且位于尼日尔—刚果语使用地理位置的最东北,但是很多人认为,科尔多凡语是尼日尔—刚果语系的一部分。科尔多凡语通常被划入尼日尔—刚果语中,但有一些学者不同意将其包括在内,如格林伯格把科尔多凡语和尼日尔—刚果语并列(见表11-1)。有的学者认为"科尔多凡"只是一个地理分组,而不是语言分组。根据20世纪80年代学者们的考察,这些都是次要语言,共有大约10万人使用。卡特拉语和拉夏得语与贝努埃—刚果语表现出其他语言所没有的同言线。《言语学》也不接受科尔多凡语支(拉福法语、塔罗迪语和黑班语),也反对把难以分类的拉尔语归入大西洋—刚果语支,并认为伊约得语、曼得语和多贡语都是独立的语言,尚未被证明同源。②

---

① Murkarovsky, H. G. *A Study of Western Nigritic*. Wien: Institut für Ägyptologie un Afrikanistik, 1976/1977 (2).
② https://en.wikipedia.org/wiki/Afroasiatic_languages. 2022.

以中非共和国为中心的乌班吉语族(Ubangian)是否属于尼日尔—刚果语系,分歧很大,一直以来备受争议。格林伯格把它和尼日尔—刚果语系放在一起[1],一些权威人士也同意这个观点,但是迪蒙达尔却质疑它的合理性。[2]

还有很多学者也对尼日尔—刚果语系进行了大量分类研究,如本·斯坦(见表11-2)[3],塞缪尔(见表11-3)[4],奥尔森(见表11-5)[5];威廉森和奥尔森(见表11-5)[6],布伦奇(见表11-6),他们的分类结果很不相同。也有百科全书的编者对尼日尔—刚果语系进行了分类研究(见表11-4)。

---

[1] Greenberg, J. H. *The Languages of Africa*. Bloomington: Indiana University Press, 1963.

[2] Dimmendaal, G. J. *Language ecology and genetic diversity on the African continent*. New Directions in Historical Linguistics, Lyon, May 12-14, 2008.

[3] Bennett, P. R., J. P. Sterk. *South Central Niger-Congo: A reclassification*. Studies in African Linguistics, 1977, (8): 241-273.

[4] Bendor-Samuel, J. T. (eds.). *The Niger-Congo Languages: A Classification and Description of Africa's Largest Language Family*. Lanham: University Press of America, 1989.

[5] Olson, K. S. On Niger-Congo classification. In H. I. Aronson, D. L. Dyer, V. A. Friedman & D. S. Hristova (eds.). *The bill question: Contributions to the study of linguistics and languages in honor of Bill J. Darden on the occasion of his sixty-sixth birthday*. Bloomington: Slavica Publishers, 2006, pp.153-190.

[6] Williamson, K., K. S. Olson. *Niger-Congo*. In J. Middleton & J. C. Miller (eds.). *New encyclopedia of Africa*. London: Charles Scribner's Sons, 2007, (3): 231-233.

表 11-1　格林伯格的分类[①]

| 尼日尔—科尔多凡语系 | 尼日尔—刚果语系 | 西大西洋语 |
| --- | --- | --- |
| | | 曼德语 |
| | | 古尔语 |
| | | 克瓦语（包括克鲁语、里约语（Ljo） |
| | | 贝努埃—刚果语 |
| | | 阿达马瓦—东部语 |
| | 科尔多凡语系 | |

格林伯格提出的分类，被视为该领域中的里程碑事件。他的分类方法主要基于词汇，不仅扩大了对尼日尔—刚果语系的认识，也为该领域的研究提供了新的方法和视角。他强调共性词汇形态和结构类似性的重要性，为语言分类研究提供了一种全新的模式。格林伯格的分类方法也在学术界引起了争议。一些学者质疑他的分类方法是否严密，并指出其中存在的错误和缺陷。例如，一些学者认为他忽略了语音和语法的重要性，并将一些不相关的语言划为同一支系。尽管格林伯格的分类方法存在争议，但它无疑为后续的研究提供了框架和参考。

---

[①] Greenberg, J. H. *The Languages of Africa*. Bloomington: Indiana University Press, 1963.

表 11-2　本·斯坦的分类①

| 曼德语 | | | | | | |
|---|---|---|---|---|---|---|
| 尼日尔—刚果语 | 西大西洋语支 | | | | | |
| | 中尼日尔—刚果语 | 中北尼日尔—刚果语 | 克鲁语 | | | |
| | | | 古尔语 | | | |
| | | | 阿达马瓦—东部语 | | | |
| | | 中南尼日尔—刚果语 | 西部中南尼日尔—刚果语 | Nyo 语 | Yi 语 | |
| | | | | | Gã-adangme 语 | |
| | | | | Togo 语 | Ewe-Fon 语 | |
| | | | | | Mo 语 | |
| | | | 伊约语 | | | |
| | | | 东部中南尼日尔—刚果语 | 中部尼日尔语 | | |
| | | | | Yoruboid 语 | Yoruba 语 | |
| | | | | | Igala 语 | |
| | | | | Edo 语 | Bini 语 | |
| | | | | | Urhobo 语 | |
| | | | | | Degema 语 | |
| | | | | 低地尼日尔语 | Igbo 语 | |
| | | | | Jukunoid 语 | Jukun 语 | |
| | | | | Delta-Cross 语 | Abuan 语 | |
| | | | | | Ogoni 语 | |
| | | | | Efikoid 语 | Efik 语 | |
| | | | | 东 Cross 语 | Ukele 语 | |
| | | | | 贝努埃—Zambesi 语 | | |
| 科尔多凡语 | | | | | | |

本·斯坦提出的尼日尔—刚果语系语言分类是该领域的重要贡献之一，他的工作为理解和研究尼日尔—刚果语系打下了基础。研究尼日尔—

---

① Bennett, P. R., J. P. Sterk. *South Central Niger-Congo: A reclassification*. Studies in African Linguistics, 1977, (8): 241-273.

刚果语系语言的学者们基于大量的语言数据和详细的语言比较分析,对包括词汇、语法和语音在内的多个语言特征进行了系统的研究和比较,建立起了一个相对综合的分类体系。他们根据语言之间的共同特征和差异性,将相似的语言归到同一分支下,从而提供了一种尼日尔—刚果语系语言分类的框架,使得整个分类体系更加准确可靠。他们的分类框架适用于尼日尔—刚果语系中不同语言之间的对比和分析,为后续的研究提供了可资借鉴的方法和工具。而本·斯坦的分类为研究者提供了一个大致框架,可促进不同研究团队之间的合作和交流。这种作用有助于加深对尼日尔—刚果语系的认识,并推动该领域在学术上的发展。

尽管本·斯坦的分类工作取得了一定的成绩,但是也面临一些挑战。语言分类本身是一个复杂的任务,存在着主观性和不确定性。因此,对于尼日尔—刚果语系的分类还有许多不同的观点和方法。

表 11-3 塞缪尔的分类[1]

| 曼德语族 | | | |
|---|---|---|---|
| 大西洋—刚果语族 | 大西洋语(?) | | |
| | 沃尔塔—刚果语支 | 北 Volta—刚果语支 | Kru 语<br>Gur 语<br>阿达马瓦—乌班吉语 |
| | | 南 Volta—刚果语支 | Kwa 语<br>贝努埃—刚果语 |
| | | | Dogon 语 |
| | 伊约得语支(?) | | |
| 科多尔凡语族 | | | |

塞缪尔的分类,最显著的特点是科尔多凡语族再次成为尼日尔—刚果

---

[1] Bendor-Samuel, J. T. (eds.). *The Niger-Congo Languages: A Classification and Description of Africa's Largest Language Family*. Lanham: University Press of America, 1989

语系的主要分支,这是格林伯格最初假设的重演。尽管大家都已接受它与尼日尔—刚果其他语族的亲缘关系,但从格林伯格提出的许多证据来看,科尔多凡语在很大程度上更像是尼日尔—刚果语系中的奥摩语。

塞缪尔是尼日尔—刚果语系语言分类领域的重要学者之一,他在该领域做出了重要的贡献。塞缪尔的分类工作非常系统和全面,他通过深入研究比较大量尼日尔—刚果语系语言,建立了一个相对完整的分类体系。他考虑了多个方面的语言特征,包括词汇、语法、音韵等,从而提供了一个全面的分类框架。塞缪尔的工作不仅涉及尼日尔—刚果语系内部的分类,还关注了尼日尔—刚果语系与其他语系的联系和差异。塞缪尔在语言分类的方法上进行了一些创新。他不仅依赖于语言比较,还运用了基于计算机的统计方法,如聚类分析和相似性度量,从而增强了分类的客观性和可靠性。他的方法综合了多个学科的技术和工具,为语言分类学提供了新的思路和方法。塞缪尔的分类工作对尼日尔—刚果语系研究产生了广泛的影响。他的分类体系被其他研究者广泛引用和应用,为相关领域的学术研究打下了基础。他的工作对于语言学、人类学和文化研究等领域都有重要的启示和应用价值。

表 11-4　大不列颠百科全书里的分类①

| 曼德语族 | | | |
|---|---|---|---|
| 大西洋—刚果语族 | 大西洋语 | | |
| | 沃尔塔—刚果语支 | | 克鲁语<br>克瓦语<br>贝努埃—刚果语<br>多贡语(?) |
| | | 北沃尔塔—刚果语支 | 古尔语<br>阿达马瓦—乌班吉话 |
| 科多尔凡语族 | 伊约得语支 | | |

---

① https://www.britannica.com/topic/Niger-Congo-languages.

表 11-5　奥尔森等人的分类①

| 科尔多凡语族 | | | |
|---|---|---|---|
| 曼德语族 | | | |
| 大西洋—刚果语族 | 伊约得语支 | | |
| | 大西洋语支 | | |
| | 沃尔塔—刚果语支 | 多贡语 | |
| | | 克瓦语 | |
| | | 贝努埃—刚果语 | |
| | | 克鲁语 | |
| | | 北沃尔塔—刚果语 | 古尔话<br>阿达马瓦—乌班吉话 |

　　威廉森和奥尔森是尼日尔—刚果语系语言研究领域的知名学者,他们对该领域的发展做出了重要的贡献。基于大量实证研究和对不同语言的深入考察,他们提供了一个相对全面准确的分类体系。威廉森和奥尔森采用了跨学科的方法,融合了语言学、人类学、历史学等不同学科的理论和方法,将语言分类与其他领域的研究相结合,深入探讨了语言与文化、社会和历史的关系,为尼日尔—刚果语系的分类提供了更多的维度和视角。威廉森和奥尔森的分类在该领域产生了广泛的影响,并被其他研究者广泛引用。他们提出的分类框架为尼日尔—刚果语系研究提供了重要的参考依据。

---

① Olson, K. S. *On Niger-Congo classification*. In H. I. Aronson, D. L. Dyer, V. A. Friedman & D. S. Hristova (eds.). *The bill question: Contributions to the study of linguistics and languages in honor of Bill J. Darden on the occasion of his sixty-sixth birthday*. Bloomington: Slavica Publishers, 2006, pp. 153–190; Williamson, K., K. S. Olson. *Niger-Congo*. In J. Middleton & J. C. Miller (eds.). *New encyclopedia of Africa*. London: Charles Scribner's Sons, 2007, (3): 231–233.

### 表 11-6　布伦奇的分类[①]

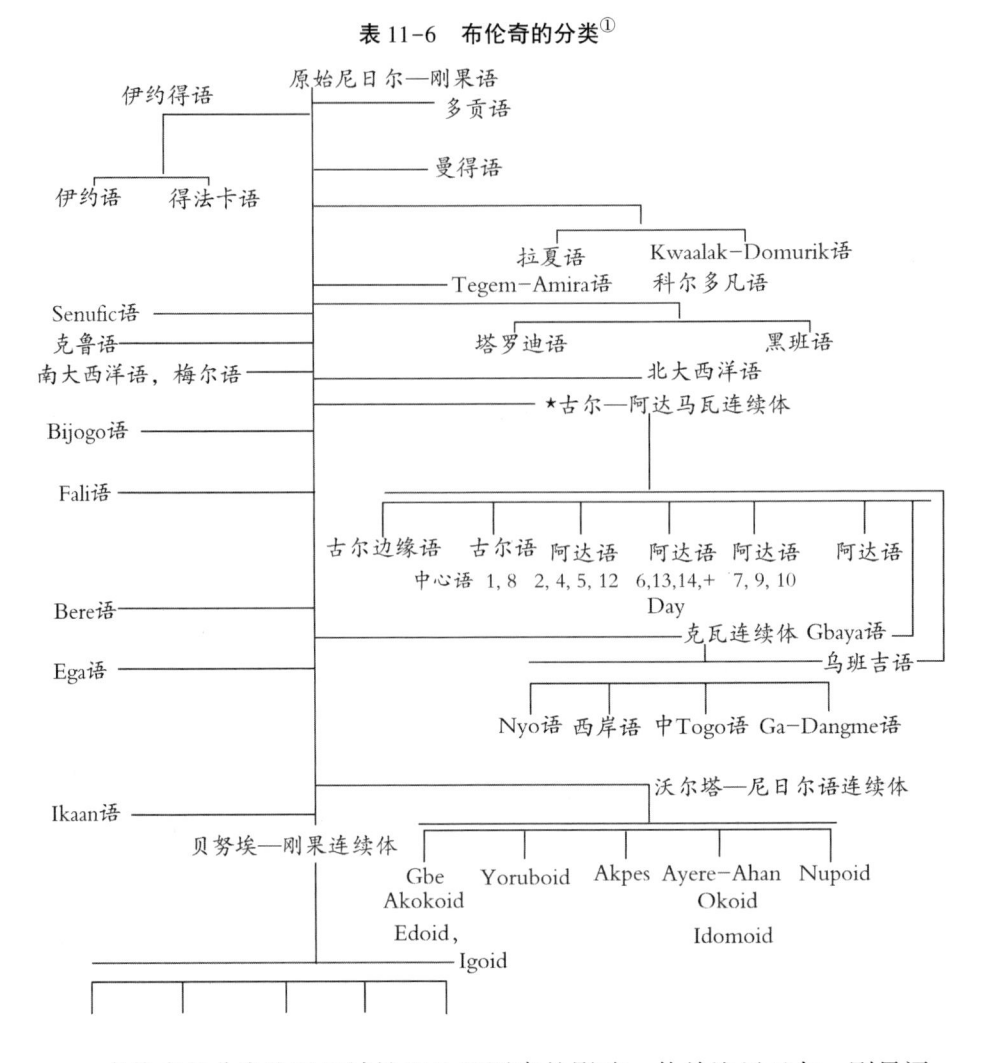

```
伊约得语 ┬ 伊约语           原始尼日尔—刚果语
         └ 得法卡语          ├─ 多贡语
                            ├─ 曼得语
                            │                  拉夏语        Kwaalak—Domurik语
                            ├─────────────── Tegem—Amira语  科尔多凡语
  Senufic语 ──┐                              塔罗迪语        黑班语
  克鲁语 ─────┤                              北大西洋语
  南大西洋语，梅尔语 ─┤                    ★古尔—阿达马瓦连续体
  Bijogo语 ──┤
  Fali语 ────┤        古尔边缘语 古尔语 阿达语  阿达语   阿达语
             │        中心语   1,8  2,4,5,12  6,13,14,+  7,9,10
  Bere语 ────┤                                Day
             │                               克瓦连续体 Gbaya语
  Ega语 ─────┤                                         乌班吉语
             │                   Nyo语 西岸语 中Togo语 Ga-Dangme语
             │                                        沃尔塔—尼日尔语连续体
  Ikaan语 ───┤
             └ 贝努埃—刚果连续体
                Gbe  Yoruboid  Akpes  Ayere—Ahan  Nupoid
                Akokoid                Okoid
                Edoid,                 Idomoid
                       Igoid
```

布伦奇的分类注重区域性和地理因素的影响。他关注尼日尔—刚果语系语言在不同区域的分布和变化，探讨了语言与地理环境、人类迁移和文化交流之间的关系。这种对区域性特点的观察使得他的分类更加全面和贴近语言实际。他通过比较语言之间的共性和差异，解析了尼日尔—刚果语系内部和与其他语系之间的语言演化和历史联系。这为理解语言的起源、发展和变化提供了重要线索。

---

① Blench, R. *Niger-Congo: an alternative view* (http://www.rogerblench.info/Language/Niger-Congo/General/Niger-Congo%20an%20alternative%20view.pdf), 2012.

总体而言,尼日尔—刚果语系的语言分类是基于多个语言特征进行的,旨在揭示语言之间的关系和共同特征。尽管分类过程中可能存在争议,但这种分类系统为研究人员提供了一种框架来理解和比较尼日尔—刚果语系中丰富多样的语言。随着进一步的研究和数据收集,对尼日尔—刚果语系的分类将进一步完善。

### 三、尼日尔—刚果系语言特点

尼日尔—刚果语系是非洲大陆上最为广泛使用的语系之一,它包含大约500多种不同的语言。这些语言在词汇、语法和发音等方面存在着差异,因此整个语系非常丰富和多样化。尼日尔—刚果语系的语音系统相对复杂,辅音和元音非常丰富。一些语言还包含着丰富的音位、声调和音节结构。这些特点使得这些语言听起来独特而且有韵律感。它的语法结构也较为灵活,并且以形态为主。这些语言倾向于使用前缀、后缀和词根的变化来表示时态、数目、性别和人称等语法范畴。此外,它们还会使用词序和语序来表达句义。尼日尔—刚果语系往往有复杂的名词分类系统,根据物体的性质、形状、大小、颜色等进行分类。这种分类系统对于描述事物和表达细微差别方面非常重要。同时,尼日尔—刚果语系主要分布在非洲中部和西部地区,随着地理位置的不同,语言之间的差异也会加大。不同地区的方言和语言互通性较低,因此在跨地区交流时可能会存在沟通障碍。

尼日尔—刚果语有元音和谐现象,它有两套元音:一套是发音时舌根前伸[+ART],舌根前伸(advanced tongue root)就是发元音时舌根往前移,这就给元音增加了气声。另一套发音时舌根后缩[-ART]。

[+ART]元音:/i,e,ɜ,o,u/

[-ART]元音:/a,ɔ,ʊ/

一些语言只有口腔元音,一些语言既有口腔元音也有鼻元音,整体而言,鼻元音比口腔元音少得多。发鼻元音时,软腭下沉,以便气流同时从口腔和鼻腔流出。中元音是由于合并或同化较晚演化而来的。斯图尔特在他的比较研究中为原始珀托—阿卡尼克—班图语构拟了7个元音,有学者为原始伊约得语构拟了 10 个元音，因此有人假设原始尼日尔—刚果语可能有 10 个元音。

有些语言有前鼻辅音，如斯瓦西里语 ndizi"香蕉"，前两个辅音 nd 读作一个音而非两个。有些双辅音发音时同时发唇音和颚音，如 Gbaya 语的 [gb]。除了这些特征外，班图语如祖鲁语和科萨语(Xhosa)有搭嘴音、内爆音和外爆音。

尼日尔—刚果语主要有 5 组对立的发音部位，如唇、齿/齿龈、硬腭(通常是后腭)、软腭、唇—腭。其发音有清浊塞音对立(通常是塞擦音)，有浊内爆音(除科尔多凡语、多贡语、部分贝努埃—刚果语外)，偶尔有非浊内爆音。有硬腭化现象，很少有软腭化现象。还有一个突出的特点就是唇腭音的存在，如 kp，gb 等。这个特点见于贝努埃的一些语言里，但是班图语里没有。

尼日尔—刚果语系的一些语言在两类辅音之间存在有规律的语音对应。在进一步明确这种对应的确切性质之前，它通常被描述为强辅音和弱辅音之间的对立。

大多数尼日尔—刚果语言是声调语言，典型的尼日尔—刚果语的声调系统包括两个或三个对比声调，四级声调很少见，五级更少。但也有少量语言没有声调，如沃罗夫语(Wollof)和斯瓦西里语，在大西洋语支内部还发现了一些语言具有此特征。原始尼日尔—刚果语可能有两个对比层级。一个系统可以在抑音(depressor)辅音的影响下或通过引入降阶(downstep)形成更多的声调对比。声调层级更多的语言倾向于使用声调进行词汇对比，而较少使用声调进行语法对比(见表 11-7)。

表11-7　尼日尔—刚果语言声调对比层级①

| 声调 | 语言 |
| --- | --- |
| H,L | Dyula-Bambara,Maninka,Temne,多贡语,Dagbani,Gbaya,Efik,Lingala |
| H,M,L | Yakuba,Nafaanra,Kasem,Banda,Yoruba,Jukun,Dangme,Yukuben,Akan,Anyi,Ewe,Igbo |
| T,H,M,L | Gban,Wobe,Munzombo,Igede,Mambila,Fon |
| T,H,M,L,B | Ashuku(贝努埃—刚果语),Dan-Santa(曼德语) |
| PA/S | Mandinka(Senegambia),富拉语,沃罗夫语,Kimwani |
| 无 | 斯瓦西里语 |

(T=top,H=high,M=middle,L=low,B=bottom,PA/S=pitch-accent or stress)

尼日尔—刚果系语言一般是开音节(CV),也有以鼻辅音结尾的,辅音群很少或者没有。原始尼日尔—刚果语的典型词语结构应该是 CVCV(现在还没构拟)。动词由一个词根,后跟一个或多个扩展后缀构成,名词由一个词根构成,原本前加一个名词类前缀(C)V-,但由于后期语音变化被磨蚀掉了。

尼日尔—刚果语有一套特别典型的性—数系统,传统上称为"名词类系统(noun classe system)"(见表11-8),名词形式主要由词干+强制性词缀(前缀或者后缀)构成,用以表达:①单数与复数的区别,②语义上相关的词素之间的区别在于共享词干,但一致性特征不同。如:茨瓦纳语里词干-tɬʰàrı由 mà-tɬʰàrı(性5/6)"叶"的复数 lì-tɬʰàrı 和 dì-tɬʰàrı(性7/8)"树"的复数 sì-tɬʰàrı 共享,但是单独一个 t-tɬʰàrı 不能构成一个词。②

---

① Williamson, K. *Niger-Congo overview*. In J. Bendor-Samuel T. & R. L. Hartell (eds.). *The Niger Congo Languages: A Classification and Description of Africa's Largest Language Family*. Lanham: University Press of America, 1989, p.27.

② Creissels, D. *Morphology in Niger-Congo Languages*. Oxford Encyclopedia of Linguistics, 2017.

表 11-8　尼日尔—刚果语系的名词类系统①

| | 1 | 3 | 4(3 的 pl) | 5 | 6(5 的 pl) | 6a |
|---|---|---|---|---|---|---|
| 科尔多凡语<br>大西洋语 | gu-"人"<br>gu-"人" | gu-"树"<br>gu-"树名" | j-<br>Ci- | li-"鸡蛋"<br>de-"头,名字" | ŋu-<br>ga- | ŋ-"液体"<br>ma-"液体" |
| Oti-Volta | ʊ"人" | -bʊ"树" | -Ci | -dɪ"鸡蛋,头" | -a | -ma"液体" |
| Togo Remnant | o-"人" | o-"柴火" | i- | li-"鸡蛋,头,名" | a- | ?—"液体" |
| 贝努埃—刚果语 | u-"人" | u-"树" | (t)i- | li-"鸡蛋,头,名" | a- | -ma"液体" |
| 班图语<br><br>马邦语(乌班吉) | NP mu-<br>PP ju-<br>"人"<br>-V<br>Num g-<br>"男人" | mu-<br>gu-<br>"自由的"<br>-V<br>w- | mi-<br>gi-<br>-e<br>ø- | i.<br>li-<br>"鸡蛋,名"<br>-le<br>l-<br>"名字" | ma-<br>ga-<br>"液体"<br>-me | ma-<br>ga-<br>"液体"<br><br>"液体" |

　　尼日尔—刚果语名词类系统有 3—25 个,涉及语音、词汇、语法和语义等方面,如贝努埃—刚果语的名词根据单复数形式确定类别,这些单复数形式使用单数和复数的前后缀标记。名词修饰语,如代词、形容词、数词、甚至动词,也用相同的前后缀来标记名词。如班图语中,斯瓦西里语叫作 Kiswahili,而斯瓦西里人是 Waswahili。同样的,在乌班吉语里,Zande 语叫作 Pazande,而 Zande 人是 Azande。在班图语里,名词分类特别复杂,通常以前缀形式出

---

① Schadeberg, T. C. *Kordofanian*. In J. Bendor-Samuel (ed.). *The Niger-Congo Languages*. Lanham: University Press of America, 1989, pp. 66-80.

现,动词和形容词根据所指名词的类别进行标记。如斯瓦西里语里,watu wazuri wataenda 就是"好(zuri)人(tu)要去(ta-enda)"。

有着名词类系统的大西洋—刚果语同样也有一套动词应用词(applicative)和其他的动词扩展(verbal extension)。动词扩展构成一类后缀,用于标记配价变化、某些体以及其他派生或准派生功能[1],如相互代词后缀-na(斯瓦西里语 penda"爱",pendana"爱彼此",应用词 pendea"为……爱"和致使性的单词 pendeza"使高兴")。动词扩展后缀有很多功能[2]:①提高配价:致使格、受益格、与格、工具格、位置格,等;②减少配价:被动态、互惠、静态、中间,等;③(重定)方向:反向性、方向(目标/来源、朝向/来自说话者),等;④标记体:复数、起始、结果、完成/不完成,等。

除了班图语有动词扩展后缀外,其他尼日尔—刚果语也有这些功能,如[3]:

(1)得格马语(Degema)的致使格-ɛsɛ(Edoid;贝努埃—刚果语)

| tʊ | 被烧 | → | tʊ-ɛsɛ | 使烧 |
| tul | 抵达 | → | tul-ese | 使抵达 |
| kir | 返回 | → | kir-ese | 使返回 |

---

[1] Heine, B. *Methods in comparative Bantu linguistics (the problem of Bantu linguistic classification)*. In L. Bouquiaux (ed.). *L'expansion bantoue: Actes du colloque international du CNRS, Viviers (France) 4-16 avril 1977*. Paris: SELAF, 1980, (2): 295-308.

[2] Harry, L. M. *Niger-Congo Verb Extensions: Overview and Discussion*. In D. L. Payne & J. Peña (eds.). *Selected Proceedings of the 37th Annual Conference on African Linguistics*. Somerville: Cascadilla Proceedings Project, 2007, pp. 149-163.

[3] Harry, L. M. *Niger-Congo Verb Extensions: Overview and Discussion*. In D. L. Payne & J. Peña (eds.). *Selected Proceedings of the 37th Annual Conference on African Linguistics*. Somerville: Cascadilla Proceedings Project, 2007, pp. 149-163.

(2) 伊格柏语(Igbo)的受益格-rV/-lI(Igboid;贝努埃—刚果语)

| zʊ́ | 买 | → | zʊ́-rʊ | 为…买 |
| bè | 割 | → | bè-re | 为…割 |
| zà | 扫 | → | zà-ra | 为…扫 |

(3) 赞得语(Zande)的受益格-d-(乌班吉语)

| kpi̧ | 死 | → | kpi̧-d- | 为…死 |
| na | 下雨 | → | na-d- | 为…下雨 |
| gbe | 拉 | → | gbe-d- | 为…拉 |

(4) 班达—林达语(Banda-Linda)的反向性-rV(乌班吉语)

| vɨs | 加热使其成熟；育雏 | → | vɨ sɨ | 张开(翅膀)，打开 |
| ʒe | 起泡，溢出 | → | ʒèrè | 瘪下来,吐出最后一口气,低下,沉下 |

(5) 克拉恩语(Krahn,克鲁语)的多功能配价标记-ɛ

| mu | 走 | → | mu-ɛ | 使走(致使格) |
| dbà | 杀死 | → | dbà-ɛ | 为…杀死(应用格) |
|  |  |  | dbà-ɛs | 用…杀死(工具格) |

一些学者构拟了原始尼日尔—刚果语的上述特征,如威廉森构拟了名词类系统[①],沃尔兹构拟了扩展形式[②]。其中名词类系统已经成为该语系成

---

① Williamson, K. *Benue-Congo Overview*. In J. Bendor-Samuel (ed.). *The Niger‑Congo Languages*. Lanham: University Press of America, 1989, pp. 37–40.

② Voeltz, E. *Proto-Niger-Congo Extensions*. PhD dissertation, University of California at Los Angeles, 1977.

立的关键证据①。

由于尼日尔—刚果系语言数量庞大,而且形式多变,因此很难对该语系的语法系统进行总结。

尼日尔—刚果语是高度屈折型语言,很多用英语词表述的概念都是用前后缀实现的,不同的前后缀表示人称、时态、体和语气,后缀用于派生被动、原因、相互和前置词形式。

尼日尔—刚果语语序一般为SVO,但在一些语言中,主语可能为动词的一部分,某些下支语言如曼德语、伊约得语和多贡语语序为SOV,因此该语系的基本语序引起了很大的争议。克劳迪根据SVO>SOV的语法化途径支持SVO结构②。根斯勒指出,基本语序的概念是有问题的,比如它排除了带助动词的结构。然而,班图语有着SVO语序的动词复句中发现的Sc-Oc-Vb-Stem(Subject concord 主语一致性、Object concord 宾语一致性、Verb stem 动词词干)结构表明,尼日尔—刚果语更早当为SOV模式(主语和宾语至少是用代词表示的)。

大多数尼日尔—刚果语的名词词组是名词起首的,形容词、数词、指示词和所有格都在名词后面。主要的例外见于西部地区,动词尾的语序占主导地位,属格在名词之前,尽管其他修饰语仍在其后。程度词几乎总是跟在形容词后面,除动词尾语言外,介系词(deposition)都是介词。

门得语(Mende)的动词尾有两种很特殊的顺序。动词跟在直接宾语后面,间接介词短语(如"in the house""with timber")在动词之后,形成了SOVX语序。还有一种就是内部中心词和相关的关系从句,在这两种句型里,中心词出现在关系从句里而非主句里。

总之,尼日尔—刚果语系是非洲大陆上一种使用非常广泛和多样化的

---

① Schadeberg, T. C. *A Survey of Kordofanian*, 1: *The Heiban Group*. Hamburg: Helmut Buske, 1981, pp. 122-124.
② Claudi, U. *Die Stellung von Verb und Objekt in Niger-kongo-Sprachen: Ein Beitrag zur Rekonstruktion historischer Syntax*. Cologne: Institut für Afrikanistik, Universität zu Köln, 1993.

语系。它拥有独特的语音系统、灵活的语法结构和丰富的名词分类,反映了非洲不同地区的文化和社会特点。

### 四、尼日尔—刚果系语言溯源

尼日尔—刚果语系语言的起源研究是一个复杂而令人兴奋的课题,研究者们通过比较各种语言之间的相似性和差异性,以及对历史、地理和人类迁移等因素的考察,尝试还原尼日尔—刚果语的起源和发展过程。

尼日尔—刚果语起源于何时何地及在有记录之前范围有多大,学界还没有形成统一意见。一种观点认为,尼日尔—刚果语起源于尼日尔河和贝努埃河的交叉地带,这是20世纪研究尼日尔—刚果语系的学者威廉森提出的[1]。他根据最少迁徙原则,认为贝努埃—刚果语言(占了尼日尔—刚果语系的一半)的原始故乡在尼日尔河和贝努埃河的交叉地带,很多世纪以来,说贝努埃—刚果语的人群向南向东扩散。布伦奇根据威廉森和沃尔夫的研究,得出了与他们相同的答案[2]。

第二种观点认为,尼日尔—刚果语系最有可能起源于班图语扩张之前的地区(即西非或中非)。其扩张可能与公元前3500年非洲新石器时代撒哈拉沙漠干旱后萨赫勒(Sahel)农业扩张有关。[3]

第三种观点认为,撒哈拉是原始语的故乡。根据温特斯的研究[4],撒哈拉在成为沙漠之前一定有人居住,并且使用水上工具的原始人群就是说尼

---

[1] Bendor-Samuel, J. (ed.). *The Niger-Congo Languages*. Lanham: University Press of America, 1989, pp. 37-40.

[2] Blench, R. *Niger-Congo: an alternative view* (http://www.rogerblench.info/Language/Niger-Congo/General/Niger-Congo%20an%20alternative%20view.pdf), 2012.

[3] Manning, K., T. Adrian. *The demographic response to Holocene climate change in the Sahara*. Quaternary Science Reviews, 2014, (101): 28-35; Kopytoff, I. *The African Frontier*. The Reproduction of Traditional African Societies, 1989, pp. 9-10.

[4] Winters, C. *Origin of the Niger-Congo Speakers*. Genetics, 2012, (3):3.

日尔—刚果语的人[1]。还有一种撒哈拉文化也出现在撒哈拉,这些人使用弓箭俘获动物,他们与欧纳尼亚(Ounania)文化相关,存在于一万两千年之前。尼日尔—刚果人是里海人的后代,欧纳尼亚人是里海人。里海人不仅出现在非洲,还出现在南亚。研究者们使用颅骨测量学发现,印度南部和印度河谷一带的达罗毗荼人与古里海人或地中海人有同源关系。拉尔[2]和萨斯特里[3]认为里海人在非洲、欧亚大陆到印度南部这一广阔的地带。一些研究者认为里海文化起源于东非[4]。欧纳尼亚文化与埃及中部、阿尔及利亚、马里、毛里塔尼亚和尼日尔有关[5]。尼日尔—刚果语的原始故乡可能是撒哈拉高地一带。后随着原始故乡越来越贫瘠,尼日尔—刚果人移民到费赞(Fezzan)、尼罗河谷和苏丹。

使用尼日尔—刚果语的人约在六千年前一直居住在费赞和霍加(Hoggar)高地。最初的狩猎采集者,即原始尼日尔—刚果人发展了农牧经济,包括种植谷子和驯养牛(羊)。这也可能是达罗毗荼人、埃及人、苏美尔人、尼日尔—科尔多凡—曼德人和埃兰人的古老家园。这一带被称之为肥沃的非洲新月地带,居住在此地的人被称为原始撒哈拉人,他们在古文献中被称为库希特人。这些不同的库希特部落起源于古撒哈拉。这些原始撒哈拉人被埃及人称为塔塞提人(Ta-Seti)和提埃努人(Tehenu)。费赞的尼日尔—刚果居民是圆头非洲人。费赞人的文化特征类似于C族文化和塔塞提人。C族人是讲原始撒哈拉语或尼日尔—刚果语的人,他们在公元前

---

[1] Drake, N. A., R. M. Blench, S. J. Armitage, C. S. Bristow, K. H. White. *Ancient watercourses and biogeography of the Sahara explain the peopling of the desert*. PNAS, 2012, (2): 458-462.

[2] Lal, B. B. *The Only Asian Expedition in threatened Nubia: Work by an Indai Mission at Afyeh and Tumas*. The Illustrated Times, London 20 April, 1963.

[3] Sastri, N. *History of South India*. Madras: Cumberledge, 1955.

[4] Lal, B. B. *The Only Asian Expedition in threatened Nubia: Work by an Indai Mission at Afyeh and Tumas*. The Illustrated Times, London 20 April, 1963.

[5] Blench, R., M. Spriggs (eds.). *Archaeology and Language II*. London: Routledge, 1998.

3700—前1300年间占领了苏丹和费赞地区。费赞居民被称为特眉胡斯（Tmhw,Temehus）。特眉胡斯代表说尼日尔—刚果语的原始人群。大约在公元前2200年,特眉胡斯人或C族人开始定居库希特。库希特的首都在东戈拉（Dongola）和赛岛（Sai island）的科尔马（Kerma）。在科尔马发现的相同陶器也在利比亚（甚至印度）出现,尤其是在费赞,这是尼日尔—刚果语的古老家园之一。C族人建立了库希特的科尔马王朝。迪奥普指出,"利比亚最早的人群是来自撒哈拉南部的黑人"。①

总而言之,欧纳尼亚传统始于约一万年前。与这个文明相关的人群可能就是说原始尼日尔—刚果语的人。他们来自撒哈拉高地,早期移居苏丹。欧纳尼亚文明在北非开始发展之时,撒哈拉—苏丹人的陶瓷风格被尼日尔—刚果人传入撒哈拉。语言学和人类学证据表明,讲达罗毗荼语的人是C族人,他们本是尼日尔—刚果人。这表明是达罗毗荼人把红色和黑色陶器,以及小米的种植从非洲带到了印度。

截至目前,研究者们已经深入研究了非洲大陆上的历史和人类迁移的模式,将其与语言的分布和变化联系起来。他们发现,人类迁移和交流对尼日尔—刚果语的形成和扩散起到了重要作用。通过结合考古学和人类遗传学等多学科的研究成果,研究者们推测出语言的迁移和演化历史。目前的研究也揭示了非洲大陆不同地区的文化和社会特点。一些语言在词汇和名词分类等方面反映了当地的自然环境、生活方式和文化习俗。通过对语言的深入研究,我们可以更好地理解非洲各个地区的文化多样性和人类历史的发展。尼日尔—刚果语的起源研究仍然是一个活跃的领域,研究者们持续发现新的证据、提出新的假设,并进行讨论和争论。这种学术上的挑战和交流有助于不断完善对尼日尔—刚果语起源的认识,并推动该领域研究的

---

① Diop, C. A. *La literature Romanesque senegalaise comme expression de lexpansion du wolof au Senegal: de queques patronymes*. In G. von C. Hoffmann (ed.). *Festschrift zum 60*. Hamburg: H. Buske, 1986, pp. 81-97.

进展。

　　总之,尼日尔—刚果语的起源研究是一项具有挑战性和重要性的学术工作。通过语言比较、历史考察和文化反映等方法,研究者们逐渐揭示了尼日尔—刚果语系语言的起源和发展。然而,仍然有很多问题需要进一步的研究和探索。

# 第十二章　克瓦桑语系

克瓦桑语(Khoisan 或 Khoesan)来自德国人种志研究者舒尔兹的《论霍屯督人和布须曼人的特点》[1]。文中他首次造了复合词 Khoisan,即把霍屯督人(Hottentot)的自称 Khoe 和布须曼人(Bushmen)的自称 San 结合起来。Khoi(也指 Khoikhoi 或 Khoekhoen)指古开普或加里普的移动牧民,San 指靠打猎和采集为生的小型社团人群。后来学者沙佩拉在对该地区人群进行人类学描述时用了这个术语[2]。非洲语言学家韦斯特曼也在自己的著述中使用了该名称[3]。早期有学者认为,南非的克瓦桑语系由北支、中支和南支构成,它们形成一个独立语系[4]。与其他语系不同的是,克瓦桑语都有搭嘴音。1955 年,格林伯格首次提出,把一组含有搭嘴音、不同于其他语系的语言放

---

[1] Schultze, L. *Zur Kenntnis des Körpers der Hottentotten und Buschmänner*. Jena: Gustav Fischer, 1928.

[2] Schapera, I. *The Khoisan Peoples of South Africa*. London: Routledge and Kegan Paul, 1930.

[3] Westermann, D. *Charkter und Einteilung der Sudansprachen*. Africa, 1935, (2): 129–148.

[4] Bleek, D. *The Distribution of Bushman Languages in South Africa*. In F. Meinhof(ed.). *Sprachwissens-chaftliche und andere Studien*. Hamburg: H. Buske, 1927, pp. 55–64; Bleek, D. *Comparative Vocabularies of Bushman Languages*. Cambridge: Cambridge University Press, 1929.

在一个独立的语系里,此时他需要一个名称①,1963 年他正式借用了舒尔兹的 Khoisan②。格林伯格认为,克瓦桑语系与非洲的其他语系,如亚非语系、尼罗—撒哈拉语系、尼日尔—刚果语系有着相同的地位。接下来,科勒尔又进一步做了研究③,其他学者也进行了论证,如厄勒特④、洪肯⑤、斯塔罗斯金⑥。然而特雷尔认为克瓦桑这个名称的使用只是出于便利,只是到现在还没有发现一个更合适的名称可以取代它而已⑦。

在 20 世纪的大部分时间里,人们都认为克瓦桑语系的语言彼此之间存在发生学关系,是由三个不同的语系和两种孤立语组成。除两种语言外,所有克瓦桑语都是南部非洲的土著语言,分属三个不同的语系:秸语系(Khoe)、茱语系(Ju)和吐兀语系(Tuu)。秸语系似乎在班图语扩张前不久就迁徙到了非洲南部。从种族上讲,说这些语言的主要是 Khoikhoi 人和桑人(San)(Bushman 人)。东非的另外两种语言:桑达韦语和哈扎语,最初也归为克瓦桑语,尽管他们的使用者在种族上既不是 Khoikhoi 人也不是桑人。在班图语扩张之前,克瓦桑语或类似语言很可能遍及非洲南部和东部,但目前仅存于卡拉哈里沙漠,主要在纳米比亚和博茨瓦纳,以及坦桑尼亚中部的裂谷地带。因此说克瓦桑语的主要是布须曼人和霍屯督人,以及非洲南部其他说非班图语的人。他们生活在非洲西南部的半沙漠地带,共约 15 种语

---

① Greenberg, J. *Studies in African Linguistic Classification*. New Haven: Compass Publishing, 1955.

② Greenberg, J. *The Languages of Africa*. Bloomington: Indiana University Press, 1963.

③ Köhler, O. *Neuere Ergebnisse und Hypothesen der Sprachforschung in ihrer Bedeutung für die Geschichte Afrikas*. Paideuma, 1973/4, (19/20): 162-199.

④ Ehret, C. *Proposals on Khoisan Reconstruction*. Sprache und Geschichte in Afrika, 1986, (2): 105-130.

⑤ Honken, H. *Types of Sound Correspondence Patterns in Khoisan Languages*. In M. Schladt (ed.). *Language, Identity and Conceptualization among the Khoisan*, Quellen zur Khoisan Forschung/Research in Khoisan studies 15. Köln: Rüdiger Köppe Verlag, 1998, pp. 171-193.

⑥ Starostin, G. *A Lexicostatistical Approach Towards Reconstructing Proto-Khoison*. Mother Tongue, 2003, (8): 81-126.

⑦ Traill, A. *Click Replacement in Khoe*. In R. Vossen & K. Keuthmann (eds.). *Contemporary Studies on Khoesan*. Hamburg: Helmut Buske, 1986, p. 301.

言。除了都有搭嘴音外,克瓦桑语系内部差异很大,被语言学家认为是最复杂的语言,主要是因为它们不仅有搭嘴音,而且还有非搭嘴音,这使得该语系成为世界上辅音最丰富的语言。

## 一、克瓦桑语系研究历史

根据特雷尔的研究,17世纪,从开普敦往东,一直到非什里弗(Fish River),大概有10万—20万人都讲秙语中的不同方言。相比而言,桑语分布很广,但比秙语小。南非现在保存下来的最普遍的秙语是纳马语(Nama, Khoekhoegowab语或Khoekhoe语),它主要分布在开普省北部的里齐特威尔德地区(Richtersveld)。[1] 现在纳米比亚说秙语的大约有两千人,在博茨瓦纳也发现了说这种语言的人群。

桑语的语言地位比秙语差了很多。分布最广泛的南非桑语是19世纪中期布里克和劳埃德记录的ǀXam语,现在这种语言已绝迹。2018年7月,贝内特和基里安识别出一种未知桑语,很可能属吐兀语系,它显然与ǀXam语和 Nǀuu语有同源关系。目前,安哥拉、博茨瓦纳、纳米比亚等地仍然说桑语,而南非目前只保留下来一种语言—Nǀuu语[2]。现在南非的克瓦桑语只有5种还在使用,即!Xun语、Khwedam语、秙秙语(Khoekhoe)、Nǀuu语和Xri语(见表12-1)。

南非的5种克瓦桑语,除Xri语外,都有大量词典、语法书和早期儿童读本等语言材料。而Xri语的早期语言材料也在迈因霍夫[3]和比奇[4]的文章里

---

[1] Traill, A. *The Khoesan Languages*. In R. Mesthrie (ed.). *Language in South Africa*. Cambridge: Cambridge University Press, 2002, p. 29.
[2] Mesthrie, R. *Trajectories of Language Endangerment in South Africa*. In C. B. Vigouroux & S. S. Mufwene (eds.). *Globalization and Language Vitality: Perspectives from Africa*. London: Continuum, 2008, pp. 32–51.
[3] Meinhof, C. *Der Korannadialekt des Hottentotischen*. Berlin: Reimer, 1930.
[4] Beach, D. M. *The Phonetics of the Hottentot Language*. Cambridge: Heffer, 1938.

找到。20世纪70年代,斯奈曼创立了词表①,随后被哈克和斯奈曼加以分析②。2006年11月,桑德斯和纳马塞伯等人创立了记录当代语言54个词条的词汇表,由两个来自北开普省迪崩(Dibeng)的Xri语发音人格尔兹和弗里斯提供。然而,该材料一直没有出版。2019年,莫斯蒙与几个还在世的说当地方言的人合作,制作Xri语、奥拉涅河南非荷兰语、英语的三语词表。

表12-1 现今南非的克瓦桑语言③

| 语言名称 | 语系 | 所属国家 | 使用人数 |
| --- | --- | --- | --- |
| !Xun 语 | 茱语 | 南非、纳米比亚、博茨瓦纳、安哥拉 | 16000 人 |
| Khwedam 语 | 秸语 | 南非、纳米比亚、博茨瓦纳、安哥拉、赞比亚 | 7000 人 |
| Khoekhoe 语 | 秸语 | 南非、纳米比亚、博茨瓦纳 | 200000 人 |
| N|uu 语 | 吐兀语 | 南非 | 4 人 |
| Xri 语 | 秸语 | 南非 | 3 人 |
| Tum?i 语 | 可能是吐兀语 | 南非 | 3 人 |

2002年出版了纳米比亚秸秸语大型词典(哈克和艾瑟伯),但是却没有参考语法。可用的材料还有哈格曼的研究④和鲁斯特的教学语法⑤。2018年杜普莱西斯出版了南非开普省北部纳马语方言参考语法,包括双语词典,注释文本和翻译。⑥

最早对卡拉哈里方言(Kalahari)进行记录的是探险家们和传教士,如:

---

① Snyman, J. *An Introduction to the !Xũ( !Kung) Language (Communication of the UCT School of African Studies)*. Cape Town: A. A. Balkema, 1970.
② Haacke, W. H. G., J. W. Snyman. *Lexical Proximity of a Xri Corpus to Khoekhoegowab*. Studies in African Linguistics, 2019, (2): 267–328.
③ Jones, K. *Contemporary Khoesan Languages of South Africa*. Critical Arts, 2019, (4–5): 55–73.
④ Hagman, R. S. *Nama Hottentot Grammar*. Bloomington: Indiana University Press, 1977.
⑤ Rust, F. *Praktische Namagrammatik auf Grund der Namagrammatiken von H. Vedder und J. Olpp*. Cape Town: Balkema, 1965.
⑥ du Plessis, M. *Kora: A Lost Khoisan Language of the Early Cape and the Gariep*. Pretoria: Unisa Press, 2018.

传教士多南很早就注意到布须曼语和克瓦语之间的亲缘关系。[1] 而布里克把布须曼语和纳霍语(Naro)放在一起构成"布须曼中部语组"。[2] 布里克在《比较词典》里指出了纳霍语的位置。[3] 在她去世后她的《布须曼语词典》才出版[4]。1938年比奇再次提到了布须曼中部语组下位语支,如纳霍语和传统秸语、纳马语及科拉语(Kora)之间的联系。[5] 到了20世纪60年代,学界基本认同了这些语言之间的同源关系。南非语言学家韦斯特菲尔因早期反对克瓦桑语系而闻名。20世纪50年代中期,韦斯特菲尔在《非洲语言手册》副刊第三部分清楚地阐明了这种关系。[6] 1963年,韦斯特菲尔正式提出Tshu-khwe语组,取代布里克的布须曼中部语组。[7] 整个20世纪60年代,他都在记录Tshu-khwe语的各种方言。特雷尔一开始是支持克瓦桑语系的,[8]但到了1998年,他认为,目前的数据和方法无法证明这一点,单一的类型学标准——搭嘴音——很难作为证明该语系成立的证据。[9] 洪肯提供了克瓦桑语的几种语音对应,并把这些对应分为四种:偶然对应(sporadic)、古怪对应

---

[1] Dornan, S. *The Tati Bushmen (Masarwas) and Their Language*. Journal of the Royal Anthropological Institute 47 (Jan – June),1917,pp. 37-112.

[2] Bleek, D. *The Distribution of Bushman Languages in South Africa*. In F. Meinhof (ed.). *Sprachwissens-chaftliche und andere Studien*. Hamburg:H. Buske,1927,pp. 55-64.

[3] Bleek, D. *Comparative Vocabularies of Bushman Languages*. Cambridge:Cambridge University Press,1929.

[4] Bleek, D. *A Bushman Dictionary*. New Haven:American Oriental Society,1956.

[5] Beach, D. M. *The Phonetics of the Hottentot Language*. Cambridge:Heffer,1938.

[6] Westphal, E. O. J. *The non-Bantu languages of southern* Africa. In A. N. Tucker & M. A. Bryan (eds.). *The non-Bantu languages of northeastern Africa*. Oxford:Oxford University Press,1956.

[7] Westphal, E. O. J. *The Linguistic Prehistory of Southern Africa:Bush,Kwadi,Hottentot and Bantu Linguistic Relationships*. Africa,1963,(33):237-265.

[8] Traill, A. *Click Replacement in Khoe*. In R. Vossen & K. Keuthmann (eds.). *Contemporary Studies on Khoesan*. Hamburg:Helmut Buske,1986,pp. 301-320.

[9] Traill, A. *Lexical Avoidance in !Xóõ*. In M. Schladt (ed.). *Language,Identity,and conceptualization Among the Khoisan*. Köln:Rüdiger Köppe,1998,pp. 421-437.

(quirky)、保守对应(conservative)和经典对应(classical)[1]。厄勒特构拟了原始克瓦桑语,编辑了克瓦桑语词典[2],并且对原始克瓦桑语的语音进行了深入的研究[3]。他基于"一对一"原则,比较了北、中、南地区的克瓦桑语言。1998年桑德斯使用词汇统计学方法分析了克瓦桑语言的词汇证据,她选取了100词表,[4]不过她的比较过于强调相似[5]。

德国学者科勒尔在同一时期一直在研究科霍语(Kxoe,Khwe)[6]。现在学界一般采用古德曼和沃森的叫法[7],把这个语支叫作卡拉哈里·秭语。一些学者把秭秭语组和卡拉哈里语组合起来称为"克瓦桑语中部语组",而布伦辛格建议改为"Khoeid"。[8]

---

[1] Honken, H. *Phonetic Correspondences among Khoisan* Affricates. In R. Vossen (ed.). *New perspectives on the study of Khoisan*, Quellen zur Khoisan-Forschung, Bd 7. Hamburg: Helmut Buske Verlag, 1988, pp 47–65; Honken, H. *Types of Sound Correspondence Patterns in Khoisan languages*. In M. Schladt (ed.). *Language, Identity and Conceptualization among the Khoisan*. Quellen zur Khoisan-Forschung/ Research in Khoisan studies, Bd 15. Köln: Rüdiger Köppe Verlag, 1998, pp 171–193.

[2] Ehret, C. *Proposals on Khoisan Reconstruction*. In F. Rottland & R. Vossen (eds.). *African hunter-gatherers* (international symposium). Sprache und Geschichte in Afrika, special issue 7(2). Hamburg: Helmut Buske Verlag, 1986, pp. 105–130.

[3] Ehret, C. *Toward Reconstructing Proto-South Khoisan*. Mother Tongue, 2003, (8):65–81.

[4] Sands, B. *Eastern and Southern African Khoisan: Evaluating Claims in Distant Linguistic Relationships*. Köln: Rüdiger Köppe Verlag, 1998, p. 256.

[5] Starostin, G. *A Lexicostatistical Approach Towards Reconstructing Proto-Khoison*. Mother Tongue, 2003, (8):81–126.

[6] Köhler, O. *Studien zum Genussytem und Verbalbau der Zentralen Khoisan-Sprachen*. Anthropos, 1962, (57): 529–546; Köhler, O. *Die Khoe-Sprachigen Buschmännerder Kalahari*. In F. für K. Kayser (ed.). *Forschungen zur Allgemeinen und Regionalen Geographie*. Wiesbaden: Franz Steiner, 1971, pp. 373–411; Köhler, O. *Die Welt der Kxoé-Buschleute im Südlichen Afrika: Eine Selbstdarstellung in Ihrer Eignen Sprache*. Berlin: Dietrich Reimer, 1989–1991.

[7] Güldemann, T., R. Vossen. *Khoisan*. In B. Heine & D. Nurse (eds.). *African Languages: An Introduction*. Cambridge: Cambridge University Press, 2000, pp. 99–122.

[8] Brenzinger, M. *The Twelve Modern Khoisan Languages*. In A. Witzlack-makarevich & M. Ernszt (eds.). *Khoisan Languages and Linguistics: Proceedings of the 3rd International Symposium*. Cologne: Rüdiger Köppe, 2013, pp. 1–33.

南非的各种克瓦桑语言研究工作在战争期间一度中止,1994年种族隔离结束之后才又恢复。基里安—哈兹出版了科维语(Khwe)词典,使用了社区拼字法以适应下位语支的所有方言[1]。维瑟的纳霍语词典采用以博茨瓦纳为基础的拼字法,包括使用罗马字母代替搭嘴音,字母g表示腭擦音[2]等。近几十年来,更多关于卡拉哈里·栝语的研究出现了,如中川弘司的圭语(ǀGui)语音学和音位学研究[3]、基里安—哈兹的科维语参考语法[4],还有他早期的《科维语文本集》[5],以及马西斯的术华方言(Shua)声调研究[6]和安丽—玛利亚·费恩的Ts'ixa语参考语法[7]。瓦森还总结了学者们对卡拉哈里·栝语不同下位语支的研究[8]。

古德曼认为栝语可能与安哥拉南部语言克瓦迪语(Kwadi)有亲缘关系[9]。古德曼和艾尔德金根据语法和词汇证据,证明中苏丹语(栝语)与现在已绝迹的克瓦迪语(西南安哥拉语)有同源关系,也证明这些语言与坦桑尼亚的桑达韦语(Sandawe)有同源关系。[10] "原始栝—克瓦迪语的祖语更有可

---

[1] Kilian-Hatz, C. *Khwe Dictionary*. Cologne: Rüdiger Köppe, 2003.

[2] Visser, H. *Naro Dictionary: Naro-English; English-Naro*. Gantsi: Naro Language Project, 2001.

[3] Nakagawa, H. *Aspects of the Phonetic and Phonological Structure of the Gǀui Language*. PhD diss. University of Witwatersrand, 2006.

[4] Kilian-Hatz, C. *A Grammar of Modern Khwe (Central Khoisan)*. Cologne: Rüdiger Köppe, 2008.

[5] Kilian-Hatz, C. *Folktales of the Kxoe in the West Caprivi*. Cologne: Rüdiger Köppe, 1999.

[6] Mathes, T. K. *Consonant-tone Interaction in the Khoisan Language Tsua*. Phil diss. New York University, 2015.

[7] Fehn, a-M. *A Grammar of Ts'ixa (Kalahari Khoe)*. PhD diss. University of Cologne, 2015.

[8] Vossen, R. (ed.). *The Khoesan Languages*. Oxford and New York: Routledge, 2013.

[9] Güldemann, T. *TUu-A New Name for the Southern Khoisan Family* (University of Leipzig Papers on Africa, Languages and Literatures 23). Leipzig: Institute for African Studies, University of Leipzig, 2004.

[10] Güldemann, T., E. D. Elderkin. *On External Genealogical Relationships of the Khoe Family*. In M. Brenzinger & C. König (eds.). *Khoisan Languages and Linguistics: the 1st Riezlern Symposium 2003*. Cologne: Rüdiger Köppe, 2010, pp. 15–52.

能来自卡拉哈里盆地的北部边缘。"他们也支持其他人，如科勒尔认为这个语系来自东北部，"……可能在东非"[1]。20世纪五六十年代，韦斯特菲尔[2]和葡萄牙人类学家阿尔梅达研究过克瓦迪语，并做过简单记录。秬—克瓦迪语系假说的提出者们用此记录讨论更古老的假说，认为这个较高级别的分类可能与坦桑尼亚有着搭嘴音的两个孤立语中的一个——桑达韦语存在同源关系[3]。丹波夫首次提出桑达韦语可能和南非秬秬语之间存在关系[4]。艾尔德金在他的著作中讨论了桑达韦语的语音、音位、声调、形态和句法[5]。

至于哈扎语(Hadza)，虽然格林伯格认为它是克瓦桑语系的一部分，不过现在很多人却把它当作孤立语[6]。哈扎语似乎与桑达韦语或任何一种南非克瓦桑语都没有发生学关系[7]。虽然布里克的《布须曼语词典》记录了哈扎语词条，但是没有任何证据表明哈扎语与她识别出的"布须曼中部语组"的其他语言存在发生学关系[8]。桑德斯在他的著作中还详细讨论了哈扎语

---

[1] Köhler, O. *Neuere Ergebnisse und Hypothesis der Sprachforschung in ihrer Bedeutung fur die Geschichte Afrikas*. Paideuma, 1973-74, (19/20):189.

[2] Westphal, E. O. J. *The Linguistic Prehistory of Southern Africa: Bush, Kwadi, Hottentot and Bantu Linguistic Relationships*. Africa, 1963, (33): 237-265; Westphal, E. O. J. *The Click Languages of Southern and Eastern Africa*. In T. A. Sebeok (ed.). *Linguistics in Sub-Saharan Africa*. The Hague and Paris: Mouton, 1971, pp. 367-420.

[3] Güldemann, T., E. D. Elderkin. *On External Genealogical Relationships of the Khoe Family*. In M. Brenzinger & C. König (eds.). *Khoisan Languages and Linguistics: the 1st Riezlern Symposium* 2003. Cologne: Rüdiger Köppe, 2010, pp. 15-52.

[4] Dempwolff, O. *Die Sandawe: Linguistiches und Ethnographisches Material aus DeutschOstafrika*. Hamburg: L. Friederichsen, 1916.

[5] Elderkin, E. D. *[Sandawe] Phonetics and Phonology*; *Tonology*; *Morphology*; *Syntax*. In R. Vossen (ed.). *The Khoesan Languages*. Oxford/New York, 2013, pp. 42-44; 90-91; 124-140; 274-292.

[6] Greenberg, J. *The Languages of Africa*. Bloomington: Indiana University Press, 1963.

[7] du Plessis, M. *The Khoisan Languages of Southern Africa: Facts, Theories and Confusions*. Critical Arts, 2019, (33):4-5, 33-54.

[8] Bleek, D. *A Bushman Dictionary*. New Haven: American Oriental Society, 1956.

的语音、音位、声调、形态和句法。①

茱语系(或称!Xun方言组)有时候被称为克瓦桑语北支,布里克称之为"布须曼语北支"②。她在《布须曼语比较词汇》③和《布须曼语词典》④里都讨论过这个分类,韦斯特菲尔后来直接称之为茱语⑤。斯奈曼在韦斯特菲尔的指导下,对该地的一种语言 Juǀʼhoan 语进行了第一次完整的语法描述⑥,随后出版了一部词典⑦。现在的茱语系大概包括 11—15 种方言,最南端的方言是 Juǀʼhoan 语,最北端的是!Xun 语。狄更斯在《Juǀʼhoan 语词典》里使用了修改过的拼字法⑧,还有一本关于此语言的书是狄更新的《简明教学语法》⑨。科尼格和海涅出版了《ʼ!Xun 语词典》⑩,以及《ʼ!Xun 方言参考语法》⑪。

一些语言学家认为有些方言变体如东部的╪Hoan 语(现在叫╪ʼAmkoe 语)可能与茱方言同源,而科哈语(Kxʼa)这个名称就是为这个假定分类起的名。

---

① Sands, B. [*Hadza*] *Phonetics and Phonology*; *Tonology*; *Morphology*; *Syntax*. In R. Vossen (ed.). *The Khoesan Languages*. Oxford / New York: Routledge, 2013, pp. 38–41; 89; 107–123; 265–273.

② Bleek, D. *The Distribution of Bushman Languages in South Africa*. In F. Meinhof (ed.). *Sprachwissens-chaftliche und andere Studien*. Hamburg: H. Buske, 1927, pp. 55–64.

③ Bleek, D. *Comparative Vocabularies of Bushman Languages*. Cambridge: Cambridge University Press, 1929.

④ Bleek, D. *A Bushman Dictionary*. New Haven: American Oriental Society, 1956.

⑤ Westphal, E. O. J. *The Linguistic Prehistory of Southern Africa*: *Bush*, *Kwadi*, *Hottentot and Bantu Linguistic Relationships*. Africa, 1963, (33): 237–265.

⑥ Snyman, J. *An Introduction to the* !Xũ(!*Kung*) *Language* (*Communication of the UCT School of African Studies*). Cape Town: A. A. Balkema, 1970.

⑦ Snyman, J. *Zuǀʼhõasi Fonologie en Woordeboek*. Cape Town: A. A. Balkema, 1975.

⑧ Dickens, P. *English-Juǀʼhoan, Juǀʼhoan-English Dictionary*. Cologne: Rüdiger Köppe, 1994.

⑨ Dickens, P. *A Concise Grammar of Juǀʼhoan*. Cologne: Rüdiger Köppe, 2005.

⑩ König, C., B. Heine. *A Concise Dictionary of Northwestern* !*Xun*. Cologne: Rüdiger Köppe, 2008.

⑪ Heine, B., C. König. *The* !*Xun Language*: *A Dialect Grammar of Northern Khoisan*. Cologne: Rüdiger Köppe, 2015.

吐兀语被布里克划为"布须曼语南支"[1]，韦斯特菲尔重新为其命名为!Ui-Taa语[2]。吐兀语是古德曼假定的语系[3]，该语系的大多数方言已经绝迹，但在20世纪90年代早期，学者们找到了最后一种方言，这个方言只有ǂKhomani San社团的24个老年人在说[4]，现在被称为N|uu方言。柯林斯和纳马塞伯出版了该语言的第一部参考语法，他的《N|uuki语语法概述》[5]是首部对快要绝迹的吐兀语进行深入描述的专著。另外，基里安—哈兹还编写了中部克瓦桑语科维语词典[6]和语法[7]。沙赫和布伦曾格撰写了儿童启蒙读本[8]。桑德斯、米勒、布鲁格曼和其他人正在筹备该语言的词典编纂工作，现在只有四个人说该方言了。

　　另外，哈克和艾瑟伯的《Khoekhoegowab词典》[9]丰富了纳米比亚秙秙语的研究成果。特雷尔、纳卡嘎瓦和杰巴尼编写的三语词典《!Xoon—

---

[1] Bleek, D. *The Distribution of Bushman Languages in South Africa*. In F. Meinhof (ed.). *Sprachwissens-chaftliche und andere Studien*. Hamburg: H. Buske, 1927, pp. 55-64.

[2] Westphal, E. O. J. *The Linguistic Prehistory of Southern Africa: Bush, Kwadi, Hottentot and Bantu Linguistic Relationships*. Africa, 1963, (33): 237-265.

[3] Güldemann, T. *TUu-A New Name for the Southern Khoisan Family* (University of Leipzig Papers on Africa, Languages and Literatures 23). Leipzig: Institute for African Studies, University of Leipzig, 2004.

[4] Crawhall, N. *The Rediscovery of N|ūand the ǂKhomani Land Claim Process, South Africa*. In J. Blythe & R. M. Brown (eds.). *Maintaining the Links: Language, Identity and the Land: Proceedings of the Seventh Foundation for Endangered Languages Conference*. Bristol: Foundation for Endangered Languages, 2003, pp. 13-19.

[5] Collins, C., L. Namaseb. *A Grammatical Sketch of N|Uuki with Stories*. Cologne: Rüdiger Köppe, 2011.

[6] Kilian-Hatz, C. *Khwe Dictionary*. Cologne: Rüdiger Köppe, 2003.

[7] Kilian-Hatz, C. *A Grammar of Modern Khwe (Central Khoisan)*. Cologne: Rüdiger Köppe, 2008.

[8] Shah, S., M. Brenzinger. *Ouma Geelmeid ke kx'u ‖xa ‖xa N|uu*. Cape Town: CALDi, University of Cape Town, 2016.

[9] Haacke, W. H., E. Eiseb. *A Khoekhoegowab Dictionary with an English-Khoekhoegowab Index*. Windhoek: Gamsberg Macmillan, 2002.

*Setswana*—英语词典》①也已出版,柯林斯和古鲁贝尔编写的《╪Hoan 语简明词典》也已完成。

另外,桑达韦语还有一些有价值的文献,包括伊顿②和斯提曼的语法著作,厄勒特根据艾瑞克·厄勒特于 20 世纪 60 年代和 70 年代收集的资料编纂的词典③。

在格林伯格提出克瓦桑语系假说之后,很多学者怀疑克瓦桑语系的存在。有学者认为,吐兀语系和科哈语系之间的相似是由于南部非洲存在一个语言联盟,而非同源关系,而秸语系(可能是克瓦迪—秸语)是该地区最近的移民所带来的语言,可能与东非的桑达韦语有关。韦斯特菲尔是第一个指出格林伯格的克瓦桑语系假说是错误的学者④。图克尔和布赖恩甚至认为格林伯格的词序也存在问题⑤。原因在于,首先,格林伯格只是简单地接受了布里克⑥旧分类的正确性,这使纳霍语(和类似语言)成为概念上的"布须曼"语系分类的一部分;其次,他的"大规模比较法"只涉及识别很多不同语言中的相似,如果比较了足够多的语言,任何偶尔出现的共同形态都会显露原形。格林伯格经常被戏称为"堆积派(lumper)",而韦斯特菲尔是根深

---

① Anthony, T., A. Chebanne, H. Nakagawa, R. Vossen. *A trilingual !Xóõ dictionary*: *!Xóõ -English-Setswana*. Cologne: Rüdiger Köppe, 2018.

② Eaton, H. C. *Word Order and Focus in the Sandawe Irrealis*. Reading Working Papers in Linguistics, 2001, (5): 113–135; Eaton, H. C. *The Grammar of Focus in Sandawe*. Unpublished Ph. D dissertation. University of Reading, 2002; Eaton, H. C. *Focus as a Key to the Grammar of Sandawe*. Paper presented at the third Languages of Tanzania Project workshop, University of Dar es Salaam, Tanzania. 25–25 January 2003.

③ Ehret, C. *Linguistic Archaeology*. African Archaeological Review, 2012, (29): 109–130.

④ Westphal, E. O. J. *The non-Bantu Languages of Southern Africa*. In A. N. Tucker & M. A. Bryan(eds.). *The Handbook of African Languages, Part III*: *The Non-Bantu Languages of North-Eastern Africa*. Oxford: Oxford University Press, 1956, pp. 158–173.

⑤ Tucker, A. N., M. A. Bryan. *Linguistic Notes*: *Principles of Linguistic Classification*. In A. N. Tucker & M. A. Bryan (eds.). *The Handbook of African Languages, Part III*: *The Non-Bantu Languages of North-Eastern Africa*. Oxford: Oxford University Press, 1956, pp. 139–157.

⑥ Bleek, D. *The Distribution of Bushman Languages in South Africa*. In F. Meinhof(ed.), *Sprachwissens-chaftliche und andere Studien*. Hamburg: H. Buske, 1927, pp. 55–64.

蒂固的"拆分派(splitter)"①。尽管韦斯特菲尔很清楚秸秸语与卡拉哈里语里所谓的"中央布什曼语"(或 Tshu Khwe 语)的统一性,但是他却一直拒绝接受秸语系与茱语系或/和!Ui-Taa(吐兀)语系之间的同源关系。韦斯特菲尔在他的祖国南非的非洲语言研究中称霸几十年。毫无疑问,接受格林伯格假说的主要是美国和欧洲的语言学家。

另外,还有学者拒绝接受该假说,如桑德斯,他认为,根据目前的证据,无法证明克瓦桑语系的存在。② 杜普莱西斯认为学者们提出的证据更多是类型学的,这些都不能作为证明语言同源关系的证据。③ 而且在几个关键的类型学特征方面,秸语与茱语、吐兀语都有所不同。如,韦斯特菲尔指出:"语序完全不同:简单句子 Khoikhoi 语 SOV,布须曼语 SVO。"④

迪蒙达尔认为,格林伯格对克瓦桑语系的直觉无法通过后续的研究得到证实。⑤ 今天,少数研究这些语言的学者将这三个"南方群体"视为独立的语系,无法证明其存在发生学关系。斯塔罗斯金承认桑达韦语和秸语之间的关系是合理的⑥,吐兀语和科哈语之间的关系也是合理的,但没有迹象表明桑达韦语与秸语之间、吐兀与科哈之间,或任何一方与哈扎语之间存在发生学关系。布鲁特—格里夫勒声称:"由于这样的殖民边界通常是任意划定

---

① Westphal, E. O. J. *The Linguistic Prehistory of Southern Africa: Bush, Kwadi, Hottentot and Bantu Linguistic Relationships.* Africa, 1963, (33): 237-265; Westphal, E. O. J. *The Click Languages of Southern and Eastern Africa.* In T. A. Sebeok (ed.). *Linguistics in Sub-Saharan Africa.* The Hague and Paris: Mouton, 1971, pp. 367-420.
② Sands, B. *Eastern and Southern African Khoisan: Evaluating Claims of Distant Linguistic Relationships.* Cologne: Rüdiger Köppe Verlag, 1998.
③ du Plessis, M. *The Khoisan Languages of Southern Africa: Facts, Theories and Confusions.* Critical Arts, 2019, (33): 4-5, 33-54.
④ Westphal, E. O. J. *The non-Bantu Languages of Southern Africa.* In A. N. Tucker & M. A. Bryan (eds.). *The Handbook of African Languages, Part III: The Non-Bantu Languages of North-Eastern Africa.* Oxford: Oxford University Press, 1956, pp. 158-173.
⑤ Dimmendaal, G. *Language Ecology and Linguistic Diversity on the African Continent.* Language and Linguistics Compass, 2008, (5): 840-858.
⑥ Starostin, G. *Languages of Africa: An attempt at a lexicostatistical classification. Volume I: Methodology. Khoesan Languages.* Moscow: Slavonic Languages and Cultures, 2013.

的,他们只是将大量会说多种语言的族群进行分组。"[①]她假设这是为了防止欧洲殖民期间英语的传播和防止大多数人进入中产阶级而做出的努力。而古克瓦桑北部语言和克瓦桑南部语言仍然在他们今天居住的地方使用。

随着语言学的发展,对克瓦桑系语言的分类研究越来越多。这种分类研究为我们深入了解克瓦桑语言提供了重要信息。目前,对克瓦桑语言的研究也得到了更多的国际关注。研究者们正在深入研究克瓦桑语言的各个方面,包括语音、语法、语义和语用等。他们利用现代技术和方法来记录和分析这些语言,并试图恢复和保存濒危的克瓦桑语言。

总的来说,克瓦桑语言的研究历史经历了不同阶段。早期研究受限于当时的观点和方法,缺乏全面性和客观性。然而,随着时间的推移,研究者们逐渐采用更系统的方法,跨学科地研究克瓦桑语言,并加强与当地社区的合作。随着研究的深入,人们可以更好地理解和保护克瓦桑这一重要的非洲语系。

### 二、克瓦桑语系分类

学界公认克瓦桑语系有三个不同的、独立的语系:秙语、茱语和吐兀语,在坦桑尼亚境内还有两种孤立语:哈扎语和桑达韦语。秙语系是南非克瓦桑语系中最大的一支,它现在或者曾经分布最广,拥有最多的人口,分支最多,方言最多。秙语系有两个主要语支:秙秙语支(Khoekhoe)和卡拉哈里语支(Kalahari)。秙秙语支包括纳米比亚的纳马语、达马语(Dama)、Haillom方言,以及南非的纳马方言,加上早期开普牧民所说的方言变体(Khoi、Khoikhoi或Khoekhoen),以及开普Khoi、Griqua、Korana和Gonaqua等分支。卡拉哈里语支传统上分为五类:科维语支、纳霍语支、‖Gana-∣Gui语支、术华语支和Tshwa语支。这些方言变体主要分布在博茨瓦纳,有些在安哥拉南部、纳米比亚、赞比亚及津巴布韦西南部。

---

[①] Brutt-Griffler, J. *Language endangerment, the construction of indigenous languages and world English*. In J. A. Fishman (ed.). '*Along the Routes to Power*' *Explorations of Empowerment through Language*. Berlin/New York: Mouton de Gruyter, 2006.

不过格林伯格的分类与之不同。他根据形式和意义的相似性，通过词汇比较把"超级克瓦桑语系"（Macro-Khoesan）首先分为南非克瓦桑语和东非两种孤立语：哈扎语和桑达韦语。① 南非克瓦桑语又分为北支、中支和南支。格林伯格对该语系的分类彻底摧毁了迈因霍夫的"含语"假说②。北支和南支都只有几种使用人口很少的语言；中支主要包括霍屯督语、布须曼语。此外，有些语言学家把坦桑尼亚境内一些小群体使用的语言也归入此语系，但其亲属关系较远。格林伯格的假说既有支持者，如厄勒特③、洪肯④、茹伦⑤、斯塔罗斯金⑥，也有反对者，如韦斯特菲尔 ⑦。杜普莱西斯甚至认为格林伯格的克瓦桑语系分类完全是错误的⑧。鉴于证明所有克瓦桑系语言同源关系

---

① Greenberg, J. *Studies in African Linguistic Classification* 6: *The click languages*. Southwestern Journal of Anthropology, 1950, (6): 223-237; Greenberg, J. H. The *Languages of Africa*. Bloomington: Indiana University Press, 1963.

② Meinhof, C. *Die Sprachen der Hamiten*. Hamburg: L. Friederichsen, 1912.

③ Ehret, C. *Proposals on Khoisan reconstruction*. Sprache und Geschichte in Afica, 1986, (2): 105-130.

④ Honken, H. *Phonetic Correspondences among Khoisan Affricates*. In R. Vossen (ed.). *New Perspectives on the Study of Khoisan*, Quellen zur Khoisan-Forschung 7. Hamburg: Helmut Buske Verlag, 1988, pp. 47-65; Honken, H. *Types of sound correspondence patterns in Khoisan languages*. In M. Schladt (ed.). *Language, Identity and Conceptualization among the Khoisan*, Quellen zur Khoisan-Forschung/Research in Khoisan studies 15. Köln: Rüdiger Köppe Verlag, 1998, pp. 171-193.

⑤ Ruhlen, M. *On the origin of languages*. Stanford: Stanford University Press, 1994.

⑥ Starostin, G. *A Lexicostatistical Approach towards Reconstructing Proto-Khoison*. Mother Tongue, 2003 (8): 81-126; Starostin, G. *From modern Khoisan languages to Proto-Khoisan: The Value of Intermediate Reconstructions*. Aspects of Comparative Linguistics 3. Moscow: RSUH Publishers, 2008, pp. 337-470.

⑦ Westphal, E. O. J. *Venda: tonal structure and intonation*. African Studies, 1962, (22): p. 2; Westphal, E. O. J. *The Click Languages of Southern and Eastern Africa*. In T. A. Sebeok (ed.). *Current Trends in Linguistics*, Volume 7: Linguistics in Sub-Saharan Africa. Berlin: Mouton, 1971, pp. 367-420.

⑧ du Plessis, M. *The Khoisan Languages of Southern Africa: Facts, Theories and Confusions*. Critical Arts, 2019, (33): 4-5, 33-54.

的难度,于是出现了第三类学者,如:科勒尔[1]、桑德斯[2]、特雷尔[3],这些学者不管语言间有没有亲缘关系,建议直接使用"Khoesan"来概括非洲所有那些含有搭嘴音的非班图语/非库希特语。这个概念后被古德曼和沃森重拾[4],他们根据亲缘和类型学的混合标准对克瓦桑系语进行分类。他们与格林伯格的主要区别是:一方面把北部和南部克瓦桑语置于非秞语之下(反对 Khoe 是中部克瓦桑语的别名),另一方面,把╪Hoan 语归入同一类。海涅和洪肯使用比较法证明克瓦桑语北支和╪Hoan 语同源,创立了一个新的下位分类,叫作科哈语族[5]。跟格林伯格一样,古德曼和沃森把桑达韦语当作孤立语[6]。然而,到了 2010 年,古德曼与艾尔德金却得出结论,认为桑达韦语与秞语中支的同源关系不能排除[7]。同样,古德曼和沃森当时认为克瓦迪语的地位很

---

[1] Köhler, O. *Les langues Khoisan: la langue! xũ*. In G. Manessy (ed.). *Les langues de l' Afrique subsaharienne*. Centre National de la Recherche Scientifique, 1981, pp. 559–615.

[2] Sands, B. *Eastern and Southern African Khoisan: Evaluating Claims of Distant Linguistic Relationships*. Cologne: Rüdiger Köppe Verlag, 1998.

[3] Traill, A. *Do the Khoi have a place in the San? New data on Khoisan linguistic relationships*. In F. Rottland & R. Vossen (ed.). *African Hunter-gatherers (International Symposium)*, *Sprache und Geschichte in Afrika*, special issue 7. 1. Hamburg: Helmut Buske Verlag, 1986, pp. 407–430; Traill, A. *The Khoesan Languages*. In R. Mesthrie (ed.). *Language in South Africa*. Cambridge: Cambridge University Press, 2001, pp. 27–49.

[4] Güldemann, T., R. Voβen. *Khoisan*. In B. Heine & D. Nurse (eds.). *African Languages: an Introduction*. Cambridge: Cambridge University Press, 2000, pp. 99–122.

[5] Honken, H., B. Heine. *The Kx'a Family: A New Khoisan Genealogy*. Journal of Asian and African Studies, 2010, (79): 5–36.

[6] Güldemann, T., R. Voβen. *Khoisan*. In B. Heine & D. Nurse (eds.). *African Languages: an Introduction*. Cambridge: Cambridge University Press, 2000, pp. 99–122.

[7] Güldemann, T., E. D. Elderkin. *On External Genealogical Relationships of the Khoe Family*. In M. Brenzinger & C. König (eds.). *Khoisan Languages and Linguistics: the 1st Riezlern Symposium 2003*. Cologne: Rüdiger Köppe, 2010, pp. 15–52.

难确定①,但后来却断定克瓦迪语是秾—克瓦迪语系的成员而非孤立语②。

南非克瓦桑语系3个语支是否同源仍然充满争议。有学者认为这种关系可能是扩散造成的,即由于接触而非共同来源,代表人物有古德曼和沃森③。他们使用新的分类,取代了传统的3个分支(见表12-2)。现在大多数研究克瓦桑语的历史语言学家都反对格林伯格的观点④,过去的学者如韦斯特菲尔⑤、特雷尔⑥也反对格林伯格的分类假说。然而克瓦桑语系却被认为是一种实用的分类,因为它为了方便称谓把不相关的4个或5个语系放在了一起。一些研究远距离语言发生学关系的专家,如茹伦⑦、厄海特⑧、斯塔罗斯金⑨,对一些批评置若罔闻,依然根据南非的三种克瓦桑语:秾语、茱语和吐兀语继续克瓦桑语的远古语言构拟研究。他们的构拟主要依靠一些濒危语言或单个方言的记录。有些记录非常混乱,如≠Hoan语没有文字记录,也没有人对其分类。如果说它是!Xóõ语的一种方言,最近的研究调查却表

---

① Güldemann, T., R. Voβen. *Khoisan*. In B. Heine & D. Nurse (eds.). *African Languages: an Introduction*. Cambridge: Cambridge University Press, 2000, p. 102.

② Güldemann, T. *Khoisan's Linguistic Classification Today*. In T. Güldemann & A. Fehn (eds.). *Beyond 'Khoisan': Historical Relations in the Kalahari Basin*. Amsterdam: John Benjamins, 2014, pp. 1–68.

③ Güldemann, T., R. Voβen. *Khoisan*. In B. Heine & D. Nurse (eds.). *African Languages: an Introduction*. Cambridge: Cambridge University Press, 2000, p. 102.

④ Sands, B., T. Güldemann. *What Click Language Can and Can't Tell Us about Language Origins*. In R. Botha & C. Knight (eds.). *The Cradle of Language: Studies in the Evolution of Language*. Oxford: Oxford University Press, 2008, (12): 204–218.

⑤ Westphal, E. O. J. *Venda: tonal structure and intonation*. African Studies, 1962, (22): 2.

⑥ Traill, A. *Do the Khoi have a place in the San? New data on Khoisan linguistic relationships*. In F. Rottland & R. Vossen (eds.). *African Hunter-gatherers (International Symposium), Sprache und Geschichte in Afrika*, special issue 7.1. Hamburg: Helmut Buske Verlag, 1986, pp. 407–430.

⑦ Ruhlen, M. *On the origin of languages*. Stanford: Stanford University Press, 1994.

⑧ Ehret, C. *Toward reconstructing Proto-South Khoisan*. Mother Tongue, 2003, (8): 65–81.

⑨ Starostin, G. *A Lexicostatistical Approach towards Reconstructing Proto-Khoison*. Mother Tongue, 2003, (8): 81–126.

明它与茱语有关系①,因此该地的语言研究非常麻烦。方言变体是解开语言接触复杂范式的钥匙②,可是由于大多数方言本身没有文字记录,研究起来就困难重重。不过,令人高兴的是,一些学者根据最近的记录构拟出了古音,这在十年前几乎是不可能的事,如艾尔德金③、桑德斯④。

表 12-2  古德曼和沃森的分类⑤

| 非秸语 | 茱语(北克瓦桑语)<br>!Ui-Taa(南克瓦桑语)<br>≠Hõa(孤立语) |
|---|---|
| 秸语(中克瓦桑语) | 秸秸语<br>卡拉哈里・秸语 |
| 桑达韦语 |  |
| 克瓦迪语 |  |
| 豪萨语 |  |

---

① Honken, H. *Eastern ǂHoã as a Northern Khoisan language*. In K. Keuthmann, G. Sommer & R. Vossen (eds.). *Essays in honour of Anthony Traill*, XX – XX. Köln: Rüdiger Köppe, 2008.

② Honken, H. *Fused loans in Khoesan*. Pula, 2006, (1): 75 – 85; Güldemann, T. *TUu-A New Name for the Southern Khoisan Family* (University of Leipzig Papers on Africa, Languages and Literatures 23). Leipzig: Institute for African Studies, University of Leipzig, 2004; Güldemann, T. *Structural isoglosses between Khoekhoe and Tuu: the Cape as a linguistic area*. In Y. Matras, A. McMahon & N. Vincent (eds.). *Linguistic areas: convergence in historical and typological perspective*. Basingstoke: Palgrave Macmillan, 2006, pp. 99 – 134.

③ Elderkin, E. D. *The starred tones of Central Khoisan*. Afrika und Übersee, 2004, (87): 3 – 77.

④ Sands, B. *Northern Khoesan reconstruction and subgrouping*. In M. Brenzinger & C. König (eds.). *Khoisan languages and linguistics: the Riezlern symposium 2003* (Quellen zur Khoisan-Forschung 17). Köln: Rüdiger Köppe, 2008, pp. XX – XXX.

⑤ Güldemann, T., R. Voβen. *Khoisan*. In B. Heine & D. Nurse (eds.). *African Languages: an Introduction*. Cambridge: Cambridge University Press, 2000, p. 102.

表12-3　古德曼和斯通金的分类①

| 豪萨语(孤立语) | | |
| --- | --- | --- |
| 桑达韦语(单一语言 single language) | | 可能与秸—克瓦迪语同源 |
| 秸语(克瓦桑语中支) | + | 克瓦迪语(单一语言) |
| 茱语(克瓦桑语北支) | + | ≠Hoan 语(单一语言) |
| 吐兀语(克瓦桑语南支) | | |

古德曼等人的研究(见表12-3)为我们深入了解克瓦桑语系提供了新的视角,丰富了我们对该语系的认识。然而,随着更多研究的开展,我们需要继续进行深入探索和讨论,以便更进一步完善克瓦桑语系的分类。

斯塔罗斯金对克瓦桑"超级语系"进行了以下分类(见表12-4),他认为这是一个单一的连贯的语系。② 然而,这种分类未被广泛接受。

表12-4　斯塔罗斯金的分类③

| 哈扎语 | | |
| --- | --- | --- |
| 超级克瓦桑语系(除哈扎语外) | 桑达韦语—秸—克瓦迪语 | 桑达韦语 |
| | | 秸—克瓦迪语 |
| | 克瓦桑外围语言 | 南克瓦桑语 |
| | | 茱—豪安语(hoan) |

斯塔罗斯金是著名的语言学家和语言分类学家,在克瓦桑语系的分类方面也有着重要的贡献。尽管斯塔罗斯金的分类方法在学术界被广泛引用和讨论,但与任何语言分类方法一样,它也面临一些质疑和争议。例如,一些学者认为他的分类方法过度倾向于强调形式上的相似性,而忽视语言演化的历史和文化因素。此外,对于某些语言的分类结果,也可能存在争议。总的来说,斯塔罗斯金在克瓦桑语系的分类方面做出了重要的贡献,其分类方法为我们

---

① Güldemann, T., M. Stoneking. *A historical appraisal of clicks: A linguistic and genetic population perspective*. Annual Review of Anthropology, 2008, (37): 93–109.

② Starostin, G. *Languages of Africa: An attempt at a lexicostatistical classification. Volume I: Methodology. Khoesan Languages*. Moscow: Slavonic Languages and Cultures, 2013.

③ Starostin, G. *Languages of Africa: An attempt at a lexicostatistical classification. Volume I: Methodology. Khoesan Languages*. Moscow: Slavonic Languages and Cultures, 2013.

更好地理解克瓦桑语言之间的关系和演化历史提供了重要的线索。

需要注意的是,克瓦桑语系的分类仍然存在一些争议。由于受限于现有的资料和研究方法,对这些语言的分类了解还不够充分。随着研究和技术的进一步发展,语言学家们可能会对克瓦桑语系的分类进行修订和更新。因此,对于克瓦桑语系的分类,应该保持开放和灵活的态度,并随着新证据的出现进行调整。

### 三、克瓦桑系语言特点

克瓦桑语系语言拥有丰富的音位系统,包括多种辅音和元音。除了搭嘴音外,还有多种元音和辅音,这使得克瓦桑语系语言在音韵结构上显得非常复杂和多样化。

南非克瓦桑系各语言中的词汇和句子结构大相径庭,语音结构大多相似,所有这些语言都是声调语言,有鼻元音。克瓦桑语的突出特点是使用搭嘴音或吸气音。搭嘴音作为辅音在此地是非常通用的特征,因为它们涉及舌头的两个发音,可以部分独立运作。世界上只有克瓦桑诸语言及相邻的几种班图语才有这种音。世界上辅音最多的语言也是克瓦桑语。其中 Juǀ'hoan 语有 48 个搭嘴音,几乎与非搭嘴音数量相同,还有咂音、咽化元音和四个声调。ǃXáõ 语和ǂHāõ 语更为复杂。克瓦桑诸语言基本搭嘴音 3—7 个不等,通常位于词首,可以分为:齿龈吸气音、舌边吸气音、舌面吸气音(又称卷舌吸气音)、齿吸气音、唇吸气音、半圆唇吸气音以及腭吸气音。四个基本吸气音,用ǀ,ǁ,ǃ,ǂ符号标记。南部语言还有第五个,双唇吸气音或者接吻吸气音,用ʘ表示。桑达韦语和哈扎语只使用三个吸气音:ǀ,ǁ,ǃ。每个吸气音伴随着其他特征,如清浊、鼻音、送气和紧喉,因此产生了大量含有吸气音的复杂音。各种语言在这方面区别很大,哈扎语 9 个、纳马语 20 个、圭语 52 个、茱语 55 个、ǃXóõ 语 85 个。而在吸气复合音上增加了大量不同的非吸气辅音,产生了大量的、独特的、复杂的辅音系统。圭语有 90 个辅音,茱语 105 个辅音,而ǃXóõ 语是世界上辅音最多的,共有 126 个辅音。相反,纳马语和圭语一样是秸语,只有 32 个辅音,哈扎语有 54 个。这些数字表明克瓦桑语的吸气音和非吸气音非常不同,含有吸气音和其他辅音的词汇比例显示这些语言更加趋向于使用吸气音。吸气音和非吸气音在纳马语的比例是8∶1,在茱语、圭语、!Xóõ语的比例是7∶1,哈扎语的非吸气音数量和吸气音数量之比是7∶1,但几种语言却有着完全不同的历史。

所有吸气音和大多数非吸气音必须出现在词首,而且后跟一个元音,在词的元音之间只有一些辅音如b,m,n,l和r出现。如果一个词以辅音结尾,一定是m或n(可能是p,ts或s,为秸语的语法后缀)。哈扎语和桑达韦语完全脱离了这些约束,增强了它们各自历史发展的独特性。而与克瓦桑中部语言没有同源关系的大量东非语言也有搭嘴音,如肯尼亚库塔纳河脚下所说的库希特语言达哈罗语(Dahalo)。

特雷尔注意到了克瓦桑语的这种极端情况。尽管克瓦桑语都有搭嘴音,但之间的差异很大。特雷尔在表12-5中展示了这种多样性特点。前两列词来自克瓦桑语的两种孤立语:桑达韦语和哈扎语,后三列分别来自秸语、科哈语和吐兀语。[1]

表12-5 克瓦桑语词汇比较[2]

| 语义 | 桑达韦语 | 哈扎语 | 秸语 | 茱语 | !Xóõ语 |
| --- | --- | --- | --- | --- | --- |
| 人 | lnomese | 'únù | khoe | ʒú | tâa |
| 男人 | lnomese | łeme | k'ákhoe | !hõá | tâa áa |
| 孩子 | llnoó | wa'a | lūá | dama | Ɵàa |
| 耳朵 | kéké | fiatʃ'apitʃ'i | +ée | lhúí | +nùhā |
| 眼 | lgweé | 'ákhwa | +xái | lgà'á | !'ûĩ |
| 鸵鸟 | sa'útà | kénàngu | lgáro | dsùù | qûje |
| 长颈鹿 | ts'ámasu | ts'ókwàna | !náble | +oah | llqhūū |
| 水牛 | leu | nákóma | lâo | lòò | lqhái |
| 听 | khé'é | llna'e | kúm | ts'à'á | táa |
| 喝 | ts'ee | fá | kx'âa | tʃii | kx'āhā |

---

[1] https://www.britannica.com/topic/Khoisan-languages.

[2] https://www.britannica.com/topic/Khoisan-languages.

我们可以从科哈语系的各种语言里了解到搭嘴音的一些情况[①]。在这里，只有四种搭嘴音，包括舌尖搭嘴音|(见表 12-6)、龈后搭嘴音!(见表 12-7)、硬颚搭嘴音ǂ(见表 12-8)、齿龈边流搭嘴音‖(见表 12-9)。

表 12-6　科哈语的舌尖搭嘴音|

| 原始科哈语 | ǂHoan 语 | !Xun 语东南支 | !Xun 语西北支 | 意义 |
| --- | --- | --- | --- | --- |
| | *| | | | | | | |
| | loʼa | lōā 否定标记 | lōā 否定标记 | 缺席 |
| | ɲ|äʃm | n|òʃm | ɲ|öʃm | 跳兔 |
| | |ò | |ú | |ú | 进入、插 |
| | |xòbe | |xòbè | |xòbè | 借 |

表 12-7　科哈语的龈后搭嘴音!

| 原始科哈语 | ǂHoan 语 | !Xun 语东南支 | !Xun 语西北支 | 意义 |
| --- | --- | --- | --- | --- |
| *! | ! | ! | ! | |
| | !àò | !àò | !àò"滴" | 扔下 |
| | !aː, !ao | | !ò | 腿 |
| | !äú | !áú | !áó | 跋涉 |
| | !äʃo | !äǒ"猎豹" | | 小豹子 |
| | !óʔ | !ùʼúrú | !ūʼúrú | 指甲 |
| | !ó | !ú | !ú | 名字 |
| | !ú | !ùì | !ūí | 腐烂 |

---

[①] Honken, H., B. Heine. *The Kx'a Family: A New Khoisan Genealogy*. Journal of Asian and African Studies (Tokyo), 2010, (79): 5-36.

表 12-8　科哈语的硬颚搭嘴音 ǂ

| 原始科哈语 | ǂHoan 语 | !Xun 语东南支 | !Xun 语西北支 | 意义 |
| --- | --- | --- | --- | --- |
| *ǂ | ǂ | ǂ | ǃǃ | |
| | nǂĭ | | nǃǃīī-mà | 野兽,危险的动物 |
| | nǂhi | nǂühn | nǃǃű | 夜晚旅行 |
| | ǂàʃnna | | ǃǃàʃnà"闪光" | 发白,光 |
| | ǂön | ǂün | ǃǃün | 星星 |
| | ǂhònni | ǂhúnní | | 肘 |

表 12-9　科哈语的齿龈边流搭嘴音 ǁ

| 原始科哈语 | ǂHoan 语 | !Xun 语东南支 | !Xun 语西北支 | 意义 |
| --- | --- | --- | --- | --- |
| *ǁ | ǁ | ǁ | ǁ | |
| | ǁăo | ǁáú | | 好(副词) |
| | ǁàʃe | ǁàɞ́ | | 切肉 |
| | ǁŏe | ǁòɞ̀"但是" | | 仍然 |
| | kiǐǁùi | ǁú | ú | 踩 |
| | ǁhai | | ǁháí | 拉 |

ǂHoan 语还发现有双唇搭嘴音,与!Xun 语的舌尖搭嘴音对应,也就是说,!Xun 语没有双唇搭嘴音(见表 12-10)。

表 12-10　双唇搭嘴音与舌尖搭嘴音的对应

| 原始科哈语 | ǂHoan 语 | !Xun 语东南支 | !Xun 语西北支 | 意义 |
| --- | --- | --- | --- | --- |
| *ʘ | ʘ | ǀ | ǀ | |
| | nʘóʃa | nǀằn | nǀằā | 天空 |
| | ʘóá | gǀà'á | gǀà'ā | 眼 |
| | ʘ'ü | ǀ'áú | ǀāō | 潜水员 |
| | dză-ʘúí | ǀnūi | nǀúí | 朋友,其他的 |

克瓦桑语言的大多数名词、动词和形容词词根都是双音节的。某些语言如霍屯督语等,有与自然性别相一致的性。

表 12-11　克瓦桑语基本词汇比较

| 语言 | 眼 | 耳 | 鼻 | 牙 | 舌 | 口 | 血 |
|---|---|---|---|---|---|---|---|
| 原始秭语 | *≠xai | *≠ai | *≠ui | | | *kxʔam | */ʔaq |
| 原始 Khoekhoe 语 | *≠xai | *≠ai | *\*//ũ | | | *//kxʔam | |
| 原始中部克瓦桑语 | *ǂxai | *ǂae | *ǂuii | *‖õõ | *dham | *kxʻam | *ǀʻao |
| 原始吐兀语 | *tsʻaa | *n ǀ (u)i | *nǀu, nǀũ | *‖kha(i) | *ǀʻãri>*ǀʻani | *thu | |
| Žuǀʼhõansi 语 (Tsumkwe) | gǀàʻá | *ǀʻhū | tsʻũ | tsʻàu | dhāri | tsʻi | ǀʻàng |
| 桑达韦语 | ǁʷẽ: | kéké | ⁿǀáti̥ | !ʻàkʰǎ: | !ʰẽ: | ⁿ!ũ: | ‖ʻékʻê |
| 哈扎语 | ʔakʷʰa | hatʃʻapitʃʰi | ʔiŋtʰawe | ʔafia | nǀata | | ʔatʰə |

克瓦桑语各语言之间,甚至南部语系内部,词和句子结构非常不同(见表 12-11)。茱语的词语结构特别简单,没有前缀、后缀。名词有 5 类,完全由它们选择的代词决定。不同类别词的语义很模糊,一类包括名词,指人,大多数动物指向其他类,许多非生物名词归入其他类别。句子的主要结构是 SVO。秭语可通过名词性系统,如阴性、阳性和一般,以单数、复数和双数后缀区别出来。因此纳马语词根 khoe-"人"有 khoe-s"女人"、khoe-b"男人"、khoe-i"人"。在非秭秭语支秭语里,性别很清晰时,后缀可能失落。然而当有生命的名词有很明显的性别时,无生命特征的名词就很随意。因为性别也与语义区别(阳性与长的、窄的物体,阴性与短的、宽的、圆的物体相关)、特异性和可数性相关,因此无生命的名词更有可能属于此类而非另一类。

从语法上讲,南部的克瓦桑语通常是分析性的,有一些屈折语素,但没有坦桑尼亚的搭嘴音那么多。

需要指出的是,克瓦桑语系是一个分布广泛的语系,包含多个语族和语支,因此不同克瓦桑语系语言之间存在较大的差异。上述有些特点适用于克瓦桑语系整体,但在具体语言层面上会有所不同。总的来说,克瓦桑语系语言以其搭嘴音、丰富的音位系统、多调系统和复杂的结构等特点而独具魅力。这些特点使得克瓦桑语系成为研究者们关注的对象,并为人类语言的多样性和复杂性提供了宝贵的资源。

### 四、克瓦桑系语言溯源

克瓦桑系语言起源研究是语言学领域的一个重要课题,对理解人类语言的起源和演变具有重要意义。克瓦桑系语言可能是人类语言中最早分化出来的语言之一,这意味着研究克瓦桑系语言的起源可以追溯到人类语言的早期阶段,并为我们揭示古代人类语言的一些特点和演变过程。通过对克瓦桑系语言及其语音规律的比较和分析,可以推测出共同的祖语,并对其演变路径提供一定的线索。起源研究还可以考虑遗传学证据,如基因分析和人类遗传学研究。通过比较克瓦桑系语言区域的人类基因组与其他语系地区的基因组,提供关于语言传播和人类迁移的线索。

克瓦桑人(Khoisan)是南部非洲的土著,是非洲最古老的民族之一,他们一般被归类为尼格罗人种克瓦桑类型。早在三大人种未分化前,他们就已经存在了。他们肤色较浅,呈褐色,面部扁平多皱,颧骨突出,眼睛细小,多内眦褶。身材矮小,成人平均身高仅145—150厘米。目前主要分布于博茨瓦纳、纳米比亚和南非境内,以狩猎采集为生,说本民族的语言。

据一些学者考证,克瓦桑人的祖先最初和其他人一样生活在东非,大约在十五万年前扩张到南部非洲,从而与其他非洲智人分离。在很长一段时间里,非洲大陆上只有两个群体,一个是生活在南部非洲的 mt-DNA 单倍群 L0 的携带者,他们是克瓦桑人。另一个是生活在中非与东非的单倍群 L1-6 的携带者,他们是其他所有现代人的祖先。由于克瓦桑人(及桑达韦人)具有远超其他现代人的基因多样性,因此有学者推测他们早期可能代表了多数人。学者以单倍群 L0 为示踪指标,得知在七万年至十二万年前,克瓦桑人曾回迁东非,可能正是这种回迁的压力导致了东非部分族群于七万年前大规模离开非洲。克瓦桑人也曾经强大过,只是后来,在其他族群的压力下,他们的生存区域日渐缩小。过去曾经广泛分布在南部非洲与东非的克瓦桑人到如今仅剩三十万人口。现存的克瓦桑人分为两种,一种为 Khoikhoi 人,过去称霍屯督人,另一种为桑人,过去称布须曼人,两者无论基因还是外貌都存在差别。

克瓦桑人过去分布在非洲广阔的土地上和森林中。班图人扩散时,他们退居到南方。后来,受到欧洲殖民者的屠杀和奴役,人数急剧下降,幸存者被迫退居荒凉的卡拉哈里沙漠地区。因为他们的面部容貌特征很接近黄种人,肤色也远不及典型的非洲族群那么深,曾经有一段时间,科学家们将他们当成黄种人在非洲的直系祖先。然而通过现在的 DNA 研究,他们与目前世界其他任何一个欧亚的民族和人种都没有直接的血缘关系,与现代任何一个走出非洲的黄白棕人种民族都无直接血统关联。他们是世界最古老的民族之一,也是一个独立的种族。该基因部落与其他人的分离年代可达 11.2 万—18.8 万年前,而现代欧亚人/尼格利陀人/美拉尼西亚人/澳大利亚人的直系远祖直到五六万年前才和苏丹/刚果/尼罗河/班图黑人分离,诺斯特拉人和德内傣人的分离年代不过四万余年。

南非黑人 60%—70% 母系带有克瓦桑人的血统,这个结果,就是克瓦桑人悲惨的写照。正常的两个种族融合不会是只有母系血统得以流传与保存的。而只有母系血统得以保存,证明了这个种族曾经遭遇了大规模的劫掠与屠杀。班图种族大量屠杀掉克瓦桑人的男性,劫掠其女性,并强迫克瓦桑女性为其繁殖后代,所以仅仅只有母系的血统得以保留。曾经的克瓦桑人遍布非洲各地,大约两千年前,来自北部的班图人四处扩张,克瓦桑人被迫迁徙到非洲南部的丛林和荒漠当中。白人殖民者到来之后,大批抓捕克瓦桑人为奴隶,使得克瓦桑人口更是逐渐减少。

另外,考古学证据证明,克瓦桑人大约 6 万年前出现在南非。因此,克瓦桑语可能是人类最古老的语言之一。在班图人向南迁徙之前,最初居住在南部非洲的几个民族都使用了这些语言,随后随着18世纪至20世纪的欧洲殖民化,致使大多数古代语言最终衰落,还有一些古代语言完全消失。尽管克瓦桑语言在语音系统上表现出相似之处,但它们的语法系统却非常独特。在缺乏历史记录的情况下,很难确定它们彼此之间以及与其他非洲语言之间的关系。公平地说,在世界所有语系中,克瓦桑语是研究最少的语言之一。

需要指出的是,对于克瓦桑系语言的起源研究仍存在一定的争议。由于时间跨度较大,相关的历史记录有限,研究者们在确定起源和演化过程时可能会面临不确定性。此外,克瓦桑系语言的分类和起源问题也需要更多的跨学科研究和综合证据的支持。

总的来说,克瓦桑系语言的起源研究为我们理解人类语言的发展提供了重要线索。通过语音学特征、语言构拟和遗传学证据等多个角度的研究,可以逐渐揭示克瓦桑系语言的起源和演化过程,对人类语言起源的研究做出贡献。

# 第十三章　尼罗—撒哈拉语系

尼罗—撒哈拉语系主要分布在东非维多利亚湖的东部和北部大部分的地区,向西一直延伸到西非马里的尼日尔谷地,以及非洲中部以东地区、亚非语系各族的东南地区,包括乍得、埃塞俄比亚、肯尼亚、苏丹、乌干达、坦桑尼亚北部等地;使用人口较少,约两千五百万到三千万人。据"民族语",尼罗—撒哈拉语系包括210种语言[1],使用本语言的主要是尼罗人(Nilotic peoples),包括洛族(Luo)、卡伦津族(Kalenjin),以及苏丹南部的丁卡族(Dinka)、努尔族(Nuer)、希鲁克族(Shilluk),古努比亚语也属于该语系。尼罗—撒哈拉所有语言被认为来自同一祖语。首次提出尼罗—撒哈拉语言同源的是美国语言学家、人类学家格林伯格。他在《非洲的语言》(1963)一书中,把不属于尼日尔—刚果语系、亚非语系、克瓦桑语系的语言都放在一个叫作尼罗—撒哈拉的语系里。一些语言学家讥笑他,称该语系为"格林伯格的垃圾桶",因为他把那些没有亲缘关系的、不含搭嘴音的非洲语言都放在里面[2][3]。但自从格林伯格提出这个分类后,学术界基本上接受了他的假说。

---

[1] https://www.ethnologue.com/subgroups/nilo-saharan.
[2] Campbell, L., M. J. Mixco. *A Glossary of Historical Linguistics*. Utah: University of Utah Press, 2007.
[3] Matthews, P. H. *Oxford Concise Dictionary of Linguistics* (2$^{nd}$ ed.). Oxford: Oxford University Press, 2007.

## 一、尼罗—撒哈拉语系研究历史

大量学者投入到非洲语言分类研究中来,最有名的是科尔。非洲语言研究最早可追溯至10至12世纪的阿拉伯文献和一些中世纪记录。其中记录最早、最广泛的是尼罗—撒哈拉语,见于1650年的《肯兹—努比亚—卡拉多里语词典》。

第一次研究非洲语语法的可追溯至17世纪。到了19世纪,欧洲传教士和探险家们开始研究非洲大陆的大量语言,开启了非洲语言的比较研究。1853年巴斯识别出了撒哈拉语系,其中包括卡努里语(Kanuri)、卡那布语(Kanembu)、特布语(Tebu)和扎卡瓦语(Zaghawa)。1880年,德国埃及学家莱普休斯识别出了尼罗语(Nilotic),他把非洲大陆语言分为三类:北区、中区和南区。1889年,缪勒识别出了东苏丹语的不同语支(不是它们之间的关系)。1907年高德福洛—德蒙比尼识别出了马班语系(Maban)。1911年,一个更大的语系初露端倪,著名的德国非洲学家韦斯特曼把尼罗语系里三个独立的中苏丹语置于尼罗—苏丹语系里。这一扩大的尼罗语系又与努比亚语、库纳马语(Kunama),可能还有贝尔塔语(Berta)联系在一起,本质上就是格林伯格1954年提出的"超级苏丹语系假说",但是韦斯特曼没有指出苏丹语系(Sudansprachen)的内部分类。1920年,默里把尼罗语、努比亚语、内拉语(Nera)、嘎马语(Gaam)和库纳马语合在一起,丰富了苏丹东部语言的研究。1926年,罗西尼提出了类似的假说,1935年韦斯特曼增加了姆勒语(Murle),1940年图克尔提供了证据,把6支苏丹语中的5支合起来,与东苏丹语支并列。[①]

然而,在接下来的几十年里,所谓中区的西非成员(也被称为"苏丹",在阿拉伯语中表示"黑人的土地")之间同源关系的确切证据逐渐出现,而中部和东部的一些语言与其他语言并不一致。正如韦斯特曼在20世纪二三十年代发表的一系列作品中所观察到的那样,苏丹一带的语言有两种:非洲西部

---

① https://en.wikipedia.org/wiki/Nilo-Saharan_languages.

及中南部的语言与非洲南部的语言(后者后来被称为班图语)有同源关系,而非洲大陆中北部和东部的语言则没有关系。韦斯特曼就此假定苏丹语应分为三类:西部苏丹语、中部苏丹语和东部苏丹语。1950年格林伯格保留了东苏丹语支和中苏丹语支,把它们当作独立的语系[1],但在1954年接受了四十年前韦斯特曼的结论,把它们合在了一起,称为超级苏丹语系[2]。格林伯格在1949—1954年发表的一系列文章中,对非洲语言进行了开创性的比较研究,并于1955年以书的形式重印[3]。格林伯格假设存在一个新的语系,他称之为超级苏丹语系。由于该语系中的许多语言都位于沙里河(Chari)和尼罗河流域及两者之间的地区,因此超级苏丹语系后来改名为沙里—尼罗语系。这个新名字有助于区分格林伯格的分类和其他学术前辈的苏丹语分类。格林伯格的沙里—尼罗语系包括中部苏丹语支和东部苏丹语支。后者与韦斯特曼的中部苏丹语和东部苏丹语同属,但并不完全相同,因为格林伯格在这些语族中增加或排除了特定的语言和语族。在格林伯格的分类中,他进一步吸收布赖恩、罗西尼、约翰斯顿、卢卡斯、默里、斯提文森和图克尔等学者的研究成果。由于这些学者开创性的描述和比较研究工作使人们对非洲东部和中部的语言有了更详细的了解。在1963年格林伯格发表的文章中,他假定了一个新语系——尼罗—撒哈拉语系。[4] 这一超级语系基本上就是早期的沙里—尼罗语系,并收纳了以前被认为是独立或孤立的语言或语族。迪蒙达尔注意到格林伯格1963年的证据很有说服力[5],米科拉梳理了

---

[1] Greenberg, J. H. *Studies in African linguistic classification: V. The Eastern Sudanic Family*. Southwestern Journal of Anthropology, 1950, (6): 143–160.

[2] Greenberg, J. H. *Studies in African linguistic classification: VIII. Further remarks on method; revisions and corrections*. Southwestern Journal of Anthropology, 1954, (10): 405–415.

[3] Greenberg, J. H. *Studies in African linguistic classification*. New Haven: Compass Press, 1955.

[4] Greenberg, J. H. *The Languages of Africa*. Southwestern Journal of Anthropology, 1963, (29):1.

[5] Dimmendaal, G. J. *The lexical reconstruction of Proto-Nilotic: A first reconnaissance*. Afrikanische Arbeitspapiere, 1988, (16): 5–67.

格林伯格的证据,也发现它很有说服力[1]。布伦奇注意到所有语言形态上的相似,这些相似证明了这个语系的正确性[2]。但是本德尔注意到,沙里—尼罗语系大概是欧洲语言与本语系成员接触的产物,没有反映出这些语言的排他性关系,因此该语系的名称已被学界放弃。它成为尼罗—撒哈拉语系的主要分支,或者也可以说,沙里—尼罗语系和尼罗—撒哈拉语系已合并,现在只保留了尼罗—撒哈拉语系这个名字。[3] 除了库纳马语、贝尔塔语、东部苏丹语和中部苏丹语(曾属于沙里—尼罗语系),现在大多数学者认为尼罗—撒哈拉语系包括宋海语、撒哈拉语、马班语、科姆兹语(Komuz)和富尔语(Fur)。还有一些语言存在争议,如卡都语(Kadu),格林伯格最初将其与科尔多凡语统一称为"Tumtum"语组,但他指出,"这一语组内部存在相当大的分歧"。1981年,谢德伯格也质疑了该分类,但他认为应有一个尼罗—撒哈拉语系。[4] 松下也支持格林伯格[5],但迪蒙达尔[6]在雷赫(Reh)出版了《克郎格语(Krongo)语法》[7]之后,更加详细地论证了这个观点。最后,斯提文森使

---

[1] Mikkola, P. *Nilo-Saharan revisited: Some observations concerning the best etymologies*. Nordic Journal of African Studies, 1999, (2): 108-138.

[2] Blench, R. M. *Is Niger-Congo simply a branch of Nilo-Saharan?* In S. Antipolis, R. Nicolaï & F. Rottland (eds.). *Actes du 5ème colloque de linguistique nilo-saharienne, 24-29 août 1992/Proceedings of the 5th Nilo-Saharan Linguistics Colloquium, August 24th - 29th, 1992*. Cologne: Rüdiger Köppe, 1995, pp. 83-130.

[3] Bender, M. L. *The Nilo-Saharan Languages: A Comparative Essay*. Munich: Lincom, 1996.

[4] Schadeberg, T. C. *The classification of the Kadugli language group*. In T. C. Schadeberg & M. L. Bender (eds.). *Nilo-Saharan: Proceedings of the 1st Nilo-Saharan linguistics colloquium, Leiden, September 8-10, 1980*. Dordrecht: Foris, 1981, pp. 291-305.

[5] Matsushita, S. *A preliminary Sketch of Kadugli Vocabulary. 1. Nouns, numerals and adjectives*. In M. Tomikawa (ed.). *Sudan Sahel Studies I*. Tokyo: ILCAA, 1984, pp. 15-74; Matsushita, S. *A preliminary Sketch of Kadugli Vocabulary. 1. Verb and Verbal Sentences*. In M. Tomikawa (ed.). *Sudan Sahel Studies II*. Tokyo: ILCAA, 1986, pp. 111-138.

[6] Dimmendaal, G. J. *Krongo: Between Universal, Areal and Genetic Norms*. Journal of African Languages and Linguistics, 1987, (9): 161-177.

[7] Reh, M. *Die Krongo-Sprache (nìino mó-dì)*. Berlin: Reimer, 1985.

用未发表的词汇数据进一步阐述了尼罗—撒哈拉语系的同源关系[1]。这一观点现已被普遍接受[2]。不过卡都语的系属仍未确定。

对于科曼语(Koman)和古姆兹语(Gumuz),现在的研究依然很少。宋海语系属未明,部分原因可能是受到曼德语的影响。同样有问题的还有狩猎采集者使用的库里亚克语(Kuliak),它似乎保留了非尼罗—撒哈拉语言的核心特点。布伦奇认为,它们可能与哈扎语或达哈罗语更相似,而且没有全部变为尼罗—撒哈拉语[3]。至于沙波语(Shabo),特费拉和安瑟斯认为,目前这些观点还没有足够的证据可以证明沙波语属于尼罗—撒哈拉语系。迪蒙达尔和布伦奇基于较完整的描述和当前的证据,推测它是孤立语。还有学者提议把曼得语也加进来(通常包括在尼日尔—刚果语系里),主要是因为它与宋海语有许多相似之处。然而,这种关系更有可能是由于宋海语与曼得语在几千年前距离很近,它们的关系更可能是由于古代接触,而非发生学关系。[4] 一些语言学家如里尔、迪蒙达尔和布伦奇认为古库希语(Kush)中已绝迹的梅罗伊特语(Meroitic)应该属尼罗—撒哈拉语系,有些学者认为它属于亚非语系。目前还没得到充分证明。

自从格林伯格提出尼罗—撒哈拉语系后,该语系的研究已经有了很大进步。但是科曼语和古姆兹语的研究仍然没有什么进展,关于宋海语的去向问题也存在争议。布伦奇认为尼罗—撒哈拉语系如今的分布反映了一万两千年前撒哈拉一带的气候和语言。那个时候,那里气候湿润,水道遍布,

---

[1] Stevenson, R. C. *Relationship of Kadugli-Krongo to Nilo-Saharan: Morphology and lexis*. In M. L. Bender (ed.). *Proceedings of the Fourth Nilo-Saharan Conference*. Hamburg: Helmut Buske Verlag, 1991, pp. 347-369.

[2] Bender, M. L. (ed.). *Proceedings of the Fourth Nilo-Saharan Conference. Bayreuth, 1989*. Hamburg: Helmut Buske Verlag, 1991.

[3] Blench, R. M. *Is Niger-Congo simply a branch of Nilo-Saharan?* In R. Nicolai & F. Rottland (eds.). *Proceedings of the Fifth Nilo-Saharan Linguistics Colloquium, Nice, 1992*. Köln: Rudiger Köppe, 1995, pp. 68-118.

[4] Blench, R., L. Souag. *Saharan and Songhay from a branch of Nilo-Sahara*, manuscript.

原始语言有名量词,这些词反映在今天的各种前缀、后缀和数字标记中①。

本德尔为尼罗—撒哈拉语系增加了一些词汇同言线和语法同构。② 该语系比较研究工作做的范围最大的是厄勒特,他假定了一些同源词和语法同源形式,如格标记、数标记,还有主要范畴形式,如名词、动词等。③ 厄勒特基于广泛的词汇比较、语音对应和语法比较,对不同的尼罗—撒哈拉语系成员进行了重组。根据他的分类,依靠下位分支共享语音和语法创新,中苏丹语和科曼语在类型学上与其他尼罗—撒哈拉语很不相同,构成了同源关系的最外层。④

毫无疑问,大多数学者认为尼罗—撒哈拉语系的内部分类都是合理的分类,只有东苏丹语支和中苏丹语支内部变化多样,难以确定其系属。当然还有一些分类遭到研究者的反对,如本德尔和布伦奇反对格林伯格的沙里—尼罗语系,迪蒙达尔和布伦奇反对本德尔的核心尼罗—撒哈拉语系。本德尔⑤、厄勒特⑥、迪蒙达尔⑦、塞夫尔⑧与格林伯格的分类已经大不一样,从迪蒙达尔认可的 8 个语支到本德尔赞同的 12 个语支,说明现阶段学界对本地区语言的分类观点还没有达成一致。

---

① Blench, R., C. Ahland. *The Classification of Gumuz and Koman Languages*. Language Isolates in Africa workshop, Lyons, December 4, 2010.
② Bender, M. L. *Nilo-Saharan. African Languages*, An Introduction. Cambridge: Cambridge University Press, 2000, pp. 43-73.
③ Ehret, C. *A Historical-Comparative Reconstruction of Nilo-Saharan*. Cologne: Rüdiger Köppe, 2001.
④ Ehret, C. *A Historical-Comparative Reconstruction of Nilo-Saharan*. Cologne: Rüdiger Köppe, 2001.
⑤ Bender, M. L. *The Nilo-Saharan Languages: A Comparative Essay*. Munich: Lincom, 1996.
⑥ Ehret, C. *A Historical-Comparative Reconstruction of Nilo-Saharan*. Cologne: Rüdiger Köppe, 2001.
⑦ Dimmendaal, G. J. *Nilo-Saharan Languages*. In E. K. Brown & A. Anderson (eds.). *Encyclopedia of Languages and Linguistics*, 2$^{nd}$ ed. Boston: Elsevier, 2006, pp. 638-642.
⑧ Cyfer, N. *Nilo-Saharan*. In J. Middleton & J. C. Miller (eds.). *New Encyclopedia of Africa*, Vol. 3. London: Charles Scribner's Sons, 2007, pp. 233-237.

迪蒙达尔[①]、塞夫尔[②]通过比较分析发现了格林伯格、本德尔[③]和厄勒特[④]的下位分类很不相同。而本德尔的分类争议最大[⑤]。很少有学者非常精通尼罗—撒哈拉语系的三到多种语言,所以很难对各种分类进行全面的分析批评。虽然如此,本德尔的尼罗—撒哈拉语系外围语族仍然遭到一些专家的强烈批评,如:宋海语[⑥],库里亚克语[⑦]和撒哈拉语[⑧]。其他学者似乎对外围语族的分类没有任何意见,格林伯格的分类是学术界普遍接受的分

---

[①] Dimmendaal, G. J. *Nilo-Saharan Languages*. In E. K. Brown & A. Anderson (eds.). *Encyclopedia of Languages and Linguistics*, 2$^{nd}$ ed. Boston: Elsevier, 2006, pp. 638–642.

[②] Cyfer, N. *Nilo-Saharan*. In J. Middleton & J. C. Miller (eds.). *New Encyclopedia of Africa*, Vol. 3. London: Charles Scribner's Sons, 2007, pp. 233–237.

[③] Bender, M. L. *The Nilo-Saharan Languages: A Comparative Essay*. Munich: Lincom, 1996.

[④] Ehret, C. *A Historical-Comparative Reconstruction of Nilo-Saharan*. Cologne: Rüdiger Köppe, 2001.

[⑤] Bender, M. L. *Nilo-Saharan*. In B. Heine & D. Nurse (eds.), *African Languages: An Introduction*. Oxford: Oxford University Press. 2000, pp. 43–73; Bender, M. L. *The East Sudanic Languages: Lexicon and Phonology*. Carbondale: Southern Illinois University Printing, 2005.

[⑥] Nicolaï, Robert. *La force des choses ou l'épreuve 'nilo-saharienne': Questions sur les reconstructions archéologiques et l'évolution des languages*. Cologne: Rüdiger Köppe, 2003.

[⑦] Heine, B. *The Kuliak Languages of Eastern Uganda*. Nairobi: East African Publishing House, 1976.

[⑧] Petráček, K. 1989. *Saharisch und Hamitosemitisch. XXIII. Deutscher Orientalistentag, vom 16. bis 20. September 1985 in Würzburg*. In E. Schular (ed.). *Zeitschrift der Deutschen Morgenländischen Gesellschaft Supplement VII*, pp. 543–560.

类[1]。对于绕核心语族的两个成员：富尔语和中苏丹语，有人对此表示怀疑[2]，怀疑本德尔核心语组的古姆兹语[3]，最后连本德尔自己也怀疑起来了[4]。其他语组没有受到挑战，但并不是说该分类已得到认可，而是证据确实很难收集。

总而言之，并非所有人都接受尼罗—撒哈拉语系假说。德国马克斯·普朗克(Max Planck)研究所的出版物《言语学》(Glottolog,4.0,2013)就不承认尼罗—撒哈拉语系，甚至也不认可东苏丹语支。斯塔罗斯金同样不接受尼罗—撒哈拉语系各分支之间的发生学关系，尽管他认为有一种可能性，即一旦完成必要的构拟工作，其中一些分支可能会被证明存在发生学关系。[5] 古德曼认为："目前的研究不足以证明尼罗—撒哈拉语系的存在。"[6] 现在的一致意见是，尼罗—撒哈拉语系代表至少四个不同的语系，截止到目前，尼罗—撒哈拉语系仅被认为是一个可供参考的语系名称，而非一个确定的语族或语类名。

后来尼罗—撒哈拉语系的比较研究工作转向较低层次语言的构拟，

---

[1] Cyffer, N. *Linguistic properties of the Saharan languages. Areal and genetic factors in language classification and description*. In P. Zima (ed.). *Africa south of the Sahara*, München: Lincom Europa., pp. 30-49.

[2] Jakobi, A. *A fur grammar: phonology, morphophonology, and morphology* (Nilo-Saharan, 5). Hamburg: Helmut Buske, 1993; Boyeldieu, P. Reflexes of a labiovelar series in Central Sudanic. *Insights into Nilo-Saharan language, history and culture*. Proceedings of the 9th Nilo-Saharan linguistic colloquium, Institute of African and Asian Studies, University of Khartoum, 16-19 February. In A. Abu-Manga, L. Gilley & A. Storch (eds.), pp. 129-151. Köln: Rüdiger Köppe, 2006, 2004.

[3] Mikkola, P. *Nilo-Saharan revisited*. Nordic Journal of African studies, 1999, 8(2): 108-138.

[4] Bender, M. L. *Gumuz language. vol.* 2. Encyclopaedia Aethiopica. Wiesbaden: Harrassowitz, 2005, pp. 914-916.

[5] Starostin, G. 2016. The Nilo-Saharan hypothesis tested through lexicostatistics: current state of affairs. (https://www.academia.edu/21582071/The_Nilo_Saharan_hypothesis_tested_through_lexicostatistics_current_state_of_affairs.)

[6] Güldemann, T. 2018. *Historical linguistics and genealogical language classification in Africa*. In T. Güldemann(ed.). *The Languages and Linguistics of Africa. The World of Linguistics series. Vol.* 11. Berlin: Mouton de Gruyter, pp. 299-308.

如:伯耶迪欧的《论萨拉—博纳果—巴古米那语声调与亲属关系》[1]、本德尔的《东苏丹语:词汇和语音》[2],以及赫森的《南部卢语:描述、比较和构拟》[3]。此外还有迪蒙达尔的《东苏丹语,霍华和米尔克大移民》[4]和斯托克的《西尼罗语的名词形态》[5]《西尼罗语的语法演化和典型特征》[6],而莫吉斯的《巴利语的融合:西南苏米语与东南苏米语的融合,词汇证据》[7]还突出了语言接触的作用。还有一些学者又重提过去的假说,认为尼罗—撒哈拉语和尼日尔—刚果语构成一个更大的语系,如本德尔的《尼罗—撒哈拉语系》[8]和布伦奇的《尼罗—撒哈拉语系的更多证据》[9]。

虽然现在的尼罗—撒哈拉语系研究取得了一定的成果,但是也面临一些挑战。由于地理和历史因素的影响,尼罗—撒哈拉地区的语言多样性和接触现象较为复杂,因此研究者在考虑这些因素的同时,还需要进

---

[1] Boyeldieu, P. *Identité tonale et filiation des langues sara-bongo-baguirmiennes* (Afrique centrale). Köln: Rüdiger Köppe, 2000.

[2] Bender, M. L. *The east Sudanic languages: lexicon and phonology*. Carbondale: Southern Illinois University, 2005.

[3] Heusing, G. *Die südlichen Lwoo-Sprachen: Beschreibung, Vergleich und Rekonstruktion*. Köln: Rüdiger Köppe, 2004.

[4] Dimmendaal, G. J. *Eastern Sudanic and the Wadi Howar and Wadi el Milk diaspora*. In W. J. G. Mohlig (ed.). *Cultural change in the prehistory of arid Africa: proceedings of the SFB conference*, Königswinter 1-3 October 2003 (Sprache und Geschichte in Afrika 18). Köln: Rüdiger Köppe, 2007, pp. 37-67..

[5] Storch, A. *The noun morphology of Western Nilotic* (Nilo-Saharan. Linguistic Analyses 21). Köln: Rüdiger Köppe, 2005.

[6] Storch, A. *Grammatical change and emblematic features in Western Nilotic*. In D. L. Payne & J. Peña (eds.). *Selected proceedings of the 37th annual conference on African linguistics*. Somerville: Cascadilla Proceedings Project, 2007, pp. 1-15.

[7] Moges, Y. *Convergence of Baale: a Southwest Surmic language to the Southeast Surmic group, lexical evidence*. Annual Publication in African Linguistics, 2006, (3): 49-66.

[8] Bender, M. L. *Nilo-Saharan*. In B. Heine & D. Nurse (eds.). *African languages: an introduction*. Cambridge: Cambridge University Press, 2000, pp. 43-73.

[9] Blench, R. *Further evidence for a Niger-Saharan macrophylum*. In M. Reh & D. L. Payne (eds.). *Proceedings of the 8$^{th}$ Nilo-Saharan linguistics colloquium*, University of Hamburg, August 22-25, 2001. Köln: Rüdiger Köppe, 2007, pp. 11-24.

行更深入的比较分析。需要指出的是,尼罗—撒哈拉语系研究是一个不断发展和进化的领域。随着技术和研究方法的改进,对这个语系的认识将会更加精确和深入。同时,与其他领域的跨学科合作也为尼罗—撒哈拉语系研究提供更广阔的视野和方法,并进一步推动尼罗—撒哈拉语系的研究。

总的来说,现有的研究为我们理解非洲语言的分类和演化提供了重要线索。通过对语音学、词汇、语法和语言联系等方面的研究,可以揭示该语系的内部结构以及成员之间的关系,为非洲语言的分类研究做出贡献。

## 二、尼罗—撒哈拉语系分类[①]

格林伯格在《非洲语言》里提出的尼罗—撒哈拉语系假说(见表13-1)有6个语支,其中沙里—尼罗语支作为核心语支已被前人讨论过[②]。很多人已接受尼罗—撒哈拉语系,但其内部语系,如东部苏丹语,却遭到质疑。严格说来,使用新语法学派的历史比较法,即相关语言同源形式之间的规则语音对应,以及共享创新以得出正确的下位分类(如同印欧语言的比较研究),对于该语系来说仍然缺乏实用性。然而,尼罗语、努比亚语和撒哈拉语等几个较低层次的语言在比较研究方面已相对成熟。这些研究还揭示了一些其他的信息,如某些语支之间可能存在更紧密的发生学关系,如尼罗—苏米语支以及努比亚—塔曼语支之间的关系。

---

[①] https://en.wikipedia.org/wiki/Nilo-Saharan_languages.

[②] Greenberg, J. H. *The Languages of Africa*. Southwestern Journal of Anthropology, 1963, (29):1.

表 13-1　格林伯格的分类

| | | |
|---|---|---|
| 尼罗—撒哈拉语系 | 宋海语 | |
| | 撒哈拉语 | |
| | 马班语 | |
| | 富尔语 | |
| | 沙里—尼罗语 | 东苏丹语(包括库里亚克语、努比亚语和尼罗语) |
| | | 中苏丹语 |
| | | 贝尔塔语 |
| | | 库纳马语 |
| | 科曼语(包括古姆兹语) | |

　　格林伯格的分类在学术界引起了广泛的关注和讨论,在后续的研究中也引发了一些争议和修正。学者们提出了不同的观点和分类方法,对格林伯格的某些分类结果提出了质疑或修改。这表明尼罗—撒哈拉语系的分类仍然存在一定的不确定性,需要进一步研究。需要强调的是,对格林伯格分类的评价应该基于当时的学术背景和研究条件。尽管当代学者在尼罗—撒哈拉语系的分类上持有不同的观点,但格林伯格的努力为我们理解这个复杂语系的多样性和演化奠定了基础,对于尼罗—撒哈拉语系的研究仍然具有重要意义。

　　古姆兹语与邻近的科曼语没有区别,但是本德尔把它从科曼语里划分了出来,形成了独立的古姆兹语支。[①] 本德尔的分类是对格林伯格分类的修改和扩展。他把富尔语和马班语组成富尔—马班语支,把卡都语加到尼罗—撒哈拉语系里,把库里亚克语从东苏丹语支里移出,把古姆兹语从科曼语里移出(变为姊妹语),把库纳马语当作独立的语支。到了1991年他又在细节上进行了修改,[②]使沙里—尼罗语系成为嵌套型支系(nested clades),包括一个核心语支,里面的贝尔塔语很不相同,把富尔—马班语支当作沙里—

---

① Bender, M. L. *Berta Lexicon*. In M. L. Bender (ed.). *Topics in Nilo-Saharan Linguistics*. Hamburg: Helmut Buske, 1989, pp. 271-304.

② Bender, M. L. *Subclassification of Nilo-Saharan*. In M. L. Bender (ed.). *Proceedings of the Fourth Nilo-Saharan Conference*, Bayreuth, Aug. 30-Sep. 2, 1989. Hamburg: Helmut Buske Verlag, 1991, (7): 1-36.

尼罗语支的姊妹语支。他的这个分类是基于语法同构与共享创新，虽然分类的细节仍有待完善，但他将外围语（宋海语、撒哈拉语、库纳马—伊里特语（Kunama-Ilit）和库里亚克语）与其他语言〔包括苏丹尼语、努比亚语、科曼语和卡都语（Kadugli-克郎格语）〕分开至为关键。本德尔支持富莱明的观点，把有问题的沙波语放在科曼语组里。（见表13-2）

表13-2 本德尔的分类

| 尼罗—撒哈拉语系 | 宋海语 |||||
|---|---|---|---|---|---|
| ^ | 撒哈拉语 |||||
| ^ | 库纳马—伊里特语 |||||
| ^ | 库里亚克语 |||||
| ^ | 沙里—尼罗语 | 富尔—马班语 | 富尔语 |||
| ^ | ^ | ^ | 马班语 |||
| ^ | ^ | 核心语 | 中苏丹语 | Moru-Mangbetu语 ||
| ^ | ^ | ^ | ^ | Sara-Bongo语 ||
| ^ | ^ | ^ | 东苏丹语 | 贝尔塔语 ||
| ^ | ^ | ^ | ^ | 苏米—尼罗语 ||
| ^ | ^ | ^ | ^ | 努比亚语，Nara语，塔曼语 ||
| ^ | ^ | ^ | ^ | 科米兹语 | 古姆兹语 |
| ^ | ^ | ^ | ^ | ^ | 科曼语（包括沙波语） |
| ^ | ^ | ^ | ^ | 卡都格里—克郎格语 ||

1996年本德尔又修改了他的尼罗—撒哈拉语系分类，他把科曼语和古姆兹语分到核心尼罗—撒哈拉语系完全不同的语支里（见表13-3）。到了2000年，本德尔完全放弃了沙里—尼罗语支和科姆兹语支。他还把库纳马语又加回到"绕核心"语族（"Satellite-Core" group）里，并撤回了沙波语，表示沙波语还未被充分研究，一旦研究成熟，可能属于尼罗—撒哈拉语。这种试探性的、有点保守的分类成为此后十年的标准。

表 13-3　本德尔的尼罗—撒哈拉新分类①

| | | |
|---|---|---|
| 尼罗—撒哈拉语系 | 外围语族 | 宋海语<br>库里亚克语<br>撒哈拉语 |
| | 绕核心语族 | 马班语<br>富尔语<br>中苏丹语<br>贝尔塔语<br>库纳马语 |
| | 核心语族 | 东苏丹语<br>科曼语<br>古姆兹语<br>卡都格里语(Kadugli) |

厄勒特提出了一个全新的尼罗—撒哈拉语系作为他当时正在研究的超级大语系的开头部分②。他的分类证据直到很晚才完全发表出来(见表13-4),因此没有获得与对手即本德尔和布伦奇的假说一样的好评。在厄勒特出版的《尼罗—撒哈拉语系的历史比较构拟》里可以见到他最新的分类③,这个分类由两个主要语支构成:古姆兹—科曼语支及由剩下的语言构成的苏丹语支。与以往分类不同的是,宋海语嵌套在核心语支里,与马班语一起同属西萨赫连语(Sahelian),而卡都语不包含在尼罗—撒哈拉语系里。注意这个分类里的"科曼"语等同于科姆兹语,如古姆兹语和科曼语作为主要语支,厄勒特把传统的科曼语重新命名为"西科曼语"。

---

① Bender,M. L. *The Nilo-Saharan languages: a comparative essay.* Munich: Lincom Europa,1996;Bender,M. L. *Nilo-Saharan.* In B. Heine & D. Nurse (eds.). *African Languages. An introduction.* Cambridge: Cambridge University Press,2000,pp. 43-73.
② Ehret,C. *Subclassification of Nilo-Saharan: A Proposal.* In M. L. Bender (ed.). *Topics in Nilo-Saharan Linguistics.* Hamburg: Helmut Buske,1989,pp. 35-49.
③ Ehret,C. *A historical-Comparative reconstruction of Nilo-Saharan.* Köln: R. Köppe Verlag,2001.

表 13-4 厄勒特的分类

| 尼罗—撒哈拉语系 | 科曼语 | 古姆兹语 | | | | | |
|---|---|---|---|---|---|---|---|
| | | 西科曼语 | | | | | |
| | 苏丹语支 | 中苏丹语 | | | | | |
| | | 北苏丹语 | 库纳马语 | | | | |
| | | | 撒哈拉—萨赫连语 | 撒哈拉语 | 富尔语 | | |
| | | | | 萨赫连语 | 跨萨赫尔语 | 西萨赫连语 | 宋海语马班语 |
| | | | | | | 东萨赫连语(东苏丹语)(包括贝尔塔语) | |

其他学者也提出了不同的分类设想,布伦奇在不同年代提出了不同的分类(见表 13-5、13-6、13-7)。他假定尼日尔—撒哈拉超级语系包括尼日尔—刚果语系和尼罗—撒哈拉语系。这是一个极具争议的观点,主流语言学界并不接受。[①] 布伦奇有关尼日尔—撒哈拉超级语系的内部分类见表 13-5。

表 13-5 布伦奇的分类[②]

| 原始尼罗—撒哈拉 | 宋海语、撒哈拉语、马班语、富尔语、库里亚克语、贝尔塔语、库纳马语、古姆兹语、沙波语 | | | |
|---|---|---|---|---|
| | 卡都—苏丹语 | 卡都语(Kadugli-克郎格语) | | |
| | | 尼日尔—苏丹语 | 东苏丹语 | |
| | | | 尼日尔—中苏丹语 | 中苏丹语 |
| | | | | 尼日尔—刚果语 |

---

① Blench, R. *Archaeology, Language and the African Past*. Lanham: Altamira Press, 2006.

② Blench, R. M. *Is Niger-Congo simply a branch of Nilo-Saharan?* In S. Antipolis, R. Nicolaï & F. Rottland (eds.). *Actes du 5ème colloque de linguistique nilo-saharienne, 24-29 août 1992/Proceedings of the 5th Nilo-Saharan Linguistics Colloquium, August 24th-29th, 1992, Université de Nice*. Cologne: Rüdiger Köppe, 1995, pp. 83-130; Blench, R. *Archaeology, Language and the African Past*. Lanham: Altamira Press, 2006.

根据布伦奇的研究,尼日尔—刚果语系和尼罗—撒哈拉语系共享以下类型学特点[1]:(1)语音方面:ATR 元音和谐和唇腭音/kp/和/gb/;(2)名词类词缀:如尼罗—撒哈拉语系物质名词词缀 ma-;(3)动词延展和复数动词形式。

随着对尼罗—撒哈拉语系量词的进一步了解,以及它们在各个语支中演化而来的词缀或数字标记,布伦奇假定尼罗—撒哈拉语系的所有语言都属于同一个语系。他提出了初步的内部分类,即,宋海语最接近撒哈拉语(见表 13-6),这一关系以前从未被提出过。

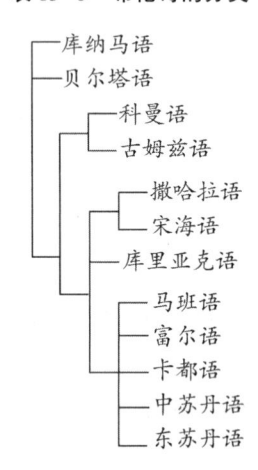

表 13-6　布伦奇的分类[2]

```
┌─ 库纳马语
├─ 贝尔塔语
├─┬─ 科曼语
│ └─ 古姆兹语
├─┬─ 撒哈拉语
│ └─ 宋海语
├─ 库里亚克语
├─ 马班语
├─ 富尔语
├─ 卡都语
├─ 中苏丹语
└─ 东苏丹语
```

2015 年和 2017 年,布伦奇重新修改了他的分类,他把马班语和富尔语,卡都语和东苏丹语,库里亚克语和包含这些语言的节点并列[3](见表 13-7)。

---

[1] Blench, R. *Archaeology, Language and the African Past*. Lanham: Altamira Press, 2006.

[2] Blench, R., C. Ahland. *The Classification of Gumuz and Koman Languages*. Language Isolates in Africa workshop, Lyons, December 4, 2010.

[3] Blench, R. *Was there a now-vanished branch of Nilo-Saharan on the Dogon Plateau? Evidence from substrate vocabulary in Bangime and Dogon*. Mother Tongue, 2015, (20): 73-89; Blench, R. *Segment Reversal in Kuliak and its Relationship to Nilo-Saharan*. Draft, 2017.

2021年布伦奇又总结指出,马班语可能最接近东苏丹语。[1]

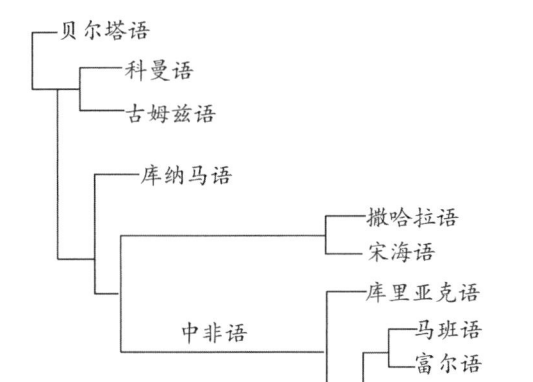

表13-7 布伦奇的尼罗—撒哈拉语系分类[2]

```
┌─ 贝尔塔语
├─┬─ 科曼语
│ └─ 古姆兹语
│
├─┬─ 库纳马语
│ │
│ │        ┌─┬─ 撒哈拉语
│ │        │ └─ 宋海语
│ └─ 中非语┤
│          │  ┌─ 库里亚克语
│          │  ├─┬─ 马班语
│          └──┤ └─ 富尔语
│             │ 中苏丹语
│             ├─ 卡都语
│             └─ 东苏丹语
```

斯塔罗斯金使用了斯瓦迪士词表的词汇统计学方法,他的分类结果比《言语学》更具包容性。此外他还发现了语系之间可能存在的联系,需要构拟原始语进行确认。[3] 斯塔罗斯金并不认为格林伯格的尼罗—撒哈拉语系是一个正确的、合乎逻辑的分类。尼罗—撒哈拉语系包括十个不同的、独立的语系:东苏丹语、中苏丹—卡都语、马班—库纳马语、科姆兹语、撒哈拉语、宋海语、库里亚克语、富尔语、贝尔塔语和沙波语。斯塔罗斯金在2017年发表的文章中重新阐述了他的观点,并且接受了超级东苏丹语和超级中苏丹语之间的发生学关系。他把这个语系命名为超级苏丹语系,分类见表13-8。

---

[1] Blench, R. *Africa over the last 12,000 years* (https://www.academia.edu/28768228). 2021.

[2] Blench, R. *Was there a now-vanished branch of Nilo-Saharan on the Dogon Plateau? Evidence from substrate vocabulary in Bangime and Dogon*. Mother Tongue, 2015, (20): 73-89.

[3] George S. *The Nilo-Saharan hypothesis tested through lexicostatistics: current state of affairs* (https://www.academia.edu/21582071), 2016.

表 13-8　斯塔罗斯金的尼罗—撒哈拉语系分类[①]

| | | | |
|---|---|---|---|
| 超级苏丹语系 | 超级中苏丹语系 | 中苏丹语系 | Sara-Bongo-Bagimi 语组（中西苏丹语支） |
| | | | Kresh-Aja-Birri 语 |
| | | 中东苏丹语支 | Mangbutu-Efe 语 |
| | | | Mangbetu-Asoa 语 |
| | | | Lendu-Ngiti 语 |
| | | | Moru-Madi 语 |
| | | 克郎格-Kadugli 语族（Kadu） | |
| | | 马班语族 | |
| | 超级东苏丹语系 | 东苏丹语系 | 努比亚语组 |
| | | 东北苏丹语系 | Tama 语组 |
| | | | Nara 语 |
| | | | Nyimang-Afitti 语组 |
| | | 东南苏丹语系 | 苏米语（南苏米语+北苏米语/Majang 语支） |
| | | | 尼罗语（西支+东支+南支） |
| | | | Jebel 语支 |
| | | | Temein 语支 |
| | | | 达茱语支 |
| | 贝尔塔语族 | | |
| | 富尔—阿当语族 | | |
| | 库纳马—伊里特语族 | | |
| 科曼—古姆兹语系 | 科曼语系 | "窄科曼"语族 | |
| | | Gule（Anej）语 | |
| | 古姆兹语 | | |

---

[①] Starostin, G. C. Языки Африки. Опыт построения лексикостатистической классификации. T. 3. Нило-сахарские языки. *Languages of Africa: an attempt at a lexicostatistical classification. Volume 3: Nilo-Saharan languages.* Moscow: Издательский Дом ЯСК / LRC Press, 2017, p. 840.

续表:斯塔罗斯金的尼罗—撒哈拉语系分类

| 撒哈拉语系 | 撒哈拉语西支(Kanuri-Kanembu+Teda-Dazaga 语) |
|---|---|
| | 撒哈拉语东支(Zaghawa+Berti) |
| 库里亚克语族 | |
| 宋海语族 | |
| 沙波语(Mikeyir) | |

斯塔罗斯金发现了卡都语和中苏丹语之间存在大量的词汇相似,中苏丹语和富尔—阿当语(Fur-Amdang)、贝尔塔语、东苏丹语也共享某些相似词汇。[1]

迪蒙达尔等认为把卡都语和宋海语纳入尼罗—撒哈拉语系的证据太弱,还不能下这样的结论。而有一些证据表明科曼语和古姆兹语同属一类,可能属于尼罗—撒哈拉语系(见表13-9)。

表13-9 迪蒙达尔的尼罗—撒哈拉语系分类[2]

| 尼罗—撒哈拉语系 | 东北 | 马班语 | |
|---|---|---|---|
| | | 其他1 | 富尔语和阿当语 库纳马语 |
| | | 其他2 | 撒哈拉语 东苏丹语 |
| | | 贝尔塔语 | |
| | | 库里亚克语 | |
| | 中苏丹语 | | |

迪蒙达尔等学者的大型东北语支观点基于以下类型学特点[3]:(1)复杂

---

[1] Starostin, G. C. Языки Африки. Опыт построения лексикостатистической классификации. Т. 3. Нило-сахарские языки. Languages of Africa: an attempt at a lexicostatistical classification. Volume 3: Nilo-Saharan languages. Moscow: Издательский Дом ЯСК / LRC Press, 2017, p. 840.

[2] Dimmendaal, G. J. On stable and unstable features in Nilo-Saharan. In H. Schröder & P. Jerono (eds.). Nilo-Saharan Issues and Perspectives. Köln: Rüdiger Köppe Verlag, 2016. pp. 9-23.

[3] Dimmendaal, G. , C. Ahland, A. Jakobi. Linguistic features and typologies in languages commonly referred to as 'Nilo-Saharan'. Cambridge Handbook of African Linguistics, 2019, pp. 326-381.

音节结构的容忍度；(2)更多的屈折和派生形态，包括格的存在；(3)动词尾语序(SOV 或 OSV)；(4) 共同动词(coverb)+轻动词结构；(5) 动副词(converb)。

《言语学4.0》在总结了所有的文献资料后，认为以下语言与当前的研究没有明显的联系，即：贝尔塔语、中苏丹语(不包括 Kresh-Aja 语,Birri 语也存疑)、达荣语(Daju,据推测为东苏丹语)、东 Jebel 语(据推测为东苏丹语)、富尔语、Gule 语、古姆兹语、Kadugli-克郎格语、科曼语(不包括 Gule 语)、Kresh-Aja 语(据推测为中苏丹语)、库里亚可语、库纳马语、马班语(包括 Mimi-N 语)、Mimi-Gaudefroy 语(Mimi-D)、Nara 语(据推测为东苏丹语)、尼罗语(据推测为东苏丹语)、努比亚语(据推测为东苏丹语)、尼芒语(据推测为东苏丹语)、撒哈拉语、沙波语、宋海语、苏米语(据推测为东苏丹语)、Tama 语(据推测为东苏丹语)、Temein 语(据推测为东苏丹语)。[1]

还有学者认为尼罗—撒哈拉语系与其他语系存在同源关系，主要指尼日尔—刚果语系，如格里格森称之为刚果—撒哈拉语系[2]。然而，布伦奇认为尼日尔—刚果语系和尼罗—撒哈拉语系(特别是大西洋—刚果语支和苏丹中部语支)的相似是由于接触，因为尼日尔—刚果语系主要标记是名词类别系统或者是模拟中苏丹语的名词类别系统发展而来的。

尽管尼罗—撒哈拉语系的分类工作取得了不俗的成就，但是由于数据限制、语言接触等因素的影响，有时候划分边界并不清晰，某些语言的归属可能存在争议。此外，一些语言由于缺乏被记录和研究的机会，其分类仍然存在不确定性。但是尼罗—撒哈拉语系的分类是一个持续发展的领域，随着研究方法和技术的不断进步，对这个语系的了解将变得更加准确和完善。未来的研究可能会有更多的田野调查和数据收集，对尼罗—撒哈拉语系进行更深入的研究和细分。

总的来说，尼罗—撒哈拉语系的分类为我们理解非洲语言的演化和多

---

[1] https://en.wikipedia.org/wiki/Nilo-Saharan_languages.

[2] Gregersen, E. *Kongo-Saharan*. Journal of African Languages, 1972, (1): 69-89.

样性提供了重要线索。虽然分类过程中存在一些争议,但整体上有助于全面了解该地区的语言,促进对非洲语言及其历史的认识。

### 三、尼罗—撒哈拉系语言特点[①]

尼罗—撒哈拉语系包含了多个语言和语族,其语言特点多种多样。该语系通常具有较为丰富的辅音,同时辅音的音系结构也相对复杂;元音方面,一些语族具有较多元音的对立;词汇方面,一些语言表现出明显的词根形态学,通过改变词根的前缀、后缀或音变来表示不同的语法功能或意义。此外,另一些语言可能更倾向于使用屈折或派生词的方式来表示语法关系。一些语言有着主谓宾的基本语序,同时也有一些倾向于动宾主的语序。一些语言还表现出名词类别的丰富多样性,包括名词性动词、形容词和副词等。

尼罗—撒哈拉语系内部结构非常多元化,其中一个显著的特征就是存在单数—集体—复数的三维数字系统(tripartite singulative-collective-plurative number system)。布伦奇认为这是原始语言名词类系统演化的结果[②]。

大多数尼罗—撒哈拉语都是声调语言,词和语法形式都由声调高低去区分,他们在音节或单词上使用相对音高来标记词汇或语法的区别。大量语言,如宋海语西部变体或努比亚语北部变体与非声调语言接壤,它们本身只有轻微的音调。另一方面,中部非洲的语言如卢格巴拉语(Lugbara)的西部方言(卢格巴拉语是刚果民主共和国和乌干达交接地带的一种苏丹中部语言,与高度声调化的语言尼日尔—刚果语言接壤),有时多达 4 个声调。

中苏丹诸语言一般只有开音节(词尾为元音),其他诸语言则既有开音节,又有闭音节(词尾为辅音)。中苏丹诸语言有软腭—圆唇辅音 kp 和 gb,这是它们和其他语言的不同之处。许多语言分齿塞音、齿龈塞音或卷舌闭

---

[①] https://www.britannica.com/topic/Nilo-Saharan-languages & https://en.wikipedia.org/wiki/Nilo-Saharan_languages.

[②] Blench, R., C. Ahland. *The Classification of Gumuz and Koman Languages*. Language Isolates in Africa workshop, Lyons, December 4, 2010.

塞音,一些语言分内破裂音和破裂音。大多数语言的元音系统丰富,元音一般有7个或更多,许多语言的元音有长短之分,中苏丹语支的一些语言有鼻元音。

还有一个区域特征是元音和谐,特别是在中苏丹语和东苏丹语的尼罗语和萨米克语组(Surmic groups)中,这一特征尤为突出,并与邻近的尼日尔—刚果语共享。此特征限制了属于两个以上和谐语组的元音在任何特定单词中的共现。每个和谐语组都包括五个元音,一组由舌根前伸产生,另一个由舌根收缩产生。在尼罗西部语言如丁卡语里,这种对比进一步发展为气嗓音(breathy voice)和嘎裂音(creaky voice)的对立。丁卡语还发展了另一个罕见特征,即元音的三维长度区分(three-way length distinction)。

尼罗—撒哈拉语系是一个高度分化的语系,因此很难构拟出原始尼罗—撒哈拉语。但现在有两个学者仍然进行了这方面的研究,构拟了不同的原始语,即本德尔和厄勒特。先看本德尔构拟的原始语辅音(见表13-10)。

表13-10 本德尔构拟的原始语辅音

| 爆破音 | | 唇音 | 冠音 | 硬腭音 | 软腭音 |
|---|---|---|---|---|---|
| 爆破音 | 清音 | | *t, *t$_2$ | | *k, *k$^h$ |
| | 浊音 | *b | *d, *d$_2$ | ʔ | *g |
| 擦音 | | *f | *s | | |
| 流音 | | | *r, *l | *r$_2$ | |
| 鼻音 | | *m | *n | | *ŋ |
| 半元音 | | *w | | *j | |

本德尔提供了大约350个同源词,深入讨论了厄勒特的分类(见表13-11)和语音系统。布伦奇研究比较了本德尔和厄勒特的语音系统,认为前者更好,因为前者更安全,资料更可靠[①]。如,本德尔指出,有一系列音素,包括

---

① Blench, R. *The classification of Nilo-Saharan*. Afrika und Übersee, 2000, (83): 293-307.

内爆音/ *ɓ，*ɗ，*ʄ，*ɠ/，挤喉音/ *p'，*t'，( *s')，*c'，*k'/和鼻音前辅音/ *ᵐb，*ⁿd，( *ⁿt)，*ᵑʄ，*ᵑg/，但是它们似乎只是为核心语组和外围语组而非原始尼罗—撒哈拉语构拟的。

表13-11 厄勒特构拟的原始语辅音

|  |  | 唇音 | 齿音 | 齿龈音 | 卷舌音 | 硬腭音 | 软腭音 | 喉塞音 |
|---|---|---|---|---|---|---|---|---|
| 爆破音 | 内爆音 | *ɓ |  | *ɗ | *ɗ̣ |  | *ɠ |  |
|  | 浊音 | *b | *d̪ | *d | *ḍ |  | *g |  |
|  | 清音 | *p | *t̪ | *t | *ṭ |  | *k |  |
|  | 送气音 | *pʰ | *t̪ʰ | *tʰ | *ṭʰ |  | *kʰ |  |
|  | 挤喉音 | *p' | *t̪' | *t' | *ṭ' |  | *k' |  |
| 擦音 |  |  | *θ | *s，*z | *ṣ |  |  |  |
| 鼻音 | 简单音 | *m |  | *n |  | *ɲ | *ŋ |  |
|  | 鼻音前 | *ᵐb | *ⁿð | *ⁿd | *ⁿḍ |  | *ᵑg |  |
| 流音 |  |  | *l̪ | *r，*l |  |  |  |  |
| 近音 | 普通音 | *w |  |  |  | *j |  |  |
|  | 复杂音 | *'w |  |  |  | *'j | *'h | *h |

厄勒特的构拟受到了本德尔和布伦奇的批评，他们认为厄勒特使用的构拟不太清晰，他构拟的许多音素可能只是音位变体。

该语系语言在语法方面，都没有名词类系统；有些语言有性的区别，有些语言没有；第一人称复数代词分为内包人称代词（包括听者在内）和外排人称代词（不包括听者在内）两种形式；几乎所有语言的名词都有单复数之分；有些语言用前缀，大多数语言用后缀表示。东苏丹语支的一些语言用后缀，也用声调变化、元音长短或不同的元音音质表示单复数。努比亚语从古代起就有文字，肯尼亚、乌干达和苏丹的一些语言采用以拉丁字母为基础的文字。

迪蒙达尔总结的尼罗—撒哈拉语形态[①]:

使役前缀：*ɪ-或 *i-;

动转名词(抽象/分词/施事)前缀：*a;

数量后缀：*-i, *-in, *-k;

反身标记：*rʊ;

人称代词:第一人称单数 *qa,第二人称单数 *yi;

逻辑形象代词：*<y>ɛ;

指示标记：单数 *n,复数 *k;

后置词：所有格 *ne,位置格 *na;

介词：*kɪ;

否定动词：*kʊ。

正如格林伯格在其语言类型学著作中提到的那样,动词的位置相对于主语或宾语来说与其他句法特点是一致的。例如,把动词放在主语和宾语之前的语言倾向于把介词和助词置于主要动词之前,而把动词置于主语和宾语之后的语言趋向于在动词后使用后置词和助词。这两种类型学的极端现象都出现在尼罗—撒哈拉语系里。最东边的尼罗—撒哈拉语,如许多尼罗语以及苏米语(Surmic),还有那些属于库里亚克语和卡都语的语言,都属于前者,而西部和北部的尼罗—撒哈拉语如富尔语、库纳马语、马班语及努比亚语言都是动词尾结构。一些苏米语的词序相对来说比较自由,在中苏丹语里,交替使用动宾顺序和助—宾—动顺序。各成分之间的句法关系往往通过格标记后缀(有时是声调屈折)来表达,例如,主格、通格、宾格、属格、与格、处所格、联想格和工具格,尽管这些都不一定同时出现在所有语言中。

除了广泛存在的形式和意义相似的词根外,还有一些语法特征明确表明尼罗—撒哈拉语言有着共同的历史来源。苏丹南部的一种尼罗—巴里语

---

[①] Dimmendaal, G. J. *On stable and unstable features in Nilo-Saharan*. In H. Schröder & P. Jerono (eds.). Nilo-Saharan Issues and Perspectives. Köln: Rüdiger Köppe Verlag, 2016. pp.9-23.

(Bari)展示了一种普遍的形态特征,即名词的单数或复数形式都可以用基本的、形态上单一的形式来表达,如:rima'"血",rima-tata"一滴血";nyɔmɔt(复数)'种子',nyɔmɔt-ti(单数)"种子";Bari"巴里人(复数)",Bari-nit"巴里人(单数)"。除此之外,集合形式(如 nyɔmɔt-an"许多种种子")如同替换模式一样,通过数字标记后缀来标记单数和复数(语法形式置于词核或词根之后)。这种数字标记系统出现在尼罗—撒哈拉语的许多语言中,而且数量巨大。很多经过证明的数字标记后缀在不同语言中的形式相同或相似,它们很可能来自共同的祖语。

动词是尼罗—撒哈拉语言中最复杂的。它通常涉及对共轭特征(conjugational features)的广泛标记,如人称、数量、时态(时间的表达)、体或语态等。辅音交替通常伴随着这些形态变化的过程。在撒哈拉语、塔曼语(Taman)、尼芒语(Nyimang)和苏米语等远距离同源语族中,完成体/不完成体动词词干之间存在着广泛而持久的区别。使役、与格和否定的动词标记在形式上也趋于相似。此外,特定的动词屈折特征,如第一人称单数(通常是动词前缀 a-)和第二人称单数(通常是单词前缀 i-)形式,可以解释为来自共同祖语。

阴性和阳性(或中性)名词之间的差异在邻近的亚非语系里(如同在印欧语言里)很常见,但在尼罗—撒哈拉语系则不常见,只有少数例外。性作为名词的派生特征,在南部尼罗语和西部尼罗语中都有发现,而在东部尼罗语中,性已发展成为名词的完全屈折特征,即所有名词要么天生是阳性的,要么天生是阴性的;在一些东部尼罗语中,名词也可能具有中性的特征。早期对尼罗—撒哈拉语最东端的一些代表语言进行调查的研究人员声称,这些语言还含有来自"北部地区",被称为含米特语(后来更名为库希特语,现在是亚非语系的一部分)的最基本特征。20 世纪初,马赛语(Masai)和其他尼罗系语言中这种所谓的"含米特语成分"成为分类学的主要问题。语言混合的概念(作为对不同语系进行统一系属分类的替代方法)得到了非洲学家迈因霍夫最有力的支持,他将这些语言称为"尼罗—含米特语"。但是,正如格林伯格在他的语言分类著作中指出的那样,性的语法变化只能证明语言之间存在类型学的相似。同源关系的核心是语言之间在基本词汇的语音和意义以及语法标记的形式和功能上的相似性(假定来自同一祖语)。

古代大多数尼罗—撒哈拉语没有书写传统。古努比亚语是一个例外,它的书写系统可能来自8—11世纪的基督教社区文字。手稿和铭文也证实了这种书写系统,它源于科普特语(Coptic)的书写系统,该书写系统主要改编自希腊字母,另外还有来自梅罗伊特语的手写体。伊斯兰教传播到苏丹北部后,古努比亚语已被放弃。努比亚语偶尔还用阿拉伯语书写。

尼罗—撒哈拉地区的语言接触现象比较常见,这也对语言特点产生了一定的影响。语言接触可能会导致一些借词现象,以及语法和语音的相互影响。需要强调的是,尼罗—撒哈拉语系是一个非常广泛和多样化的语系,其内部语言和语族之间存在着很大的差异。因此,在评价尼罗—撒哈拉系语言特点时,需要具体考察每个语族或语支内的语言特征,不能将所有语言简单归纳为相同的特点。同时,由于对某些语言的研究仍然有限,对尼罗—撒哈拉语系语言特点的了解还有待进一步的深入研究和探索。

**四、尼罗—撒哈拉系语言溯源**

尼罗—撒哈拉系语言起源于何时何地是一个复杂而有挑战性的研究课题。由于缺乏历史文献记录和古代文字系统,溯源主要通过比较现代语言的词汇、语法和音系等方面的共性来推测语言的关系和演化历程。首先通过对各个语言之间的共性进行比较和分析,推测这些语言的祖语,并随着时间的推移逐渐分化形成不同的语族。追溯尼罗—撒哈拉语系语言的祖语会面临很多挑战。由于历史上的迁徙、接触和语言借用等因素,语言的演化路径可能会变得复杂和模糊。此外,缺乏古代文献和文字系统使得溯源过程更加困难,需要依赖于有限的语言数据和现代语言的对比分析。

从时间来看,尼罗—撒哈拉一些语言早于非洲新石器时代。因此,东苏丹的统一至少可以追溯到公元前5000年。尼罗—撒哈拉地区的语言同源关系必然更古老,可以追溯到旧石器时代晚期。与尼罗—撒哈拉语系相关的最早书面语是公元 8—15 世纪最古老的非洲书面语言之一——古努比亚语。[①]

从气候和环境方面来看,尼罗—撒哈拉语系的起源应该与水上产业(Aquatic industry)有关,该行业可追溯到公元前 8000 年。这一带在历史上很长一段时间内,气候湿润,湖泊水位比现在要高,当地人开发湖泊、河流,包括东非鲁道夫湖至西非尼日尔河湾周边地区的食物资源。公元前 6000 年,撒哈拉环境恶化,特别是西部和中部地区,如 20 世纪末的宋海语、撒哈拉语、富尔语、马班语、塔曼语或达茱语所处之地,这可能就是尼罗—撒哈拉语言独立出来的原因。最近的研究表明,这些地区的撒哈拉语言,如富尔语、卡努里语和宋海语与行政区划相关,这些国家在跨撒哈拉贸易路线上形成了重要的链条。曾经生活在西非尼日尔河沿岸,从马里到尼日利亚的一百多万人所说的宋海语,已发展成为宋海帝国的通用语,并在 15 世纪达到顶峰。宋海语可能是通过最初的语言演化吸收了其他语团的特点。其他超过 100 万人讲撒哈拉语系中的现代尼罗—撒哈拉语,有卡努里语(主要在尼日利亚)、尼罗—努比亚语和尼罗语系丁卡语(南苏丹)、卡伦金语(肯尼亚)、洛语(Luo,主要在肯尼亚和坦桑尼亚)和特索语(Teso,乌干达和肯尼亚)。这些语言中,只有卡努里语是本地通用语。作为一种本地通用语,其使用率于近年逐渐下降,而大部分母语使用者皆使用豪萨语或阿拉伯语作为第二语言。

此外,阿拉伯语是该地区重要的通用语和优势教育语言,包括马沙利特语(Masalit)在内的乍得马班语都受到来自阿拉伯语的压力,这些区域里的语言受其他因素的影响演变速度加快。如 20 世纪 60 年代在埃及修建的阿斯旺高坝,迫使许多科努兹(Kenuz)和法迪卡(Fadicca)的尼罗努比亚人放弃了他们在尼罗河沿岸、阿斯旺和苏丹边境之间的故土,定居到阿斯旺以北的"新努比亚"。与阿拉伯语使用者日常接触的增加以及埃及官方语言的较高声望导致努比亚语的使用日益减少。20 世纪八九十年代,针对埃塞俄比亚、肯尼亚、乌干达和刚果民主共和国等邻国苏丹难民的大规模重新安置计划,

---

[①] https://www.britannica.com/topic/Nilo-Saharan-languages.

产生了许多新的多语环境。还有,现代城市化可能会对某些语言的传播产生催化作用,导致其他语言会萎缩。尽管如此,在100多种尼罗—撒哈拉语中,大多数语言不管是口语还是书面语都很发达。

总的来说,尼罗—撒哈拉系语言溯源是一个持续发展和进化的研究领域。通过不断深入地比较研究和数据收集,可以逐步增加对尼罗—撒哈拉语系语言演化历程和关系的了解。然而,考虑到数据有限和研究难度,对这个语系的溯源仍然存在一定的不确定性。

# 结　论

在世界范围内进行语言谱系分类是一项艰巨而重要的任务,通过划分语系、语族、语支,可以更好地理解不同语言之间的关系。为了准确地对世界语言进行分类,语言学家采用了多种方法,包括语言学、考古学、人类学、遗传学等方法,以研究语言之间的关系,确定语言的谱系,而跨学科的合作更有助于全面准确地探讨世界语言间的关系。最近几年,借助考古学和基因研究的最新成果,世界语言谱系分类研究取得了重大突破。目前,分类研究成绩斐然,许多语系和语族也得到了广泛认可,如,汉藏语系、印欧语系、南亚语系等,而它们的下位分类也得到了很多学者的认可。

类型学分类引出语言学历史的重建,而语言史的推测又为一些非语言学的理论提供了极有价值的线索。现今一些相关语言的分布情形,为过去人类的迁移提供了许多可能的假设,如在非洲大陆外侧的马达加斯加岛说南岛语,南岛语的近亲在婆罗洲,这可作为印度尼西亚地区的人曾迁居至马达加斯加岛的确证;同时,也可从原始语言词汇的模拟,推定原始社会中的自然环境、家族组织、基本的经济及宗教观念。[①] 因此语言分布现状、人类迁徙路线、语言历史追踪,都是研究的热点。全球学界在此领域投入大量人力物力,考察世界各地语言的演化,确定世界语言谱系分类,最终得到大量语系假说,如,汉藏语系、印欧语系、南亚语系、南岛语系、美洲印第安语系、阿

---

① 阿灿:《世界诸语言的类型分类与系属分类》,https://wenku.baidu.com/view/65dc833580 4d2b160a4ec05b.html#,2014.

尔泰语系、达罗毗荼语系、高加索语系、乌拉尔语系、亚非语系、尼日尔—刚果语系、尼罗—撒哈拉语系、克瓦桑语系等。这些学者寻其特点,对其分类,溯其源头,取得了丰硕的成果。其中印欧语系的研究成果为大家公认,没有异议,而且研究最成熟,研究历史最长,研究人员最多,资料浩瀚。有些语系是否独立存在,至今还处于不确定中,赞同者有之,反对者有之,如阿尔泰语系、高加索语系等。有的假说则遭到学界的大力反对,支持者甚少,如格林伯格的美洲印第安语系。无论如何,不管学界认同与否,这些学者所做的努力,所取得的成就为我们的继续研究打下了深厚的基础。由于语言的持续演化,古语的情景、古语到今语演化的详细过程,我们无从得知。资料的缺乏,时间的长远,语言演化的复杂性和曲折性,更加深了研究的难度。因此,除了对前人的研究成果抱有客观的态度,还应加大投入力度,针对各地语言的复杂情况,甄别同源词与借词,借助跨学科的研究成果,做出更深入的研究。

不过,语言谱系分类标准成了历史语言学家的"意难平"。从语言的谱系分类到各地方言的分片,学者们各有标准。斯瓦迪士的基本词汇表在当时可谓风光一时,但是随着时间的推移、研究的深入,学者们不得不提出了疑问,基本词汇的标准是什么?因为一地的基本词汇,到了另一地却又不是,如"雪"在北方属基本词汇,到了从没见过雪的南方,"雪"还能是基本词汇吗?学者各自为政,自定标准,导致标准不确定,标准的混乱又导致分类的混乱。如据考证,亚非语系现如今已有三十多种分类,有的根据同言线,如迪亚科诺夫[1];有的根据斯瓦迪士词表,如富莱明[2]和米里塔乐夫[3];有的仅仅根据一个或几个共有特征如前缀组合的有无,如穆卡洛夫斯基[4],迪亚科

---

[1] Diakonoff, I. M. *Semito-Hamitic languages*, *An essay in classification*. Moscow: Nauka, 1965.

[2] Fleming, H. , C. Ongota: *A decisive language in African prehistory*. Wiesbaden: Harrassowitz, 2006.

[3] Militarev, A. *Once more about glottochronology and the comparative method*: *The Omotic-Afrasian case*. Orientalia et Classica (Moskva), 2005, (6): 339-408.

[4] Mukarovsky, H. G. *West African and Hamito-Semitic languages*. Wiener Volkerkundliehe Mitteilungen, 1966, (13): 9-36.

诺夫①;有的根据三辅音或双辅音词干哪个占优势,如维西科尔等②。如此等等,结果不同也是理所当然。因此,语言谱系分类标准的确定迫在眉睫,这需要世界学人通力合作,根据语言演化的实际,共同探讨合适、合理的标准。另外,语言演化的实际也影响分类的判断。语言除了自然变化外,还有周边语言的持续影响,同时,外力的干扰也不可忽视,如,一场战争会引发本地人口的彻底消亡,新迁徙进来的人群完全取代了当地人群,语言就完全变化了。再把现代语言与古语对比,指出其演化规律,那是完全不可能的事。考察语言演变,必须与历史相结合,考察当地发生的历史事件,确定语言中途有无变更。

此外,在考察语言分类时,溯源是必不可少的。语言的纵向发展需要考虑最早讲该语言的人群来自何地,这些需要考古学、分子生物学、遗传学等多领域的证据支持。随着科技的发展,证据的增多,语言溯源将会变得更加方便,但是由于各方取证材料及方式不同,各位学者所证语言发源地也存在很大差异,如:关于南岛语系的起源有四种观点:一种认为起源于中南半岛沿海一带;一种认为起源于中国大陆华南地区;一种认为起源于南洋群岛的西新几内亚;一种认为起源于台湾岛,并由台湾岛开始向外扩散。又如:阿尔泰语系,有人认为是阿尔泰山区,有人认为在大兴安岭一带,还有人认为阿尔泰语没有共同来源,它们是远古各种语言混合的结果。这些纷争如何解决,也是历史语言学家目前面临的问题。

总而言之,尽管已经在世界范围内进行了广泛的语言调查和研究,但仍然没有对所有语言进行全面的调查和分类。许多小型、濒危或已灭绝的语言可能没有得到充分的关注和研究。这导致某些语系分类不够准确。另外,语言谱系分类研究需要大量的语言数据,包括古语语音、词汇和语法等方面的信息。然而,对某些语言来说,这些数据非常有限或不完整。这是由

---

① Diakonoff, I. M. *Afrasian languages*. Moscow: Nauka, 1988

② Vycichl, W. *The origin of the Hamito-Semitic languages*. In H. Jungraithmayr & W. W. Milller (eds.). *Proceedings of the fourth international Hamito-Semitic congress*. Amsterdam: John Benjamins, 1987, 109-121.

于语言社群的封闭性、资源不足、历史文献的缺乏等原因造成的。缺乏数据会影响对语言关系和演化的准确理解。再次，在语言谱系分类研究中，确定语言之间的关系需要依赖一定的分类标准。然而，这些分类标准往往具有主观性。不同的学者可能根据不同的依据和评判标准做出不同的判断。这导致同一种语言的分类结果在不同的研究中存在差异。传统上，语言谱系分类研究假设语言是由一个共同的祖语演化而来的，即同质化假设。然而，现代研究表明，语言之间的关系更为复杂，存在着跨语系的借词。同质化假设的局限性可能导致对语言关系和演化的理解不够准确。语言谱系分类研究通常侧重于语言之间的形式和结构相似性，而较少考虑历史和文化因素对语言演化的影响。语言的发展与人类历史、移民、交流和社会变迁等因素都密切相关。因此，在语言谱系分类研究中，应更多地考虑语言演化与历史文化背景之间的关系。

世界各地语言谱系分类研究已经取得了很大进步，学者们基本上都找到了各地的语言或方言的类属。对系属未明的，学者也在积极考察，曾经的孤立语，有学者也发现了它的某些特征，把它归入某个语系。随着互联网的普及，资料发现越来越多，资料共享日益便捷，考察收集语料更方便可行，各国支持力度增大，这些都吸引越来越多的年轻人加入进来，使得语言分类研究愈发成熟。但是由于各国的地域差异、经济发展差异、语言特征差异，导致各地语言谱系分类研究进展不一。因此，许多方面需要进一步的探索和研究，特别是一些少数民族语言和尚未分类的语言。不过随着科技的发展和数据的积累，语言谱系分类将会有更多的收获。

随着谱系分类假说的增多，以及使用的数据和方法的增多，如何在纷繁复杂的语言谱系分类研究中更快更方便地了解世界语言谱系分类研究进展，成为研究者共同关注的问题。而本书的出版为大家提供了一个途径。作者不想对哪个语系的对错进行评判，只想客观地把各个学者的观点呈现给大家，希望对有志于此的学者有一定的帮助。未来的研究应该更多地关注小型语言的调查和分类，加强数据收集和整理工作，减少主观性和争议性，同时结合历史文化背景更全面地了解语言的分类和演化。

# 参考文献

[1] Azeb, A. , G. J. Dimmendaal. Converbs in an African Perspective [A]. // F. K. Ameka, A. Dench & N. Evans. Catching Language: the Standing Challenge of Grammar Writing [C]. Berlin: Mouton de Gruyter, 2006.

[2] Bender, M. L. Subclassification of Nilo-Saharan [A]. // M. L. Bender. Proceedings of the Fourth Nilo-Saharan Conference, Bayreuth, Aug. 30 – Sep. 2, 1989 [C]. Hamburg: Helmut Buske Verlag, 1991.

[3] Bender, M. L. The Nilo-Saharan Languages: A Comparative Essay [M]. Munich: Lincom, 1996.

[4] Bendor-Samuel, J. Niger-Congo Languages [A]. // E. K. Brown & A. Anderson. Encyclopedia of Language and Linguistics, $2^{nd}$ ed. [C]. Boston: Elsevier, 2006.

[5] Bendor-Samuel, J. , R. L. Hartell (eds.). The Niger-Congo Languages: a Classification and Cescription of Africa's Largest Language Lamily [M]. Lanham: University Press of America, 1989.

[6] Benedict, P. Japanese/Austro-Tai [M]. Ann Arbor: Karoma Publisher, 1990.

[7] Bengtson, J. , V. Blazek. Lexica Dene-Caucasica [J]. Central Asiatic Journal, 1995, (1): 11-50.

[8] Bennett, P. R. , J. P. Sterk. South Central Niger-Congo: A Reclassification [J]. Studies in African Linguistics, 1977, (8): 241-73.

[9] Blažek,V. Nilo-Saharan Stratum of Ongota [A]. // M. Reh & D. L. Payne. Proceedings of the 8th Nilo-Saharan Linguistics Colloquium,University of Hamburg,August 22-25,2001 [C]. Köln: Rüdiger Köppe,2007.

[10] Bleek,D. The Distribution of Bushman Languages in South Africa [A]. // F. Meinhof. Sprachwissens - chaftliche und andere Studien [C]. Hamburg: Augustin,1927.

[11] Bleek,D. Comparative Vocabularies of Bushman Languages [M]. Cambridge: Cambridge University Press,1929.

[12] Blench,R. Are There Four Additional Unrecognized Branches of Austroasiatic? [R]. Presentation at ICAAL-4,Bangkok,29-30 October,2009.

[13] Blench,R. Was There an Austroasiatic Presence in Island Southeast Asia Prior to the Austronesian Expansion? [J]. Bulletin of the Indo-Pacific Prehistory Association,2010,(30): 133-144.

[14] Blench,R. ,C. Ahland. The Classification of Gumuz and Koman Languages [R]. Language Isolates in Africa workshop,Lyons,December 4,2010.

[15] Blust,R. The Austronesian Languages [M]. Canberra: Australian National University Press,2009.

[16] Blust,R. Some Recent Proposals Concerning the Classification of the Austronesian Languages [J]. Oceanic Linguistics,2014,(2): 300-391.

[17] Bradley,D. Tibeto-Burman Languages and Classification [A]. // D. Bradley. Tibeto-Burman Languages of the Himalaya [C]. Papers in Southeast Asian Linguistics,No. 14. Pacific Linguistics,Series A,1997,(86): 1-72.

[18] Brandstetter,R. Common Indonesian and Original Indonesian,Indonesian linguistics [A]. // R. Brandstetter. An Introduction to Indonesian Linguistics [C]. London: The Royal Asiatic Society,1911,pp. 67-133.

[19] Caldwell,B. R. A Comparative Grammar of the Dravidian or South-Indian Family of Languages[M]. Madras: University of Madras,1956.

[20] Campbell,L. On the Linguistic Prehistory of Finno-Ugric [A]. // R.

Hickey & S. Puppel. A Festschrift for Jacek Fisiak on his 60th Birthday [C]. Berlin: Mouton de Gruyter,1997,pp. 829-861.

[21] Campbell,L. ,M. J. Mixco. A Glossary of Historical Linguistics [M]. Edinburgh: Edinburgh University Press,2007.

[22] Carsten,P. On the Subgrouping of Afroasiatic [J]. Ling Aeg,2012,(20): 221-251.

[23] Catford,J. C. Mountain of Tongues: The Languages of the Caucasus [J]. Ann. Rev. Anthropol,1977,(6): 283-314.

[24] Childs,G. T. An Introduction to African Languages [M]. Amsterdam: Benjamins,2003.

[25] Collinder,B. An Introduction to the Uralic Languages [M]. Berkeley: University of California Press,1965.

[26] Comrie,B. Spatial Cases in Daghestanian Languages [J]. Sprachtypologie und Universalien-forschung,1999,(2): 108-17.

[27] Comrie,B. , M. Polinsky. Some Observations on Class Categorization in Tsez [A]. // H. E. van den Berg. Studies in Caucasian Linguistics [C]. Selected Papers of the Eighth Caucasian Colloquium. Leiden: CNWS,1999.

[28] Cyfer,N. Nilo-Saharan[A]. // J. Middleton & J. C. Miller. New Encyclopedia of Africa (Vol. 3) [C]. London: Charles Scribner's Sons,2007,pp. 233-237.

[29] Décsy,Gy. The Uralic Protolanguage. A Comprehensive Reconstruction [M]. Bloomington: Eurolingua,1990.

[30] Diakonoff,I. M. , A. Belova, A. Militarev, V. Porkhomovsky. Historical-Comparative Vocabulary of Afrasian[J]. Journal of African Studies,1993-1997.

[31] Diffloth, G. Austro-Asiatic Languages [M]. Encyclopædia Britannica,1974.

[32] Dimmendaal,G. J. On Stable and Unstable Features in Nilo-Saharan [J]. Journal of Language and Linguistics,2016.

［33］Dimmendaal, G. J. Language Ecology and Linguistic Diversity on the African Continent ［J］. Language and Linguistics Compass, 2008, (5): 840-858.

［34］Ehret, C. Subclassification of Nilo-Saharan: A Proposal ［A］. // M. L. Bender. Topics in Nilo-Saharan Linguistics ［C］. Hamburg: Helmut Buske, 1989.

［35］Ehret, C. Reconstructing Proto-Afroasiatic (Proto-Afrasian): Vowels, Tone, Consonants, and Vocabulary ［M］. Berkeley: University of California Press, 1995.

［36］Friedman, V. A. Gender, Class and Age in the Daghestanian Highlands: Towards a Unified Account of the Morphology of Agreement in Lak ［A］. // H. I. Aronson. Linguistic Studies in the Non-Slavic Languages of the CIS and the Baltic Republics, Vol. 8 ［C］. Chicago: CLS, 1996.

［37］Garman, M. An Approach to Dravidian Derivational Morphology ［J］. IJDL Working Papers in Linguistics, 1986, (1): 47-67.

［38］Greenberg, J. H. Studies in African Linguistic Classification ［M］. New Haven: Compass Publishing, 1955.

［39］Greenberg, J. H. General Classification of Central and South American Languages ［A］. // A. Wallace. Men and Cultures: Fifth International Congress of Anthropological and Ethnological Sciences (1956) ［C］. Philadelphia: University of Pennsylvania Press, 1960, pp. 791-94.

［40］Greenberg, J. H. The Languages of Africa ［M］. Bloomington: Indiana University Press, 1963.

［41］Greenberg, J. H. Languages in the Americans ［M］. Standford: Standford University Press, 1987.

［42］Greenberg, J. H. Indo-European and its Closest Relatives: the Eurosiatic Language Family, Vol. 1: Grammar ［M］. Stanford: Stanford University Press, 2002.

[43] Greenberg, J. H., C. G. Turner II, S. L. Zegura. The Settlement of the Americas: a Comparison of the Linguistic, Dental and Genetic Evidence [J]. Current Anthropology, 1986, (27): 477-497.

[44] Greenhill, S. J., R. Blust, R. D. Gray. The Austronesian Basic Vocabulary Database: From Bioinformatics to Lexomics [J]. Evolutionary Bioinformatics, 2008, (4): 271-283.

[45] Güldemann, T. R. TUU-A New Name for the Southern Khoisan Family [J]. University of Leipzig Papers on Africa, Languages and Literatures 23, 2004.

[46] Güldemann, T. R. Structural Isoglosses between Khoekhoe and Tuu: The Cape as a Linguistic Area [A]. // Y. Matras, A. McMahon & N. Vincent. Linguistic Areas: Convergence in Historical and Typological Perspective [C]. Basingstoke: Palgrave Macmillan, 2006.

[47] Güldemann, T., M. Stoneking. A Historical Appraisal of Clicks: A Linguistic and Genetic Population Perspective [J]. Annual Review of Anthropology, 2008, (37): 93-109.

[48] Güldemann, T., R. Voβen. Khoisan [A]. // B. Heine & D. Nurse. African Languages: an Introduction [C]. Cambridge: Cambridge University Press, 2000.

[49] Heine, B., D. Nurse (eds.). A Linguistic Geography of Africa [M]. Cambridge: Cambridge University Press, 2008.

[50] Helmbrecht, J. The Syntax of Personal Agreement in East Caucasian Languages [J]. Sprachtypologie und Universalienforschung, 1996, (49-2): 127-148.

[51] Hetzron, R. Afroasiatic Languages [A]. // B. Comrie. The World's Major Languages [C]. London/New York: Routledge, 2009.

[52] Hewitt, B. G. Caucasian Languages [A]. // K. Brown. Encyclopædia of Language & Linguistics (2nd ed.) [C], Churchill Livingstone: Elsevier, 2005.

[53] Jen-Kuei Li, P. Early Taiwan and Austronesian Dispersal [J]. Communication on Contemporary Anthropology, 2011, (5): 182-191.

[54] Krishnamurti, Bh. The Dravidian Languages [M]. Cambridge: Cambridge University Press, 2003.

[55] Li, F. -K. (李方桂). Languages and Dialects of China [M], The Chinese Year Book, 1937.

[56] Lipiński, E. Semitic Languages: Outline of a Comparative Grammar [M]. Leuven: Peeters Publishers, 2001.

[57] Maho, J. A Classification of the Bantu Languages: an Update of Guthrie's Referential System[A]. // D. Nurse & G. Philippson. The Bantu languages [C]. London: Routledge, 2003.

[58] Marcantonio, A. The Uralic Language Family: Facts, Myths and Statistics [M]. Oxford: Blackwell, 2002.

[59] Meillet, A. The Comparative Method in Historical Linguistics [M]. Paris: Champion, 1925.

[60] Merrit, R. A Guide to the World's Languages (Vol. 1): Classification [M]. Stanford: Stanford University Press, 1991.

[61] Mukarovsky, H. G. West African and Hamito-Semitic languages [J]. Wiener Volkerkundliehe Mitteilungen, 1966, (13): 9-36.

[62] Pulleyblank. E. The Chinese and their Neighbors in Prehistoric and Early Historic Times [A]. The Origins of Chinese Civilization [C], Berkeley: University of California Press, 1983.

[63] Pulleyblank. E. Central Asia at the Dawn of History [J]. Journal of Chinese Linguistics, 1999, (27): 163-168.

[64] Ramstedt, G. J. Über die Zohlwürter der altaischen Sprachen [J]. JSFOu, 1905, (24): 1-24.

[65] Ramstedt, G. J. Zur Verbstammbildungslehre der mongolische-türkisch Sprachen [M]. Generic, 1912 / 2018.

[66] Ramstedt, G. J. Ein anlautender stiunloser labial in der mongolisch-türkischen Unsprache [J]. JSFUu,1916,(32):2.

[67] Ramstedt, G. J. Die Palatalisation in den altaichen Sprachen [J]. AASF,1932 (Ser B. ):239-251.

[68] Ramstedt, G. J. Kalmückisches Wörterbuch [M]. Helsinki: Suomalais-ugrilainen Seura,1935.

[69] Ramstedt, G. J. Einfuhrung in die altaische Sprachscissenschaft, T. II [M]. Helsinki: Fromenlenhre, bearbeitet und berausgegeben von Pentti Aalto,1952.

[70] Renfrew, C. Archeology and Language: The Puzzle of Indo-European Origins [M]. Cambridge: Cambridge University Press,1990.

[71] Ringe, D. A. On Calculating the Factor of Chance in Language Comparison [M]. Philadelphia: American Philosophical Society,1992.

[72] Ringe, D. A. Nostratic and the Factor of Chance [J]. Diachronica, 1995,(12):55-74.

[73] Ringe, D. A. How Hard is it to Match CVC- Roots? [J]. Transactions of the Philological Society,1999,(97):213-244.

[74] Ringe, D. A. ,T. Warnow, A. Taylor. Indo-European and Computational Cladistics [J]. Transactions of the Philological Society,2002,(100):59-112.

[75] Sagart, L. , T-F. Hsu, Y-C. Tsai, Y-I. C. Hsing. Austronesian and Chinese Words for the Millets [J]. Language Dynamics and Change,2017,(2):187-209.

[76] Salminen, T. Euroopan kielet muinoin ja nykyisin [A]. // P. Fogelberg. Pohjan poluilla: Suomalaisten juuret nykytutkimksen mukaan. Bidrag till kännedom av Finlands natur och folk 153 [C]. Hesinki: Finnish Society of Science and Letters,1999.

[77] Salmons, J. C, B. D. Joseph (eds. ). Nostratic: Sifting the Evidence [M]. Amsterdam: Benjamins,1998.

[78] Sapir, E. Central and North American Languages [Z]. Encyclopedia Britannica, 14$^{th}$ ed. , 1929, (5): 138-141.

[79] Schadeberg, T. C. The classification of the Kadugli language group [A]. // T. C. Schadeberg & M. L. Bender. Nilo-Saharan: Proceedings of the 1st Nilo-Saharan Linguistics Colloquium, Leiden, September 8-10, 1980 [C]. Dordrecht: Foris, 1981, pp. 291-305.

[80] Schadeberg, T. C. A Survey of Kordofanian (1): The Heiban Group [M]. Hamburg: Helmut Buske, 1981.

[81] Schadeberg, T. C. Kordofanian [A]. // J. Bendor-Samuel. The Niger-Congo Languages [C]. Lanham: University Press of America, 1989, pp. 66-80.

[82] Shafer, R. Classification of the Sino-Tibetan languages [J]. Word, 1955, (1): 94-111.

[83] Shevoroshkin, V. (ed. ). Explorations in Language Macrofamilies: Materials from the First International Interdisciplinary Symposium on Language and Prehistory [M]. Bochum: Brockmeyer, 1989.

[84] Shillington, K. Encyclopedia of African History [M]. London/New York: Routledge, 2005.

[85] Sidwell, P. The Austroasiatic Central Riverine Hypothesis [J]. Journal of Language Relationship, 2010, (4): 117-134.

[86] Southworth, F. C. Linguistic Archaeology of South Asia [M]. London/New York: Routledge, 2005.

[87] Starostin, G. Languages of Africa: An Attempt at a Lexicostatistical Classification (Vol. 1): Methodology [A]. // R. Voβen. Khoesan Languages [C]. London / New York: Routledge, 2013.

[88] Steever, S. B. (ed. ). The Dravidian Languages [M]. London / New York: Routledge, 1998.

[89] Thomas, D. R. , K. Headley Jr. More on Mon-Khmer Subgroupings [J]. Lingua, 1970, (4): 398-418.

[90] Traill, A. The Khoesan Languages [A]. // R. Mesthrie. Language in South Africa [C]. Cambridge: Cambridge University Press, 2002.

[91] Trombetti, A. Le origini della lingua basqa [M]. Bologna: Coop, 1926.

[92] Vajda, E. J. A Siberian Link with Na-Dene Languages [J]. Archeological Papers of the University of Alaska, New Series, 2010, (5): 33-99.

[93] van den Berg, H. E. The East Caucasian Family [J]. Lingua, 2005, (115): 147-190.

[94] van Driem, G. Languages of the Himalayas: An Ethnolinguistic Handbook of the Greater Himalayan Region [M]. Leiden: Brill, 2001.

[95] Voeltz, E. Proto-Niger-Congo Extensions [D]. University of California at Los Angeles, 1977.

[96] Westphal, E. O. J. The Linguistic Prehistory of Southern Africa: Bush, Kwadi, Hottentot and Bantu Linguistic Relationships [J]. Africa, 1956, (3): 237-365.

[97] Wickman, B. The History of Uralic Languages [A]. // D. Sinor. The Uralic Languages: Description, History, and Foreign Influences [C]. Leiden: Brill, 1988.

[98] 巴斯卡科夫. 阿尔泰语系语言及其研究 [M]. 陈伟, 周建其译. 内蒙古: 内蒙古教育出版社, 2003.

[99] 白保罗. 汉藏语言概论 [M]. 马提索夫编, 乐赛月, 罗美珍译. 北京: 中国社会科学院民族研究所语言室印, 1972/1984.

[100] 包拟古. 原始汉语与汉藏语 [M]. 潘悟云, 冯蒸译. 北京: 中华书局, 1995.

[101] 波普. 阿尔泰语言学导论 [M]. 周建其译. 内蒙古: 内蒙古教育出版社, 2003.

[102] 岑麒祥. 语言学史概论 [M]. 北京: 商务印书馆, 1958 年.

[103] 范志泉, 邓晓华, 王传超. 语言与基因: 论南岛语族的起源与扩张

[J].学术月刊,2018,(10).

[104] 卡瓦利.人类大迁徙[M].乐俊河译.台湾:远流出版社,2000.

[105] 李道勇.我国南亚语系诸语言特征初探[J].中央民族大学学报,1985,(4).

[106] 李艳.超级语系:历史语言学的新理论[M].北京:中国社会科学出版社,2012.

[107] 李艳.历史比较语言学理论:从同源论到亲缘度[M].北京:中国社会科学出版社,2021.

[108] 力提甫·托乎提.阿尔泰语言学导论[M].山西:山西教育出版社,2001.

[109] 马学良.汉藏语概论[M].北京:民族出版社,2003.

[110] 土田滋.高砂族の言語[M].台湾:国際文化,1972.

[111] 托马森S G.语言接触导论[M].北京:世界图书出版公司,2014.

[112] 王力.汉语史稿[M].北京:中华书局,1980.

[113] 徐通锵.历史语言学[M].商务印书馆,1991.

[114] 张琨.中国境内非汉语研究的方向[J].中国语言学论集,幼狮月刊社,1977.

[115] 赵元任.中国分省新图[Z]."中华民国"新地图,第五图乙,语言区域图.上海:上海申报馆,1934.